"十二五"职业教育国家规划教材
经全国职业教育教材审定委员会审定
21世纪全国高职高专旅游系列规划教材

酒店市场营销(第2版)

主　编　赵伟丽　魏新民
副主编　刘　畅　王　田　梁英武
参　编　黄晓红　窦春燕　安　宁
主　审　段建国

北京大学出版社
PEKING UNIVERSITY PRESS

内容简介

销售才能是酒店职业人的一项重要能力要求，“酒店市场营销”是旅游（酒店）管理专业的核心课程。为了更好地适应旅游（酒店）职业教育和专业教学改革需要，本书在2011年第1版的基础上进行修订，以市场营销基本原理在酒店业中的应用为核心，综合现代服务营销的内在联系和酒店营销的工作过程，形成了属于酒店市场营销课程的内容体系。本书案例丰富、逻辑缜密，并配以多形式的强化记忆手段和有效的视觉运用效果，力求保持学生的学习兴趣；理论与实践相结合的论述和真实商业环境的分析，也可以为酒店决策和营销实践者提供指导。

图书在版编目(CIP)数据

酒店市场营销/赵伟丽，魏新民主编．—2版．—北京：北京大学出版社，2014.8

(21世纪全国高职高专旅游系列规划教材)

ISBN 978-7-301-24477-7

Ⅰ.①酒… Ⅱ.①赵…②魏… Ⅲ.①饭店—市场营销学—高等职业教育—教材 Ⅳ.①F719.2

中国版本图书馆CIP数据核字(2014)第148296号

书　　名：酒店市场营销（第2版）

著作责任者：赵伟丽　魏新民　主编

策划编辑：刘国明

责任编辑：刘国明

标准书号：ISBN 978-7-301-24477-7/F·3987

出版发行：北京大学出版社

地　　址：北京市海淀区成府路205号　100871

网　　址：http://www.pup.cn　新浪官方微博:@北京大学出版社

电子信箱：pup_6@163.com

电　　话：邮购部62752015　发行部62750672　编辑部62750667　出版部62754962

印 刷 者：北京飞达印刷有限责任公司

经 销 者：新华书店

787毫米×1092毫米　16开本　20.25印张　474千字

2011年8月第1版

2014年8月第2版　2018年1月第7次印刷

定　　价：40.00元

第 2 版前言

在旅游酒店行业蓬勃发展的背景下，旅游（酒店）管理专业教育也面临新的机遇和挑战，许多开设旅游（酒店）管理专业课程的学校都在研究如何培养适应产业发展要求的高素质技能型人才，相应的专业营销理论教学改革也提上日程。为满足旅游（酒店）管理专业教学改革的需要，体现高等职业教育的教学特点，作为高职旅游（酒店）管理专业的市场营销课程教材，《酒店市场营销》（赵伟丽和刘天飞主编，北京大学出版社 2011 年出版）出版后被多所高职院校广泛采用，并对高职酒店营销类课程的改革起到了良好的推动作用。为了更加突出本书的特色，编者综合专家、任课教师、旅游（酒店）管理专业学生等多方面的建议，在第 1 版基础上进行了修订。修订后，本书具有以下特点。

第一，本书并未采用常规做法，即在介绍市场营销的基本理论后再加上一些酒店的营销案例，更不是仅在“市场营销”前加上“酒店”两字便成为酒店市场营销了，而是以市场营销基本原理在酒店业中的应用为核心，综合现代服务营销的内在联系和酒店营销工作过程，形成了酒店市场营销课程的较为系统的内容体系。全书共 13 章。第 1 章认识酒店营销工作，使读者了解酒店营销工作的内容和从业基本要求，指出营销能力对个人和企业发展的重要性；第 2 章向读者介绍酒店市场营销的基本概念和原理；第 3~6 章详细说明酒店营销所面临的环境和市场状况，帮助读者理解消费者行为的作用及它对营销环境产生的影响；第 7~11 章详细讲解酒店市场营销策略在酒店市场的应用，以及如何做好内部营销和通过质量建立顾客忠诚；第 12 章和第 13 章关注酒店营销控制和制订未来的营销计划。对绿色营销、网络营销等营销发展的新趋势、新战略融合在相关章节中介绍。

第二，为满足“教、学、做一体化”的教学要求，培养学生高阶智能的发展，本书在表现形式上进行创新。每章开头都增设了“本章概要”“本章目标”和“案例导入”，其目的是使读者明确学习目标，关注能力培养，从理解现实中酒店是如何运用营销的实例，逐步深入到专业理论的学习。为满足行动导向教学的需要，每章都设计了“课堂互动”环节，为教师实施行动导向教学提供参考。针对每章要求的能力目标，在章节的最后设计“营销实战”环节，通过体验和练习，让学生更深入地掌握酒店营销理论。

本书力求以缜密的逻辑、多形式的增强记忆手段和有效的视觉效果，使学习变得有趣而有用。本书还对关键术语进行强调，每章后提供的“案例分析”，是为了结合酒店营销管理实践，强调酒店营销理论的应用性。

为使学生切实掌握现代酒店营销的基本概念、基本理论和营销实务，编者架构了本书的“三大支柱”，即营销基本理论、实践应用和教学方法，并力求在三者之间寻求最佳的平衡。此外，本书选择了大量具有范例性的新案例，使学生了解当前是如何将营销概念和营销理论与酒店行业的实际相结合的。

在编写本书过程中，编者参考了许多专家学者公开出版的著作和发表的论文，并直接引用了一些精彩论述和价值极高的资料，在此谨向这些著作和论文的作者表示诚挚的谢意。本书由赵伟丽和魏新民担任主编，第1、2、5、6、9章由赵伟丽编写，第3、4章由魏新民编写，第7章由郑州旅游职业学院王田编写，第8章由安宁编写，第10章由顺德职业技术学院刘畅编写，第11、12章由梁英武编写，第13章由窦春燕编写，编写过程中长春紫荆花酒店营销总监黄晓红提供部分建议，并编写部分案例，全书由赵伟丽老师统稿，由旅游教育协会段建国教授审稿。

由于编者水平有限，书中难免存在不足之处，敬请广大读者批评指正。

编者
2014年5月

目　录

1

认识酒店营销工作

本章概要

(1) 酒店营销工作的本质及内容。
(2) 酒店营销人员的素质要求。
(3) 销售流程与销售技巧。
(4) 组建销售部与管理销售队伍。

本章目标

学完本章以后，你应该能够：认识到酒店营销工作对企业发展的重要性，了解酒店营销工作的内容；认识到酒店营销技能是酒店销售人员、管理人员必须掌握的高级能力，是有助于员工个人成长的重要能力；了解酒店人员的推销目标、职责与优秀销售人员应具备的素质；灵活机动地运用推销方法与技巧向顾客介绍和推销酒店产品；按照人员推销流程、步骤拜访客户，开展服务营销，提高顾客忠诚度；运用招聘、选择、培训和报酬等技巧组建和管理一支销售队伍。

案例导入

澳大利亚奢侈型连锁酒店 Art Series 在 2012 年年底推出“世界上最晚的退房制”：只要没有新客入住，原来的住客就不用退房！2012 年 12 月 16 日—2013 年 1 月 13 日，此酒店旗下的 3 家主题酒店的顾客皆可享受这一特殊待遇。这就意味着，若是新客下午 3 点才入住，客人就可以呆到 3 点才走；若是 5 点，自然可以呆到 5 点了。若是足够幸运，当晚无新客入住，客人就可以免费再住一宿。

案例点评：这次营销活动就创意而言，绝对有令人耳目一新的感觉。游客出行在外，想必都曾遭遇退房难题：明明下午才要离开，房间亦无新客入住，店家偏要在中午之前将你赶出去。虽然理解其是为生意考虑，客人心里却也难免不情愿。没有新客入住，自己便可以一直待下去，天下竟有这样的好事？Art Series 的另类之举，广受消费者欢迎，话题性十足，吸引眼球。不知道的人从此知道有一家这样的酒店，留下最初的印象；知道的人亦添了份好感，增加再次入住的概率。这样的传播效果，岂是寻常广告所能比拟的？

从酒店自身的商业利益思考，既然是传统淡季，房间住不满，空着也是空着，何不干脆将它们免费送给现有的住客继续居住？同为酬宾活动，这远比大打折扣来得巧妙，于品牌更有益。一来无需担心传统折扣促销方式可能带来的品牌形象损害，以及竞争对手可能采用的过激应对；二来又能给住客带来实实在在的实惠，营造良好的消费体验，提高顾客满意度与忠诚度，可谓一举两得。与其花费巨资大做广告，让各大媒体和代理商捞足了好处，倒不如将广告费拿出来让利于消费者。顾客理念不是要商家刻意地去迎合消费者，而是要真心对他们好。这才是最根本的顾客理念：处处从顾客需求出发，时时为顾客利益着想。消费者高兴了，自己也能真正高兴起来。

酒店提供给顾客的产品既是物质产品，又是精神产品，顾客既要得到产品功能上的满足，还要在精神上和心理上得到满足。因此，现代酒店企业的营销活动不仅要保证产品质量、准确定价、建立有力的分销渠道，还必须进行有效的促销。酒店业的从业人员必须清楚，今天的营销已经不再仅仅是企业的职能、一场新的广告运动或本月的促销活动，它是一种哲学，一种思维方式，一种对企业和对人的头脑进行整合的方式。

1.1 酒店市场营销管理的本质及其基本内容

营销学在酒店管理中被运用并逐步形成酒店营销学这一既具有企业营销共性又含酒店营销特征的学科，是第二次世界大战后的事。营销管理是为了在目标市场上达到预期的交换目的而做出的努力。市场营销管理哲学的核心是正确处理企业、顾客和社会三者之间的利益关系。

1.1.1 酒店市场营销管理的本质

营销的任务就是要杜绝欺骗顾客或毁损酒店形象的事情发生，就是要设计一种产品——服务组合，它能够向目标顾客提供实实在在的价值，能够刺激购买，能够满足消费者真正的需要。营销是一种规则，任何企业，不论大小都可以实施，甚至不必要依赖增加开支。事实上，有人认为，无论公司大小，从长远看，不实施营销规则，是不会成功的。

1. 酒店与营销相关的部门

酒店普遍拥有数个与营销相关的部门，如销售部门、顾客联络部门、广告与公共关系部门，但就是没有“营销部门”；某个销售经理也许会身兼营销和销售的职责。今天的销售经理在其部门内可能拥有两类推销员，即内部销售队伍和现场销售队伍。

1）内部销售队伍

内部销售队伍包括 3 种类型：①技术支持人员。他们提供技术信息，回答客户提出的问题。②推销助理。他们为现场营销人员提供办事支持。他们先打电话联络和确定约会事宜，兑现信用支票，进而派送货物，当客户无法联系到外部推销代表时则代替外部销售代表回答客户提出的问题。③电话营销者。他们使用电话发现新线索，努力使客户愿意购买，并销售给他们。电话营销者每天可以打电话给 50 个客户，而现场销售者只能跟 4~5 个客户接触。

对于许多酒店而言，预订部是一个非常重要的内部推销部门，因为预订人员可能跟 80%的公司客户对话。这一部门有时不被作为推销团队的一部分来对待，而是作为一个独立的部门。不幸的是，同一酒店内预订部与销售部可能很少有联系。在最糟糕的情况下，他们会发现彼此在相互争斗。但有些酒店就没有这种情况，它们的预订部门设在销售/营销部里。

2）现场销售队伍

现场销售队伍是直接与顾客打交道的人。今天，更多的酒店将其重点从交易营销转移到关系营销上来。营销人员单独在其地区范围内工作并仅仅以销售额和报酬计划指导工作的现象已经不多了。今天的客户更多的是大客户并经常是全球性的。他们更喜欢那些可以销售并将协调的产品与服务组合运送到许多地点的供应商，那些可以快速解决交通运输问题的供应商，以及那些与客户紧密联系以改善产品质量和流程的供应商。

2. 酒店营销人员及其工作任务

在关系营销中与顾客打交道的营销人员，当他们认为顾客可能准备下订单时，必须做出比访问更多的工作。他们应该对顾客进行监测，了解他们的问题，准备用多种方式为他们服务。

营销人员是酒店与顾客关系的纽带。营销人员是酒店向众多客户派出的代表，相应地，他们将带回许多企业急需的信息。人员推销是酒店所使用的最昂贵的与客户接触与沟通方式。

进行一次个人推销访问的成本估算尽管很难，但有一点可以肯定：无论如何衡量，成本都是很高的。尤其重要的是，一个订单很少在第一次访问就定下来，特别是一些较大的订单，经常需要5次以上的访问。因此，获得一位新顾客的成本是极高的。尽管成本很高，但对酒店业而言，个人推销常常是最有效的手段。销售代表为酒店执行一个或多个任务，它们包括以下四个方面。

（1）推销。销售代表要掌握推销艺术，能够接触顾客，展示产品与服务，进行答疑解惑，最终达成交易。

（2）服务。销售代表为顾客提供各种各样的服务，如答疑解惑、提供技术帮助、安排信贷及送货上门。

（3）信息收集。销售代表组织市场调研、情报工作及访问报告填写。

（4）分配产品。在产品短缺的时期，销售代表决定应将短缺的产品优先分配给哪些顾客。

经济状况不同，销售代表的任务组合也会发生变化。在产品短缺时期，如某些重要的大会期间酒店客房出现暂时性短缺，销售代表发现他们没有任何东西可以推销。这时，一些酒店就草率得出结论，认为需要进行裁员。这一想法忽略了营销人员的其他角色——分配产品、安抚不满的顾客及推销公司其他过剩产品。

如果酒店强调以市场为导向，那么它们销售队伍的任务也需要变得更加集中于扩大市场份额和以顾客为导向。传统观念认为，营销人员就应该注重销售额，要不停地推销、再推销，而营销战略和获利能力则是营销部需要考虑的事情。新的观点则认为，营销人员也应当知道如何使顾客满意并为酒店带来利润，他们应当知道如何分析销售资料，衡量市场潜力，收集市场情报，制定营销策略和计划，并熟练应用推销战术。速8汽车旅馆将其总经理看作首席营销人员。大一些的酒店，如喜来登酒店、希尔顿酒店、香格里拉酒店和四季酒店等，聘用了专门的销售经理。在这些情况下，总经理很少从事销售的细节工作。

【特别提示】

销售代表需要具备分析技能，在销售部中层次越高的人越需要具有这种能力。营销者认为，如果营销人员理解营销和销售，久而久之，这个销售队伍将会更加富有成效。

同非人员推销相比，人员推销的最大特点是具有直接性。推销人员无论是采取面对面地与顾客交流的形式，还是采取通过电话访问顾客的形式，推销人员都在通过自己的声音、形象、动作或拥有的样品、宣传图片等直接向顾客展示、操作、说明，直接发生相互交流。

1.1.2 酒店市场营销管理的基本内容

市场营销管理是企业为实现其目标，创造、建立并保持与目标市场之间的互利交换而进行的分析、计划、执行与控制的过程。营销管理的实质是需求管理。下面是八种典型的不同需求状况及其相应的营销管理任务。

1. 负需求

负需求是指绝大多数人不喜欢、甚至愿意花一定代价来回避某种产品的需求状况。对于负需求的市场，营销管理的任务是实行转换式营销，即分析市场为什么不喜欢这种产品，通过重新设计产品、降低价格和更积极地促销等手段，来改变市场的态度，将负需求转变为正需求。

2. 无需求

无需求是指目标市场对产品毫无兴趣或漠不关心的需求状况。例如，对某些陌生的新产品，与消费者的传统观念、习惯相抵触的产品，被认为无价值的废旧物资等。对于无需求市场，营销管理的任务就是设法把产品的好处与人的自然需求、兴趣联系起来。

3. 潜伏需求

潜伏需求是指现有产品或劳务需求尚未得到满足的隐而不现的状况。在潜伏需求的情况下，营销管理的任务就是致力于市场营销研究和新产品开发，有效地满足这些需求。

4. 下降需求

下降需求是指市场对一个或几个产品的需求呈下降趋势的需求状况。营销管理者要分析需求衰退的原因，决定能否通过开辟新的目标市场、改变产品特色，或采用更有效的促销手段来重新刺激需求，扭转其下降趋势。

5. 不规则需求

不规则需求是指市场对某些产品的需求在不同季节、不同日期，甚至一天的不同时段呈现出很大波动的需求状况。例如，对酒店客房、餐饮的消费时段，博物馆等服务的需求，就是不规则需求。市场营销管理的任务就是通过灵活定价、大力促销及其他刺激手段来改变需求的时间模式，努力使供、需在时间上协调一致。

6. 充分需求

充分需求是指某些产品或服务的需求水平和时间与预期相一致的需求状况。这时，营销管理的任务是密切注视消费者偏好的变化和竞争情况，经常测量顾客满意程度，不断提高产品质量，设法保持现有的需求水平。

7. 过量需求

过量需求是指某产品的市场需求超过企业所能供给或愿意供给水平的需求状况。在过量需求的情况下，营销管理的任务是实施“低营销”策略，通过提高价格、合理分销产品、减少服务和促销等手段，暂时或永久地降低市场需求水平。

8. 有害需求

有害需求是指市场对某些有害物品或服务，如烟酒、毒品、赌博、色情等的需求状况。对此类需求，营销管理的任务是实行反营销。一般来说，对有害需求的限制和消除更需要宏观市场营销的力量，还要从道德与法律两个方面加以约束。

1.2 酒店营销人员的素质要求

人员营销是最古老的一种促销，也是现代国际旅游市场常用的促销方式。人员营销是强有力的、可靠的促销手段。特别是对于顾客不熟悉、价格昂贵的酒店产品（如会议设施、多功能厅、宴会厅）而言，人员营销更是一种行之有效的推销方式。酒店专职的人员营销，不是针对某一项产品或服务进行“吹捧推销”的陈旧方法，而是一种全新的理念：首先找准客户需求，然后根据客户的特点调整自己的交流和沟通方式，根据每个客户最大的价值利益进行更具个性化的销售展示。

酒店的人员营销则是指通过人际交往的方式向客户进行介绍、说服等工作，促使客户了解、喜爱，进行购买本酒店的产品或服务，如联系走访代理商、中间商、机关、团体、VIP 及零散客户。

营销人员的素质是指营销人员在商品销售过程中，其品质、作风、知识结构、性格等内在因素有机结合所表现出来的各种能力。一名合格的酒店营销人员应具备以下素质。

1.2.1 思想道德素质

营销人员首先要具有正确的经营思想、良好的职业道德，要具有高度的责任感和强烈的事业心。

营销人员要把这一思想贯彻到整个推销过程中去，把消费需求视为企业推销的目标，把消费需求的满足程度视为检验推销活动成败的标准，在工作中要主动发掘顾客的潜在需求，不断创造顾客新的需求，激起买主更大的购买欲望，并善于把企业利益和顾客的利益协调起来，把企业的利益和良好的服务相结合，既当好企业的营销人员、又当好顾客的服务员和参谋。

营销人员的单独业务活动较多，在工作中，要有较强的自我约束能力，不利用职业之便坑蒙拐骗，不损害企业利益；知法、懂法、守法，按照经济法等有关法律规范推销商品。

营销人员的事业心主要表现为，要有献身于推销事业的工作精神，不怕艰苦，任劳任怨，全心全意为用户和消费者服务，有取得事业成功的坚定信念。

1.2.2 知识水平

1. 专业管理知识

营销人员应熟悉酒店销售学、酒店管理学；掌握旅游经济学、旅游心理学、公共关系学方面的理论知识；掌握旅游市场动态、特点和发展趋势，熟悉与各部门沟通联系的渠道；了解各酒店的竞争手段、价格水平、客户状态、客人的需求；熟悉涉外工作的礼仪、礼节。

2. 政策法规知识

营销人员应熟悉国家和酒店有关销售价格调控和工商行政管理的法规和政策，掌握酒店对外销售的方针、政策，了解主要客源国的旅游法规，熟悉《中华人民共和国合同法》和有关旅游法规。

3. 市场知识

营销人员应懂得市场学的基本理论，掌握市场调查和预测的基本原理和方法，了解产品的市场趋向规律和市场行情的动向。

4. 消费者知识

营销人员要善于了解、分析消费者的各种特点，要懂得社会学、心理学、行为科学的基本知识；善于分析现实消费者和潜在消费者的需求情况，了解购买者的心理、性格、习惯、爱好，针对拒绝购买者的心理障碍，采取不同的推销对策。

5. 其他知识

营销人员应熟悉酒店产品的特点，了解酒店业的依附性和客源市场需求的多变性，了解主要客源国的经济、政治、历史和风土人情等知识。

1.2.3 工作能力

1. 分析、判断能力

根据酒店对外销售的总方针、总政策和总经理制定的销售策略，根据市场情况和客源变化不断进行分析判断，提出适合酒店的销售计划，并有针对性地提出具体客源市场的销售措施，以保证酒店的最佳开房率和收益。

2. 开拓创新能力

根据客源市场变化的情况，不断巩固传统市场及客户；积极开发新市场、新客源，提出有利于酒店销售的新设想、新建议，发展多层次的市场销售渠道。

3. 组织协调能力

有效地调动部门内员工的积极性和创造性，积极开展销售工作；能协调酒店各有关部门的关系，妥善解决工作中出现的问题和业务难题。能同各有关业务部门保持良好的沟通和交流，得到客户的理解和信任。

4. 业务实施能力

能按照酒店经营的总方针，积极开展宣传促销工作，对市场和客源的变化做出实事求是的分析，提出可行的销售计划，监督和保证酒店销售计划的实施。具有较强的控制能力和个别指导能力。

5. 社会活动能力

具有较强的社交能力，善于进行市场调查和信息沟通，能在各种场合与不同层次人员进行交谈，能圆满解决客户的要求，取得客户的信任，能争取各有关方面的支持和帮助。

6. 语言文字表达能力

能起草销售部的业务报告、销售计划，草拟部门的管理制度和工作程序，撰写专题报告、工作总结。熟练掌握一两门外语，能熟练运用外语与客户交谈、谈判或进行业务工作，阅读有关业务书信、资料。

尽管营销人员的工作和职责是有差异的，但推销工作对营销人员素质的要求却是基本相同的。推销工作的复杂性决定了营销人员必须具备较高的素质。营销人员不是天生就具备推销素质的，而是后天靠自身的努力去完善的。只要认真学习、努力实践，就可以提高和改善素质，就可以成为优秀的营销人员。

【特别提示】

优秀的营销人员具有共同的特点，他们自我激励，充满热情，很有竞争力；做事目标明确，很有条理；善于倾听，最重要的是，他们有很强的适应能力，爱学习新东西，以客户为本。

1.3 销售流程与销售技巧

销售流程包括 8 个步骤：开发潜在客户、接洽前准备、接洽客户、确定客户需求、产品推销展示、化解异议、成交、售后追踪服务。这些步骤如图 1.1 所示。在传

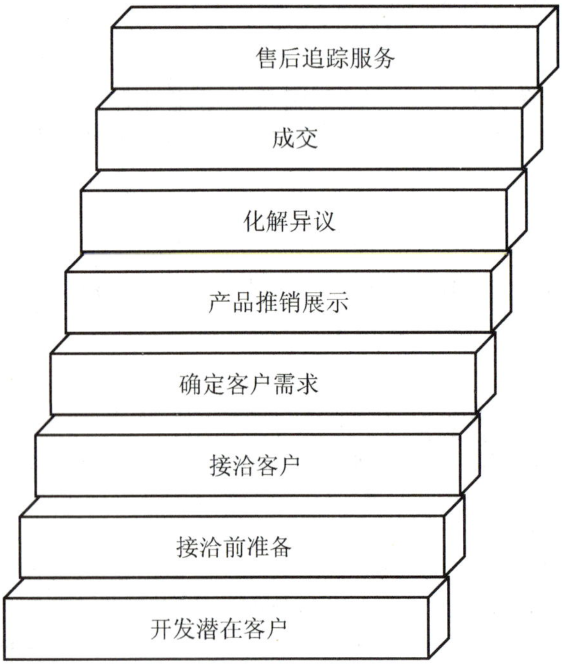

图 1.1 销售流程

统营销方式里，花在销售流程前几个步骤（尤其是接洽客户和确定客户需求）的时间很少。所以，这样找来的客户也许根本不是真正的客户。而咨询式营销则注重在前期花大量的时间，尤其是在开发潜在客户、接洽前准备、接洽客户、确定客户需求这4个步骤上，所以接下来自然就是“客户购买”了。最理想的情况是，营销人员确定了客户需求，然后明确地告知客户某种产品或服务会给他们带来的好处，这样，客户很自然地就会相信这个产品或服务能解决自己的问题，满足自己的需求。需求得以满足，这是每一次购买行为发生的真正原因。

1.3.1 销售流程

1. 开发潜在客户和接洽前准备

找准潜在客户对于一个营销人员的工作意义至关重要。营销人员脑海里必须有根弦紧绷着——找准潜在客户。简单而言，就是找到对你所卖产品或服务有需求的人，而且他还要有能力、有权威实施购买行为。

潜在客户可以从多个渠道获得。营销人员应尽可能多地利用各种关系寻找潜在客户，建立自己的“有价值销售线索网”。只有很少一部分潜在客户会成为真正的客户。潜在客户越多，他们中成为真正客户的比例就越大。

要做到有效地与潜在客户接洽，首先必须了解每个潜在客户代表的公司、从事的行业。也就是说，在与他们会面前，要了解他们个人及他们公司的一切信息。如果一个营销人员面见一个大公司的执行总裁时向他询问一些公司网页上清楚登载的公司情况，就会使他十分不快，会认为你在浪费他的时间，因此他就不会惠顾你代表的酒店。

要想进行一次成功的会见和销售展示，需要很多信息资料，这些可以从网络、公司年报、公司宣传册和其他新闻媒体报道中获取。另外，你还可以打电话或亲自拜访公司办公室，与前台接待人员或秘书谈话，这样获得的信息会更全面。

2. 接洽客户

1）客户的性格与适应性销售

销售成功的一个关键因素是适应性销售，即在不同情况下使用不同的销售方式，在销售过程中重新定位顾客需求并调整销售方式使之与顾客需求相适应。营销人员若具备这种能力，就能与各种各样的客户建立和谐融洽的关系，在不同的情况下游刃有余地开展自己的工作。

如何才能进行有效的调整和适应？了解你的客户、掌控销售情境，这两点缺一不可。聪明的营销人员为了更好地了解客户，通常会利用性格分类法对客户进行划分，这种方法能够帮助他们针对不同的客户找出最合适的销售方法。

适应性销售的前提是，明确客户的性格类型，如和蔼亲切型、理性分析型、表现型和自我激励型，如图1.2所示。

和蔼亲切型的人富有想象力、以人为本、很有远见卓识。他们乐意与营销人员建立友谊以确保利益，在销售过程中能得到公正的待遇。对此类客户要使用柔性销售、保证法和第三方介绍法。

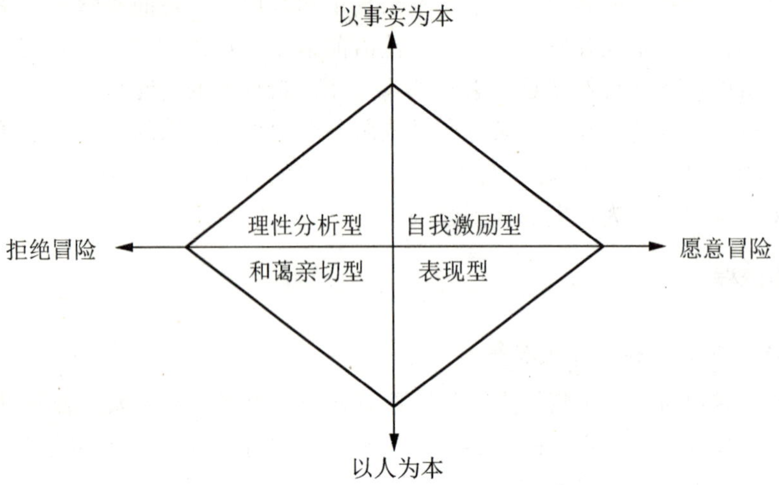

图 1.2　性格类型坐标——以行为特点为依据的性格类型模式

理性分析型的人看上去很看重事实、很有条理、从不草率做决定。他们不与营销人员建立私人关系，痛恨吹嘘浮夸的销售，喜欢正式的销售方法。不论是书面的还是口头的，他们认为都要提供各个步骤、阶段的实施方案，要条理分明。营销人员所说的每一句话都要有事实来佐证。

表现型的人很外向、以人为本。他们把人际关系看得比什么都重要，希望与营销人员建立个人关系。他们爱说、爱表现，所以营销人员应给他们充裕的时间让他们去说、去表现。建立良好关系之后，营销人员应该趁热打铁搞定这单生意。

自我激励型的人一切从事实出发，是实干家。他们不求与营销人员建立关系，但会迅速做出购买决定，哪怕在信息不是很全面的情况下。营销人员应该把重点放在“底线”利益上，用直截了当的方法与他们打交道。

2）非语言交流、倾听和信任

人们在交际中会使用肢体语言，实际上，肢体语言比说出来的语言更能准确地表达人的感情。所以，营销人员要能够“读懂”潜在客户的非语言交流信息。掌握非语言交流信息要求对身体角度、面部表情、胳膊的动作和位置、手的动作和位置、腿的位置等做出正确的理解和诠释。这些不同的交际模式结合起来可透露出不同的信息：有好感、中立、有恶感等。营销人员要准确解读和判断，以便随时用最合适的方式去做出回应。

拥有出色的倾听技巧，一直被认为是成功的关键。营销人员去拜访客户时，应该把 50%~80%的时间花在听上，而不是说上。

信任在任何生意里都至关重要，尤其在酒店业这一类的服务性行业。建立信任需要时间，不是一两次拜访或短期内可以做到的，长期的接触和了解才能在双方之间建立信任。建立信任很难，但毁掉信任却十分容易。

3）开始接洽

通常情况下，营销人员与潜在客户见面的开始 30 秒钟是最重要的。所以要设计一个完美的开端，以达到一些目标，如取得潜在客户的注意，打入客户的思维，使客户对你的销售提议产生兴趣，使你占有交流沟通的控制权。要想实现这些目标，营销人员就要做好全面细致的准备工作，利用接洽前搜集到的各种信息，把它们纳入销售目标之中。还应该为适应客户做一些个性化的调整，围绕客户的具体需求和性格类型来设计最初的接洽方案。

开场白主要是为了吸引客户注意，对销售建议产生兴趣，从而使推销有可能进行下去。好的开场白会让客户接受你，顺利地签约购买，还会对售后追踪服务有所帮助。好的开场白要紧紧抓住客户的具体需求，为他带来益处。

打开局面的方法有打电话、调研、与现有客户见面、与潜在客户见面。以打电话为例，给客户打电话应该包括下列步骤：问候对方、介绍自己、感谢对方（给自己说话的机会）、引入目的、预约时间、再次表示感谢。把你计划要说的内容写下来，这样就会更有条理、更精细。

应用案例

一次接洽电话示例如下。

早上好，王女士。我是国际会议中心的王明。感谢您抽出宝贵的时间听我介绍，我会尽量简短些。我们能够为贵公司提供各种各样的会议服务。不知您有没有兴趣听我介绍一些情况，使贵公司在以后举办会议时能得到更大的实惠？

3. 确定客户需求

推销，就是使别人接受你的想法、服务或建议。这实际上是大多数人工作的一个基本构成方面。咨询式销售是一种更为专业的销售方法，既能获得短期效益，又能获得长期效益。营销人员通过充分展示自己能满足客户的需求，是一个能够帮助客户解决问题的人，与客户达成一致，实现短期效益。同时很容易与对方建立私人关系，良好的私人关系带来的是长期的效益。

探察需求可以帮助营销人员找准客户的需要，从而可以担当“问题解决者”的角色。在整个销售流程中都要不断进行探察，尽量使客户参与其中，确保客户同意营销人员的销售计划。探察需求使营销人员能够洞悉客户做出某种决定背后的理性概念和真正动机，为销售指明正确的方向，指明什么最能满足客户的需求。

【特别提示】

营销人员在倾听客户的话语时，可以鼓励对方参与进来，双方经过协商达成一致意见的东西，客户实施起来就会更投入。营销人员可以用问问题来探察需求，但要记住以下几点。

(1) 不要问一些会把自己“套”进去的问题。
(2) 一次只问一个问题。
(3) 给客户留足时间回答问题。
(4) 倾听——聚精会神地听客户如何说。

4. 产品推销展示

买主受益指的是买主购买了营销人员推销的产品、服务或某项计划后会得到益处。它是由买主的需求决定的。

产品特色指的是某个产品、某项服务或某个计划的各自具体构成，以及各具体构成之间是如何相关联的。产品特色永远是产品的一部分，不论这个产品投入使用与否，产品特色永远是买主受益的源泉。

人们之所以购买，不是因为产品有某些特色，而是因为这些特色能为他们带来益处。正是由于这个原因，买主经常会对营销人员所描绘的种种益处产生疑问。营销人员对某公司会务组织人说：“如果贵公司使用我们的最新行政会议厅来召开新产品研发会议，那么贵公司的营销人员肯定会精力充沛、干劲儿十足。”餐饮营销人员对客户说：“我们的私人包间景致超一流，来赴宴的客人会惊叹不已的。”

“为什么要买”声明是把买主受益和那个制造“益处”的产品特色“揉”进一个富有成效的、极具力度的声明。该说法在销售中十分有效，应该常用。买主受益系列过程，其目标是激励营销人员去认识自己的产品可能带来的“更高等级的”买主受益。

卓有成效的口头表达应该是描述清晰的、充满活力的、富有兴味的，还要是能抓住客户的需求的。为增大力度，可以使用一些视觉辅助措施，如图表、图画、现场演示、宣传手册、小礼品、产品展示及客户推荐信等。

5. 化解异议

在推销过程中，营销人员的一个很重要的任务就是要让客户暴露异议。异议是买方表达他的某种担心和忧虑。经验和常理告诉我们，当我们尽己所能把一切告知对方后，对方不可能毫无异议地接受我们的建议和计划。有时，事实本身并不能令人完全信服。面对事实，人们有自己不同的解读，他们只看到自己想看到的，只听到自己想听到的。认为事实本身能说话，就是认为所有的人都是客观的、公正的，符合逻辑的，但实际上，人是很主观的、很受感情支配的一种动物。所以，抓住机会澄清异议十分重要。切忌客户一提出异议，营销人员就忙着争辩。正确的做法应该是仔细听下去，观察探测，找出出现异议的原因。最可怕的异议是内隐的、没有说出的异议——客户拒绝透露。一个异议不暴露出来，营销人员是无法将它消灭掉的。

客户在出现下列情况时会产生异议：客户不了解产品、感觉产品不能满足自己的需求、价格太高、自己不能最后拍板定论、还想获得更优惠的价格或觉得风险太大。

营销人员必须认真倾听客户异议并做出回应，大多数异议可以事先预测。对客户提出的异议应本着理解和同情的态度去处理，这一点很重要。不论发生什么情况，千万不能与客户争执，要创造一种积极融洽的气氛，这对销售很重要。

6. 成交

在所有销售过程中，有70%的情况，营销人员根本无法进入最后一步：请求客户下订单购买。然而，如果营销人员对客户需求进行了明确定位划分，并一一加以满足，最后的成交就是自然而然的事了。那么，请求客户下订单就不那么令人尴尬了。此时，要避免决策阶段常出现的问题，如过度推销、推销不足，以及“不张口请求”。过度推销是指一些营销人员，在销售流程的各个步骤还没有完成时就“急呼呼”地请求客户签约。还有另一种情况，营销人员甚至根本不张口请求客户下订单，除非客户自己主动要求签约。他们犯了另一种错误：推销不足。实际上，很多客户认为营销人员最大的错误是不张口请求签约。

营销人员去见客户，目的就是推销产品或服务，让他们购买，所以，不论是直接还是间接，一定要请求客户做出购买决定。营销人员应熟悉常见的购买信号，这样就不会犯上述提到的错误了。常见的购买信号包括买主提出异议、买主显出兴趣、买主表明了购买的愿望、买主表现出“文饰作用”。

购买信号可以是身体语言、也可以是真正的话语。一些身体语言包括边说话边点头；仔细查看产品或说明，显出兴趣；面部表情放松；身体呈放松姿态；身体稍向前倾，表情是沉思状。

真正的语言购买信号可以是评论、建议，出于对产品真正的兴趣才提出的问题(如探讨细节等)，所用语言很积极正面等。营销人员觉得某个客户有购买的意向，但又不太肯定时，可用一系列试成交的方法来进行试探。一旦确信客户想买，可用一些成交技巧。例如，直接开口就问，如问客户“如果我这样做了，你会签约吗?”；还有二选一成交、建议式成交、机会难得成交；还可以给客户讲别人的经历，他们购买了同样的产品，结果很满意；可以提出满足客户的某种要求，让他立刻同意签约。

7. 售后追踪服务

一个理念、一个项目或一项服务，“卖”出去之后（或客户接受之后），仍要建立起某种机制来收集客户的总体反应和回馈，这一点非常重要。售后追踪服务提供了一个良机，使营销人员能获得更多的客户反馈信息，了解他卖出去的产品给客户带来了多大利益，还可以检测产品实效与客户期望之间的关系。售后追踪的意思是兑现承诺。客户通常都认为一个优秀的营销人员必须具备良好的追踪（回访）能力，但实际上，很少有营销人员能真正做到这一点。假如你告诉客户你将给他寄一份宣传册，或为他提供所需的数字，你就一定得做到，并且按承诺的时间做到。假如有意外出现，你无法按时兑现你的承诺，应该打电话告诉客户，让他明白你并没有忘记承诺，你会尽快兑现承诺的。

销售完成后，还要与客户进行联络，问问他是否一切满意，千万不要东西一旦卖出之后就断了联系。如果客户在你的酒店举办了一次活动，应该在活动结束两天内与他联系，问问是否一切顺利。这些后续活动和措施在很大程度上决定了你能否使这个客户成为你的“回头客”。

1.3.2 销售技巧

在激烈的市场竞争中，各大酒店如何能让自己的销售业绩立于不败之地，在很大程度上取决于人员推销的成效，而人员营销的效果往往又取决于销售技巧。营销人员在推销的过程中应了解推销的步骤、规则、服务语言、人际关系及消费者心理等方面的知识，并且能够运用这些知识在推销的过程中进行适度推销。下面着重介绍人员营销技巧的具体方法。

1. 寻找顾客的技巧

1）连锁介绍法

这种方法是以诚信为基础，通过老顾客、老朋友介绍新的顾客，是运用人际关系进行营销的一种方法。这种方法要求营销人员设法从每一次推销谈话中得到其他更多的客户名单，为下一次推销访问做好准备。许多酒店都会利用这种方式收集客户资料，进行业务推广。在酒店营销过程中，大多数营销人员都善于使用这种方法。

连锁介绍法的具体做法有很多，营销人员可以请现有的顾客本人直接代为推销酒店提供的产品，宣传酒店的服务特色，也可以请现有的顾客以书信、名片、信笺、电话、电子邮件等间接手段进行连锁介绍。连锁介绍可以避免营销人员主观判断的盲目性，并可以赢得被介绍顾客的信任，所以一般成功率较高。但是营销人员常常处于被动地位，何时介绍、介绍什么样的顾客等营销人员本人都无法掌握，并且事先难以制订完整的推销访问计划。

采用此种方法寻找顾客，关键在于酒店营销人员如何取得现有顾客的信任，如何与现有顾客建立诚信关系，使其愿意为营销人员介绍新的顾客。现有的顾客与其可能介绍的新顾客之间有着共同的社会联系和利害关系，他们之间往往团结一致、互相负责。所以，酒店营销人员在与顾客建立关系时，应尽量赢得顾客的好感与信任，无论是现有顾客还是准顾客都应注意密切联系，并且给予适当的关注，这样才能争取更多的顾客。

2）个人观察法

这种方法就是营销人员根据自己对周围生活环境的直接观察和判断，寻找潜在的顾客。个人观察法对酒店营销人员的素质要求较高，营销人员应善听、善看，具有敏锐的洞察力和较强的职业判断力。

酒店营销人员运用个人观察法可以直接面对现实、面对市场，排除中间性干扰，并培养洞察力，积累推销经验，提高推销能力。但是这种方法会受营销人员判断力及生活阅历的影响，具有一定的局限性，而且由于事先完全不了解顾客对象，往往容易陷入空洞的猜想中，失败率比较高。在酒店营销过程中，营销人员可以充分运用这种方法来展现个人的推销才能，但也应注意其局限性。

运用这种方法寻找顾客，关键在于培养营销人员自身的职业灵感，一个优秀的营销人员应该善于寻找顾客，能够积极主动地运用“耳”、“眼”、“心”观察，同时运用逻辑推理能力进行推理判断，从而在茫茫人海中寻找到真正的顾客。这种方法对营销人员的个人素质要求较高。作为一个优秀的营销人员应该注意自身素质的培养，锻炼各种推销能力，进而提高销售业绩，提升自己的工作能力。酒店营销人员接触的顾客形形色色，不同类型的顾客要求各异，如何能满足不同顾客的要求，个人观察法发挥了极其重要的作用。

3）关键人物法

这种方法就是营销人员在某一特定的推销范围里发展一些具有影响力的关键人物，并在他们的协助下把该范围里的个人或组织都变成自己的准顾客。例如，利用名人广告、明星效应等进行推销的方法都属于关键人物法。

利用关键人物法寻找顾客，关键在于如何取得“关键人物”的信任与合作。关键人物是指了解周围环境并能对其他消费者产生一定影响的人。营销人员要想取得关键人物的信任与合作，就必须使对方了解自己的工作，使对方相信营销人员的人格及其所推销的商品，同时要与对方合作，配合对方的工作。这种方法非常重视营销人员的人格魅力及商品的品质，所以营销人员要具有良好的道德素质和职业操守，同时商品也应具有一定的说服力，否则关键人物不会帮助营销人员推广商品。我国许多影视明星涉足酒店业，是关键人物法在酒店营销中的典型运用；还有许多酒店把老板或员工与一些知名人士的合影作为店内装饰的一部分，也是这一方法的应用。

4）广告寻觅法

这种方法是指营销人员利用各种广告媒体寻找顾客。总体来说，广告媒体涉及范围较广，具有较强的辐射力，能够帮助营销人员更好地寻找潜在顾客；具体来说，每种媒体涉及的领域及范围、费用各有不同，营销人员可以根据自身产品的特点及其企业的经营实力来选择不同的广告媒体来寻找潜在顾客。

现在许多酒店都利用电视、广播、报纸、网络等手段进行宣传，招徕顾客，这样可以使营销人员从陈旧的推销方式中解放出来，可以节省推销费用，降低单位推销成本，但推销对象的选择性不容易掌握。

利用这种方法寻找顾客，关键在于正确选择广告媒体。选择广告媒体的基本原则是最大限度地影响潜在顾客，并且考虑媒体成本。例如，电视媒体影响范围较广，但是由于其成本较高，并不适合所有产品，营销人员在选择广告媒体时一定要谨慎。酒店多数可以利用报纸、广播、网络等寻找顾客。

5）地毯式访问法

这种方法是逐户寻找法，在营销人员特定的市场区域范围内，针对特定的群体，用上门、邮件或者电话、电子邮件等方式对该范围内的组织、家庭或者个人无遗漏地进行寻找与确认的方法。例如，哈尔滨市某高级酒店营销人员可以针对整个哈尔滨市地区的高收入人群进行宣传，进而寻找到相应的顾客。

地毯式访问法一般不会遗漏任何有价值的顾客，寻找过程中接触面广、信息量大，顾客的各种意见和需求、各种反应都可能收集到。但是这种方法成本较高，费时、费力，并且容易引发客户的抵触情绪。

这种方法首先应选好推销地区和推销对象的范围，即营销人员应该根据自己所推销商品的各种特性和用途，进行必要的可行性研究，确定一个比较可行的推销地区或推销对象范围。如果营销人员毫无目标，胡乱冲撞，很难寻找到真正有价值的顾客。因此，在访问前，营销人员应该首先确定理想的推销范围，选择合适的目标顾客群，做好必要的访问准备。此种方法适用于经营实力强、规模大、营销人员充足的酒店。

2. 接近顾客的技巧

1）产品接近法

产品接近法是营销人员直接用产品引起顾客的注意，进而争取与顾客建立联系的一种方法。这种方法适用于本身有吸引力、品质优良的商品。在销售过程中酒店营销人员一定要清楚本店的特色所在，大肆宣传，激起顾客的消费欲望。

酒店营销人员利用产品接近顾客时，应具有较强的业务知识与能力，应该充分了解本店服务的优缺点，要善于“比货”，但在“比货”的过程中不能给其他酒店的产品销售带去不便。营销人员在推销的过程中要凸显自身产品的优点，但不能欺瞒顾客，一定要诚实守信。

2）利益接近法

这种方法是营销人员利用商品的实惠引起顾客的注意和兴趣，从而转入面谈的接近方法。利益接近法主要是利用陈述或提问的方法，告诉购买者要推销的产品能给其带来的好处。提出有趣或能引起好感的问题能够比较容易接近顾客。

顾客在购买产品时，真正关心的并不是产品本身，而是通过使用这种产品所能给他带来的价值。另外在购买同类产品时，功能相同的产品的价格也是顾客所考虑的关键问题。因此，营销人员在推销产品时应该注意对产品性价比的介绍，从而引起顾客的注意。许多酒店经常打出本店优惠多少的广告，消费多少返一定数额的现金等都是利益接近法。

3）馈赠接近法

馈赠接近法是营销人员利用赠品来引起顾客的注意和兴趣，从而进入面谈的一种方法，这种方法现在许多酒店都已经采用。一些节假日或是本酒店促销期间可以采用馈赠接近法。可以赠送酒水、菜式或者免费提供部分服务。

馈赠的产品应具有特色，与此同时成本不宜太高，否则会给酒店经营带来压力。馈赠时间的长短应与酒店经营的目标相符合。例如，为了更多地招揽顾客可以力度大一些，时间长一些。

3. 推销洽谈的技巧

酒店作为服务行业的一部分，它的服务水平在很大程度上取决于顾客的主观评价，为了能够赢得顾客的好感，营销人员可以用以下几种方式与顾客进行交谈。

1）单刀直入法

这种方法要求营销人员直接针对顾客的主要购买动机，开门见山地向其推销，通过交谈洞察顾客的购买意向，针对顾客提出的问题做出合适的解答，并且引导顾客进行购买。营销人员应掌握营销心理学的相应知识，注意观察，把握时机促使顾客购买。

2）诱发好奇心

这种方法是在见面之初直接向可能消费的顾客主动说明情况或提出问题，故意讲一些能够激发顾客好奇心的话，将他们的思想引导到你可能为他们提供的好处上。这种方法要求营销人员具有较强的言语表达能力，说话时具有一定的煽动性，从而可以引起顾客的好奇心，促使顾客进行购买。

3）连续肯定法

这种方法是指营销人员所提出的问题便于顾客用赞同的口吻来回答，也就是说，营销人员让顾客对其推销说明中所提出的一系列问题，连续做出肯定的回答，然后需要服务时，已形成有利的情况，最后顾客会做出肯定答复。这种方法要求营销人员要有准确的判断力和敏捷的思维能力，每个问题的提出都要深思熟虑，特别要注意双方的对话结构，使顾客沿着营销人员的意图做出肯定的回答。

总体来讲，推销洽谈是一种艺术，营销人员如果能掌握这种艺术的技巧可以使推销工作事半功倍。营销人员应充分注意自己的仪表和服饰打扮，给顾客一个良好的印象。同时，言行举止要讲文明、懂礼貌、有修养，做到稳重而不呆板，活泼而不轻浮，谦逊而不自卑，直率而不鲁莽，敏捷而不冒失。在开始洽谈时，营销人员应巧妙地把谈话转入正题，做到自然、轻松、适时。可采取以关心、赞誉、请教、炫耀、探讨等方式入题，顺利地提出洽谈的内容，以引起顾客的注意和兴趣。在洽谈过程中，营销人员应谦虚谨言，注意让顾客多说话，认真倾听，表示关注与兴趣，并做出积极的反应。遇到障碍时，要细心分析，耐心说服，排除疑虑，争取推销成功。在交谈中，语言要客观、全面，既要说明优点所在，也要如实反映缺点，切忌高谈阔论、“王婆卖瓜”，让客户反感或不信任。许多酒店统一服饰，采用标准的服务用语，微笑地面对顾客，这都是非常有利于酒店营销人员与顾客进行业务洽谈的。

4. 赢得顾客的好感与信任的技巧

在前面我们已经提到酒店服务的顾客满意度很大程度取决于顾客的主观评价，为了能够取得最大的顾客满意度，营销人员应注意赢得顾客的好感与信任，下面的技巧可供酒店营销人员参考。

1）营销人员形象暗示

一名优秀的营销人员，一定会非常注意自己的形象问题，因为在与顾客接触的过程中，营销人员形象好会给顾客留下较好的印象，更愿意与其接触。另外，营销人员的形象也代表着企业的形象和产品形象，为了让顾客对所销售的产品更有信心，营销人员一定要注意自己的形象。这里的形象分为外在美与内在美，外在美是穿着打扮要与所销售的产品、营销人员的年龄和肤色等相适宜；内在美是营销人员要具有良好的思想道德素质，乐观、向上，有爱心，有责任感，诚实守信。

2）注意客户的情绪

营销人员在与顾客接触的过程中一定要善于观察，注意顾客的情绪的变化。当顾客心情较好时，可以为其进行深入的介绍，并且应注意在谈话的过程中尽量使顾客有优越感，进而促使顾客消费；当顾客情绪低落时，营销人员应用自己快乐的心情感染顾客，帮助顾客解除烦闷。

3）帮助客户解决问题

酒店营销人员在与顾客接触的过程中应竭尽所能地帮助顾客解决问题，从而赢得顾客的好感与信任。营销人员帮助顾客解决的问题不一定要与本次业务有直接的联系，当顾客出现一些与业务无关的问题时，营销人员应做到只要是在其能力范围内能解决的，就要尽量去做，这表面看来对业务没有任何帮助，实质上却赢得了顾客的好感和信任，为日后的业务推广奠定了坚实的基础。

【特别提示】

酒店在人员销售上愿意投资，不仅仅是因为这样可以为酒店带来利润，还因为这种营销方式能够大大增加客户满意度。人员销售是唯一的能够提供迅速反馈，使营销人员能随时调整策略以满足每一位客户需求的营销方式。换言之，在所有的销售方式中，人员销售有着最大的灵活性，使销售成为“微观营销”，即直达“每个人”。

1.4 组建销售部与管理销售队伍

酒店传统上使用的是一种职能部门的、等级制度的结构。在这一结构内酒店以特定的功能构建各部门，如客房部或销售部。部门经理，包括销售部经理，向总经理汇报。较小的酒店，总经理担任销售经理的角色。

1.4.1 销售队伍的结构

酒店销售队伍的结构主要应根据酒店服务销售的地区、产品性质和顾客组成来确定，同时还要考虑营销人员的素质。从管理学的角度出发，通常我们可以把绝大多数企业的营销组织归纳总结为六种：职能管理型营销组织、产品管理型营销组织、区域管理型营销组织、市场管理型营销组织、事业部制营销组织及矩阵型营销组织等复合型营销组织。每种方式都有其自身的优缺点。也正是由于这一点，通常市场营销组织也分为这样6种类型。而结合酒店经营的特点及其特殊性，酒店营销组织的建立通常有以下4种方式。

1. 职能管理型营销组织

职能管理型营销组织是根据营销部门内部的职能不同来决定组织的形式，换句话说，就是组织的不同部门是按照各部门不同的职责进行划分的。这是最常见的一种管理组织形式的划分方法。其一般的形式如图1.3所示。

2. 产品管理型营销组织

产品管理型营销组织与职能管理型营销组织不同，其构建营销组织的基本出发点是营销组织所经营的产品的不同。这种形式的营销组织有利于从产品的角度出发加强企业的营销管理。通常下设不同的产品经理进行管理，产品经理以下还可以进行进一步的细分。对应到酒店营销组织，则组织的类型一般会相对简单一些。酒店最核心的产品一般只有两大类：客房与餐饮。其组织结构如图 1.4 所示。

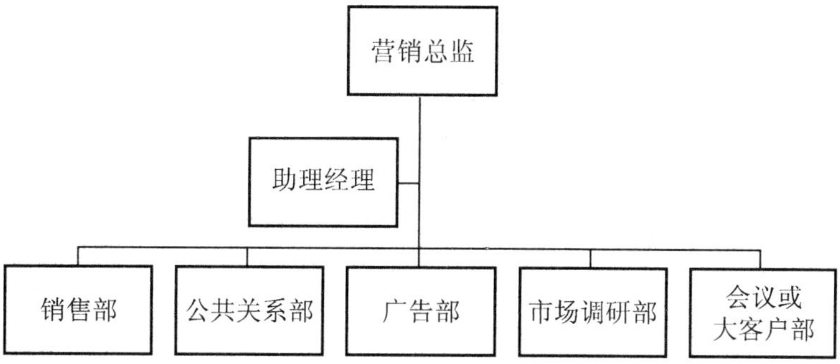

图 1.3 职能管理型营销组织

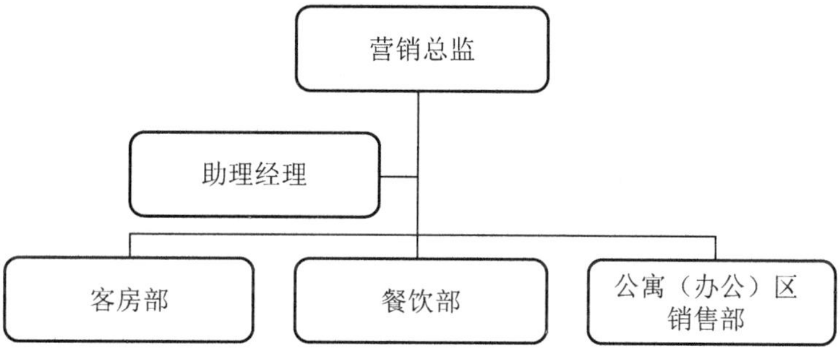

图 1.4 产品管理型营销组织

3. 区域管理型营销组织

区域管理型营销组织是指企业对市场营销组织的管理是从地域的概念出发进行相应的组织规划与管理。这种营销组织也是比较常见的类型，许多大型的跨国餐饮集团为了方便管理，都在一定的区域范围内设定不同层次的管理组织，对其所辖地理范围内的酒店进行相应管理。图 1.5 即为简单的区域管理型营销组织。

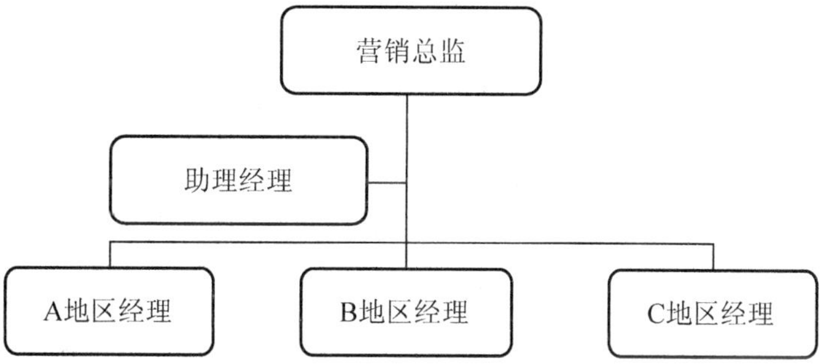

图 1.5 区域管理型营销组织

4. 复合型营销组织

复合型营销组织，就是按照不止一条主线来规划设立企业的营销组织。最常见的复合型的营销组织是矩阵型营销组织。我们也以矩阵型营销组织为例，来探讨复合型营销组织。其简化的组织结构如图 1.6 所示。

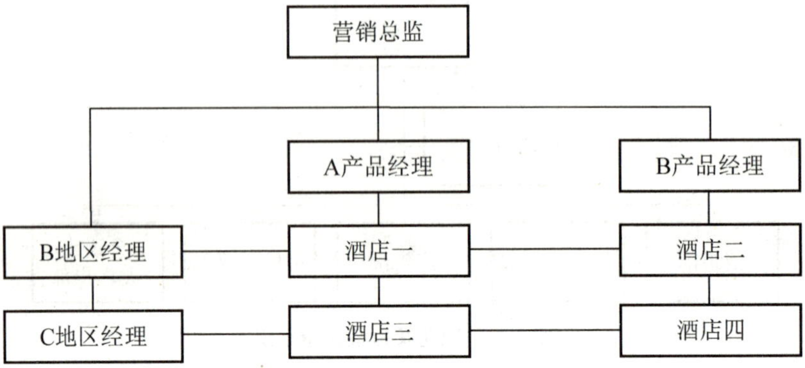

图 1.6　复合型营销组织

1.4.2　销售队伍的规模

销售队伍规模的大小影响着酒店销售队伍的竞争力和实际的业务拓展能力。但并不是销售队伍规模越大就越好，或者越小越好，销售队伍规模大小的确定主要有以下三种方法。

1. 工作量法

工作量法就是根据酒店销售工作量来确定营销人员数量的方法。计算公式为

$$S=(C_1+C_2)VL/T$$

式中，S 为营销人员数量；C_1 为现有顾客数量；C_2 为需要访问的潜在顾客数量；V 为每年访问顾客（现有和潜在）次数；L 为每次访问的平均时间（小时）；T 为每个营销人员用于推销的有效工作时间（扣除公司内工作时间和用于路途时间，以小时计）。

2. 销售百分比法

这是根据酒店营销历史统计资料计算出的销售队伍的各种耗费占销售额的百分比及营销人员的平均成本，并在预测销售额的基础上确定营销人员数量的方法。

3. 销售能力法

这是根据每位营销人员的销售能力和酒店的销售目标确定营销人员数量的方法。营销人员的能力越强需要的人员数量就越少，销售目标越高需要的人员数量就越多，最终应综合考虑营销人员的能力和酒店的销售目标来确定营销人员的数量。

酒店可根据促销的需要，合理确定销售队伍的规模。大多数企业常采用工作量法来确定销售队伍的数量。

用工作量法确定销售队伍规模的操作步骤如下。

(1) 按年购买量的大小对顾客进行分类，并确定每类顾客的数目。

(2) 确定每类顾客一年内需要访问的平均次数。

(3) 计算访问所有顾客所需的总次数，即年访问总工作量。

(4) 用总次数除以一个营销人员一年内可以完成的平均访问次数。

例 假设某企业有1 000个A类顾客，2 000个B类顾客。A类顾客一年平均需要访问36次，B类需要访问12次。假设该企业营销人员一年人均可以访问1 000次，则需要的推销人员数量为

$$[(1\ 000\times36)+(2\ 000\times12)]/1\ 000=60\text{（名）}$$

即该企业需要配备60名营销人员。

销售队伍的规模大小由市场发生的变化、竞争及公司战略与战术等决定，推销程序也将直接影响销售队伍的规模决策。

1.4.3 招聘与培训职业销售队伍

人员营销对于酒店产品（客房、会议设施、多功能厅、宴会厅）而言，是一种行之有效的营销方式，它有着一般宣传和广告无法替代的优点。人员营销中的关键因素是人，因此，确定适当的销售队伍的数量和质量直接影响着企业的推销效果。这就涉及企业对营销人员的招聘、培训等工作。

1. 招聘营销人员

成功的销售队伍经营管理的核心是选择有效的销售代表。普通的销售代表与顶尖销售代表之间的业绩差距是相当大的。一项调查显示，27%的顶尖销售代表带来超过50%的销售额。比销售效率差距更大的是雇用错误人员的巨大浪费。当某一营销人员辞职后，寻找并培训一个新营销人员的成本加上销售业务的丢失成本将是巨大的，而且一支有许多新人的销售队伍通常是缺乏效率的。

大多数顾客表示，他们希望销售代表诚实、可靠、知识渊博及乐于助人。酒店在选择营销人员的时候应当寻找具有这些品质特征的人。另一种方法是寻找酒店最有成就的营销人员的普遍特征。一份对超额完成任务者的研究发现，超额完成任务的营销人员显示出以下特征：冒风险、很强的使命感、解决问题的才华、关心顾客和谨慎的计划者。另一份最简短的品质特征一览表推论说，有效的营销人员有两种基本品质：一是情感投入，设身处地地为顾客着想的能力；二是自我激励，一种从事推销的个人强烈的需要。

2. 培训销售队伍

人员招聘工作完成后，接下来重要的工作就是对营销人员进行培训，以提高他们的业务素质，确保企业销售目标的实现。

许多企业在招募到新的营销人员之后，立即派他们去做实际工作，企业仅向他们提供样品、订单簿和销售区域情况介绍等。这些企业担心培训要支付大量费用，会失去一些销售机会。但事实证明，训练有素的营销人员所取得的销售业绩要比培训成本更大。而且，那些未经培训的营销人员其工作效果并不理想，他们的推销工作很多是无效的。

【特别提示】

在顾客自由选择度日益增强和产品复杂程度越来越高的今天，顾客总希望自己能够获得正确的产品知识，并且能够比较愉快地购买产品。营销人员不经过系统的专业训练，是不能很好地与顾客沟通的。有远见的企业在招聘营销人员之后，都要进行几周乃至数月的专业推销培训。国外企业的平均培训时间，产业用品公司为 28 周，服务公司为 12 周，消费品公司为 4 周。培训时间随销售工作的复杂程度与所招入销售机构的人员类型而有所不同。例如，IBM 公司的新营销人员前两年是不能独立工作的，公司希望其营销人员每年用 15% 的时间参加额外的培训。

销售队伍成员需要进行以下 3 种类型的培训。

1）产品/服务培训

酒店中的技术应用引起不断地变化，预订系统、设备，以及整个经济系统都在变化。服务递送系统、菜单、分支机构分布及其他无数变化要求进行正规的和经常的培训。

2）政策、程序和计划培训

由于组织机构的规模与复杂性的增加，对正规化系统和程序的需要也在增加。营销人员可能会因为不能遵照已经制定的程序行事或遵守政策而使工作失败。例如，酒店营销人员因缺乏关注其必须完成的一大堆文书工作中的细节而遭到很多批评。由于没有正确地、准时地和详细地完成文书工作导致代价很大的错误、顾客的不满意和在其他部门造成恶劣影响。培训对于确保营销人员理解所有政策和办事程序是很重要的。

3）推销技能培训

有一个古老的争论，其主题集中于试图讲授推销技能。争论的一方坚信营销人员能够推销成功是由遗传、个性和动机而不是培训决定的；另一方普遍认为，只有一小部分人成为富有成效的营销人员，而他们的推销技能可以通过学习下面一些推销要求来提高。

（1）调查。

（2）获得第一个推销访问机会（安排约会）。

（3）进行推销谈话。它包括以下七个步骤：与对方熟悉；提问题和探测对方的需要；倾听对方，注意其所说的话和没有说的话；展示产品/服务的好处，指出其可能满足对方的需要；说服反对意见；如果有必要，进一步探测对方的需要；达成交易。

（4）售后服务。它包括以下六个步骤：如果对方没有购买，则继续进行推销谈话；向对方下订单表示感谢；使顾客相信这是正确的选择；寻找机会进行高价品推销和交叉推销；要求提供其他线索和推荐书；要求再一次约见，或当顾客准备再次购买时，要求再一次销售。

【特别提示】

因地制宜的推销培训是最有效的，尽管如此，对于营销人员的推销成败还有一些一般性的决定因素。当制订推销培训计划时，应当考虑这些因素。

已经有六个因素被确定会导致推销失败，每一个都和酒店业营销人员有关，这六个因素如下所示。

(1) 缺乏倾听技巧。

(2) 没有将注意力集中于最需要优先考虑的事情。

(3) 缺乏足够的努力。

(4) 没有确定顾客需要的能力。

(5) 对推销展示活动缺乏规划。

(6) 缺乏对产品/服务的了解。

1.4.4 管理销售队伍

营销人员的工作业绩直接关系到企业销售目标的实现，企业要打造一支高绩效的销售队伍，除了应做好营销人员的选拔与培训工作外，还需要针对营销人员的各种需要提供有效的激励，并对营销人员的工作过程和工作结果实施有效控制。

1. 营销人员的激励办法

对营销人员进行有效的激励是调动营销人员销售的积极性、提高销售业绩的好方法。对营销人员的激励应注重物质激励与精神激励相结合，常用的方法主要有以下几种。

1）营销人员的薪酬激励

为激励营销人员努力完成销售任务目标，企业首先应拟订一个具有吸引力的薪酬制度。

一般营销人员都希望收入稳定，要对超额完成任务者给予必要的奖励，对他们的经历和资历给予合理的报酬。因此，有效的薪酬制度必须对营销人员的报酬水平和报酬的构成作出决定。营销人员报酬水平的确定应参照“现行市场价格”，与竞争企业营销人员的报酬水平相比具有竞争力。营销人员的报酬构成主要有以下3种类型。

(1) 单一的计时工资制（固定工资）。这种薪酬制度对营销人员根本没有激励作用，因此采用的企业也较少。

(2) 纯佣金制（销售提成）。这种薪酬制度由于无法满足对营销人员基本生活的保障功能，因此应用的范围较窄。

(3) 组合式的薪金制度（固定工资+可变工资）。这是目前我国企业采用比较多的薪金激励制度，但其具体构成项目也有所不同，主要形成有以下3种。

① 固定工资+销售提成。这种薪金构成一般固定工资很低，主要依靠销售提成。这种薪金制度能否对营销人员起到有效的激励作用关键看企业能否科学合理地确定营

销人员的销售定额。由于这种薪金制度企业容易操作，管理成本较低，因此经常被一些经济实力不强、管理水平不高的中小型企业采用。

② 固定岗位工资+绩效工资+奖金。这种薪金构成的好处是将营销人员的工资发放与绩效考评结果联系起来，有利于引导营销人员自觉完成企业所设定的工作目标。对于营销人员做出的特殊贡献，企业可给予一定的额外奖金。采用这种薪金制度对企业的管理水平要求较高，企业投入的管理成本也较多，因此，一些管理基础较好的大中型企业多采取这种薪金制度。

③ 固定岗位工资+绩效工资+销售提成。这种薪金构成在保留了第②种构成方式的优点的基础上，加大了对营销人员超额完成企业设定的销售目标的激励，对营销人员的激励作用十分突出。

2）营销人员的福利激励

福利激励法主要是指除了薪金以外给予营销人员的额外福利激励方法。例如，一些企业按照达到不同水平销售额，分别给予不同的营销人员以休假、旅游的奖励，或者给予其住房、汽车、会员卡、购物卡或者高额保险的奖励等。

3）营销人员的非福利激励

在收入水平比较高的行业或者地区，营销人员也许比较重视非福利激励法。例如，上级或者同事的赏识，晋升或者学习的机会，良好的工作环境或者气氛，良好而且认同的企业文化等。非福利激励法受到越来越多的营销人员的青睐。

2. 营销人员的绩效考评

目前许多企业为保证战略发展目标和产品销售目标的实现，实行了营销人员的绩效考评制度。营销人员的绩效考评，是企业对营销人员的工作效率和工作效果进行的事后考核与评价，它更加侧重于对营销人员工作结果的评价。

企业对营销人员的绩效考评的结果，既可以作为分配报酬的依据，又可以作为职务升迁、任免、调遣、加薪等企业人事决策的重要依据。

考评营销人员的绩效，科学而合理的标准是不可缺少的。绩效考评标准的确定，既要遵循基本标准的一致性，又要坚持营销人员在工作环境、区域市场拓展潜力等方面的差异性，不能一概而论。当然，绩效考核的总体标准应与销售增长、利润增加和企业发展目标相一致。

制定公平而富有激励作用的绩效考评标准，需要企业管理人员根据过去的经验，结合营销人员的个人行为来综合制定，并需在实践中不断加以修整与完善。常用的营销人员绩效考核指标主要有：

（1）销售额，是最常用的指标，用于衡量销售量的增减状况。

（2）毛利，用于衡量利润的实现情况。

（3）每天平均访问次数，用来衡量营销人员的努力程度。

（4）每次推销访问中接触顾客的时间。

（5）访问成功率，用来衡量营销人员的工作效率。

（6）销售费用及费用率，用于衡量每次访问的成本及直接销售费用占销售额的比重。

(7) 每一时期新客户数，用于衡量营销人员的市场开发能力。

(8) 每一时期失去的客户数。

3. 营销人员的工作监督与评价

营销人员的工作自由度比较大，企业仅对营销人员的工作结果进行考评是远远不够的。因此，企业还需要建立一套完整的销售管理工作制度和工作流程（如制定营销人员的行为规范、客户访问报告制度、市场与产品信息的反馈制度、客户管理制度、销售工作计划与执行情况报告制度、销售费用管理制度等），使营销人员的各项工作有规可循，从而能够大大地提高营销人员的工作效率和工作效果。此外，销售部门负责人还要对营销人员的日常工作过程进行必要的指导与监督。

对营销人员的定性评价也可以评价其对公司、产品、顾客、竞争者、销售地区和职责等方面的认识。个性特征可以被评价，如一般态度、外表、演讲和气质等。销售经理可以通过检查以确保营销人员了解和遵守公司政策。每一个公司必须制定自己的评价程序。无论选择哪种程序，它对营销人员和公司都应是公正的。如果销售队伍中的成员感到他们被用错误的评价标准评价，他们会很快感到不满并可能离开公司。

【特别提示】

酒店业推销是一个职业。建立一个职业的、忠诚的和满意的销售队伍对任何酒店都大有裨益。对营销人员价值与贡献的评价标准不能到迫不得已的时候才建立，或使用不恰当的标准和尺度。在销售部的各方面工作中，制定和使用对职业销售队伍成员正确的评价体系是最重要的。

本章小结

本章以人员推销的基本内容为研究中心，重点阐述了酒店营销管理的本质及其基本内容、酒店营销人员的素质要求、人员销售流程与销售技巧、推销队伍的结构与规模、招聘与培训、管理等方面的内容。需要明确人员推销的步骤和技巧，懂得如何进行销售队伍的建设与管理，并灵活机动地运用推销方法与技巧向顾客介绍和推销酒店产品及正确处理销售队伍建设与管理中的一般问题。

关键术语

销售流程、适应性销售、接洽客户、探察需求、销售展示、化解异议、成交、售后追踪服务、职能管理型营销组织、区域管理型营销组织、工作量法、销售百分比法。

思 考 题

(1) 为什么说营销工作对于酒店发展很重要?
(2) 酒店推销职位包括哪些方面?
(3) 酒店为什么关注关键客户或全国性客户?
(4) 销售队伍结构有几种?
(5) 如何确定销售队伍的规模?
(6) 如何招聘和培训销售队伍?
(7) 如何激励和评价营销人员?

课 堂 互 动

1. 课堂讨论

许多人觉得他们不具备成为成功营销人员的能力。培训在帮助人们提高推销能力方面起着哪些作用?

2. 角色扮演

优秀的营销人员熟悉自己和竞争对手的产品。如果你的公司希望你推销一种你认为比竞争对手差的产品，你将做些什么?

3. 头脑风暴

“寻找潜在客户”练习。如文中所述，获得潜在客户有很多方法，实际上，只有想不到的，没有做不到的。请用5分钟时间想出一些其他寻找潜在客户的方法。可以集体讨论，但要解放思想，才能才思泉涌。

营 销 实 战

实训任务一

开展一次与酒店或旅游业营销人员的访谈，向他/她询问工作上的问题。例如，他们有代表性的一天的工作内容，他们在工作中的喜怒哀乐，他们如何看待将来技术对销售部门的影响，以及其他你感兴趣的问题。最后在访谈报告中记录你的所见所闻。

实训任务二

在教师指导下，安排1周时间，试为某一酒店的产品进行推销实践，步骤如下。

首先，进行推销实践动员，让学生充分认识推销实践活动的意义，掌握必要的推销技巧和方法。其次，规定适当的推销任务，并要求学生每天撰写推销活动日记，以掌握学生推销活动的具体情况。推销实践活动结束后，根据学生的推销数量和推销活动日记情况评定成绩，对优胜者还可颁发荣誉证书，以充分调动学生走向社会、进行推销实践活动的积极性。

推销实践的具体要求如下。

（1）精心进行酒店商品推销实践准备（如知识、目标市场、推销线路、方法等）。

（2）能熟练自如地运用所学商品推销的方法与技巧。

（3）热情高，干劲大，推销活动卓有成效。

（4）认真写好商品推销活动日记及心得体会。

案例分析

某市一家中等规模的商务酒店从开业以来，客房出租率一直很低，能容纳150人的会议室也长期闲置。酒店总经理找来销售部经理研究，制定了一系列调动营销人员积极性的政策。例如，提高了销售任务指标，同时也提高了销售总额提成比例和销售费用标准。但是营销人员的积极性并没有明显提高，销售业绩也没有明显改观。而且由于不同区域的销售任务指标不同，提成比例不同，营销人员相互之间也有意见，销售经理很苦恼。

思考题：

（1）你认为问题出在什么地方？

（2）如果你是销售经理的话，你打算怎么办？为什么？

2

酒店市场营销概述

本章概要

（1）酒店市场营销的基本概念。

（2）酒店营销管理哲学及其演进。

（3）酒店营销新思路。

本章目标

学完本章以后，你应该能够：理解市场营销的各种核心概念；运用市场营销演变的知识，判断酒店处于何种营销观念阶段；运用新的营销思路，建立有利的顾客关系。

案例导入

一家酒店的餐厅里，距营业时间结束20分钟时，还有两位客人在用餐，服务员已经在打扫餐厅了。这时，一位客人进入餐厅，迎接他的并不是热情的问候，而是“对不起，先生，营业时间到了，请您到别处用餐”。可想而知，这位客人一定非常不满，他也许会投诉，也许不会，只是在心里做出以后再也不会来这家餐厅用餐的决定。其实，并不是每位对酒店不满的客人都会投诉，但他心里一定会对酒店产生负评价，这一点对酒店经营者而言是致命的。餐厅服务员的行为是在一种经营理念的指导下做出的，或者说是受管理者的某种经营哲学支配的，这也是我们要深入研究的本质上的东西。

另有一家餐厅，因连续10年提供品质如一的食品而闻名遐迩。该餐厅每当周末便爆满，平时顾客也很多。餐厅的经理声称，他们并没有做什么营销活动，因为没有必要去做，他们现在的生意很好。这个餐厅真的没有做什么营销努力吗?

案例点评：营销不只是市场部门的事情，营销理念应该渗透到企业的各个方面。很多人会把营销与销售等同起来，即便销售在营销中发挥着作用，这种等同也是非常不准确的。营销工作做得好的酒店，会竭尽全力去理解和研究其顾客的需要、欲望和需求。他们研究顾客喜好什么和厌恶什么，观察顾客对待他们的产品和竞争者的产品的态度。

酒店与市场的连接点是顾客需求，这也是酒店营销工作的起点和归宿。营业收入和利润等经济效益只可能在满足顾客需求的过程中产生。本章以营销的基本概念为切入点，并以“需求”这根主线贯穿介绍营销的全过程。

2.1 酒店市场营销的基本概念

市场营销是基础，不能把它看成是一种单一的功能。从它的最终结果来看，也就是从顾客的角度来看，市场营销是一个整体活动……企业的成功不是由生产者决定的，而是由顾客决定的。

——彼得·德鲁克

2.1.1 营销的定义

营销是要预见需求，了解需求，刺激需求，最终满足需求，概括而言就是，了解顾客的欲望与需求，目的是要知道卖什么、卖给谁、什么时间、什么地点和多少数量。实际上，现存的营销定义有十几种，本书只讨论两种比较成熟的定义。第一个是特许营销学院给出的定义：营销起管理的作用，它要组织、指导所有的营销活动，包括评价顾客需求，将顾客的购买力成功地转变为对某种产品或服务的需求，并将某一产品或服务卖到最终顾客或使用者手中，达到获取公司或其他组织制定的利润目标或其他目标。

这个定义有3方面重要内容：第一，营销在公司中发挥管理作用；第二，它为一个企业开展的所有活动打下基础并提出框架；第三，它包含了全部营销理念，重视顾客需求，把顾客需求作为企业运营的起点。销售注重卖方的需求，营销注重买方的需求。营销首先要知道顾客的需求，然后生产某种产品去满足这些需求，而不是生产一种产品或服务，然后再决定它能卖给谁。

第二个定义是著名营销理论家菲利普·科特勒给营销下的定义：个人和集体通过创造产品和价值与其他人交换来满足他们的需求和欲望的社会过程和管理过程。

在这个定义中，价值被定义为顾客对产品满足自己需求综合情况的评价。为了解释这个定义，我们探讨一下几个词汇：需要、欲望和需求，产品，价值、满足和质量，交换和交易，市场。它们的关系如图 2. 1 所示。

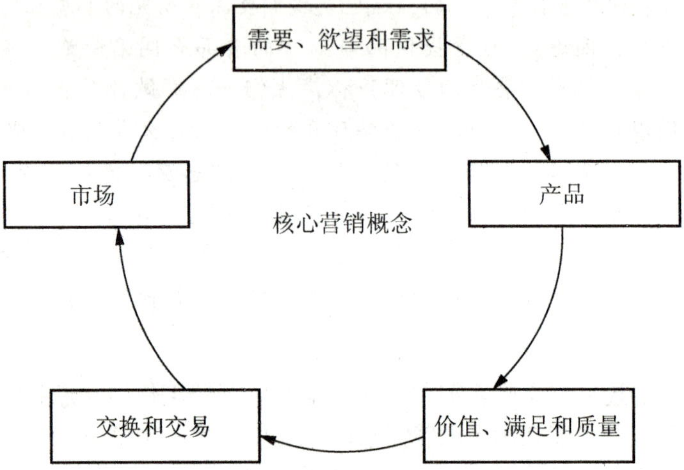

图 2. 1　核心营销概念

1. 需要、欲望和需求

1）需要

在营销中最基本的概念是需要。人类的各种需要和欲望是营销的出发点，就酒店业而言，它的产生与发展，始终是以满足人们旅游中的住宿、饮食、游玩等需求为导向的。

人的需要是一种被感知到的匮乏状态。它包括基本的生理需要，如对食物、衣服、温暖和安全的需要；社会需要，如对归属、友爱、娱乐和放松的需要；尊重需要，如对地位、声望和名誉的需要；个人需要，如对知识和自我表现的需要。这些需要不是由营销人员发明出来的，而是人类自身的组成部分。当一种需要不被满足时，人就会进入匮乏状态。

2）欲望

它是人的需要受到文化和个性的影响后所产生的一种表现形式，它可以根据能满足需要的具体物品加以描述。随着社会的发展，社会成员的欲望也随之膨胀。由于人们面临的足以唤起其兴趣和欲望的物品越来越多，厂家会试图提供越来越多的能够满足人们欲望的产品和服务。

应用案例 2－1

有些酒店的经营宗旨就是满足顾客对地位、声望的需要。入住四季酒店、迪拜酒店等众多以奢华著称的酒店已成为经济地位的一种象征。在美国，Tony's 餐馆就是休斯敦最豪华也是最昂贵的餐馆之一。在这里，某些老主顾要求坐在餐厅最显眼的地方，以便确保别人能注意到他们，由此获得声望上的满足。又如 Bennigan's 餐馆，则注重满足客人的社会需要：一种与他人共处、娱乐和放松的需要，这家餐馆的连锁店刻意营造一种随意而轻松的氛围，公共吧区可以让客人把餐馆当做邻里聚会之处。

许多营销人员都不能明确区分欲望和需要。因哮喘而需吸氧，与为生活潇洒而去氧吧吸氧，都是需要氧气，但两者的欲望截然不同，前者是为了抢救生命，后者是为了追求生活的乐趣和质量。一个钻头制造商会以为顾客需要一个钻头，而实际上顾客需要的是一个孔洞。这些营销人员患有“营销近视症”。他们痴迷于产品只是为了解决消费者所遇到的问题而已。这样，当一种新产品出现并且能更好或更便宜地满足消费者的需要时，这些营销人员就会陷入困境。尽管这时顾客的需要不变，但他们渴望得到一种新产品。

3）需求

人们的欲望是无限的，但购买力却有限。他们选择的产品将是那些只花一定数量的钱却可从中获得最大满足的产品。当欲望要靠购买力来支撑时，就变成了需求。由此可以认识到，营销不是简单的推销产品，而是力图通过使产品既富有吸引力、迎合消费者物质和心理的需要，又能为其支付能力所承受，从而使消费者容易购得。

消费者把产品看作一系列利益的集合，他们仅花钱买那些可以提供最大利益的产品。所以，像莫泰 168 酒店、如家酒店、速 8 酒店这样的经济型酒店意味着可以提供基本的住宿条件、价格低廉并进出方便，四季酒店和凯宾斯基酒店则是舒适、豪华和地位的象征。当人们的欲望和购买力一定时，他们会选择那些能最大限度满足其需要的产品。

应用案例 2－2

万豪国际酒店集团董事长比尔·马里奥特每年要亲自阅读 8 000 封顾客来信中的 10% 和 75 万份宾客意见卡中的 2%。所有迪斯尼乐园的经理每年都要有一周时间工作在第一线——售票、出售爆米花或者拆装游乐设施。

理解顾客的需要、欲望和需求的细节，构成了制定市场营销策略的重要依据。

2. 产品

从营销术语讲，产品不仅包含了有形产品，也包含能够给人们提供包括服务在内的满足他们欲望或需求的任何产品。如果一位管理者需要减轻竞争高度激烈的工作环境带给他的工作压力，那么能满足这一需要的产品包括一场音乐会、一餐盛宴、一次为期 4 天的热带海滨度假或几堂身体训练课。这些产品并非具有同等的价值，越是比较容易获得和不太贵的产品（如一场音乐会和一餐盛宴），就越可能被首先购买，并且会被经常购买。

从广义上讲，产品包括体验、人、地点、组织、信息和想法①。需要指出的是，营销的目的在于提供产品为消费者所产生的利益服务，而不是产品实体的本身。例如，购买空调，是为了冬夏室温适宜，人体感到舒适；喝饮料是为了解渴；住高星级酒店是为了显示身价、谈成生意等。通过提供几种服务和产品，公司就可以创造、展现和推销某种体验。

应用案例 2-3

位于巴诺书店（Barnes&Noble）里的星巴克咖啡屋（Starbuck's），将买书的过程转化成一次体验。星巴克咖啡屋向顾客提供咖啡、茶水、点心，买书的顾客不仅可以浏览书籍，还可以在咖啡屋里享用饮料或点心放松自己。

马里奥特国际假日俱乐部非常关注为顾客创造各种体验，因为那种体验经常能使顾客念念不忘。通常，同样档次的度假酒店所提供的产品都是类似的，而马里奥特就靠提供顾客体验而使这种产品与别人的产品有所区别。马里奥特的新港海滨度假地所提供的观赏海豚活动及漂流旅行，都是这种体验的典型案例，酒店用旅游目的地的资源为顾客创造了终生难忘的体验。

所以，产品所包含的意义绝不仅仅限于物质产品或服务。消费者决定要体验什么、到哪个旅游目的地旅行、入住哪家酒店、光顾哪家餐馆等这些都是产品的内容。

产品卖给两种购买者：为了自己消费而购物的人和为他人购物的人。消费者营销是描述前一种购买者的营销活动，企业营销是针对后者。就像制造业购买原材料是为了生产成品，零售店购买商品是为了卖给他们的消费者。在酒店业，也有多种形式的企业购买者。许多大公司的员工经常进行商务旅行，这些公司雇佣商务旅行经理，他们的工作就是安排公司雇员的所有商务旅行。商务会议通常由专业会议组织公司来安排，也有些由参加会议员工的公司组织。酒店努力从这些企业购买者那里争取生意。但无论哪种购买者，我们都可以将其定义为顾客。

3. 交换和交易

营销活动产生于交换。交换，是构成营销基础的一个概念。实现交换必须具备 5

① 菲利普·科特勒．旅游市场营销．哈尔滨：东北财经大学出版社，2011.

项条件：①至少有两方；②每一方都有对方认为有价值的东西；③每一方都能沟通信息和传送货物；④每一方都可自由接受或拒绝对方的产品；⑤每一方都认为与对方进行交换是适当的或称心如意的。交换之所以会得以成功实现，那必然是买卖双方都认为交换后比交换前得到了更多的满足，所以“等价交换”这一经济学的概念放到交换双方心理天平上来衡量，双方都感到是增值的，所以也可认为交换是一个价值创造的过程。

如果交换双方谈判达成协议，最后成交，这就是交易行为。尽管交换是营销概念的核心，但交易却是营销的度量单位。一笔交易包含着交换双方的成交额。说到交易，我们必须能够说清楚，在某个时间和地点并在某些条件下，A 将 X 给了 B 并得到 Y。例如，IBM 给希尔顿 500 美元，换取的是对会议室的使用权。这是一种传统的货币交易。但并非所有的交易都需要货币。在一笔实物交易中，某地餐馆可能向某广播公司提供免费食物，以便在该公司做免费广告。一笔交易所要涉及的，有至少两种有价值之物，有得到认可的条件，有适当的时间和地点。为促使交易成功，营销人员应分析参与交换的双方各自希望给予什么和得到什么。

【特别提示】

聪明的营销人员十分注意培养与那些有价值的顾客、分销商、经销商和供应商之间的关系。他们通过承诺并不断地提供高质量的产品、良好的服务和公平的价格，而与社会各个团体建立起紧密的经济联系。

营销已经日益从原来刻意在每一笔交易中获得最大利益的方式转向寻求与消费者和其他集团的最佳互惠关系。这样做的假定是：建立起良好的关系随后就是有利可图的交易。

关系营销最适合于运用到那些可以影响公司未来的顾客身上。对于许多公司而言，有一小部分顾客总是占有公司销售份额的一大部分。与这些关键顾客打交道的营销人员，不能等到自己心血来潮才打个电话，以为顾客已经准备好要填写订单。他们应该对每一笔交易都做到心中有数，并且准备若干种应付可能存在的问题的办法。他们应该经常打电话，经常拜访，对顾客的经营之道提出有用的建议，和顾客出去吃顿饭，或提供一次娱乐放松的机会，对顾客作为常人的需要表现出兴趣。

大多数酒店发现，它们用于吸引新顾客所花费的金钱，若用于维持老顾客从而形成重复购买的话，其回报要高得多。它们意识到了从老顾客那里可以获得交叉销售的机会。越来越多的公司都在寻找战略伙伴时把娴熟的关系营销作为根本。对于那些购买大型而复杂的产品（如大型会议设施）的顾客而言，销售只是这种关系的开始。所以，尽管关系营销未必适合所有场合，但它的重要性却一直在增强。

4. 市场

交易的概念直接引出了市场的概念。市场是可能与卖者交易的现实和潜在购买者构成的集合。市场的规模取决于具有共同需要、有购买力或其他被人认可的资源并且愿意用这些资源换取他们所需要的东西的人数。

传统上，市场一词指的是一个实际地点，如村庄里的广场，在那里买者和卖者聚集在一起交换物品。有时，这个定义还适用于卖者构成产业，而买者构成市场。卖者向市场提供产品，同时向市场提供有关产品的信息；反过来，市场向卖者提供金钱和信息。实际上，现代经济运行的原则就是劳动分工。通过劳动分工，每个人专门从事某种产品的生产，获得劳动报酬，并用所获得的金钱购买所需要的东西。所以，现代经济中充斥着大量的市场。

2.1.2 营销和营销管理

1. 营销

市场的概念最终使我们获得了完整的营销概念。营销意味着通过作用于市场进而促成交换来满足人们的需要和欲望。这样，我们又回到了对营销的定义上来，那就是，营销是通过交换过程满足人的需要和欲望的过程。

交换过程包含大量的工作，卖者必须寻找买者，识别他们的需要，设计有吸引力的产品，并做好相应的推销、定价和递送工作。这种产品开发、调研、沟通、分销、定价和服务活动，都是营销的核心活动。

尽管我们一般会把营销理解成卖者的职能，但买者也做营销。当消费者在他能支付得起的价格水平上寻找其所需物品时，就是在做营销；当会议策划人为场地讨价还价时，他们也是在做营销。在卖方市场中，主动权在卖方手里；在买方市场中，主动权则在买方手里。

2. 营销管理

多数人都把营销经理看作一个寻找足够顾客来购买酒店目前的产品的人。这种看法过于狭隘。让营销经理感兴趣的是确定市场对酒店产品和服务的需求的水平、时间和内容。在任何时候，都可能出现没有需求、有适当的需求、有不规则需求或者有过多需求的情况。通常认为，一个酒店合理的客房出租率是75%左右。不过，75%的出租率却可能是由每周中间几天90%的出租率和周末两天的30%的出租率平均而来的。许多餐馆在11:30左右顾客很少，而到12:30就排起长队，到下午2:00又归于清静。

在旅游行业，营业的高峰和低谷时段都是极其显著的。这就是为什么我们要讨论需求管理的问题。我们认为，酒店营销管理是为创造、培育和维持与目标市场的有益交换，并进而达到酒店目标所实施的分析、计划、执行和控制职能。

2.1.3 顾客满意导向

顾客满意导向是针对20世纪50年代形成的“以消费者为中心”导向的发展。要求酒店把顾客的现实需求与潜在需求作为酒店开发产品和服务项目的依据，并在市场营销全过程及其各个环节中都要尽最大可能满足其消费需求。并且，酒店要及时跟踪研究顾客的满意度，据此设立改进项目和目标，调整经营环节，依此稳定老顾客，扩大新顾客群。

企业的目的就是创造并留住那些获得了满足并对于企业而言是有利可图的顾客。当顾客的需要获得满足时，就意味着他们被吸引过来并被挽留下来了。他们不仅会重新光顾同一家酒店，而且还会为酒店树立很好的口碑。使顾客满意从而为企业赢得利润，是酒店营销的核心目标。

向市场提供满足社会需求，使顾客满意的酒店产品，是成功的酒店营销的基础。因为企业效益的提高，根本上取决于顾客的满意度。得不到顾客的认同，企业终究会失去市场，效益也就无从谈起。当今时代，世界各国的企业都已意识到市场竞争的焦点就是顾客的满意度。顾客满意理论就是在这一背景下应运而生的。顾客满意理论完全适用于包括酒店行业在内的旅游服务业乃至整个服务业。

1. 顾客让渡价值

顾客让渡价值是指顾客通过拥有和（或）使用某个产品所获得的利益与取得该产品而支付的费用之间的差额。顾客让渡价值一般表现为顾客购买总价值与顾客购买总成本之间的差额。这里的顾客购买总价值是指顾客购买某一产品与服务所期望获得的一系列利益；顾客购买总成本是指顾客为购买某一产品所耗费的时间、精神、体力及所支付的货币资金等成本之和。顾客让渡价值如图 2. 2 所示。

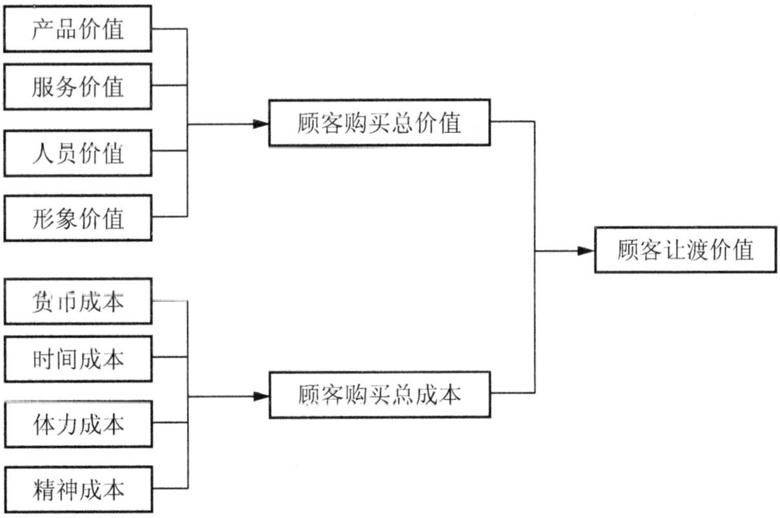

图 2. 2　顾客让渡价值示意

酒店业的顾客需要付出的最大一笔非金钱的费用就是时间，因而许多酒店会采取措施为客人节省时间。例如，香格里拉酒店，不希望让“行政客人”排队办理登记手续，酒店会在客房内备好热茶，并由服务人员陪同客人直接入住客房，而入住手续则由服务人员代为办理。

【特别提示】

对于管理人员来说，挑战之一就是为目标市场增加产品的价值。为了做到这一点，管理人员必须了解顾客，知道应该为他们增加什么价值。随着顾客和竞争状况的不断变化，这也是一个不间断的过程。

2. 顾客满意

顾客是否满意依赖于顾客所实际感受到的价值与其先前的期望之间的关系。如果产品的价值低于顾客的期望，购买者就不会满意；如果产品的价值符合顾客的期望，购买者就会满意；如果产品价值超过了顾客期望，购买者就会大喜过望。聪明的企业只向顾客承诺它所能提供的，然后设法提供比承诺更多的价值，以此使消费者得到意外的惊喜。

顾客的期望建立在过去的购买经验、朋友的意见及营销人员和竞争者所提供的信息和所做出的承诺的基础上。营销人员必须小心地确定出适当的期望水平。如果期望水平定得过低，虽然可以使购买者满足，但难以吸引新的顾客；如果将期望定得过高，购买者就会失望。

顾客满意度可以用多种方法来衡量。

（1）顾客重复购买次数及重复购买率。在一定时期内，顾客对某一产品或服务重复购买的次数越多，说明顾客的满意度越高，反之则越低。

（2）产品或服务购买的种类数量与购买百分比。顾客经常购买的酒店产品的种类（品牌）数及顾客最近几次购买中购买各种品牌所占的百分比。这在一定程度上反映了顾客对品牌的忠诚度。

（3）顾客购买的挑选时间。顾客对于某种产品或服务信赖程度的差异，在购买时的挑选时间是不同的，一般来说，顾客挑选时间越短，说明他对某一品牌的忠诚度越高，反之则说明他对这一品牌的忠诚度低。

（4）顾客对价格的敏感程度。对于喜爱和信赖的产品，顾客对其价格变动的承受能力强，即敏感度低；相反，对于不喜爱和不信赖的产品价格变动承受能力弱，即敏感度高。所以据此可以衡量顾客对某一品牌的满意度与忠诚度。但必须注意到，只有排除产品或服务对于人们的必需程度、产品供求状况及产品竞争程度 3 个因素的影响，才能通过价格敏感程度正确评价顾客对一个品牌的忠诚度。

（5）顾客对产品质量事故的承受能力。顾客对产品质量事故的不同态度反映了其初始满意及忠诚程度。如果顾客对一般性质量事故或偶然发生的质量事故报以宽容和同情的态度，并且会继续购买该种产品或服务，表明顾客对某一品牌的忠诚度很高，否则，表明对这一品牌的忠诚度不高。

对于酒店营销而言，顾客满意既是一种导向，也是一种营销手段。那些顾客满意度高的酒店，其销售额相应也高。

尽管如此，今天大多数成功的企业都在提高人们的期望，然后再设法满足。这样做的原因是他们知道当有一种更好的产品出现时，那些仅仅感到满意的顾客会很容易撇下原供应商而选择新的供应商。所以，能够使顾客欣喜（而不仅仅是满意），才会创造一条情感的纽带，才能建立一种高度的忠诚感，而不仅仅是维持一种理性的偏好。非常满意的顾客会重复购买，会表现出价格刚性，会成为老主顾，会对企业及其产品做正面的宣传。

【特别提示】

丹尼尔·贝克海姆说："那些不懂得质量改进、制造和经营语言的营销人员将像马鞭子一样被人弃之路边。功能营销的年代过去了，我们不能再将自己看成是市场研究者、广告者、直接营销者、战略者等，我们必须把自己视为顾客的满足者——整个过程都要将顾客作为中心。"

3. 质量

质量对产品和服务的价值具有直接的影响，它与顾客价值和顾客满足密切相关。从最狭义的角度看，质量可以定义为"没有缺陷"。但大多数以顾客为中心的企业都不这样狭隘地理解质量。相反，他们根据顾客的满足程度来定义质量。美国质量管理协会把质量定义为：产品和服务所具有的能够满足顾客需要的特征和特性的总和。

对于大多数优秀的酒店而言，顾客导向的质量已经成为经营的必经之路。大多数顾客不能容忍低劣的或平庸的质量。今天的酒店想保有竞争资格，除了采用质量概念之外已经别无选择，更不用说寻求赢利了。因此，改善产品和服务质量就应该成为酒店首要的任务。

在以质量为中心的酒店当中，营销人员有两个主要责任。首先，他们必须参与到策略制定过程当中，这些策略能实现质量的全面提高，帮助酒店获胜。他们必须做顾客的守护神或保卫者，当产品或服务不好时，他们能为消费者负责。其次，营销人员既要保证营销质量，也要保证生产质量，他们在实施每一项营销活动（包括营销调研、销售培训、广告、对客户服务等）的过程中都必须坚持高标准。

全面质量是创造价值和顾客满意的关键。全面质量管理是每个人的工作，正如营销是每个人的工作一样。

2.2 酒店营销管理哲学及其演进

酒店营销管理哲学演进如同工业企业市场营销观念的变化，经历了生产观念、产品观念、推销观念、营销观念和社会营销观念 5 个阶段。前 3 个阶段的观念一般被称为旧观念，是以企业为中心的观念；后两个阶段的观念是新观念，分别被称为顾客（市场）导向观念和社会营销导向观念。莱维特曾以推销观念与市场营销观念为代表，比较了新旧观念的差别。

2.2.1 生产观念

生产观念认为："我酒店能提供什么，就卖什么。"换言之，消费者最中意的产品是那些容易得到的和支付得起的产品，所以管理人员就应该关注生产和分销的效率。生产观念的问题在于管理人员可能过于注重制造系统而忽略了顾客的存在。

我国古代的旅店、客栈、驿站或旅社等，就是这种观念的初级产物。这样的旅店往往只提供最简便的食宿服务，如设施简陋的客房、品种单一的餐食等。这类旅店经营的外部环境通常是旅店供不应求。酒店哪怕是等客上门，客房还是能迅速销售出去。这时的酒店经营者们只是把精力放在如何接待好客人和解决客房不足的问题上，至于今后的市场需求和变化则很少或根本不过问。例如，1978 年我国实行对外开放政策后，外国游客的大量涌入曾一度使我国相对较少的酒店供不应求，从而使酒店管理者不自觉地进入了这一"生产观念"阶段。

应用案例 2-4

也许你也见识过很普通的秉持生产观念的餐馆在正常就餐高峰时间之后的表现。餐馆也许只有 1/3 的座位被占用着，但所有的顾客都被迫挤在餐馆的某一块区域里，造成不必要的拥挤，引起顾客的不满。这样做的理由是利于清扫或使服务员在提供服务时少走几步路。

生产观念因只重视酒店的现有功能和数量的扩大，对于市场需求和变化缺乏预见及应变能力，因而缺乏市场竞争力。不难看到，在我国许多旅游开发地甚而在一些酒店林立的城市里，还有相当一批人持有生产观念这一落后的管理思想。

2.2.2 产品观念

产品观念认为，酒店提供的设施和服务是酒店的核心，因为客人喜欢高质量的设施和一流的服务。无论如何，产品观念较之生产观念在酒店管理理论上有了质的飞跃，并在现代社会中的应用屡见成效。伴随社会的发展，人们生活水平的提高，旅馆、酒店已不仅仅是用作短暂的歇脚地和大众食堂，舒适、方便、享受已越来越多地成为消费者所需求的方向。因而，酒店管理者更多地热衷于酒店设施、设备、用品的高档化和多样化，追求服务的标准化和规范化，使酒店的设施和服务日臻完善。

应用案例 2-5

国际上著名的酒店集团如里兹—卡尔顿酒店、喜来登酒店、希尔顿酒店、假日酒店、香格里拉酒店及我国上海的锦江集团等，在长期管理经验的积累下，都有着较为完善和严格的系列管理手册，从而有效地保证了这些集团下属的酒店无论出现在世界哪一国家或地区，其提供的产品都有着集团特色的烙印。

质量是产品的生命，这是商品经济社会中酒店管理者共同遵循的座右铭。然而，当酒店管理者津津乐道于自己酒店的设施和服务如何好的同时，他们往往忽视了客源市场的需求变化，即不适当地把注意力放在产品上，而不是放在顾客和需求上，得了“营销近视症”。我国许多城市中高档宾馆偏多，而经济类、中低档宾馆不足就是一例。一方面高档宾馆客源不足，另一方面许多背包旅游者或低层次旅游消费者找不到适合他们消费的酒店。又如，我国众多酒店的商品都一致追求友谊商店式的小而全，品种类同，面目相似，缺乏对客人的吸引力。

2.2.3 推销观念

推销观念认为，酒店除了提供质量好的服务外，还应组织人员去推销酒店产品。因为客人往往缺少对酒店产品的了解，特别是酒店供大于求的时候。

推销酒店产品已是我们很熟悉的行为，醒目的广告牌、精致的印刷品、大量的电视广告、报刊广告及人员上门推销等。可以说，酒店推销书在近些年来发展很快，对很多酒店管理者影响很大，并逐步成为酒店业在供过于求的条件下，各酒店展开竞争的一种营销手段。然而，在我们奉行推销观念的同时，不难发现推销的产品中有相当数量的产品属于“非渴求产品”和“过剩产品”。高档宾馆的过剩，使得多余的客房在推销者高超的推销手段前仍然是一道难解之题。

推销观念并不能建立起与顾客的长期关系，因为它的指导思想就是要将其产品销售出去，而不是创造市场所需要的东西。餐馆在生意走向清淡时往往要做广告，却不先分析一下生意清淡的原因。他们不设法改变产品，使其适合变化了的市场，而是更多地忙于促销，通过加大广告力度和增加折扣来把产品推销给顾客，最终，他们会因为产品不适合需要而退出市场。

【特别提示】

可以设想，在我们的酒店管理中，推销工作总是需要的，然而营销的目的就是使推销成为多余。营销的目的在于深刻地认识和了解客源市场，从而使酒店产品完全适合客人的需要而形成产品自我销售。我们要使推销变得有效，必须以其他营销功能作为前提，如需求评价和预测、营销调研、新产品开发及定价和分销等。事实上，我国旅游业发展的近二十年来，酒店营销的内涵和外延正向深度和广度的方向发展，推销观念的深化也就成为酒店营销的先导。

2.2.4 营销观念

营销观念认为，酒店实现组织诸目标的关键在于正确确定目标市场，即客源市场的需要和欲望，并且比竞争对手更有效、更有利地提供客源市场所期望满足的服务。

也就是说，营销观念就是“客人需要什么样的产品，酒店就提供这些产品”的“以销定产”的观念。据我们所知，四季酒店集团、雅高集团和麦当劳连锁店都采用这种观念。

应用案例 2-6

有的餐馆已经开始为单身顾客提供特殊的就餐区域，用圆形桌子使单身进餐者可以坐到一起。这就为进餐者提供了与其他进餐者进行交谈的机会，也使餐馆得以保持座位空间。还有的餐馆用对面座位，这也能鼓励那些想交谈的人坐到一起。这些餐馆就培育了一些有利可图的细分市场。

营销观念经常被混同于推销观念。图 2.3 对二者进行了比较。推销观念先从酒店现有的产品出发，再诉诸于密集的销售和推销攻势，以此来增加销售量。相反，营销观念先明确地定义市场，聚焦于顾客的需要，然后在整个组织当中协调营销活动。营销观念通过建立基于顾客价值和满意的长期客户关系来实现组织的目标。

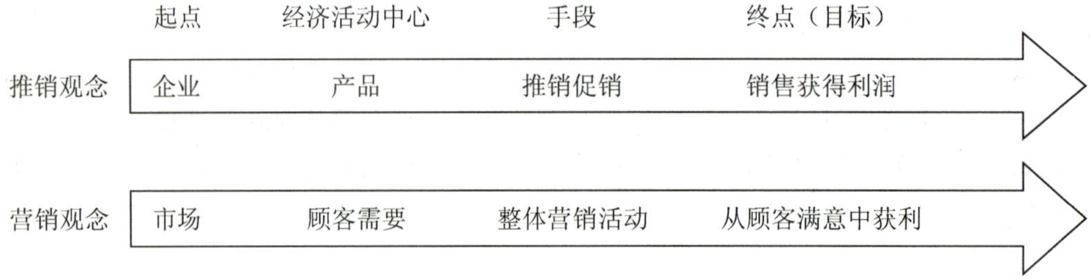

图 2.3　营销观念同推销观念的区别

2.2.5　社会营销观念

社会营销观念是进入 20 世纪 80 年代后提出的新的营销理论，这一观念是在现代环境、能源、人口等世界性问题的日益严重的情况下而提出的，它将酒店管理者和消费者的利益同整个社会的长期利益视为一个整体来作为酒店营销目标。酒店营销必须考虑到有共同利害关系的各方利益，包括消费者、酒店员工、公司管理层、社会有关部门、政府等的利益。因而，酒店创造利润已不是市场营销的目的，而仅仅是为了要达到创造各方共同利益的目的而采取的手段。

社会营销观念认为，酒店组织的任务是确定客源市场的需要、欲望和利益，并以保护或者提高消费者和社会福利的方式，比竞争者更有效、更有利地向客源市场提供所期待的满足。应该说，社会营销观念更强调经营者和消费者之外的社会利益。各地不少酒店每年都请附近街道及社会上的孤儿、残疾人和孤寡老人来酒店做客，从而有效地融洽了与社会公众的友好关系，同时也树立了酒店良好的对外形象，可谓具有良好的社会营销意识。

应用案例2-7

近些年，我国很多酒店都开辟了不吸烟楼层，酒店的餐厅中也专门设有不吸烟区。酒店业的工作对于有效推动更为严厉的酒后驾车法起到了有效的推动作用，很多酒店和餐馆已就如何向客人提供适当的酒精饮料而制订了培训计划，管理人员和普通员工都必须知道怎样防止顾客喝醉，怎样处理醉酒的客人。鸡尾酒会已成为传统的时尚，而在今天的大多数酒会上，提供的主要是各种矿泉水、果汁等软饮料。在零点餐厅点菜时经常会得到酒店人员对于点菜数量不要过多的建议，而绝大多数自助餐厅都在推行“光盘行动”，避免浪费成为风尚。

由此可见，在进行市场营销时不能只看到满足消费者的需要和欲望的短期效益，还要考虑到符合消费者和社会的长远利益。因此，在进行社会市场营销管理和决策时要综合考虑以下四个因素：消费者的需要和欲望、消费者的自身需求和利益、企业利益和社会利益，并进行适当配合，进行最佳营销组合，从而使消费者和社会的利益得到统一。

【特别提示】

营销是在一个动态的全球环境中进行的。每一个历史阶段都需要营销管理人员以一种崭新的思路去思考营销的目标和实践。迅速的变化会很快使昨天的制胜战略过时。

对许多成功的酒店来说，营销哲学发挥了惊人的作用。所有的部门都参与到使顾客满意的工作中。例如，财务部门设计出会议策划者能够读懂的账单；维修人员应该能够回答顾客提出的基本问题，如酒店餐厅的位置；所有的员工都真心实意地为顾客的利益着想。

2.3 酒店营销新思路

随着人们生活水平的不断提高，顾客进入酒店的消费需求发生了很大的变化，对酒店提出了各种各样更高的要求。特别是2008年世界金融危机之后，世界酒店业市场格局发生重大变化，我国酒店业的发展涌动着创新的思潮，营销观念、营销理念、营销技术和营销运作手段都在创新。如何满足顾客个性化的需求，如何适应顾客的消费行为，如何选择酒店，如何扩大酒店的经济规模，这些问题驱使酒店业以全新的思维方式和视角审视酒店的市场营销理论、创新营销思路和营销方式。

整个酒店业发展呈现出创新思潮，各种新的营销思维方式的出现推动了新的营销框架的形成，酒店市场营销提出新动向、新问题和新观点。在战略上，酒店为了实现规模经济，帮助酒店更好地扩张，酒店采用品牌营销模式；为了更好地实现酒店产品的销售、成功地发布酒店营销信息，为方便消费者预订和体验，网络营销在酒店业逐渐普及；为满足顾客个性化需求，酒店差异化营销与体验式营销模式应运而生；随着环保理念的不断深入，人们对低碳生活的追求，绿色营销成为酒店营销发展的一种新趋势；为了更好地推进酒店营销工作的进行，酒店必须在营销中引入人力资源管理，以内部营销的完善推动外部营销的进行。

2.3.1 品牌营销

酒店是否拥有自己的强势品牌，不仅是企业综合实力的体现，更是企业实现快速扩张、提高市场占有率的必要条件。许多知名酒店集团都是依靠品牌经营迅速成长起来的。我国从20世纪80年代半岛酒店集团入主北京建国饭店开始，国际著名酒店集团纷纷在我国抢占市场，国外酒店业巨头及知名品牌在向我国展示品牌的无限魅力的同时，也给我国的酒店业造成了极大的威胁。我国目前的酒店业民族知名品牌有锦江酒店、建国酒店、金陵饭店、白天鹅宾馆等，但与国际酒店还有不小的差距。因此，酒店打造、传播品牌，通过品牌营销走向成功，是众多民族品牌酒店追寻的目标。

品牌营销，是酒店利用消费者的品牌需求，围绕着创建高附加值品牌展开各项营销活动，使客户形成对企业品牌的认知，创造品牌价值，最终形成品牌效益的过程。换言之，品牌营销就是将酒店品牌深刻地映入消费者心中，将企业的形象、知名度、美誉度等展示给消费者或顾客，从而在消费者心中形成对酒店产品或服务的品牌形象。

应用案例2-8

洲际集团中假日品牌代表舒适、惬意休闲的服务，皇冠品牌代表质量可靠、上乘高档的服务，而万豪酒店集团旗下的里兹—卡尔顿这一酒店品牌则表现出了该品牌旗下酒店所拥有的优质服务、良好的设施、昂贵、高声誉等属性。

喜来登酒店追求的是诚恳、亲切的个性形象，无论是在商务城市，还是在旅游度假胜地，其吸引的都是高端的客户，并为客人提供着“宾至如归”的服务；而地中海俱乐部则将自己的形象定义为“度假者的天堂”，以期给人以有朝气的、年轻的、外向的形象感，它吸引的是休闲旅游度假型的客人。

品牌对于顾客及酒店都具有较强的驱动力，经营者需要创建品牌，以实现产品的顺利销售，而顾客则需要以品牌作为依据做出消费决策。品牌对消费者产生识别功能，酒店通过品牌效应，可以获得产品溢价，培养忠诚顾客，能够在市场竞争中巩固自己的市场地位。通过品牌扩张，还能够实现酒店集团化经营及营销的规模经济效应。

2.3.2 网络营销

网络的普及使酒店竞争的战场从现实世界的竞争转向虚拟世界的竞争，酒店之间的竞争更加透明、更加激烈。酒店必须借助于网络营销，这是信息经济时代对酒店提出的要求。

网络营销是以互联网为媒体，以新的方式、方法和理念实施营销活动，利用信息技术去创造、宣传、传递客户价值，并且针对客户关系进行管理，目的是为企业和各种相关利益者创造收益。简单地说，网络营销就是将信息技术和互联网应用到酒店的营销活动中。

应用案例 2-9

雅高集团在其网站首页中间最为显眼的地方放置了一段诺富特品牌酒店的宣传片，该宣传片以动态视频的形式展示了诺富特这一品牌酒店可以向宾客提供的各类产品，如客房、健身房、宽带等设施，以及该酒店为宾客提供的亲切温馨的服务。以视频方式向顾客展示酒店的产品与服务具有更形象、更生活化的特点，能够更好地吸引潜在顾客的注意力，并使顾客在入住前获得更真实的体验，从而提高预订率。

通过网络营销，酒店可以更有效地促成酒店和消费者之间交易活动的实现。互联网是酒店在网络世界宣传介绍自身产品服务与企业形象的阵地，宾客可以及时了解酒店所有相关信息。借助网络，酒店可以实现客房预订及销售，提高客房出租率。

应用案例 2-10

2013 年 2 月 26 日，布丁酒店发布了其首份《微信运营白皮书》：截至 2013 年 2 月 1 日，布丁酒店微信会员总数已达 42 万人、日均增长量为 5 269 人，通过微信达成的订单日均 204 份；微信所带来的新会员占比已经达到 60.56%。2012 年 11 月，布丁酒店的微信客户端订房功能上线，成为国内第一家与微信系统直连的酒店。但截至目前，已有开元酒店、汉庭酒店、锦江酒店等多家酒店在这一新兴营销渠道上走得愈发坚定，一个让酒店人再也无法回避的问题是“移动互联网改写酒店业的时代已经到来了”。

“以前我们的主流用户在高端市场，他们有自己的预订习惯，也有自己对应的消费能力，因此在业务初始阶段，我们发现微信用户与酒店目标用户存在差距。”开元酒店集团品牌经理高亚楠表示。开元酒店集团是一家高星级连锁酒店集团，“商务型”的气质迥异于“时尚”的布丁酒店。“但开元酒店集团一直觉得这是个调整客源结构、改善服务架构的契机，未来“80后、90后”必然是主流消费群。这就需要从他们乐于使用的移动互联网开始培养市场。”高亚楠表示，“我们正在筹备微信推广，相信之后的数据是大不一样的”。开元将会保持“改变自己”的战略，但还需要时间。

（资料来源：http：//www.traveldaily.cn/article/68095.html.）

网络媒介传递信息速度快、范围广、信息内容含量丰富、表现形式多样等特征，使得酒店在发布促销或者即将举行的活动等信息时更乐意采用这种渠道方式。借助网络，酒店可以促进自身与顾客之间的沟通，实现品牌在公众之间的快速传播。

2.3.3 差异化营销

酒店行业的同质化现象日益严重，豪华装修、微笑服务非常容易被效仿。顾客需求日益分化，大多数酒店产品与服务却相似，酒店之间的竞争日益激烈，提供有差异的产品、采取差异化营销手段成为酒店在竞争中走出价格战、突出重围的法宝。

喜来登酒店的经营理念：我们销售的不是产品或服务，而是差异。差异化，就是“不同”。顾客不同，企业提供的产品和服务就有所不同；或者即便顾客相同，企业也提供与其他竞争对手不同的、有差异的、更合乎顾客需求的产品与服务，为顾客创造独特的价值，以提升自己的竞争力。

应用案例2-11

我国云南大理有一家客栈，名为“懒人回家”。这家客栈除了提供“睡觉的地方”，还提供“舒服得像家一样的地方”，为了实现这一目标，酒店经营者在豪华套房洗手间的马桶上安装了一把椅子，坐在马桶上犹如坐在椅子上一般舒服，住客坐在上面可以看书、欣赏音乐，如厕不再是一件无聊的事情，这个细节给很多客人带来惊喜，也为客栈带来许多慕名而来的客人。

在菲律宾首都马尼拉有一家侏儒旅馆，在服务人员挑选上改变以“俊男靓女”为主的构成模式，其男女服务员身高都在67~134cm。这些独特的服务人员给酒店带来了巨大的客流，许多宾客都想到酒店一探究竟，看如此众多的侏儒服务员如何提供热情周到的服务，因此这家酒店开业以来生意一直很好。

美国佛罗里达州的泰瑞豪特酒店针对一些睡眠障碍的顾客推出了“日落沉睡”项目，需要此项服务的客人可以和健康专家面对面讨论生活的点滴，参加瑜伽课程，在夕阳下的沙滩上举行宗教典礼，享受按摩服务。有关健康的睡眠项目成为酒店经营中的亮点，并成为有别于其他酒店的差异优势。

接待并为客人办理入住登记手续一般被认为是酒店大厅前台的一项工作，而在法国，有一家酒店为了方便顾客，减少客人在前台等待的时间，将接待处设在了酒店建筑下面的地铁出口处，乘坐机场城际铁路的宾客可以在地铁口就办理酒店入住手续，然后乘坐电梯直接进入酒店；在大堂，客人无需再到前台办理入住手续，可以直接进入客房。这项服务为宾客带来极大的便利，也为酒店增添了不少客源。

差异化营销理念的宗旨就是通过为顾客提供独特价值来增加酒店特色，从而吸引和保留顾客，其追求的差异是产品和服务的不完全替代性，即在产品功能、质量、价格、服务、企业形象等方面，与竞争对手有明显区别。因此，寻求合理的差异化变量是酒店实施差异化营销的关键。酒店可以选择那些为顾客所广泛重视的、有利于竞争的，并使自己独具特色的特质作为差异化变量，如目标顾客的差异化、环境的差异化、有形设施的差异化、服务的差异化、价格差异化，以及销售方式和促销手段的差异化等。

2.3.4 体验式营销

体验式营销的概念产生于“体验业”及“体验经济”。1970 年，阿尔文·托夫勒在其名著《未来的冲击》中预言，各种与行为技术相关的行业，那些不再生产有形商品和不再提供传统服务的行业，即体验业将发展得更快；继服务业发展之后，体验业也将成为未来经济发展的支柱。菲利普·科特勒认为，体验式营销就是通过让顾客体验产品确认价值、促成信赖后自动贴近该产品，成为忠诚的顾客。我国学者认为，体验式营销就是企业通过创造、提出和出售体验，让消费者在消费过程中有所感受、留下印象、精神需求得到最大程度满足的一种管理过程，其核心实质就是要帮助所有顾客真正地达到自我实现的崇高境界。①

在酒店中应用的体验营销模式，一般有感觉营销、情感营销、思维营销、行动营销和关系营销。感觉营销是通过刺激消费者的视觉、听觉、触觉、味觉与嗅觉，让其建立感官体验，创造值得回忆的感受，从而引发购买动机，增加酒店产品附加值。情感营销即在营销过程中，通过触动消费者的内心情感，创造情感体验，这种情感可以是温和的、柔情的，也可以是欢乐的、自豪的，甚至可以是强烈的、激动的。思维营销以启发人们的智力为目的，通过在产品的营销中加入一些有创意、有知识性的因

---

① 梁东，刘建堤．市场营销新视点．北京：经济管理出版社，2007.

素，以引起消费者的兴趣和参与，满足消费者的求知需求。行动营销模式下，酒店会举办一些活动，通过增加人们的亲身体验、展示做事情的其他方法和另一种生活方式来丰富顾客的生活，给顾客留下深刻的体验与印象。关系营销是上述 4 种营销模式相互交织、相互关联，构成一种全面的服务体验。

应用案例 2－12

著名的迪拜的 Burj AL-Arab 酒店（音译伯瓷阿拉伯大酒店，又称阿拉伯之帆）的设计具有典型的视觉冲击力，伯瓷酒店由英国设计师 W. S. Atkins 设计，酒店建在海滨的一个离海岸线 280 米处的人工岛上，施工人员使用了 9 000 吨钢铁，并把 250 根基建桩柱打在 40 米深海下。酒店外观如同一张鼓满了风的帆，迷人的景致及造型，使它看上去仿佛和天空融为一体。凭借其独特的美轮美奂的外观、奢华的内部装饰，伯瓷酒店成为迪拜的标志，比起千篇一律、缺乏特色和创意的饭店外观设计，伯瓷酒店建筑外观给顾客带来的视觉体验可想而知。

希尔顿连锁酒店在客房的浴室内放置了一只造型极可爱、手感舒服的小鸭子，许多客人对此爱不释手，并希望带回家给家人作纪念，小鸭子给人带来的手感舒适与希尔顿连锁酒店期望在住宿方面为顾客带来的舒适感正好呼应。在我国三亚，希尔顿度假酒店也为客人提供由椰子壳制作的钥匙链和手链作为纪念品，做工精致，也深受顾客喜欢。这些不在市面上销售的赠品为希尔顿酒店赢得了口碑，并成为顾客特别喜欢希尔顿的一个原因，这一创举产生了良好的营销效果。

体验营销的核心理念是，不仅为顾客提供满意的产品和服务，还要为他们创造有价值的体验。酒店的经理和员工不仅仅是客房、餐饮、会议厅与健身房的提供者，而且是顾客美好感觉的策划者与创造者。

2.3.5 绿色营销

绿色营销的着眼于保护环境、促进社会可持续发展的一种新型的市场营销观念，要求企业在发展的过程中要履行社会责任，它日益成为企业新营销的一项重要工作内容。

长久以来，人们普遍认为，旅游酒店业是朝阳产业，也是“无烟”产业，不像有些行业那样会给环境造成污染，并给生态和生物带来严重的破坏性影响。但实际上，这种观念是一种误区，一方面酒店的建设会占用一定的绿地和林地，破坏景区的景观质量；另一方面酒店是一种高消费的场所，为了给客人创造舒适的空间，它不仅耗用着大量的资源和能源，同时也会产生大量的生活性垃圾与废气废水。高星级的酒店每天每间客房产生的垃圾平均达到 0. 75 千克，每位客人每餐产生的垃圾平均达到近 1

千克；在一些尚未推出绿色营销的酒店中，床单、被罩、浴巾、台布等棉织品往往一日一换，这样的做法不仅降低了物品本身的使用寿命，导致资源的浪费，而且还造成了对于水体的污染（大量洗涤剂会被排放出去，如果不经过污水处理，会导致水源污染，而经过污水处理，则会提高社会能源的消耗成本）；一次性的牙膏、牙刷、洗衣袋都是高分子难分解材料制品；一座拥有300间客房的酒店，一年的能耗折合成标准煤高达3 000吨以上；一般酒店大都采用中央空调，而空调用电总量占酒店全年总用电量的50%~60%。这些都显示了酒店过量的物资消耗、能源消耗及对环境严重的污染情况。

此外，由于酒店消费者缺乏环保意识，有些消费者认为自己支付了足够的房费，在酒店中的消费理所应当，因此在使用酒店设施设备及物品时毫不注意，也造成了酒店资源的大量浪费。这些状况强烈呼唤酒店推行绿色消费。

绿色营销是指企业在生产经营的过程中，顺应绿色消费潮流，将企业自身利益、消费者利益和环境保护的利益三者有机地统一起来，在充分满足消费者的绿色需求、争取适度利润和发展水平的同时，注重自然生态平衡，减少环境污染，保护和节约自然资源，维护人类社会的长远利益，将环境保护视为企业生存和发展的条件和机会，并以此为中心，对产品和服务进行构思、设计、制造和销售，以实现企业营销目标的一种新型营销概念。

应用案例2－13

杭州海华大酒店在推行绿色营销前，每天用水45吨，通过整理，采取绿色节支手段，如水箱里放沉水器，员工洗澡用的水龙头改成红外线控制等，后来酒店每天用水只需25吨。

香港香格里拉酒店由于制定了100多条的绿色管理条例，严格执行绿色营销操作程序，两年时间酒店节约纸张费用44 000港元，每年节约洗涤费88 037港元，节约垃圾运输费12 000港元，水流限制器和节能灯具的使用则为酒店节约了130万港元。

酒店开展绿色营销能够降低物资能源的耗费，节约成本，有利于自身占领市场和扩大市场，可以促进企业的文化建设工作。

本章小结

企业的目的是创造和维持有益的顾客。在顾客满意的前提下赢利是酒店营销的中心目标。营销是一个社会过程和管理过程，通过这一过程，个人和团体通过生产产品并与他人交换而满足其需要和欲望。为了理解这个定义，我们必须理解下面几个词汇：需要、欲望和需求，产品，价值、满足和质量，交换和交易，市场。营销管理是为创造、培育和维持与目标市场的有益交换并进而达到组织目标所实施的分析、计划、执行和控制职能。对不同的需求形式具有相应的营销管理任务。市场营销经历了生产观念、产品观念、推销观念、营销观念和社会营销观念5种营销管理哲学的演进。目前，酒店营销有一些新思路，如品牌营销、网络营销、差异化营销、体验式营销、绿色营销等。

关键术语

市场、营销、需要、欲望、需求、产品、交换和交易、营销管理、顾客让渡价值、顾客满意、质量、产品观念、营销观念、社会营销观念、体验式营销、品牌营销、差异化营销、绿色营销。

思考题

(1) 如何理解营销的几个核心概念：需要、欲望和需求，产品，价值、满足和质量，交换和交易，市场？

(2) 顾客让渡价值、满意度和质量之间的关系如何？

(3) 营销管理哲学在酒店业是如何演变的？

(4) 酒店营销新思路和新趋势有哪些？请举例阐述。

课堂互动

1. 小组讨论

许多管理人员把企业的经营目标看作追求利润，有些则看作创造并维持顾客。请解释这些不同的观点将如何影响公司与顾客之间的互动关系。

2. 课堂辩论

如果一位经理将企业目标看作创造并维持顾客，这是否意味着该经理不关心利润？

3. 角色扮演

一位住在你酒店的顾客抱怨房间里的空调不工作，因此他一夜没有睡好。你该怎么办？

4. 头脑风暴

举出几个酒店企业对社会负责的事例。讨论承担社会责任对于这些公司的益处。

营销实战

实训任务一

参观两家同等级的餐馆，如两家快餐店或正餐餐馆。观察餐馆的清洁程度、室内设计和其他特征，然后点一道菜单上的菜品，并观察服务及食品的质量。记录下所见所闻，然后说明哪家餐馆的顾客导向意识更强一些，并解释原因。

实训任务二

拨打两家酒店预订中心的号码，询问空余客房、客房类型及一个月后的客房价格（注意：不要预订客房）。记录你的体验，包括电话被接听的速度、体现以顾客为导向的信息及工作人员的友好程度。根据你的体验选择出哪家酒店的顾客导向意识更强一些。

案例分析

宾至如归——希尔顿酒店独特的营销文化理念

一个人的成功往往是偶然中存在着必然的因素。1907 年，唐纳德·希尔顿一家因为生活窘迫开设了一家旅馆，家人十分辛劳。唐纳德·希尔顿说："当时我真恨透了办旅店这个行当，真希望那个破旅馆早点关门。"他当时并没有想到，以后他会在全世界拥有 200 多家酒店，成为酒店大王。这一切似乎是上帝的巧妙安排。从十多岁开始工作算起，唐纳德·希尔顿差不多用了 20 年的时间在发展自己、塑造自己，在探寻自己的成功之路。他的美梦曾一个接一个地破灭，但靠着执著、热忱的精神和把握机会的能力，他没有被打倒，他的美梦反而越来越真切，步履越来越坚定，发掘出自己独到的才智，最终创造了自己的王国，并形成了独树一帜的管理经验和弥足珍贵的精神财富。

装箱技巧

唐纳德·希尔顿曾经梦想当一名银行家，但他的希望落空了。无奈之余，唐纳德·希尔顿在得克萨斯州买下了属于自己的第一家旅店——毛比来旅店。由于这里发现了石油，人们蜂拥而至，扑向石油开采业。唐纳德·希尔顿的旅店占尽了天时、地利、人和的有利条件，毛比来旅店人满为患。为了解决床位紧张的问题，唐纳德·希尔顿绞尽脑汁。他先是把餐厅隔成许多只够容纳一张床铺和一张桌子的小房间，而后又把大厅的柜台截去一半，剩下的空间做成一个卖香烟、报纸的摊位，还把大厅的一角腾出来开了一个小小的杂货铺。这几项措施为唐纳德·希尔顿增加了一笔可观的收入。从此，把浪费的空间利用起来，"使每一块地方都产生出金子来"就成为唐纳德·希尔顿经营旅店的重要原则。这就是唐纳德·希尔顿所津津乐道的"装箱技巧"。后来唐纳德·希尔顿拥有了“最大的酒店”——华尔道夫—莱斯陀利亚大酒店，他发现大厅里4根巨大的圆柱只纯粹为了装饰，于是他下令拆去圆柱，改装成许多小型玻璃橱窗，展示各种珍宝及化妆品，这4根圆柱变成了4条财路。

团队精神

第一次世界大战中断了希尔顿的事业，短暂的军旅生涯却给了他一个宝贵的启迪，那便是协同作战的团队精神。他认为，团队精神就是荣誉加奖励，就是集体荣誉感鼓舞下的团结和努力，因此单靠薪水是不能提高店员热情的，唯有提升店员的团队精神才能极大地鼓舞士气，获得效益。团队精神大大激发了员工的工作热情，所有的店员都像换了一个人似的，团队精神成为希尔顿成功的又一法宝。随着唐纳德·希尔顿事业的发展，他在银行界建立了信誉，身边有一批忠实的朋友。在他事业生涯的任何一个阶段，他身边总是聚拢着一批优秀的人才。他们中的许多人既是希尔顿帝国的高级管理人员，又是唐纳德·希尔顿本人的亲密朋友。唐纳德·希尔顿认为“我的福气就来自于他们”。即便是对待一般工作人员，他也非常尊重，对于提升的每一个人他都很信任，放手让他们在职责范围内发挥聪明才智，大胆负责地工作，但是他对得罪顾客的服务员还是很严厉的。唐纳德·希尔顿很少以貌取人，对同僚、下属，他都尽可能透彻地了解他们个人的卓越之处。这种团结协作、充分信任下属的作风，为他的成功增加了关键的得分。

微笑服务

企业员工是企业整体中的一分子，顾客对企业员工印象的好坏直接反射到对企业整体形象的评价上，而在员工自我形象的塑造中，企业的一贯礼仪又直接影响员工形象的塑造效果。

作为一个优秀的经营者，唐纳德·希尔顿深知企业礼仪的重要价值，因此他十分注重员工的礼仪教育，积极倡导富有特色的企业礼仪——微笑服务。

在50多年的时间里，唐纳德·希尔顿不断到他分设在各国的希尔顿酒店、旅馆视察业务，他向各级人员问得最多的一句话必定是“你今天对客人微笑了没有?”。因此，无论你在哪里，只要你走进唐纳德·希尔顿的旅馆，迎接你的永远是灿烂的笑脸。即便是在美国经济最为萧条、唐纳德·希尔顿的旅馆一家接一家地亏损的年代里，希尔顿酒店的服务员的脸上也依旧挂满灿烂的笑容，给客人带来无限的温馨和慰藉、希望和信心。唐纳德·希尔顿曾讲过一段有名的话：“如果旅馆里只有第一流的设备而没有第一流服务员的微笑，那些旅客会认为我们供应了他们全部喜欢的东西吗？如果缺少服务员的美好微笑，正好比花园里失去了春天的太阳和春风。假如我是旅客，我宁愿住进虽然只有残旧地毯，却处处见到微笑的旅馆，也不愿走进只有一流设备而不见微笑的地方……”由于唐纳德·希尔顿对企业礼仪的重视和教育，他的员工很好地理解了企业的礼仪——微笑服务，并把贯彻执行企业礼仪变成他们自觉的行为。凭着微笑的利剑，唐纳德·希尔顿的酒店征服了客人，征服了世界。

收购扩张

唐纳德·希尔顿把酒店当做“产业”来经营，虽然他努力要求酒店做到宾至如归，但他更重视不断扩大实力。只要有机会，他便会以最低的价格收购即将倒闭的酒店，再把建筑物整修一番，经营上重新布置，使业务向上发展。有时，又另觅机会把它以高出买价数倍的价格卖出去，以扩展资本。达拉斯的希尔顿酒店的落成是他平生第一次冒险获得的成功。于是，他更专注于旅店经营事业，思考新的冒险，追求更大的成就。他要以得克萨斯州为基地，每年增加一家旅店，向各地扩散，逐渐建立起一个地区网络分布系统，最后形成一个酒店王国。唐纳德·希尔顿脚踏实地地一步步朝着自己的梦想努力着，成功建立了一家家旅馆，并成立了希尔顿帝国酒店。这时他渴望成为酒店大王的愿望越来越坚定，越来越明确了。他最终得到了世界上最有名、最豪华的华尔道夫—莱斯陀利亚大酒店，尽管成功完成这一计划共花费了他 18 年的时间。唐纳德·希尔顿亲口说过："谈到人的欲望，的确是无底深渊。不管怎样，我的欲望是站在时代前沿，做酒店大王。我之所以收买华尔道夫—莱斯陀利亚大酒店的目的就在于此。总之，登上酒店业的王座，才是我的战略目标。"

20 世纪 60 年代，唐纳德·希尔顿敏锐地意识到美国国内酒店已经基本饱和，酒店利润日渐缩小。因此，在第 73 家酒店的落成典礼上，他宣布"到此为止不再在国内建造酒店了"。他采取"避实击虚，投资海外"的经营战略，施展他的资本运用理论和实践能力，实施向海外拓展的战略，无往不胜。他说："希尔顿国际企业的经营，是依据独特的哲学发展而成的。我们向海外发展，并非为美国向国外吸收利益，而是要和海外的企业家携手合作，共存共荣。自然在海外经营酒店，是替国内的股东谋取利益，不过，倘若目的仅仅在此，那就不必在海外发展任何事业，因为在国内同样可以达到这个目的。"为了满足其资本运营的需要，唐纳德·希尔顿大力开发海外酒店和市场。在美国本土以外，希尔顿酒店一座座建立起来。在英国，希尔顿酒店建在了白金汉宫的旁边，而且还可以从酒店的楼上一览无余地眺望白金汉宫的庭院。尽管当时在英国引起了轩然大波，但却满足了人们对王室的好奇心，酒店入住率居高不下。唐纳德·希尔顿正是凭借着其独特的经营眼光，在世界各大洲（除南极洲以外）建立了希尔顿酒店。

把握时机

成功的收购不仅扩张了唐纳德·希尔顿的事业，而且让他懂得了酒店经营必须与时代并进的道理，产生了新的经营哲学。在收购的过程中他认识到，在交通便利、发达的时代，地球已经变成一个小小的村落，朝发夕至已不再是一个梦想。在这种时代背景下，酒店的功能已不仅仅是为旅客提供住宿，而是发展成为大公司的新闻发布、新产品的推介或大企业集会的舞台。针对这种变化，希尔顿在酒店构造及格局上进行了调整和改革。唐纳德·希尔顿认为像华尔道夫—莱斯陀利亚大酒店那样豪华、奢侈、超大型建筑已不合潮流，便在国内建酒店时减小房间面积，提供更舒适、温馨的小房间，同时更注重酒店的舒适服务。落成的斯塔拉尔希尔顿酒店等都以小巧、新颖、舒适和设施齐全的特点受到旅客的喜爱。他还在内部推行了互助预订房间的办法，客人住进一家希尔顿酒店之后，就可预订别的城市或国家的希尔顿酒店的房间，大大方便了旅客。希尔顿公司每月所接受的预订房间数目达到 3.5 万间。这种网络化的经营方式给唐纳德·希尔顿带来了极大的经济效益，使当时希尔顿酒店的股票大幅上涨。

希尔顿看到逐渐富裕起来的中产阶级热衷于国外的游览旅行，便针对他们的需求，在国外的主要城市建设美国式豪华酒店，让他们享受一下上层阶级所享受的气氛。这些人只要住进希尔顿酒店，便可以满足内心的需求，告慰自己上层阶级的享受不过如此。希尔顿很早就着手布置海外酒店网，定下了酒店之间便利旅客来往的航空路线，使得在国内已无发展余地的酒店业找到了更广阔的出路。当有人问希尔顿把握经营尖端的诀窍是什么时，希尔顿露出所向无敌的微笑，意味深长地说："站在时代的前沿，这就是我的诀窍。"

希尔顿以5 000美元起家，在不到60年的时间里，酒店扩展到200多家，除了南极洲以外，各洲均有，一个跨越国界的旅店王国建立，希尔顿的旗帜在直插云霄的200多座高楼大厦上骄傲地飘扬！

思考题：

（1）希尔顿酒店在发展过程中的不同阶段，其市场营销观念有何变化？具体表现在哪些方面？试分析其发生变化的原因。

（2）根据希尔顿酒店的发展历史及经营理念，分析酒店顾客的需求变化？

（3）希尔顿酒店的成功经验给我们哪些启示？

3

酒店营销特征与管理战略

本章概要

（1）服务文化与服务营销的特征。
（2）酒店服务业管理战略。
（3）酒店营销组合要素与营销管理过程。
（4）酒店战略计划。

本章目标

学完本章以后，你应该能够：识别出影响酒店市场营销的服务特征；理解酒店服务业管理战略；了解酒店营销组合要素，并对营销过程有系统全面的认识；能够运用 SWOT 研究，将其作为营销计划的基础，通过认识营销计划的要素、计划制订过程、对营销计划的控制等知识，对酒店营销过程有一个系统的认知。

案例导入

美国亚利桑那州的里兹—卡尔顿饭店在举办一个服务营销理论工商管理硕士（master of business administration，MBA）研讨会。有4位欧洲的学员想在即将离开饭店前往机场的那个晚上到饭店的游泳池里轻松地度过几个小时。但是，当他们下午来到游泳池时，却被礼貌地告知游泳池已经关闭了，原因是为了准备晚上的一个招待酒会。这些学员向接待员解释说，晚上他们就将回家，这是他们唯一可以利用的一点时间了。听完他们的解释后，这个接待员让他们稍微等候一下。过了一会儿，一个管理人员过来跟他们解释说，为了准备晚上的酒会，游泳池不得不关闭。但他接着又说，一辆豪华轿车正在大门外等待他们，他们的行李将被运到比特摩尔饭店，那里的游泳池正在开放，他们可以到那里游泳。至于轿车等费用，全部由里兹—卡尔顿饭店承担。顾客感到非常高兴，这家饭店给他们留下了非常深刻的印象，也使得他们乐于到处传诵这家饭店。

案例点评：成功的酒店总是能够有效开发对顾客有价值的产品和服务，并运用具有说服力和吸引力的方法将产品和服务有效地呈现给顾客。了解酒店市场消费者的购买行为、消费动机及消费障碍并采取相对应的措施，是在现代营销观念的指导下，酒店营销管理的基本任务。

有些管理人员在考虑其业务运行时，只注意到有形产品。所以，在那些管理人员认为销售的只不过是汉堡的快餐馆中，人们看到的往往是一种“慢腾腾的、粗暴的服务人员，肮脏的、风格单调的设施和难得一见的回头客”。酒店最重要的一项任务，就是去开发经营的服务方面，去创造一种浓厚的服务文化。

3.1 服务文化与酒店服务营销的特征

人们往往做被人鼓励的事情。如果一个组织想要提供高质量的产品，该组织的文化必须能够支持和鼓励人们注意顾客的需要。

3.1.1 服务文化

服务质量总在变动，在雇员与顾客之间互动关系的影响下，出现问题是不可避免的。不管他们如何努力，即使是最好的酒店，也会出现如上菜延迟、牛排焦糊或雇员发脾气等情况，但服务人员可以从这些问题中学会如何处理问题。问题处理得好，可能把一个愤怒的客人转化为一个忠诚的顾客。实际上，从失败中爬起来可能要比一开始就一帆风顺赢得更多的顾客购买和更高的顾客忠诚度要好。所以，酒店应该采取一些措施，使酒店不仅可以在任何时候都提供优质服务，而且在真正发生差错时能够妥善处理。

应用案例3-1

海外酒店的菜单充分体现了其文化内涵。在美国，有一家米歇尔酒家，在欢迎顾客光临的菜单上写道：“……我们高兴，因为我们能为您烹制全市最好的美食；我们感谢，因为您赐予我们机会，让我们展示自己的服务和好客；我们荣幸，因为您挑选我们来满足您的好胃口。感谢您对我们的信赖，我们将永远竭尽全力，不负您的友谊和惠顾。”

在法国，一家餐馆在他们的菜单上对牛排做了这样的补充描述：“犹如一件跨越时空的艺术品，牛排追求着完美卓越。然而，这种完美唯有训练有素的欧洲名厨，以数十年不懈的成功探索加上质量叫绝的牛肉，才得以信手创造！结果如何？我们的厨师亲手烹饪的牛排杰作，其中美味，包您品尝之后难以忘怀，直到您再次光临……”

服务文化注重对顾客的服务和顾客需要的满足。这种服务文化必须始于最高管理层，并向下贯通，形成一种服务文化，就会使员工尽力解决顾客的困难。这需要一套建立在顾客满意基础上的激励系统来予以支持。

3.1.2 服务营销的特征

服务营销人员必须关心服务的四个特征：无形性、不可分割性、变动性和易衰败性。

1. 无形性

与有形产品不同，服务在购买之前是看不见、摸不着、听不见、闻不到的。在登上飞机前，航班的乘客除了手里捏着一张机票和被许诺将安全抵达目的地之外，他们什么都不了解。酒店的营销人员在做推销访问时，是无法将客房随身带着的。实际上，他们并非卖一间客房，而是卖特定时间里使用客房的权利。当客人离店时，他们除了能出示一张收据之外别无他物。在酒店业和旅游业，许多商品属于无形的体验：如果我们要购买一辆小轿车，我们可以先试开一下。但我们如果要购买餐馆的一餐饮食，在享用其食品和服务之前我们是不知道我们会得到什么的。为了减少由于服务的无形性所造成的不确定性，购买者会寻求能够提供有关服务的信息和能形成对服务的信赖的各种有形证据。到餐馆就餐的客人最先看到的是餐馆的外表，餐馆的地面环境和整洁程度提供了判断餐馆管理状况的线索。各种有形的因素是展示无形服务的质量信号。

应用案例3-2

香港丽晶酒店特别重视酒店所有着制服和着便装的员工能给人以高雅而专业的印象。员工的外表是丽晶酒店有形象征的一部分。此外，该酒店还特意在门前停放一些如劳斯莱斯等的豪华轿车，以便直接传递一种高质量和高档服务的信息。

2. 不可分割性

在大多数酒店业服务中，服务者与顾客在交易发生时必须同时在场，顾客与雇员的直接接触构成了产品的一部分。餐馆里的食物可能很精美，但如果服务态度恶劣或服务有疏忽，顾客就会对整个餐馆体验给予不好的评价。他们将不会满意这次体验。

服务的不可分割性还意味着顾客是产品的一部分。一对夫妇选择一家餐馆，可能是因为那里雅静而浪漫，但倘若一个吵吵嚷嚷的会议团队也坐在同一个地方就餐，这对夫妇就会大失所望。管理人员必须对顾客进行管理，这样才能避免他们做出令其他顾客不满的事情来。

不可分割性的另一方面是顾客和雇员都必须了解整个服务运作系统。因为他们需要共同参与服务的生产。顾客只有了解餐馆的菜单，才能选出自己想要的菜品。

应用案例 3-3

台湾有一家名为“鼎泰丰”的餐馆，以小笼包扬名。它并不起眼，但却生意兴隆，每天都有许多顾客在门口排队等候。在排队时，服务员会给每位顾客分发“排号”，然后让他们点菜。这样，当顾客排到座位时，饭菜也准备好了。在排队处有一个电子显示屏，上面显示着空桌的号码。因为大多数的外国客人都不懂汉语，所以餐馆准备了菜品的彩色照片，他们只需指出想吃的菜就可以了。

酒店客人必须知道怎样使用电话系统，以及怎样通过电话进行快速退房。这意味着酒店业和旅游业组织必须像培训自己的员工那样去培训顾客。一些快餐店会引导顾客自己取饮料，这使得顾客在等待过程中有点事情可做，并且也节省了为顾客提供饮料服务的劳动成本。一些酒店、餐馆、航空公司和汽车出租公司都训练顾客自己到互联网上搜集他们所需要的信息并进行预订。使用这些服务的顾客所做的工作，恰恰就是顾客服务人员应该做的工作。让顾客变成一个“雇员”所具有的好处很多，包括降低价格、增加价值（你可以随便再来一杯或一碗）、定制化、减少等候时间。所以，服务的不可分割性要求接待业的管理人员既善于管理雇员又善于管理顾客。

3. 变动性

服务是高度易变的。服务的质量与提供服务的人员、时间和地点密切相关。引起服务变动的原因有很多。服务的生产与消费是同时进行的，这使质量控制变得很难操作；需求的波动使服务高峰时间里的产品质量难以保持一致；服务者与顾客之间的高度联系意味着产品质量的均衡离不开服务技巧，也离不开交易时的具体行为。一位客人某一天可能得到了出色的服务，但在另一天从同一个人那里却可能得到极为平庸的服务。发生这种情况的原因可能是服务员的感觉不好，也可能正经历着感情问题。缺少沟通及顾客期望的巨大差异是引起服务不稳定的另外一个原因。例如，一个餐馆的顾客预订了一份“中等的”牛排，他实际上是希望牛排烹制里外一样，而厨师却可能将“中等的”理解成有一点热乎气、里边有血丝。这样，当顾客切开牛排发现里边还有粉红色的血迹时就会感到很失望。为了解决由这类原因而引起的服务不稳定的问题，很多餐馆对牛排的烹制标准做了统一而明确的规定，并传达给雇员和顾客。有时，与顾客的沟通是口头的，而有时则利用印刷好的菜单。顾客能再次光顾一家餐馆，常常是因为上一次他们得到了很满意的体验。如果他们所获得的服务一天一个样，满足不了他们的期望，他们就不会再来。产品缺乏一致性在接待业当中是引起顾客不满的最主要因素。

4. 易衰败性

服务是不能被储存起来的。一个有 100 间客房的酒店，如果在某一天晚上只销售出 60 间，是不可能把没有销售出去的 40 间客房储存起来留待次日销售的，因此这没有销售出去的 40 间客房所造成的损失永远无法弥补。由于服务的易衰败性，航空公司和一些酒店对保证性预订的客人进行收费，即使他们未能入住该酒店。餐馆也开始对预订而没有露面的顾客收取一些费用。他们意识到，如果预订的客人没有到，那个座位就可能没有机会再卖出去了。如果服务是为了使收益最大化，那么，服务者就必须对生产能力和需求进行管理。

应用案例 3－4

地中海俱乐部在全世界经营着数以百计的地中海度假酒店（Club Med Village）。如果该公司不能将其客房和航空旅行产品组合销售出去，就意味着要发生损失，因为它们的产品是不能储存的。地中海俱乐部使用电子邮件向储存在其数据库中的 34 000 名顾客传递有关那些没有售出的、打折的组合产品的信息。这些人在每周的周末之前就接到通知，知道在哪天有房间、有航班可以使用。折扣通常是牌价的 30%～40%。一般来说，回应率可能达到 1.2%，这样，地中海俱乐部每个月通过电子邮件销售那些空余的资产所获得的收益为25 000～40 000 美元。

虽然营销的基本原则适用于所有产品，但是在实践中，销售酒店产品时必须考虑它的特殊性。正是这种特殊性使其在开发和销售上有很大难度，与此同时它又深受顾客欢迎。

3.2　酒店服务管理战略

成功的酒店总是把注意力同时集中在雇员和顾客身上。他们了解服务—利润链，这条链把酒店的利润与顾客的满意联系在一起。这条链有以下 5 个环节。

（1）显著的服务利润与增长——服务企业出众的表现，而这来自于……

（2）满意而忠诚的顾客——满意的顾客，他们保持着忠诚，成为常客，并积极地向其他顾客推荐本企业，而这来自于……

（3）提供更多的服务价值——更有效果地创造顾客价值，更有效率地提供服务，而这来自于……

（4）得到满足从而提高了生产效率的服务雇员——更满意、更忠诚和更辛勤工作的雇员，而这来自于……

（5）内部服务质量——更好的雇员选拔和培训制度，高质量的工作环境，对那些与顾客做生意的员工的完全支持。

由此可见，要达到企业的利润和增长目标，需要先从那些关怀顾客的人开始。

由于服务与有形产品存在差异，常常需要采用另外一些营销方法。在生产有形产品的企业，产品完全标准化，而且可以“坐架待客”。但在服务企业，顾客是与一线服务人员相互合作来创造服务的。因此在服务过程中，服务人员必须与顾客有效地合作，才能创造出最佳的服务。有效的合作反过来又依赖于服务人员的技能，依赖于服务人员背后的服务生产和支持过程。成功的服务企业总是把注意力同时集中在雇员和顾客身上。酒店面临的任务是要在这样 3 个领域更加有所作为：差异化竞争、服务质量和生产率。

3.2.1 差异化竞争的管理

在当今价格竞争极其激烈的情况下，酒店营销人员经常抱怨他们难以将本企业的服务同竞争者的服务有效地区别开来。由于顾客把不同企业所提供的服务看作大同小异的，所以他们很少介意谁提供服务，而是更关心提供服务的价格。

解决价格竞争的途径就是提供差异化服务。这种差异化服务可能包括各种足以将本企业的服务与竞争者的服务区别开来的创新性的特征。不幸的是，大多数服务创新都很容易被抄袭。不过，那些经常创新的企业往往能取得暂时的优势，并因而获得成功，同时还会赢得一个善于创新的美誉，而这对于企业留住那些总是寻求最佳服务的顾客是很有帮助的。

酒店对服务过程进行差异化有三条途径：通过人、物质环境和流程的差异化来实现。酒店可以通过聘用更有能力、更有责任心的服务人员来使自己不同于竞争企业。或者，酒店可以创建一种独特的物质环境，服务就在这样的环境中进行。最后，酒店还可以设计一个独特的服务流程。例如，凯悦酒店集团在某些酒店中为顾客提供一种计算机化的入住方式。酒店也可以利用标志和品牌实现形象差异化。

3.2.2 服务质量管理

服务质量是服务的效用及其对顾客需要的满足程度的综合表现。服务质量同顾客的感受的关系很大，可以说是一个主观范畴，它取决于对服务的预期质量同其实际感受的服务水平或体验质量的对比。

美国运通公司的总裁说：“只承诺你能提供的，而提供不止你承诺的！”这些期望建立在过去的经验、口碑和企业广告等基础上。如果一家酒店的实际服务超过期望的服务，顾客会再度光顾。顾客保持力也许是一个最好的质量测定指标——一个企业吸引顾客的能力取决于它是否能持续地为顾客提供优质服务。所以，尽管制造商的质量目标可能是“零缺陷”，但服务企业的质量目标是“零顾客流失”。

酒店需要辨识目标顾客对服务质量的期望。但不幸的是，服务质量比实物产品质量更难以定义和判断。另外，虽然较高的服务质量会提高顾客的满意度，但同时它也带来更高的成本。不过，服务的投资通常会由于顾客和销售额增加而得以收回。不管提供什么水平的服务，最重要的是服务者能够清晰地界定服务并有效地与雇员和顾客沟通，使雇员知道他们必须提供什么，使顾客知道他们能够得到什么。

由于成本激增，酒店承受着越来越大的提高服务效率的压力。它们可以通过几种方式达到提高服务效率这个目标。可以给予目前的员工更好的培训，也可以雇用在目前工薪水平上能更勤奋地工作或更有服务技巧的新员工。或者可以增加服务的数量，而放弃对服务质量的关注。企业也可以通过增加设备、实行生产过程标准化来“使服务工业化”，就像在麦当劳的食品零售中所采取的装配线方法一样。还可以通过设计更有效的服务来提高生产率，如酒店、餐馆给雇员配备耳机，这样可以始终保持与雇员的联络畅通无阻，从而提高效率。

3.2.3 服务产品有形化

服务营销人员应该采取措施向潜在顾客提供各种有助于使服务产品有形化的表征。酒店的促销材料可能包括一个会议策划人的材料袋，装有酒店公共区、客房、会议室的照片。袋里可能还有会议空间的分楼层计划，介绍适合不同用途的会议室容量，以此让会议策划人对会议空间有具体的了解。

应用案例 3-5

一位高档餐馆的宴会营销人员可以在上午登门推销时带上食物样品，以此来使其产品有形化。这位营销人员可能还会带一个影集，里边有宴会厅照片、不同宴会摆台设计的照片及以往顾客的推介或表扬信件。对于那些在婚礼上用餐的人，有些酒店会在婚礼之前把食品备办好。这样，一对新人在婚礼之前就能品尝这些食品，而不会在婚礼上出现什么意外。营销人员是潜在顾客与该企业接触所遇到的第一个人。一名仪容整洁、谈吐得体、善于以准确专业的方式回答顾客问题的营销人员对于帮助顾客形成良好的酒店形象认知是非常重要的。

酒店里的每一件事情都是有意义的。客房中套在饮水杯上面的包纸是为了让客人知道杯子已经清洗过了。卫生间里的卫生纸折起来表明卫生间已经被整理好了。

服务的不可感知，主要是指其不可触及，难以从心理上进行把握。为克服因此产生的营销难题，必须使服务的内涵尽可能地附着于某种实物上。服务有形化还必须考虑使服务更易为顾客所把握。因此，有形展示应选择顾客视为重要的有形实物，最好是他们在该项服务中所寻求的一部分；同时，必须保证此有形实物所暗示的承诺，在提供的服务中能圆满兑现，即服务质量要与承诺的内容一致。

有形展示的最终目的，是建立企业与顾客之间的长期关系。首先是服务人员要取得顾客的好感。服务产品的顾客，常常被服务企业中的某一个人或某一群人吸引，而不只是认同服务本身。服务人员直接同顾客打交道，不仅其衣着打扮、言谈举止影响着顾客对服务质量的认知和评价，而且服务人员同顾客之间的关系直接决定着顾客与企业关系的融洽程度。

3.2.4 硬件环境管理

硬件管理不善，就会有损于经营。能传达硬件管理不善的负面信息包括以下几个方面。假期已经过去了，却还在广告中宣传为期两周的特别优惠项目；住客发现信件丢失和灯丝烧断；停车场脏而凌乱；员工穿着污迹斑斑的制服，其工作的地方一塌糊涂。这些征兆给顾客传达的都是负面的信息。在餐馆，管理人员要接受营业前检查的专门训练，要做的工作之一就是确保所有灯泡都正常工作。像灯泡不亮这种小事情，会给坐在附近的客人留下餐馆不注意细节的印象。

硬件环境的设计应该能强化产品在顾客心目中的定位。豪华酒店的前台服务人员，应该穿着比较保守一点的职业装，服装的面料应该是纯毛或混毛织物；热带度假胜地酒店的前台服务员，可以穿热带的、夏威夷风格的衬衫；快餐店的柜台服务员可以穿一种简洁的化纤制服。

3.2.5 员工管理

在酒店，雇员是产品和营销组合的一个关键部分。这意味着人力资源部和营销部必须紧密合作。在没有设置人力资源部的餐馆，餐馆经理扮演着人力资源部经理的角色。这位经理必须雇用那些为人友善而又有能力的雇员，并制定一些政策以便在雇员和顾客之间建立起积极的关系。即使是一些细微的人事政策都可能对产品的质量产生显著的影响。

应用案例3-6

在酒店业经营中，有受到良好培训的员工是很重要的。

晚饭之后，我们决定在华盛顿再滞留一天。一天的业务已经使我们没法准时地赶上离开的航班。我们并没有预订酒店，但离新开业的四季酒店很近。我们曾在那里住过，而且很喜欢它。当我们穿过大堂，像别的来晚的客人一样，踌躇着该找一个怎样的借口来订到一间客房时，令我们惊讶不已的是，迎宾员抬起头来，微笑着向我们问候，并且叫出了我们的名字。她记得我们的名字！一瞬间，我们明白了为什么在仅仅一年的时间里，四季酒店就已经成为这个地区“最好的去处”，而且在第一年就赢得了仅有的最受欢迎的四星级酒店头衔。

在一个运转良好的接待组织中会有两种顾客：付钱的顾客和雇员。对雇员加以培训和激励以便使之提供好的顾客服务被称为内部营销。在酒店，只设有一个负责传统的外部营销工作的营销部是不够的。营销部的工作还包括鼓励组织当中的每一个人建立起顾客导向的思想。

3.2.6　预期风险管理

购买酒店产品的顾客，因为购买之前不能亲历服务过程，所以他们会产生某种焦虑的心情。好的酒店营销人员会告诉客户他们已经成功地举办过几百个会议，以此来消除客户的忧虑心理。对客户提出的专业要求，酒店营销人员可以通过出示以往客户的表扬信，以及带领客户到现场查看酒店的设施来给予形象的说明。好的酒店营销人员必须设法消除客户的担心并赢得其信赖。消除顾虑的一种办法是鼓励客户在一个风险较低的情况下参观或亲身体验酒店的服务。

应用案例3-7

一些酒店和度假地向会议策划人和旅行代理商提供所谓业务招待旅行。航空公司通常也提供赠票，因为它们也有兴趣创造生意。酒店免费向潜在客户提供客房、食物、饮品和娱乐项目，希望通过这种接待使他们能推荐本酒店。业务招待旅行这种做法由于使中介客户在购买之前亲身对酒店进行体验，从而减少了产品的无形性所带来的不确定性。

3.2.7　生产能力与需求管理

由于服务是易衰败品，所以，对生产能力和需求的管理就成为酒店营销的关键。例如，母亲节传统上是餐馆一年中很忙碌的日子之一，从上午11:00至下午14:00，一直是午餐的高峰时间。这3个小时也给餐馆带来了一年中极好的销售机会。为了充分利用这个机会，餐馆管理人员必须完成两件事。首先，他们一定要调整运作系统使企业能够以最大的生产能力投入运行；其次，他们不分淡旺季，他们的目标是创造满意的顾客。

当酒店接近于满负荷运行或餐馆突然之间爆满，也可能出现问题。企业的运行达到其负荷的80%以上时，顾客的投诉就会增加。一家餐馆若是接待顾客太多以至于服务员和后厨穷于应付，那么，就会使客人的体验出现负效应。客人业务将一去不复返，也许会向潜在顾客散布一些对酒店十分不利的消息。确实，对于酒店而言需求与生产能力的平衡是成功的关键，我们将在以后的章节中深入讨论。

应用案例 3-8

酒店在出租率低的情况下应该做哪些准备呢？假设一家酒店预计从现在开始6个月内将有2周的低出租率时期。一个办法是在这一时期到来时实行裁员和减少其他开支，包括安排员工在这期间休假，但这种做法会引发服务问题。更为积极的办法是在这期间增加公司的会议业务。集团公司会议一般在6个月之前预订，而全国性会议可能在会议之前1~2年时间内就做了预订。销售经理可以重新安排一位营销人员，专门做专业协会和集团公司的会议促销工作，以此来提高在其不景气期间进一步拓展业务的可能性，并显示对这一市场的重视程度。

3.2.8 一致性管理

一致性是决定酒店经营成功的关键因素之一。一致性意味着顾客可以获得预期的服务，而不会有节外生枝的感觉。在酒店业，这就要求约定早晨7:00的叫醒服务会如期发生，为下午15:00会议休息期间订的咖啡到时会准备就绪。在餐馆企业，一致性指的是，今天提供的虾要和两周前提供的口味相同，卫生间始终要有毛巾可用，上一周推出的酒品在下个月依然有存货供应。

从表面上看，一致性是一个理所当然而且简单易行的任务，实则不然。许多因素都对一致性起制约作用。公司的政策含糊不清就是其中之一。例如，一家酒店的一位雇员可能为某位团队客人错过的一顿饭退款，而另一位雇员却拒绝这样做，原因是客人购买的是组合产品，而对组合产品的未消费部分，酒店不退款。不是公司的政策和程序要有意创造服务的不一致性，但的确产生了这样的影响。

需求的波动性也会影响服务的一致性。虽然不太可能彻底地消除这种波动，但管理人员应竭尽全力去保持服务的一致性。

3.2.9 顾客关系管理

顾客关系管理（Customer Relationship Management，CRM）作为一种管理理念与实践在许多行业内已被广为接受。它将营销、商业战略及信息技术结合起来，帮助企业更好地了解顾客，为重要顾客定制产品并与之建立更为密切的关系。它注重掌控赢利机遇、维持顾客关系及享有顾客终身价值。

顾客关系管理意味着需要同顾客，特别是中国顾客，建立唯一而又长久的关系。顾客关系管理的目标之一就是让顾客感到转向其他供应商需要付出较高的“转换成本”，从而阻止他们购买其他产品。转换成本不一定都是金钱上的成本。实施顾客关系管理的公司试图运用各种方式增加顾客的转换成本，如积分制和提供定制服务。

【特别提示】

尽管管理者和员工竭尽全力，但服务中出现的问题还是会直接影响到顾客。研究表明，当问题出现时，最好的处理方法就是向顾客提供关于服务失误的“直接而又及时的信息”：“服务性组织的管理人员需意识到多数人只是想了解真相，他们可能感到沮丧，但是当别人就服务补救措施提出建议时，他们很可能就会平静下来。”

3.3 酒店营销组合要素

营销组合式酒店依据其营销战略对营销过程中的构成要素进行配置和系统化管理的活动。它由七个要素构成。它们是产品、价格、渠道、促销、人、有形展示和服务过程。

在酒店业，营销与销售常常被混为一谈，这不足为奇。销售部是酒店极重要的部门之一。销售经理向潜在的顾客推销产品，并通过酒店的餐厅向他们提供饮食。

营销就意味着“击中目标”。彼得·德鲁克对此的表述是：“营销的目的是使促销成为多余之举，是力求充分地理解顾客的需要，从而使产品和服务能适合这种需要并自动销售出去。”广告和销售是营销组合当中促销方面的内容。其他营销组合要素还包括产品、价格和分销，营销同时还包括调研、信息系统和制订计划。

营销组合的真谛就是利用各种可配置的要素为目标市场创造一个有效的营销方案。如果营销人员在识别消费者需要、开发产品、定价、分销和促销方面做得卓有成就，结果就是将产品变为受欢迎的产品和获得满足的顾客。

3.3.1 产品

酒店产品必须考虑提供服务的范围、服务质量和服务水准，同时还要注意的事项有品牌、保证及售后服务等。

3.3.2 价格

价格方面要考虑的因素包括价格水平、折扣、折让和佣金、付款方式和信用。价格与质量间的相互关系，是酒店必须予以重视的要素。各种有关物质产品定价的概念和方法，基本上都适用于服务产品定价。由于服务的差异性和无形性等特征，和有形产品相比，服务产品定价的策略性和灵活性要大得多。适用于服务产品定价的主要方法有客观定价法、主观定价法、利润导向定价法、成本导向定价法、竞争导向定价法和需求导向定价法。

3.3.3 渠道

酒店提供服务者的所在地及其地缘的可达性在酒店营销上都是重要因素，地缘的可达性不仅是指实物上的，还包括传导和接触的其他方式。所以，销售渠道的形式及其涵盖的地区范围都与服务可达性的问题有密切关系。

分销策略主要考虑应在什么地点及如何将服务提供给顾客。位置指酒店做出关于在什么地点经营和员工处于何处的决策，包括地域、地区和地点的选择。企业在选址时首先要考虑其所能到达地域内潜在顾客及竞争对手的数量和分布。

3.3.4 促销

促销包括广告、公关、人员推销、销售促进或其他各种市场沟通方式。服务促销指为了和目标顾客及相关公众沟通信息，使他们了解企业及其所提供的服务、刺激消费需求而设计和开展的营销活动。促销的对象，并不完全限于顾客，有时也可以用来激励雇员和中间商。上述思想是传统的产品和营销组合要素；但酒店营销组合的要素还要包括人、有形展示和服务过程。

3.3.5 人

把人员看作营销组合的一个要素，在酒店营销中有两个方面的含义：一是酒店的工作人员，在顾客的眼中其实就是酒店产品的一部分，其担任着服务表现和服务销售的双重任务。在酒店服务业，成功的秘诀在于，认清与顾客接触的工作人员才是最关键的角色。二是对酒店业而言，顾客与顾客之间的关系也应重视。因为一位顾客对一项服务产品质量的认知，很可能受其他顾客的影响。

3.3.6 有形展示

与一般服务业相比，酒店业的显著特点是，其有形展示的部分会影响顾客对酒店的评价。有形展示包括的要素有实体环境及服务提供时所需用的装备实物，还有其他的实体性线索。

3.3.7 服务过程

服务产生和交付给顾客的过程是酒店营销组合中的一个主要因素，所有的工作活动都是过程。过程包括一个产品或服务交付给顾客的程序、任务和日常工作。把过程看作营销组合一个独立的要素，是由于它对酒店服务质量十分重要。这个要素对那些没有存货可以储存的服务行业而言其作用尤其突出。

酒店服务过程的变化状况主要取决于人员。因此，服务过程和人员是紧密联系在一起的组合要素。服务过程因此也是一个在加强定位和产品开发中能起到实质作用的营销组合要素。酒店进行市场营销的过程，也就是对营销进行管理的过程。概括而言，它就是一个把酒店所有的人力资源、物质资源、信息资源和资金（资产）资源科学地组织到满足消费者需要上去，并根据市场的变化调整企业整个经营管理系统适应环境的动态过程。具体地说，营销过程就是分析市场机会、选择目标市场、制订营销战略计划、规划营销策略及实施和控制营销活动的系统的循环。

3.4 酒店营销管理过程

从一方面说，市场机会很多，从另一方面说，机会稍纵即逝。强者创造机遇，智者抓住机遇，弱者等待机遇，而愚者失去机遇。酒店的营销活动要受到市场环境变化的影响，这种变化或是提供正面机会，或是带来反面威胁。因此，酒店必须一刻也不松懈地密切监控市场环境的发展变化。酒店市场营销管理过程的第一步是对酒店营销环境进行分析。

3.4.1 酒店市场营销环境分析

市场营销环境分为宏观环境和微观环境。前者指对酒店产生较大影响的不容忽视的社会因素和力量，如人口的、经济的、政治的、法制的、技术的、文化的等各个方面，例如，周末双休、黄金周制度等。微观的环境包括自身及周边环境，所有直接影响企业经营、服务、管理的因素，如酒店的供应商、中间商、宾客、同行业竞争对手、社会公众和本企业自身的优势和劣势等。

3.4.2 选择酒店目标市场

在发现酒店市场营销机会和明确酒店应向市场提供的产品和服务之后，酒店应进一步了解顾客的需要和欲望及其所在的地区，了解他们的购买方式和行为等，然后分析市场规模和结构，选定最适合酒店发展的目标市场。选择目标市场包括下列步骤。

(1) 预测市场需求。对酒店所选择的市场机会，必须对其现有和未来的市场容量做出客观的分析、预测，其中包括当前其他酒店的销量、酒店产品可达到的市场份额等。由于未来的市场需求增长与经济发展、收入水平、人口等宏观因素有着密切的关系，因此还要分析这些因素是否具有发展前途，最后再决定是否进入这一市场。

(2) 细分市场。酒店顾客有着多种不同的需求，要适应这种多样化、个性化的需求，酒店管理人员就必须辨别具有不同需求的顾客群体，根据地理、人口、心理、行为等因素将整个市场划分成不同类别的细分市场。

(3) 选择目标市场。一般来说，酒店是无法同时满足整个市场的需求的。因此，酒店经营管理者应在市场细分基础上，根据各细分市场的吸引力，评估酒店的营销机会，从中选定一个或几个细分市场作为自己的目标市场，然后制定适当的市场营销策略，尽全力满足目标市场的独特需求。

(4) 市场定位。市场定位就是根据竞争者现有的产品在市场上所处的位置，针对顾客对该产品某种属性的重视程度，塑造出酒店产品与众不同的、个性鲜明的、符合顾客需求的市场形象。酒店的市场定位策略可以强调产品特征方面的差别，如酒店的地理位置、餐饮设施、酒店规模；也可以强调服务对象、服务水平、价格、价值等方面的差别，以便顾客将本酒店的产品与竞争对手的产品区别开来。

3.4.3 制订营销战略计划

营销战略计划是指一家酒店为达到其营销目标而制订的一系列活动的计划，由在预期的环境和竞争条件下的企业营销支出、营销组合和营销分配等决策所构成。在营销计划中，企业管理层要决定为了达到营销目标所需要的营销支出水平，要决定如何对营销组合的各个方面进行预算分配。

3.4.4 规划营销策略

策略是战略计划的具体细化展示和途径、方法的选择。营销策略主要包括旅游产品（product）策略、价格（price）策略、分销（place）策略和促销（promotion）策略，也就是最通常的4P策略。但随着营销环境更趋复杂多变、营销实践经验的丰富及营销理论研究的深入，4P策略的概念已远不能包容营销策略的全部。

市场营销组合就是为了满足目标市场的需求，酒店对自己可以控制的市场因素进行优化组合，以完成酒店经营目标。营销组合包含四个要素，即产品策略、价格策略、分销策略和促销策略。具体内容如下所示。

（1）产品策略。立足于用户的需要，对生产什么产品（服务）进行决策，包括新产品开发策略、产品组合策略、产品生命周期策略、品牌策略等内容。

（2）价格策略。包括对制定价格的方法、新产品定价、一般价格策略的运用及价格管理调整等进行决策。

（3）分销策略。对旅游产品（含服务和旅游商品）如何转送到用户和顾客手中进行决策，内容包括流通渠道的结构形式、选择合适的中间商、对流通渠道的管理等。

（4）促销策略。它是指对促进和影响人们购买行为的各种手段和方法，如人员推销、广告、营业推广、公共关系等进行综合研究，寻求和选择最佳的组合策略。

市场具有不可测因素，如突发事件、自然灾害、政局变动等。但市场又有可预测性，如消费倾向、客源流向等。酒店可控制的因素是多种多样的，包括产品、价格、销售渠道和促销等。市场营销组合是一个变量组合，构成营销组合的各因素就是各个自变量，而营销组合是这个变量的函数，它是一个整体协同作用的过程。

3.4.5 管理和控制酒店市场营销活动

酒店市场营销的最后一个程序是对市场营销活动的管理。因为前几个方面的活动都离不开营销管理支持系统的支持。管理酒店市场营销，要做好四个方面的管理。

（1）酒店市场营销信息系统。酒店市场营销信息系统分为酒店内部报告系统、营销情报系统、营销调研系统和营销分析系统等四个子系统。酒店通过营销信息系统了解其所处市场的特性，并尽可能多地获得关于其供货商、批发商、零售商及竞争者的客户的综合信息。

（2）酒店市场营销计划系统。酒店市场营销计划分为长远规划和具体的战略计划，营销战略计划是随着市场动态发展不断调整的过程。首先，当产品处于其市场生命周期不同阶段时，必须对计划加以修正。其次，根据企业在市场上占据的不同地位，如市场领导者、挑战者、追随者或补缺者，计划也将相应变动。再次，在短缺时期，通货膨胀或萧条期等不同环境中，营销计划也要相应调整，以适应当时的环境。最后，有的企业与世界旅游市场关系紧密，还必须观察全球政治经贸动态，趋利避害，捕捉机会，以求发展。

（3）酒店市场营销组织系统。营销组织需要有一位至少相当于副总经理级别的高层管理者负责。营销部门的有效性不仅有赖于它的结构，同时也取决于对营销人员的选择、培训、指导、激励和评价。

（4）酒店市场营销控制系统。营销控制有年度计划控制、利润控制和战略控制 3 种类型。在年度计划控制中，领导层要认真检查年度计划规定的销售、利润指标是否完成。利润控制是定期分析检查各种产品、各项服务、各个部门、各条渠道、各个区域的实际赢利能力和赢利情况。战略控制是酒店必须经常回顾和反复检查营销总计划，以确保时时与宏观环境、微观环境、市场变化相适应。

【特别提示】

营销最困难的地方，同时也是企业最成功之处，就是营销负责人要使营销部门和人员向顾客许下的服务承诺在企业其他部门的任何人身上都能百分之百地实现。

3.5 酒店战略计划的制订

在第 2 章，我们讨论了满足顾客不断变化的需要的必要性。那些把这一点当做成功的根本的酒店，在实践中就会坚持市场导向的战略规划方向。市场导向的战略规划是一个旨在制定和保持使组织目标、技能和资源与不断变化的市场机会相互协调的可行策略的管理过程。本章我们主要讨论战略规划，而如何利用这些概念制订战略规划，我们将在后续章节讨论。

成功的酒店营销人员深知，即便是一个很精彩的营销规划或 ·个很有创意的概念，都有可能不起什么作用。反过来，如果不是以健全的相关的战略为基础，即便看上去付出了百般努力，最终也会徒劳无益。

很多酒店都经营若干种业务。不过，他们常常未能清晰地对这些业务加以界定，反而过多地用产品来定义业务。必须把一个业务看作满足顾客需要的过程，而不要看作产品生产的过程。酒店应该按照顾客需要而不是产品来定义业务。

应用案例 3-9

管理人员要避免过于狭隘或过于宽泛地定义市场。拥有超过30万间客房而号称世界最大酒店联号的假日旅馆公司，在这方面就没有做好。数年前，它把业务范围从酒店业务拓展到旅游产业。它先是购并了铁路贡献公司，然后是美国第二大汽车公司及三角轮船运输有限公司。但假日旅馆没能有效地经营这些公司，最后只好放弃了。它终于决定“只管好自己的事”，全力投身于“接待业”。

3.5.1 向战略业务单位配给资源

识别酒店战略业务单位的目的，是便于为这些单位确定战略性目标并提供相应的资金上的支持。这些单位把它们的计划送往公司总部，总部有时通过这些计划，有时把它们反馈回来的要求做进一步修改。总部审阅这些计划，并由此确定哪个业务单位应该发展、维持、收获和放弃。管理人员不能仅凭印象行事，需要采用一些工具并根据获利潜力来对业务单位加以分类。最有名的业务组合评价模型就是波士顿咨询公司模型。

波士顿咨询公司是管理咨询业的领袖企业之一，所谓增长—份额矩阵法为该公司首创。图3.1中的10个圆圈代表某个公司当前各项业务的规模和市场定位。每项业务的规模与圆圈的大小成比例。每项业务在图中的位置表示它所面对的市场的增长速度和它所占有的相对市场份额。

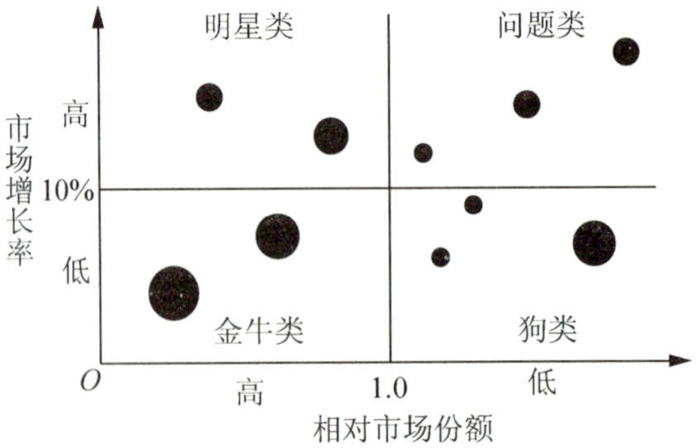

图3.1 增长一份额矩阵

具体地说，纵坐标上的市场增长率代表这项业务所在市场的年增长率。数字在20%以内，当然还可以列出较大的幅度。超过10%的年市场增长率就被认为是高的。

横坐标上的相对市场份额表示战略业务单位的市场份额与该市场上最大竞争者的市场份额之比，它是测定企业在有关市场上所拥有的实力的一个量化指标。0.1的相对市场份额表示公司的销售额仅及该市场上领袖企业的销售额的10%；10就表示该公司的战略业务单位是该市场的领袖，其销售额是该市场第二大公司销售额的10倍。通常以1.0为分界线将相对市场份额分为高份额和低份额。

增长—份额矩阵分成4格，每格代表一类不同的业务。

(1) 问题类。问题类业务是市场增长率高而相对市场份额低的业务。大多数业务都是先从问题类开始的，而这类业务又往往需要大量的现金投入。“问题”一词十分贴切，因为公司对是否继续向这类业务注入资金必须经过深思熟虑。图3.1中该企业有3种问题类业务。

(2) 明星类。如果问题类业务获得成功，它就转而成为明星类业务。明星类业务是高速成长的市场中的领先者，但这并不等于说明星类业务能给公司带来大量现金。公司必须投入大量资金来紧跟快速增长的市场步伐，并击退竞争者的进攻。明星类业务一般已经有利可图了，而将来它们就会成为公司的金牛类业务。在本例中，该企业有两种明星类业务。

(3) 金牛类。当市场的年增长率下降到10%以下时，倘若明星类业务仍然具有最大的相对市场份额，那么，它便能享有规模经济和较高的收益率。企业用其金牛类业务收入来支付账款，并支持急需资金的明星类、问题类和狗类业务。在本例中，该企业拥有两种金牛类业务。

(4) 狗类。狗类业务指市场增长率低、相对市场份额也低的公司业务。一般来说，它们的利润很低，同时损失也不会很大。狗类业务往往耗费管理人员不少时间，有时甚至是不值得的。本例中该企业有3种狗类业务。

把各种业务描绘在增长—份额矩阵图上之后，酒店接着就可以确定其业务组合是否健康了。如果有太多的狗类或问题类业务，或者明星类和金牛类业务太少，那么，酒店的业务组合就失衡了。

酒店接下来的任务就是要决定为每一个战略业务单位确定目标、战略和预算。有4种不同的目标可供选择。

(1) 发展。这种目标旨在扩大战略业务单位的相对市场份额，甚至不惜放弃近期收入来达到这一目标。发展目标特别适合于相对市场份额比较低的问题类业务，因为它们要成为明星类业务，相对市场份额必须扩大。

(2) 维持。这种目标旨在保持战略业务单位的相对市场份额。对于强壮的明星类业务来说，如果它们要保持源源不断的大量现金流入的话，这种目标是很适合的。

(3) 收获。这种目标旨在增加战略业务单位的短期现金收入，而不考虑长期影响。这一战略适合于金牛类业务，这种业务前景暗淡，而又需要从它身上获得大量的现金收入。收获也适用于问题类和狗类业务。

(4) 放弃。这种目标旨在甩卖或清理某项业务，以便把资源更好地用于别处。

随着时间的推移，战略业务单位在增长—份额矩阵中的位置会发生变化。成功的战略业务单位会拥有一条生命周期曲线。它们从问题类业务开始，转而成为明星类业务，再发展为金牛类业务，最后归为狗类业务，从而走向其生命周期的终点。由于这个原因，公司不能仅仅注意其业务在增长—份额矩阵中的当前位置，而且还要时刻检视它们的位置变化。

图 3.1 中的业务组合基本上还是健康的，但也存在目标和战略适当的可能性。最糟的事情莫过于要求所有战略业务单位都以相同的增长速度和回报水平为目标。其实，战略业务单位这种分析方法的要点在于，承认每一种业务都有不同的潜力，需要制定不同的目标。

【特别提示】

一个没有战略思想的营销人员，就等于没有灵魂。然而营销战略又必须通过周详的、可行性大的营销计划去保证它的实现。

3.5.2 酒店的战略计划

酒店的战略计划包括以下步骤。

1. 分析经营任务

经营战略的规划始于明确任务。经营任务规定战略经营单位的业务和发展方向。总体战略需要各个战略经营单位的共同努力去实现，因此明确经营任务首先要考虑总体战略的要求。每一个业务单位都需要在宽泛的公司任务下面定义其特殊的使命。它必须定义其具体的目标和政策。重点明确三个问题：①需求，即本单位准备满足哪些需求；②顾客，即本单位重点面向哪些顾客；③产品或技术，即本单位打算提供什么产品、依靠哪些技术，即从事什么业务达到目的。

2. SWOT 分析

对整个酒店的优势、劣势、机会和威胁进行评价通常被称为 SWOT 分析。外部环境分析（机会与威胁分析）注重对环境所提供的机会和所带来的威胁的评估，而内部环境分析（优势与劣势分析）的着眼点则放在公司所具有的优势和劣势上。在制订战略计划的过程中，酒店要利用自身拥有的能力去捕捉环境所赐予的机会，并采取行动尽可能减少环境的威胁。SWOT 分析的具体内容有以下两个方面。

1）内部环境分析

从环境当中辨识出有利的机会是一回事，而拥有必要的竞争力以便在这些机会中取得成功又是另一回事。每个业务单位都需要定期分析其优势和劣势。管理人员或外部咨询人员要通览业务单位的营销、财务、制造和组织等诸方面的竞争力。每个因素都被划分为若干等级。

2）外部环境分析

业务单位的经理现在都知道，要想使业务单位实现其目标，必须对环境的各个部分进行管理。一般来说，业务单位必须监控市场上那些足以影响业务单位获利能力的关键宏观环境变量（人口统计与经济、技术、政治与法律和社会与文化）和重要微观环境变量（顾客、竞争者、分销渠道和供应商）。业务单位应该建立一个营销智能系统，用来跟踪形势的变化和发展的方向。对于每一种趋势和发展，管理人员都需要识别出其中潜藏的机会和威胁。

3. 建立目标

业务单位在定义了它的任务并分析了它的优势和劣势、机会、威胁之后，就可以进一步制订计划期的具体目标和指标了。这个阶段被称为建立目标。

仅限于追求单一目标的业务单位其实很少。大多数业务单位都制定有一整套目标，包括赢利性、销售额增长、市场份额扩展、风险管理、创新、声望等。业务单位建立起这些目标，利用这些目标进行管理。

业务单位应该设法按照轻重缓急有层次地设计各种目标。倘有可能，应采用定量的方法对目标加以界定，如“两年内投资收益率提高到15%”这样的目标就比较明确。管理人员用“指标”一词来描述目标的具体数量和时间。将目标转化为可疑测量的指标对管理过程中的计划、执行和控制都非常有利。一个业务单位应该订立切实可行的指标。指标的高低应该根据对业务单位进行机会和优势分析的结果来定，而不能凭空杜撰。

公司的各种目标要协调一致。有时，各种目标之间彼此存在着冲突关系。例如，高边际利润与高市场份额，现有市场的深度渗透于开发新市场，营利指标与非营利指标，高成长与低风险。

应用案例 3-10

洛克度假饭店（Le Touessrok）的文化已经传承了30年，但在20世纪80年代它变成了满足顾客需求的障碍。洛克度假饭店原是劳斯·A洛克菲勒在20世纪50年代建造的，原来的目标市场是代表企业的执行总裁，他们的假期是不能被打扰的。在那个时期，企业的决策可以等到执行总裁度假归来再做。

当时洛克度假饭店的政策几乎说是神圣而不可侵犯的：客房里不设电话，没有电视，坚持一种近乎强制的菜单计划（修正的美式计划），而且客房狭小、不奢华。公司的文化一直属于公司导向型，现在，公司的文化发生了变化。这种变化连同其他一些变化，意味着要用更多的娱乐设施、更大的卫生间、在客房中配备电视来满足客人的需要。洛克度假饭店董事长和执行总裁迈克尔·格莱尼说：“我们不得不倾听顾客的要求，并且在不违背我们的创始人的哲学和思想的前提下尽量去满足这些要求。我相信，洛克度假饭店的使命是保持公司的美好传统并努力满足当今顾客的期望。”

4. 制定战略

目标指出了一个业务单位要达到什么目的，而战略要回答如何达到这些目的。每个业务单位必须通过实施一定的战略来实现其目标。尽管我们可以列举出很多类型的战略，但美国学者迈克尔·波特将其概括为 3 种一般类型，如图 3.2 所示，构成了战略思想的良好起点。

（1）总成本领先。业务单位竭尽全力以求总成本最低。这种战略的问题是其他企业可能以更低的成本出现。对于企图在所有竞争者当中达到成本最低的企业来说，真正的关键所在是采取类似的差异化或集中性战略。

（2）差异化。业务单位力求在某个由重要的顾客利益构成的大市场上取得很好的业绩。顾客利益的相对重要性随着市场的人口统计特征和心理特征的变化而变化。年轻而有活力的酒店客人会很重视酒店是否有泳池、桑拿或健身房，而老年客人一直表现出对酒店服务的可靠性和一致性的重视。

（3）集中性。它指业务单位聚焦于一两个较小的细分市场上，而不是介入一个大市场。业务单位了解这些细分市场的需要，并追求成本领先或在目标细分市场内部采取差异化的形式。

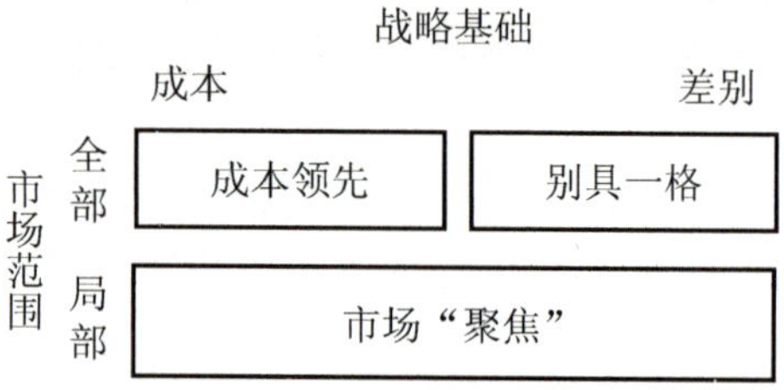

图 3.2　一般性竞争战略

如果一个酒店实力强大，能够在价格上遏制竞争，它可以选择以低价领先策略为基础来吸引消费者。酒店也可以选择专营某种其竞争者没有提供的产品，以此作为价格领先的替代。也可以选择注重质量，通过增加价值使价格高于竞争对手。市场重点战略决策把重点放在一个或几个专门的市场。这样只满足一个特定的市场，让产品准确地适应这些市场的需求，酒店减少了它面临的对手，就可以变成“小池塘里的大鱼”。在这些市场里，酒店可以采取成本领先或产品差异化的政策。降低竞争水平的最大益处就是减少市场的价格敏感度，从而提高利润。

5. 制订行动计划

一旦业务单位完成了主要战略的制订工作，它就必须着手制订各种行动方案。所以，如果一家高档酒店已经决定要在服务上领先于他人，它必须启动某些能吸引合适雇员的招聘计划，采用某些培训方案，开发具有领先优势的产品和服务，激励营销人员，策划广告来传达服务的领先地位等。

6. 执行

制定出清晰的战略和颇具匠心的实施方案还不够。企业也许会在实施环节上出问题。在同一个公司中的不同雇员会有其独特的思想和行为方式。他们必须理解并信任公司的战略，公司必须把它的战略传达给雇员，并使之理解他们在战略执行中的作用。为了实施战略，公司必须拥有必要的资源，包括各种为实施公司战略所必须的技术人员。

7. 反馈与控制

随着战略的实施，企业需要跟踪执行的结果，并监控环境的各种新变化。环境会有所变化，而当它真的变化了的时候，公司就得重新检视并调整其执行过程、行动方案、战略甚至目标。彼得·德鲁克指出，做正确的事（做到有效）要比正确地做事（有效地做）更为重要。出色的酒店实际上两个方面都做得非常好。

【特别提示】

现代营销学强调的是整体营销观念。营业部或销售部担负着完成酒店营销的重要职能。营销活动是酒店经营活动的中心，营销计划具有全局性的计划。在目前正在进行业务往来的公司中，所有的计划都必须以了解公司现状为基础：它的竞争对手是谁，客户是谁，计划就是在掌握这些情况的基础上作出决策，决定公司的发展趋势的；谁是将来的客户，怎样与他们接触，以及公司想要达到什么收入和赢利目标。

本章小结

服务文化是一种重视服务和消费者满意程度的文化。服务文化必须从高层管理人员开始，并逐级向下贯彻。酒店产品具有服务的4个特殊性，表现为无形性、不可分割性、变动性和易衰败性。因此，服务企业的管理战略主要有差异化竞争的管理、服务质量管理、服务产品有形化、硬件环境管理、员工管理、预期风险管理、生产能力与需求管理、一致性管理和顾客关系管理。酒店对自己可以控制的市场因素进行优化组合，以完成酒店经营目标。营销组合包含四个要素，即产品策略、价格策略、分销策略和促销策略。酒店进行市场营销的过程，也就是对营销进行管理的过程，包括进行市场营销环境分析、选择酒店目标市场、制订营销战略计划、规划营销策略及管理和控制酒店市场营销活动。市场营销计划旨在把酒店的目标和资源与其市场机遇结合起来，以达到资源的最优利用。

关键术语

服务文化、服务营销的特征、营销组合要素、服务业管理战略、营销管理过程、波士顿咨询公司模型、内部环境分析、外部环境分析、战略计划。

思考题

（1）服务营销有哪些特征？

（2）酒店服务业营销组合的要素有哪些？

（3）举例说明服务业管理战略有哪些。

（4）酒店营销管理过程如何？

（5）波士顿咨询公司模型是什么？

（6）战略计划与营销计划、销售计划及调整没有区别吗？

课堂互动

1. 头脑风暴

举具体的例子说明酒店、餐馆如何应对它们所提供的服务所具有的无形性、不可分割性、变动性和易衰败性。

2. 小组讨论

餐馆的服务人员如何在顾客购买产品时构成产品的一部分？

3. 举例说明

酒店在提供始终如一的产品（一致性）方面常常应用的管理办法是什么？

4. 小组工作

阅读某酒店的年度报告并列出一份战略计划。

5. 讨论分析

在招聘面试过程中，你让 3 个招聘人员分别描述一下他们公司的使命是什么。一个说："赚钱。"另一个说："招徕顾客。"第三个说："与世界上的饥饿做斗争。"分析并讨论这些使命的表述都告诉你有关公司的什么信息。

营销实战

实训任务一

参观一家餐馆或酒店，观察并记录它们是如何管理顾客的，包括怎样安排顾客在酒店内的行走路线、让顾客排队或是如何丢掉垃圾。记下你认为做得好和做得差的地方并解释原因。

实训任务二

参观一家餐馆或酒店，并举例说明他们如何运用有形表征使顾客了解公司类型及运作方式。要观察公司的内部环境和外部环境，标志及员工制服。记下你认为做得好和做得差的地方并解释原因。

实训任务三

参观两家酒店或餐馆，观察后记录下它们的优势和劣势。你要观察如地点、设施、员工态度、产品质量、品牌声誉和其他因素。

案 例 分 析

如家酒店集团的营销策略

如家酒店集团创立于2002年，酒店集团旗下拥有如家快捷酒店、和颐酒店两大品牌，现已在全国30多个省和直辖市覆盖100多座主要城市，拥有连锁酒店700多家，形成了业内遥遥领先的连锁酒店网络体系。其中，经济型连锁酒店品牌——如家快捷酒店，提供标准化、干净、温馨、舒适、贴心的酒店住宿产品，为海内外八方来客提供安心、便捷的旅行住宿服务，传递着适度生活的简约生活理念。中高端商务酒店品牌——和颐酒店，为海内外中高级商务及休闲旅游人士提供高科技智能化的酒店住宿产品和独具特色的“HOWEVER贴心服务”，让顾客在人性化的舒适体验中畅享旅途的悠然自在。

在营销策略上如家酒店集团运用了关联性营销，一些发展成熟的旅游目的地，依托于目的地营销系统平台，整合本地化的各种星级酒店和旅馆资源；以同星级酒店跨区域网络营销联盟，满足该星级顾客特别是固定会员群体的需求；以经典旅游线路为核心整合线路中不同酒店资源，成立网络营销联盟平台；以其他的某种关联属性为基础，成立酒店网络联盟及其网上营销中心，包括携程网、e龙网、芒果网、易网通等预订平台提供的第三方服务，如家快捷酒店（口岸店）亦属于此列。

2010年，如家酒店集团被纳入纳斯达克中国指数股。纳斯达克OMX全球指数集团（NASDAQ OMX Global Index Group）近日公布了纳斯达克中国指数（NASDAQ China Index）的年度重新排名。根据最新的年度排名，如家酒店集团、盛大网络游戏等6家公司从2010年3月22日起被纳入纳斯达克中国指数成份股。

针对2010年的上海世界博览会（以下简称“上海世博会”）对酒店业的影响，如家酒店集团首席执行官孙坚谈到：“2010年上海世博会将会对酒店业产生积极影响，上海现有的50万间酒店客房将会满足长达6个月、大约7 000万人次来沪的住宿需求，市场会保持供求平衡。”在谈到上海世博会与北京奥运会对于酒店市场的需求不同点时，孙坚先生认为，上海世博会与北京奥运会的住宿市场有3个明显不同特征：从主要目标客户来看，上海世博会住宿需求主要以国内游客为主，而北京奥运会的主要游客为国际游客；从时间长度来看，上海世博会时间长达180天左右，而北京奥运会则在20天左右，酒店需求分为前、中、后3个时期；从价格上来看，上海世博会酒店价格普遍上涨10%~20%，而北京奥运会期间酒店价格普遍上涨50%以上，高星级酒店普遍上涨1倍以上。这3点决定了上海世博会的酒店市场需求特征跟北京奥运会有明显的不同。

2010年5月25日，由《21世纪经济报道》、《商务旅行》主办的“21世纪酒店业高峰论坛（2010）暨第七届‘中国酒店金枕头奖’颁奖盛典”在杭州黄龙饭店盛大召开。全球顶尖酒店集团和管理公司、亚洲酒店业精英、专家学者及《21世纪经济报道》的商务读者近300人出席，就中国酒店业的发展趋势、中国酒店业形态的多样化、本土酒店国际化和国际酒店本土化等问题进行深度探讨。

如家快捷酒店给旅客提供舒适的住宿服务，更成为低碳生活的引导者和示范者。如家快捷酒店鼓励客人减少一次性用品的使用、节约用电用水、低碳环保技术的应用，也在推动消费者环境保护意识的提高、转变生活方式等方面起到了关键作用。在结合业内众多专家评委、“神秘人计划”考察及数百万名网友评分后，如家快捷品牌在200多个经济型连锁酒店参选品牌中脱颖而出，荣获“2010年度中国最受欢迎绿色经济型连锁酒店品牌”，这是如家快捷酒店自2006年以来连续5年获得中国经济型酒店的唯一单项大奖。如家酒店集团旗下于2008年12月新开业的和颐酒店以其良好的经营业绩、独特定位、全新的模式获得“2010年最佳中、高端商务酒店”称号。

如家酒店集团的营销策略可以归纳为以下三点。

（1）市场定位精准。豪华的星级酒店价格偏高，廉价的旅馆又不够舒适，因此满足高端商务需求的五星级以下酒店大多处于亏损状态，而面对低端消费人群的小旅店始终得不到消费者的认可。价格、舒适对顾客来说同样重要，找到合适的平衡点，就能提升酒店服务的性价比，更好地满足客户的需求，如家酒店集团就是通过精准的市场定位找到了这个平衡点。如家酒店集团把目标顾客定位为中小企业客户，并为其提供质优价廉的服务。房价介于159~299元，远低于星级酒店，同时为了保证高质量、低价格的服务，剔除了豪华酒店当中的桑拿、KTV、酒吧等设施，装修风格简单温馨，不追求奢华。其所倡导的“五星服务，四星大堂，三星品质，二星价格”深深吸引了大批的消费者。目前如家酒店集团已拥有150万个会员，且忠诚度极高，会员对总利润的贡献达到了52%。这种对自身的定位方式类似西南航空公司运用“蓝海战略”进行的战略布局，以较低的成本实现了高额的回报。

（2）惊人的门店扩张速度。经济型连锁酒店的门店数量决定了企业销售网络的成熟程度，也直接关系着营业收入的增长速度。而酒店经营具有投资大、回报慢、风险高等特点，想实现快速增长并不容易。实际上，创立于1996年的锦江之星酒店是国内第一家经济型酒店，但因其扩张不够迅速，行业的第一把交椅已被如家酒店集团稳坐。从最近5年的发展规模看，如家酒店集团的门店扩张速度已超过锦江之星酒店，后来者居上，这主要归功于多种经营方式的综合运用。在如家酒店集团的体系内同时存在着直营店、特许经营、管理合同和市场联盟四种方式。由于直营店占有资金过大，不利于迅速扩张，如家酒店集团从一开始就引进多种经营模式，利用外部资金迅速增加门店数，而锦江之星酒店在达到80家门店的时候才开始考虑特许加盟。而更多的竞争对手虽力图迅速扩张，却都面临着资金匮乏的瓶颈制约。

（3）以情感营销取胜。如家酒店集团的情感营销不仅体现在品牌命名上，也渗透到每个服务细节。“如家”就是要让顾客感受到“家”的温馨、整洁与舒适，这种命名容易使消费者产生积极的品牌联想。同时，如家酒店集团对细节的关注，也让顾客时时感受到被重视与关怀。例如，如家酒店集团推出的“书适如家”服务，在客房摆放精心挑选的畅销经济管理类书籍，顾客可以随意翻看，如果喜欢还可以购买，如此贴心、周到的服务特别容易获得顾客的认可。再如，卫生间的毛巾、牙刷等洁具是两种不同的颜色，这使得同时入住的两位顾客能够轻易区分，避免混用。

独特的营销战略使如家酒店集团获得了前所未有的成功，但同时也应该看到现阶段国内的锦江之星酒店、7天酒店及国外的速8酒店等竞争对手也在加紧扩张，如家酒店集团面临的危机不容忽视。然而综合所有，如家酒店集团当仁不让地成为了快捷连锁酒店中的首屈一指的酒店品牌。

思考题：

(1) 如家酒店集团是如何运用关联性营销策略的？

(2) 如家酒店集团的快速发展给中国酒店业提供了哪些管理经验？

(3) 寻找一家酒店与其他公司结成联盟的例子，说明联盟对于双方的益处。

4

酒店的市场营销环境

本章概要

（1）酒店的微观环境。
（2）酒店的宏观环境。
（3）环境分析与营销对策。

本章目标

学完本章以后，你应该能够：分析酒店所面对的宏观环境和微观环境要素；运用 SWOT 方法研究酒店市场环境，并将其作为营销计划的基础。

案例导入

20世纪70年代，香港市场的肯德基公司突然宣布多间家乡鸡快餐店停业，只剩下4间还在勉强营业。到1975年，首批进入香港的美国肯德基连锁店集团全军覆没。曾经为了取得肯德基家乡鸡首次在香港推出的成功，肯德基公司采取了声势浩大的宣传攻势，在新闻媒体上大做广告，采用该公司的世界性宣传口号“好味到舔手指”。凭着广告攻势和新鲜劲儿，一时间店内爆满。可惜好景不长，3个月后，就很少有人光顾了。在世界各地拥有数千家连锁店的肯德基为什么唯独在香港经营不下去呢？经过认真地总结教训，肯德基经营者发现是中国人固有的文化观念导致了肯德基公司在香港的惨败。首先，在世界其他地方行得通的广告词“好味到舔手指”在中国人的观念里不容易被接受。舔手指被视为肮脏的行为，味道再好也不会去舔手指。人们甚至对这种广告有反感。其次，家乡鸡的味道和价格不容易被接受。鸡是采用当地鸡种，但其喂养方式仍是美国式的。用鱼肉喂养出来的鸡破坏了中国鸡的特有口味。另外，家乡鸡的价格对于一般市民来说还有点承受不了，因而抑制了需求量。此外，美国式服务难以吸引回头客。在美国，顾客一般是驾车到快餐店，买了食物回家吃。因此，在店内是通常不设座位的。而中国人通常喜欢一群人在店内边吃边聊，不设座位的服务方式难寻回头客。

十年后，肯德基公司带着对中国文化一定的了解卷土重来，并大幅度地调整了营销策略。在广告宣传方面尽显低调，市场定价符合当地消费，市场定位于16~39岁的人。经过一系列调整，1986年，肯德基家乡鸡新老分店的总数在香港为716家，占世界各地分店总数的1/10，成为香港快餐业中，与麦当劳、汉堡王、必胜客披萨并称的四大快餐连锁店之一。

案例点评： 肯德基公司在香港的沉浮再一次证明了，市场犹如一匹烈马，只有充分地了解它才能更好地驾驭它。营销人员要能够搜集到与营销环境相关的信息，而且还要投入更多的时间去了解顾客和竞争环境。通过仔细研究环境，营销人员可以使营销战略适应市场中新出现的机遇与挑战。

酒店市场营销人员必须根据外部环境中的各种因素及其变化趋势制定自己的营销策略，以达到经营目的。

4.1 酒店的营销环境

酒店的营销环境由一些影响酒店能否成功地开展并维持与目标顾客进行交易的各种外部因素与势力所构成。在营销环境中，机遇与挑战并存。成功的酒店都知道密切地关注并适应环境的变化是多么重要。

只要酒店认为可行，在其权限范围内可以改变酒店内部经营的任何方面。但是，它是在自己无法控制的环境中经营的。所有酒店都在这个包括政治、法律、经济、地理和文化因素的环境中，如图 4.1 所示。环境是不断变化的，酒店如果想生存就必须适应这种变化。

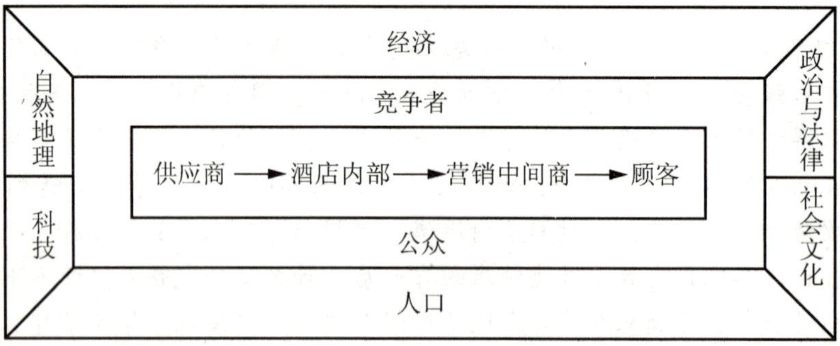

图 4.1　市场营销环境

酒店市场营销环境是指推动或影响酒店营销管理的各种酒店内部和外部因素组成的酒店生态系统。酒店市场营销环境可分为微观环境和宏观环境。微观环境是与酒店紧密相连，直接影响其市场营销能力的各种参与者。它包括供应商、营销中间商、顾客、竞争者、公众、酒店内部。宏观环境是影响酒店微观环境的巨大社会力量。它包括人口、经济、政治与法律、科技、社会文化、自然地理等环境因素。微观环境与宏观环境不是并列关系，而是主从关系，微观环境受制于宏观环境，微观环境中所有的因素都要受宏观环境中各种力量的影响。营销环境对企业的作用，如图 4.2 所示。

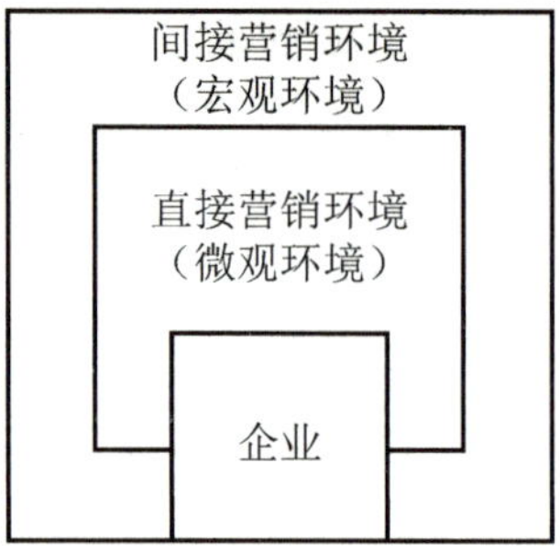

图 4.2　营销环境对企业的作用

4.2　酒店的微观环境

营销管理的任务是通过创建顾客价值和满意度来建立客户关系。这个目标能否达到，要受到其微观环境中的各种因素的影响。它们包括酒店内部、供应商、营销中间商、顾客、竞争者和公众。

4.2.1　酒店内部

营销经理不是在真空中作业，他们必须与公司的最高管理层及各个部门紧密合作。酒店的市场营销部门在制定决策时，不仅要考虑到酒店外部环境力量，而且要考虑酒店内部环境力量。首先，要考虑部门协作；其次，要考虑最高管理层的意图。在营销理念之下，所有的管理者和员工都必须"为顾客着想"，他们应该致力于为顾客提供更有利的价值和满意度。

4.2.2 供应商

供应商是指向酒店及其竞争者提供生产经营所需资源的公司和个人。供应商对酒店资源供应的可靠性、及时性，供应的价格及其变动趋势，以及供应资源的质量水平，都将直接影响到酒店产品的生产、成本和质量。

4.2.3 营销中间商

营销中间商是协助酒店推广、销售和分配产品服务给最终顾客的企业，包括旅行社、旅游批发商与经营商及酒店代理商等。在选择批发商的时候，酒店必须选择那些声誉好、能向顾客提供所承诺的产品并支付酒店服务费用的企业。

4.2.4 顾客

市场营销学是根据购买者及其购买目的进行市场划分的。酒店的目标市场是下列旅游者中的全部或部分：度假旅游者、商务旅游者、会议旅游者、体育旅游者等。由于这些旅游者的要求是不同的，因此，购买和使用酒店的服务方式也不同。酒店营销人员应根据酒店本身的特点来分析本酒店所提供的产品和服务最适合于哪一种旅游者类型、购买行为及消费方式。

4.2.5 竞争者

营销观念认为，一个企业要想成功，必须要能够比竞争者更好地满足目标市场的需求。没有哪个单一的竞争性营销策略能适合所有酒店的需要。每一家酒店都要分析自身的状况，比较其与竞争对手的相对产业地位。

一家酒店在制定营销策略时必须时刻牢记4个基本方面，被称为市场定位的4C，也就是必须考虑客户（Customers）、销售渠道（Channels）、竞争（Competition）和企业（Company）自身的特点。成功的营销实际上就是有效地安排酒店与顾客、销售渠道及竞争对手之间的关系位置。

4.2.6 公众

公众是指对酒店实现其市场营销目标构成实际或潜在影响的任何团体，包括金融界、媒体、政府机构、公民行动团体、地方公众、一般公众和内部公众等。公众可能有助于增强酒店实现自己目标的能力，也可能有妨碍其实现目标的能力。

酒店微观环境因素如图4.3所示。

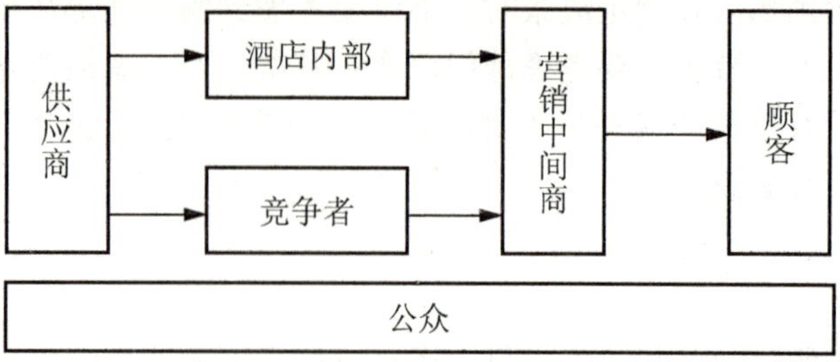

图 4.3　酒店微观环境因素

4.3　酒店的宏观环境

宏观环境是指间接影响和制约企业营销活动的条件和因素。它主要包括人口环境、经济环境、自然环境、技术环境、政治与法律环境和社会文化环境等因素。宏观营销环境的各种因素对市场的影响都很大，它们通过影响消费者的数量、社会购买力和人们的消费欲望，从而影响着企业的营销活动。

4.3.1　人口环境

人口是构成市场的基本要素。人口环境及其变化对市场需求有着长久整体的影响，它是决策者开展营销活动的基本依据。市场是由那些想购买商品，同时又具有购买力的人构成的。人口环境分析的主要内容包括以下三点。

（1）人口总数。在收入水平一定的条件下，总人口数量决定市场需求总量，特别是基本生活资料的需求。在统计一个地区的人口总量时，不仅要统计居住人口的数量，而且要统计流动人口的数量。

（2）人口结构。人口结构决定市场需求的结构，人口结构主要分析的是人口的性别结构和年龄结构。

（3）家庭状况。家庭是商品购买和消费的基本单位。一个国家或地区的家庭单位的多少及家庭平均人员的多少，可以直接影响到某些消费品的需求数量。同时，不同类型的家庭往往有不同的消费需求。

4.3.2　经济环境

1. 直接影响市场营销活动的经济环境因素

1）消费者收入水平

消费者收入水平分析一般有三个指标：人均个人收入、个人可支配收入、个人可任意支配收入。个人可任意支配收入是社会购买力的最活跃的因素。收入的增加，可以促进购买力的增强。但收入的增加额并不等于购买的增加额。“消费倾向理论”认为，收入增加到一定程度后，消费随收入增加的比例将降低，而储蓄随收入增加的比例会逐步增高。

2）消费者支出模式和消费结构

家庭和个人收入的变化，对消费结构会有重大影响。营销人员应该更加注意收入的分布状况和平均收入水平。消费结构是指各类消费支出在消费总额中所占的比重。其中，食物支出占消费总支出的百分比被称为恩格尔系数。恩格尔系数是联合国衡量一个国家或一个地区贫富的重要指标之一。恩格尔系数越大，说明一个国家（地区）人们的收入越少，用于购买食物的支出在总支出中的比重就越大，而用于非食物支出方面的比例就会减少；反之亦然。“恩格尔定律”揭示：随着个人收入的增加，用于购买食物的支出占消费总支出的比重将会下降，而用于居住、交通、教育、娱乐、保健等方面支出的比重将会上升。

3）消费者储蓄和信贷情况

社会购买力与银行利率呈反比关系，即银行利率愈高，居民储蓄倾向愈强，社会购买力会愈低，反之亦然。一般来说，消费者储蓄的目的是以备意外急用，或投资于孩子的未来教育，或是为了保证自己退休以后的生活。但也有例外，储蓄为了购买房屋、汽车和大件家电产品也是较多的。

信用消费。所谓信用消费是指个人金融服务的一种形式，是金融机构为使消费者能够购买商品或获取服务而提供的信用贷款。信用消费是影响消费者购买力和支出的一个主要因素。一个社会信用消费的水平愈高，社会购买力愈强，企业的营销机会也愈大。

2. 间接影响市场营销活动的经济环境因素

（1）经济发展水平。社会购买力的大小决定于经济发展水平及由此决定的国民平均收入水平。若经济发展快，人均 GDP 就高，社会购买力就大，营销成功的机会就多。

（2）地区与行业发展状况。地区经济发展的不平衡，对酒店的投资方向、目标市场及营销战略的制定等都会带来巨大的影响。

（3）城市化程度。酒店在开展营销活动时要充分注意到消费行为的城乡差别，相应地调整营销策略。

4.3.3 自然环境

自然物质环境是由企业营销所处的地理位置、气候、交通条件等因素构成的。不同国家、不同地区的自然物质条件是有差异的，这些差异会影响社会经济发展水平，会引起人们的消费差异，从而影响企业的营销活动。企业的营销活动应该考虑到当前社会自然资源日趋短缺、环境污染日益加剧，必须适应和注重“绿色营销”的开展。

应用案例 4-1

麦当劳就制订了一项减少垃圾的回收计划。它在多年前就淘汰了含有聚苯乙烯的硬纸板，现在使用的是更小一些的由可回收纸制成的包装和纸巾。此外，麦当劳制定了长期的“雨林政策”，宣誓拒绝来自雨林的牛肉，并且承诺购买可回收产品、采用节能建设技术。

4.3.4 技术环境

（1）新技术引起的酒店市场营销策略的变化。开发新产品是酒店开拓新市场和赖以生存发展的根本条件。因此，要求酒店营销人员不断地寻找新市场，预测新技术，时刻注意新技术在产品开发中的应用。另外，国际互联网技术的发展及应用，使酒店可以尽快将客房销售给世界各地的顾客。降低产品成本，同时，酒店能够通过信息技术，正确应用价值规律、供求规律、竞争规律来制定和修改价格。广告媒体多样化也使促销成本降低了。

（2）新技术引起的酒店经营管理的变化。新技术、新设备在酒店中的广泛应用，改善了企业管理，提高了经营效益。

（3）新技术对购买习惯的影响。消费者更倾向于通过互联网在家里或办公室预订服务或产品，并且在消费过程中自主性有了很大提高。

4.3.5 政治与法律环境

任何国家都要运用政治和法律手段对社会经济进行规范和干预。这要求酒店营销人员对调查地区的政治法律环境进行分析，主要有影响企业营销的经济政策、法律法规。它主要包括越来越多的影响企业经营的立法与管制，政府执法机构的变化，日益增长的对道德与社会责任的强调等。

应用案例 4-2

国家有关规定可能影响居民收入状况或可自由支配的时间。例如，有关带薪休假制度，以及全国假日旅游部协调会议办公室，简称国家假日办对于全年公共假期的规定等，都会对消费者产生一定的影响。

一国政府对酒店业的态度如果是积极扶持，一般就会采用关税减免、长期低息贷款、公共事业费用减免等政策，以及各种优惠条件鼓励投资者向酒店业投资。

4.3.6 社会文化环境

社会文化是影响人们购买行为、欲望的基本因素。不同社会文化环境，个人受教育的程度，生活方式、风俗习惯、价值审美观念都有明显差异，从而就有不同的消费习惯和购买特点。这要求酒店营销人员对所调查地区消费者的民族、籍贯、受教育程度、宗教信仰、价值观念和风俗习惯进行分析，分析特定社会文化对消费者消费习惯、购买行为的影响。这是文化价值的传承性对酒店的影响。而且，每一个社会都有亚文化，它由建立在共同生活经验或生活环境基础上形成的有着共同的价值观念体系的人群所构成。根据亚文化团体所表现出来的不同要求和购买行为，营销人员可以选定这些亚文化群体作为目标市场。

就文化而言，酒店营销人员应当具备两类知识。一类是关于某种文化的具体知识，另一类是抽象知识。抽象知识要求具有一定的洞察力，能够站在顾客的角度去考虑到底什么样的酒店才是受欢迎的。

4.4 环境分析与营销对策

许多酒店把营销环境看作一个“不可控”的因素，酒店对此只能去适应。它们消极地接受这种营销环境，并不想对它有所改变。这些酒店分析环境的各种因素并制定相应的战略，目的只是帮助酒店回避各种威胁，抓住环境中所提供的各种机会。

每个酒店都和总体环境的某个部分相互影响，相互作用，我们将这部分环境称为相关环境。企业的相关环境总是处于不断变化的状态之中。

环境发展趋势基本上分为两大类：一类是环境威胁；另一类是市场营销机会。所谓环境威胁，是指由环境中一种不利的发展趋势所形成的挑战，如果不采取果断的市场营销行动，这种不利的趋势将损害到企业的市场地位。所谓市场营销机会，是指对企业市场营销管理富有吸引力的领域。在该领域内，企业将拥有竞争优势。

SWOT 分析法是市场调研分析中常用的一种方法。SWOT 是英文词汇 Strengths（优势）、Weaknesses（劣势）、Opportunities（机会）、Threats（威胁）的缩写，代表着企业的优势和劣势、市场上的机会和威胁。在复杂、多变、严峻的营销环境中，正确地寻找出企业营销的机会点和问题点，制定相应的对策，这就是营销调研报告所作的结论部分，也是整个营销调研的核心部分。

4.4.1 外部环境分析

企业的外部环境是企业无法控制的，外部环境中的某些因素可能会给企业带来有利的发展机会，而另外一些因素又可能威胁到企业的生存和发展。所以，企业必须对外部环境做出全面的分析和评价。一般来说，酒店必须监控市场上那些足以影响其获利能力的关键宏观环境变量（人口、经济、政治与法律、科技、社会文化、自然地理）和重要微观环境变量（顾客、竞争者、酒店内部、营销中间商、公众和供应商）。酒店应该建立一个营销智能系统，用来跟踪形势的变化和发展的方向。对于每一种趋势和发展，管理人员都需要识别出其中潜藏的机会和威胁。

1. 机会

环境分析的主要目的在于识别新的机会。我们把营销机会定义如下：营销机会是公司可以从中获利的需要领域，是对企业有利的特定的营销环境条件。可以根据机会的吸引力和成功的可能性将它们予以列举和分类。公司能否成功，不仅要看其业务实力是否能满足在该目标市场上成功运行的需要，而且要看这些实力是否胜过竞争者。取得最佳业绩的公司将是那种能创造最大顾客价值并做到始终如一的公司。

对于某些度假地酒店来说，将休闲俱乐部引入度假地酒店这种观念可能是一种机会。这些项目瞄准本地市场，允许会员享用度假设施甚至有时还可以在房间留驻。会员制提供了增加收入的机会，但如果管理不善，也会产生负面影响。

2. 威胁

外部环境的某些发展构成了营销威胁。我们这样来定义营销威胁：营销威胁是指在没有营销防御的情况下，企业所面临的会导致销售量和利润额减少的各种不利的趋势或形势。威胁可以根据其严重程度和发生的可能性来加以分类。

把一个具体业务单位所面临的主要威胁和机会联系到一起，有可能出现以下 4 种结果。最理想的业务应该是所面对的主要机会很大，而主要威胁很小。如果二者都很大，那是一个投机性的业务。机会不大、威胁也不大的业务是重要的业务。机会很小、威胁很大的业务是有问题的业务。

4.4.2 内部环境分析

外部环境中的有利因素为企业提供了发展机会，要把握住这一机会，旅游企业还需具备一定的经营能力和竞争能力。所以，企业要定期检查自己在营销、财务、组织等方面的优势与劣势所在。从环境当中辨识出有利的机会是一回事，而拥有必要的竞争力以便在这些机会中取得成功又是另一回事。管理人员或外部咨询人员要通览酒店的营销、财务、制造和组织等诸方面的竞争力。每个因素都被划分为若干等级：非常强、比较强、中等、比较弱、非常弱。一个企业如果它的营销能力很强，就会表现为在各个营销项目上都很强。

有时，一个业务单位业绩可怜，并不是因为它的部门缺乏必要的实力，而是因为他们没有像一个团队那样通力合作。

应用案例 4-3

在某些酒店，人们把营销人员看作收入丰厚、无忧无虑的一群人，他们只要把订单塞给顾客就行了。与此相反，营销人员却把那些作业线上的人看作无能的笨蛋，他们经常毁掉辛辛苦苦弄来的订单，给客人提供的服务糟透了。由此看来，把对部门间合作的评估当做内部环境审计的一部分是非常重要的。

每一个公司都要对一些基本的过程进行管理，如新产品开发、从原材料到成品、从推销到订单、从顾客订单到现金支付等。每一个过程都创造价值，每一个过程都要求部门间的团队合作。

酒店在定义了它的任务并分析了它的机会和威胁、优势与劣势之后，就可以进一步制订计划期的具体目标和指标了。仅限于追求单一目标的酒店其实很少。大多数酒店都制定有一整套目标，包括赢利性、销售额增长、市场份额扩展、风险管理、创新、声望等。业务单位建立起这些目标，用这些目标进行管理。酒店的各种目标要协调一致。有时，各种目标之间彼此存在着冲突关系。

目标指出了一个酒店要达到什么目的，而战略要回答如何达到这些目的。每个酒店必须通过实施一定的战略来实现其目标。这三个战略就是前面提到的总成本领先、差异化和集中性战略。仅仅搜集环境的信息还远远不够。信息必须可靠和及时并用于决策过程。

本章小结

微观环境包括那些与酒店密切相关并能影响到其市场营销能力的各种参与者，这些参与者包括酒店内部、供应商、竞争者、营销中间商、顾客及公众。宏观环境包括那些影响整个微观环境的巨大社会力量，如人口环境、经济环境、自然环境、技术环境、政治与法律环境和社会文化环境。酒店应采取一种环境管理视野，不仅仅是观察环境并做出回应，而是积极地采取行动去影响营销环境中的公众和各种势力。

关键术语

微观环境、宏观环境、SWOT 分析。

思考题

(1) 酒店的微观环境有哪些要素，对酒店有何影响？
(2) 酒店的宏观环境有哪些要素，对酒店有何影响？
(3) 环境分析的方法是什么？

课堂互动

1. 小组讨论

(1) 环境趋势的变化如何影响酒店的设计风格？

(2) 请解释环境趋势的变化对一些商务酒店（如喜来登酒店和希尔顿酒店）的餐饮经营产生了哪些影响。

2. 课堂辩论

既然我们对环境并无控制能力，那为什么我们还要关注它？

营销实战

实训任务一

察看几家酒店的年度报表。从报表上你能否找出这些公司为应对环境进行了怎样的业务调整？

实训任务二

选定一家专门为某一代人设计的餐馆、俱乐部或酒店去参观。在你对该时代有所了解之后，说明你参观的地方采取了什么措施去吸引其目标市场。

案 例 分 析

2013 年中国快捷酒店营销环境状况浅析

快捷酒店也就是经济型酒店，是相对于传统全服务酒店而存在的一种酒店业态。国外对快捷酒店的划分主要以价格为标准，结合国内特点，快捷酒店可以定义为：以大众观光旅游者和中小商旅旅行者为主要服务对象，以客房为唯一或主要产品，以加盟或特许经营等模式为主，简化会议、康乐、餐饮、购物等附加功能的现代酒店业态。目前，国内成功的快捷酒店有锦江之星快捷酒店、如家快捷酒店、7 天快捷酒店等，进驻中国市场的国外快捷酒店有格林豪泰快捷酒店、速 8 快捷酒店、宜必思快捷酒店等。

酒店的营销活动是在一定的动态环境中进行的，既要受自身条件的限制，也要受外部条件的制约。营销环境的变化，既可能给酒店带来发展的机遇，也有可能对酒店造成威胁。酒店必须对营销环境的变化进行分析，以保证营销活动的有效开展。

1. 快捷酒店的宏观环境分析

中国地处世界的东方，古老的文化底蕴和鲜明的民族特色吸引着全球旅游者，中国旅游业的国际市场广阔。在国内，居民生活已从温饱型升级为小康型，吃、穿、住、用、行等生活必需物资不再是考虑的重点，人们开始注重生活品质的提高和精神生活的充裕，休闲旅游已成为一大消费热点。旅游业的快速发展使快捷酒店的需求明显增长，预计到 2015 年，中国新增住宿设施 20 万家。由于组建快捷酒店的资本需求较少，新进入者的进入壁垒低，很容易形成同质化服务，加剧同类型酒店之间的竞争。星级酒店、旅馆、招待所等替代型竞争者的数量同样与日俱增。快速增长的市场份额将由更加快速增加的竞争者瓜分。

2. 快捷酒店的微观环境分析

定位明确的快捷酒店的经营项目主要为住宿，这样既有利于减少投资成本、降低经营风险，又有利于降低管理幅度，集中优势力量开展主业管理。较低的原始投入和经营成本带来了更高的顾客让渡价值，这是吸引旅行者和商旅选择入住快捷酒店的驱动力，加之舒适的住宿、便利的交通，这就成为星级酒店无可比拟的优势因素。但顾客由一家快捷酒店交换到另一家快捷酒店支付的转换成本较低，这也直接加剧了同类型酒店之间争夺客源的激烈程度。

（案例来源：http：//www. china-consulting. cn/news/20130301/s84544. html. ）

思考题：

（1）请结合快捷酒店的环境分析，指出快捷酒店发展的机遇和面对的威胁分别是什么。

（2）快捷酒店在中国发展，与星级酒店相比有哪些优势？

5

酒店市场营销信息系统与营销调研

本章概要

（1）酒店营销信息系统。

（2）酒店营销调研。

本章目标

学完本章以后，你应该能够：明确酒店对系统、科学的营销调研的需要；了解市场营销信息系统及其要素、各种收集调研信息的方式；运用营销调研工具，完成营销调研工作。

案例导入

某日，几位某酒店集团的雇员选择该城市的一家经济型旅馆登记入住。他们一住进房间，就开始工作。有的呼叫前台说他的鞋带断了，能否给他一副新的。有的细心地记下肥皂、洗发液和毛巾的商标。第三个人脱掉衣服，躺在床上，开始呻吟并敲击墙板。住在隔壁的同事隐约听见了假装的喊叫，冷静地记下：此房间不隔音。这是一家酒店集团的情报队在全国各地搜集关于经济型连锁酒店的情报，而这一领域是该酒店集团希望进入的市场。当该酒店集团弄清了潜在对手的优势和劣势的详尽资料后，就投资建了一个新的酒店，该酒店要从房间备品，到服务，到客房隔音效果的每个细节都能击败竞争者。

案例点评：在不违背商业道德基础上的同业调研在酒店业是普遍存在的。在当前日新月异的环境中，管理者要想做出及时、高质量的决策就需要不断地更新信息。掌握与运用信息技术是酒店营销人员必备的技能。

信息技术的迅猛发展带来了铺天盖地的信息。营销人员总是抱怨他们缺少足够“适当”的信息。酒店有必要设计一个有效的营销信息系统，以适当的形式、在适当的时间向管理者提供适当的信息，帮助他们做出更好的营销决策。

5.1 酒店市场营销信息系统概述

酒店市场营销信息是反映酒店内部、外部市场营销环境要素特征及发展变化的各种消息、资料、数据、情报等的统称。许多酒店在研究其市场营销经理所需要的信息，设计市场营销信息系统，以满足市场营销信息的需要。

5.1.1 市场营销信息系统

市场营销信息系统（Marketing Information System，MIS）由人、机器和程序组成，它为市场营销决策者搜集、挑选、分析、评估和分配需要的、及时的和准确的信息，如图 5.1 所示。

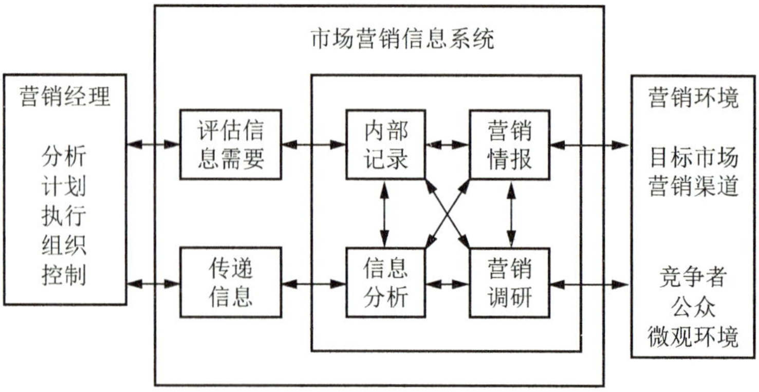

图 5.1 市场营销信息系统

虽然市场营销信息系统从市场营销经理开始，又终止于市场营销经理，但所有酒店的管理人员都要介入市场营销信息系统当中。首先，它与管理人员在评估信息需要这一层面上发生互动。其次，它通过各种酒店内部记录、营销情报、市场调研、信息分析过程发掘所需要的信息。信息分析专家对这些信息进行处理使之更符合需要。最后，市场营销信息系统在适当的时间将信息传递给各个管理人员，帮助市场营销分析、计划、执行、组织、控制过程的顺利进行。

5.1.2 信息价值与获取成本分析

一个好的市场营销信息系统会在管理人员喜欢得到的信息与他们实际需要而又能够得到的信息之间求得平衡。酒店一般通过访问管理人员来确定他们的信息需要。

酒店必须估计到获得一条信息的价值是否抵得上为获取它所花费的成本。信息的价值取决于它的用处，而对此的判断却相当主观。

搜集、处理、存储和传递信息的成本可能呈现加速增长的趋势。但是，多增加的信息对于改善管理人员的决策并没有多大贡献，就是说，可能会得不偿失。假设一家餐馆经理估计，在没有什么进一步信息的情况下开发一个新的菜单，整个赢利就可以达到50万元。这位经理相信，如果有更多的信息来改善营销组合策略的话，就会使公司的利润增加到52.5万元，但倘若为了得到这些信息而花费3万元的话就很不明智了。

5.2 获取酒店市场营销信息

营销管理人员所需要的信息可以从酒店内部记录、营销情报机构和营销调研机构获得，其中主要是酒店内部记录和营销情报。

5.2.1 酒店内部记录

酒店内部记录信息包括来自酒店内部的评价营销绩效的信息和探测营销挑战与机会的信息。例如，酒店财务部保存的销售、成本和现金流动的详细记录，并负责编制财务报告。在餐馆，需要逐日报告的内容包括总销售额、每个服务员的销售额、每个菜品的销售额、客人数、人均消费额等。在酒店，日报表的内容包括客房占有情况、客人数、总收入、平均每日房价、预订而未到达的客人数及入住的团队数等。

应用案例5-1

酒店管理人员运用预订记录和入住登记信息及时调整其广告和人员推销策略。如果大多数度假人员都在11月份预订第二年1月份的客房，那么在12月份才做广告就太迟了。预订记录也能提供有关酒店代理商的合作效率方面的信息。酒店可以通过电话、传真或访问的形式向旅行社通报各种由酒店支持的联合促销活动，以便增加客房销售量。

每一家酒店都可能拥有大量为管理人员所不知道的或未曾注意的信息，这些信息分散在无数的数据库、计划和记录当中，甚至埋藏在很多资深管理人员的头脑中。所以，酒店必须努力发掘这些金矿，以便使管理人员更容易地寻求问题的答案并做出明智的决策。

客人信息能够帮助酒店营销人员识别出回头客及其个人需要和喜好，如一个客人在第一次住宿期间曾索要过某种特殊的报纸。如果一家豪华酒店在客人第五次住店时会给他们免费升级到更好的房间，那就意味着酒店管理人员是在提高客人的满意度，因为常客对免费升级很在意，而且其中会有不少客人在下一次住店时会主动提出要住价格较高的房间。

要得到重要的信息，不能依靠机会，也不能全凭部门经理们一时兴起，而需要掌握顾客信息获取技术。例如，从顾客入住登记处所获得的手写账单和卡片档案及个人的观察记录；顾客意见卡；倾听顾客意见，与顾客进行交流；自动化系统；神秘客人的暗访；电子收款机提供的信息。

建立一个有关顾客和潜在顾客的数据库对专职的营销人员特别有价值。例如，酒店与一个企业的会议策划人打交道，就要了解该企业以下五个方面的内容。

（1）产业定位和战略发展前景。

（2）年度报告中的损益表。

（3）资产负债率。

（4）企业文化方面的信息。

（5）有关该公司如何运作会议的资料。

这些信息可以从年度报告、上市公司的财务分析及该公司状况的文章等渠道获得，也可以通过与该公司的雇员交谈获得。除了有关潜在顾客的详细信息外，营销人员需要经常阅读一些商业周刊，以获取更多有价值的信息。

5.2.2 营销情报

营销情报是有关营销环境变化的日常信息，这些信息帮助管理人员制订和调整营销计划及短期策略。营销情报系统决定哪些情报是必需的，然后以某种有用的形式搜集这些情报并提供给营销管理人员。营销情报有以下三种来源。

（1）营销情报的内部来源。营销情报可以由本酒店的管理人员、前台员工、服务人员、采购人员和营销人员来搜集。酒店必须训练员工善于捕捉和汇报新情况的能力，管理人员应该经常听取员工的报告。

（2）营销情报的外部来源。酒店需要鼓励供应商、会议和旅游主管部门、旅行社向公司提供重要的情报。外部情报有四种：宏观市场信息、竞争信息、新发明和新趋势。酒店和餐馆的管理人员由于能接触企业内部的关键信息渠道，所以在获得有价值的信息方面占有很特殊的位置。营销人员也是很好的信息渠道，有时竞争者也会成为情报来源。

（3）竞争情报来源。竞争情报可以从竞争者的年度报告、发表在行业杂志上的文章、讲话文稿、出版物、宣传小册子和广告当中获得。酒店与餐馆管理人员也应该定期地造访竞争者的经营场所。

5.3 营销调研

营销调研可以定义为有计划、系统地收集、整理及分析数据，以帮助一个组织的管理者做出决策，并且在决策做出后监督其结果。它包括为促销产品所进行的各种形式的研究，从产品研究、价格研究、分销渠道研究、广告宣传研究到消费者研究。然而，对于消费者及其行为方式的研究更普遍地被称为市场研究，使之与更广泛的营销调研区别开来。

5.3.1 营销调研的重要性和必要性

营销调研对酒店管理的重要性在于其具有三种营销功能：描述、诊断和预测。描述性研究能帮助我们收集事实性信息，即在市场中发生了什么，何时发生的，在哪里发生的，如何发生的，以及对象是谁；而分析性研究则试图揭示这些变量之间的关系，就是提出“为什么”的问题，如“为什么会发生这些事”。描述功能是指收集并陈述事实。诊断功能是指解释信息或活动。预测功能是指对未来发展的分析和推测。

首先，在讨论研究形式时，了解定量与定性研究之间的区别很重要。定量研究方式是指通过类似“数豆子”的方式收集并分析数据。这通常包括问卷调查，偶尔也将几种实验形式结合起来使用。例如，对两个小组进行测试，一个是实验性小组，其中某些变量经过人工改变已发生变化并测量此变化；另一个是控制性小组，用来与第一个小组的结果进行对比。定量研究的标准是所有研究结果都可通过统计数据测试以证实其准确性。通过对于只需要简单获取人数或数量的研究可使用这种方法。例如，获得某一酒店或餐馆的平均消费额，或一段时间的顾客人数，某类顾客占总人数的百分比。由此我们可知，大部分定量研究都是描述性的而非诊断性的。而定性研究则是指分析解读资料而非提取资料。定量研究与定性研究之间有多种区别，但两者关键性的区别是，定性研究更注重对于文字信息的收集和解释而不是数字，其实定性研究中研究者与被研究者之间有交流，而不是与信息提供者保持一定的距离。这种交流与研究者采用的形式有很大的关系，包括深度采访或解释性的观察而不是问卷调查或固定形式的访问。定性研究的目的通常是了解单个顾客的行为方式或顾客对某一问题的经历或感想。资料的收集和分析以平行、互动的方式进行，同时由于所收集材料的特性，其结果无法通过统计数据测试，尽管这种方式所获得的信息比通过一个简单的定量的问卷调查所获得的信息丰富得多。当然，深度调查的结果很可能引出此后需通过运用更加量化的手段推导出一些假设，而这就需要后期以更加量化的技术去验证假设。

其次，必须区分一手资料研究和二手资料研究。一手资料研究是指委托别人或自己进行新的研究，而二手资料研究则通过搜寻已有资料来收集研究所需信息。营销调研方式还可以分为特定性研究和持续性研究。特定性研究就好像是在某一特定时刻所拍摄的“快照”，通常是以调查访问的形式以获得对某一特定问题或一组问题的答案。持续性研究则是指定其测量及监控的各种变量，如每日、每周或每月的销售数据，酒店的床位使用率等。这样，许多资料已经存在在酒店的计算机中了，可以定期下载以达到监控的目的。

应用案例 5－2

为获得较大的市场，一个酒店必须决定将增加的投资用于扩建餐饮服务设施还是提高现有餐饮服务的质量。这是一个一次性的决定，因此必须进行研究以帮助决策。此时便可采用特定性研究或持续性研究方式进行。

营销调研与计划联系紧密，所有的酒店都需要知道他们目前所处的地位，然后才能决定在一段时间内它们要达到什么样的位置。如果组织不知道它们的位置，不知道竞争对手是谁，自己已取得多少市场份额，在未来会有何种威胁和机遇，它们就无法计划出自己的未来。要获得这类信息就必须进行营销调研。

【特别提示】

收集研究数据不仅浪费时间，而且耗费财力，但并不能据此就认为这只是大公司的事。中小企业，甚至是最小的公司也应该根据可靠的信息而不是猜测进行策划并开展活动。

5.3.2 酒店营销调研的内容

所有企业，无论大小，都需要了解自己在整个市场上所处的位置。对于现有产品，它们需要知道每种产品的销售量，一段时间后销售量的变化及对未来销售量的预测，自己的产品与竞争对手的产品相比较究竟如何，自己和对手分别占有的市场份额等。对企业负责人来说，他们必须监控自己的分销策略，决定每个分销商销售多少产品，哪个途径或者哪个点表现最好。他们必须知道每个产品的赢利情况，还必须知道顾客什么时候，在哪里，买了什么，以及购买的原因。

1. 酒店的市场需求和变化趋势

酒店应收集客源地的信息资料，如国家经济政策、人口构成收入水平等，以此来测定市场的潜在需求和现实需求的总量，预测市场的变化趋势。这类研究主要使用定量分析法，力求准确地判明市场前景，为调整经营结构和营销策略指明方向。

2. 酒店的竞争情况

竞争情况是直接影响酒店营销的不可控制因素，需要认真研究。酒店应收集的信息包括以下 4 点。

（1）市场占有率。这方面信息可以使酒店经营管理人员了解本酒店在竞争中的进展情况。通过比较本酒店的销售量和所有竞争对手的总销售量，计算本酒店的市场占有率。

（2）竞争对手的营销策略和实际做法。了解竞争对手的营销方案，有助于制定本酒店的营销策略。连续数日从报纸杂志上收集竞争对手的广告，是获得这方面信息的最好、最简便的方法。此外，酒店还应设法了解竞争对手的电台和电视广告、户外和机场广告、直邮广告，以及直接招徕宾客、旅行社及公共关系、营业推广等方面的营销活动情况。

在收集这方面的信息时，经营管理人员应着重了解四个方面的情况：本酒店的竞争对手吸引哪些细分市场；竞争对手采用什么策略来树立市场声誉；竞争对手使用哪些广告媒体和营销方法；竞争对手的营销方案是否成功。

（3）分析竞争者酒店的特点，包括有形特点和无形特点。通过分析，经营管理人员应编制各竞争性酒店比较表。

（4）客房出租率。获得各主要竞争对手酒店的客房出租率数据是很难的，但酒店的经营管理人员仍应搞好收集到的资料汇编工作，以便将本酒店与各竞争对手酒店的客房出租率及发展形势进行比较。

3. 可控因素的影响

在营销调研中，酒店应针对产品、价格、渠道、促销等可控因素对销售的影响，分别进行调查研究，并结合销售成本分析和利润分析，对酒店的战略、策略和未来的业务活动做出规划。

4. 其他不可控因素的影响

一般说来，酒店很少直接对政治、经济、文化、科技等不可控因素进行调查。大多数情况下，主要通过报刊等资料收集情报。也有专门的调研公司，会提供有关这方面的情况。

5. 动机调研

在酒店业，动机调研广泛应用于分析顾客为什么选择某一酒店，而不选择别的酒店。即要研究顾客对各个酒店所提供的产品和服务的看法，分析顾客到某一酒店而不到其他酒店住宿的原因。这种分析是“质”的分析，有助于判断酒店的哪些特征会对顾客选择酒店产生决定性的影响，本酒店选择的目标市场是否正确，是否提供了目标市场需要的产品和服务，是否满足了顾客的需求。

5.3.3 酒店营销调研的程序

酒店营销调研的程序指的是酒店针对一项正式的调研活动，从调研准备到实现调研目的的全过程的先后步骤与总体安排。下面以美国航空公司为乘客提供新的服务为例，说明这些步骤。

应用案例 5-3

美国航空公司是美国的大航空运输公司之一。这家公司经常注意探索为乘客服务的好办法。管理当局为了取得竞争上的有利地位，愿意为乘客提供一些新的服务。为了达到这个目的，几个经理组织了一个头脑风暴式的小组会，并产生了一些构思，包括提供较好的食品服务、在航行中款待乘客、供应报纸和杂志等。一位经理提出在 30 000 米的高空为乘客提供电话通信服务的想法。其他的经理们认为这是激动人心的，并同意应对此作进一步的研究。于是，提出这一建议的营销经理自愿为此作初步调查。他同较大的电信公司接触，以研究波音 747 飞机从东海岸到西海岸的飞行途中，电话服务在技术上是否可行。他想要知道在一次平均的飞行中能有多少次通话，能收多少费用和提供这一服务的成本。电信公司讲，这种系统的每航次成本是大约 1 000 美元。因此，这位经理与本公司的营销调研部经理联系，请他调查对这种服务做出反应的乘客会有多少。

1. 确定问题和研究目标

调研的第一步应认真地确定问题和研究目标。在本例中，营销研究人员对问题作如下的确认：“提供飞行电话服务会给美国航空公司创造日益增加的利润，这项费用与公司可能做出的其他投资相比是合算的吗？”然后，他们同意做出下列特定研究目标：乘客在航行期间通电话，而不等到飞机着陆后通电话的主要原因是什么；哪种类型的乘客最喜欢在航行中打电话；在一次典型的长距离波音 747 飞行航班中，有多少乘客可能会打电话，价格对他们有何影响，制定的最合适价格是多少；这一新服务会增加多少美国航空公司的乘客；这一新服务对美国航空公司的形象将会产生多大影响；其他因素如航班次数、食物和行李处理等对影响航空公司做出选择的相对重要性是什么；电话服务与这些其他因素相比，其重要性又如何。

2. 制订调研计划与实施

描述性调研计划，即进行定量描述。例如，有多少人愿花 25 美元在飞机上打一个电话。因果性调研计划，即测试因果关系。例如，每次电话费从 25 美元减少到 20 美元时，至少能增加 20%的电话次数。在制订了调研计划后，营销经理要组织各种力量按调研计划的要求系统地开展调研活动。

首先，营销调研的组织者根据调查课题的规模要求挑选适宜的精干人员，建立调研组织。如果需要且可能，应对组织成员进行专门培训。其次，需要确定询问项目和问卷设计。这是一件重要的工作，成功的问卷让被询问者乐意表达他们的真实想法。再次，营销调研人员要规划好具体的工作日程，进行开支核算，准备好一切调研时所需的物资。最后，进入全面调查阶段。在此阶段中，营销调研组织成员一方面大量搜集第二手资料，另一方面进行实地调查，获取第一手资料。调查的方法一般有询问法、观察法和实验法等。

3. 资料处理

资料处理阶段是整个调研活动的关键，是通过对有关资料、数据的处理向管理层提供有益的建议报告的阶段。资料处理阶段的工作包括以下两个方面。

1）整理资料

在调研中搜集的大量资料与数据，有很大一部分是凌乱的、独立的，还有一些不能反映真实的市场情况，这就必须对资料加以整理与筛选。在整理的过程中，首先要检查资料是否齐全，如发现资料有谬误或遗失，一定要及时改正与补充，保证资料的真实和完整。然后，可以把经过整理的资料数据用列表的方法进行分类和汇编。通过列表，便于营销人员使用比较的方法得出被调研产品的市场位置和竞争形势。

2）分析资料

这一阶段，营销人员要运用各种统计分析方法对已经整理好的资料进行加工分析，决定取舍、确定误差范围，取得可观的调研结果。如果需要，可运用高级分析方法和决策模型对调研结果进行再加工，直到调研结果能够回答调研命题为止。

4. 提示调研结果

调研人员不应该造成使管理当局埋头于大量的数字和复杂的统计技术中去的局面，否则会丧失他们存在的必要性。调研人员应该提出与管理当局进行主要营销决策有关的一些主要调查结果。当这些结果能减少管理当局采取恰当行动时的不确定因素时，这些研究就是有用的研究。

应用案例 5－3 中的美国航空公司得到的主要调查结果如下。

（1）使用飞行电话服务的主要原因是有紧急情况、紧迫的商业交易、飞行时间上的混乱等。用电话来消磨时间的现象是不会发生的。绝大多数的电话是商人打的，并由他们支付账单。

（2）每 200 位乘客中，大约有 5 位乘客愿意花 25 美元进行一次通话；而约 12 人希望每次通话费为 15 美元。因此，每次收 15 美元比收 25 美元有更多的收入。然而，这些收入都大大低于飞行通话的保本点成本 1 000 美元。

（3）推行飞行电话服务使美国航空公司每次航班能增加两位额外的乘客，从这两位乘客身上能得到 620 美元的纯收入，但是，这也不足以帮助抵付保本点成本。

（4）提供飞行服务增强了美国航空公司行为创新和进步的航空公司的公众形象。但是，创建这一额外的信誉是美国航空公司在每次飞行中付出了约 200 美元的代价。

5. 编写调研报告

调研报告是某次营销调研活动结束时，调研人员用事实材料分析说明所调查课题的文体报告。调研报告记载着调研成果，通常被送到高级决策团作为供其参考的书面建议。

市场调研报告一般包括导语、正文、结尾和附录四部分。正文应该涉及调研方法、误差范围、调研结论和建议；附录包括注意事项与所参考的文献的目录。

具体的调研报告的结构如下。

（1）扉页：写明报告题目、编写报告人姓名、接受报告人姓名、调研结束的日期、呈递报告的日期。

（2）目录。

（3）内容提要。

（4）序言：一般要说明调研的原因、范围、研究的问题、提出的各种假设和要实现的目的。

（5）调研方法。

（6）调研结果。

（7）局限性。

（8）结论和建议。

（9）附件。

（10）参考文献目录。

营销人员对调研信息进行分析总结得出的报告，是真正有价值的信息，营销人员应该将这些有价值的信息及时送到有关决策人员手中，使信息迅速投入使用，发挥作用。

5.3.4 酒店市场营销调研的方法

基于酒店本身的复杂性，在选择调研方式时就需要与调研任务的特点和酒店本身的特点相结合，所选用的一种或几种调研方法应该能最大限度地反映客观事实，控制误差范围。

虑调研方法时，要求做出决定的有数据来源、常用的获取第一手资料的调研方法、调研工具、抽样计划和接触方法，见表5－1。

表5－1 考试调研方法时要求做出决定的因素

资料来源	第一手资料、第二手资料
调研方法	观察法、访问法、实验法
调研工具	调查表、机械工具
抽样计划	抽样单位、抽样范围、抽样程序
接触方法	电话访问、邮寄调查、面谈访问

1. 数据来源

酒店市场调研所需的数据资料从其来源和性质可以分为第一手资料和第二手资料两大类。

1）第一手资料

第一手资料是为专门研究目的而收集的资料。第一手资料不论是通过问卷调查、野外考察或从实验室而得，都可给研究者提供在其他地方得不到的资料。同时可以保持资料口径的前后一致。但是收集第一手资料成本高，耗时长，往往还需要地方政府的配合。收集第一手资料的方法有观察法、面谈访问、小组讨论、邮寄调查、电话访问及店内调查。收集第一手资料主要方法的优缺点如表5－2所示。

表5－2 收集第一手资料主要方法的优缺点

方　法	优　点	缺　点
观察法	不必得到被调查者的同意； 不干扰被调查者； 费用少； 迅速获得数据和现场信息	没有机会提问和解释； 无法观察如住宿动机、客人未来计划、过去经历等
面谈访问	答复率高； 可以解答问题； 可以采用开放式问题； 允许有各种答案； 可以观察被调查者的反应； 获得完整的信息； 经验丰富的采访者可以预先估计可能的答案	采访者的偏见； 被调查者时间难以约定； 费用高； 被调查者不愿回答私人问题； 被调查者可能较紧张； 对方可能按你所期望的去答而非真实想法
小组讨论	与面谈访问相同； 比面谈访问更随意和放松； 可以更深入地分析和研究问题； 比面谈访问的答案更真实	很难安排到合适的时间和地点； 需要被调查者花费时间和精力； 有些人可能操纵整个讨论或使之跑题
邮寄调查	在一定费用下可以覆盖较大范围； 可以更直接到达被调查者手中； 可以轻松地回答问卷； 回答比较真实； 不带采访者的偏见	低回收率； 难以获得适宜的邮寄名录； 没有采访者的帮助； 答复费用高； 填写问卷者可能没有代表性； 无法控制被调查者的答复
电话访问	被调查者必须有电话； 不需要专业人员； 迅速获得信息； 资料是最新的； 高回收率； 在市区费用低	无法见到被调查者； 询问必须简单； 难以与之建立长久联系； 跨区域进行则费用很高
店内调查（包括面谈访问）	在被调查者住店时调查他们的感受； 被调查者会对你反馈他们的意见以改进产品的努力留下深刻印象； 可以容易地采访顾客，且费用低	问卷必须简练； 数据必须简单和直接； 局限于住宿顾客

2）第二手资料

第二手资料，如科研档案资料、地图、统计报表、人口普查资料等。收集第二手资料可节省时间和经费，有助于更准确地收集第一手资料。但是第二手资料与调查的目的、口径、方法往往不能统一，时间性和精确性达不到要求。因此，使用第二手资料一定要明确材料来源，弄清目的、口径和可比性。

2. 常用的获取第一手资料的调研方法

常用的获取第一手资料的调研方法一般包括以下三种：观察法、访问法和实验法。

1）观察法

观察法是指调研者凭借自己的眼睛或摄像录音器材等设备，在调查现场进行实地考察，记录正在发生的市场行为或状况，以获得各种原始资料的一种非介入调研方法。这种方法的主要特点是，调研者不与被调查者发生直接接触，而是由调研者从侧面直接地或间接地借助仪器把被调查者的活动按实际情况记录下来，避免让被调查者感觉到正在被调查，从而提高调查结果的真实性和可靠性，使取得的资料更加切合实际。

2）访问法

访问法是通过询问的方式向被调查者了解市场情况，获取原始资料的一种方法。采用访问法进行调查，一般都事先将所要调查了解的问题陈列在调查表中，按照调查表的要求询问，所以又称调查表法。根据调研人员与被调查者接触方式的不同，又可将访问法分为面谈访问、电话访问和邮寄调查等。

3）实验法

实验法是最正式的一种调研方法。实验法要求选择相匹配的目标小组，分别给予其不同的处理，控制外来的变量和核查所观察到的差异是否具有统计上的意义。在提出外来因素或加以控制的情况下，观察结果与受刺激的变量有关。实验法的目的是通过排除观察结果中的带有竞争性的解释来捕捉因果关系。

美国航空公司从纽约到洛杉矶正常航班上的电话服务，可以作为一个运用实验法进行研究的例子。在首次航行中，它宣布每次通话服务的收费为25美元。在第二天的同一航次上，它又宣布每次通话收费为15美元。假设每次航班上的载客人数相同，并且在一个星期的同一天里，那么，在通话次数上的任何重要变化都可能与收费价格有关。实验法能提供关于是否运用了适当控制的最令人信服的信息。在实验法的设计和执行中，将会排除解释同一结果的不同假设，这使得调研者和营销经理对所做的结论具有自信。

3. 调研工具

营销人员在收集第一手资料时，可以选择两种主要的工具：调查表和机械工具。

1）调查表

调查表是迄今用于收集第一手资料的最普遍的工具。一般来说，一份调查表是由向被调查者提问并征求他（或她）回答的一组问题所组成的。调查表是非常灵活的，它有许多提问的方法。调查表需要认真仔细地设计、测试和调整，然后才能规模使用。

从图5.2这张“有问题的调查表”中，我们应当考虑在设计调查表中要注意什么。

调 查 表

假设一个航空公司设计了下面的调查表，供采访乘客使用。对下面的每个问题，你是怎样考虑的？（在阅读每个方框中的意见之前请先回答）

1. 你的收入以百美元为单位总共是多少？

> 人们没有必要去了解他们以百美元为单位的收入，而且他们也不会把自己的收入公布出来。何况调查表不应该涉及这类个人问题。

2. 你是偶然地还是经常地乘坐飞机？

> 你怎样确定偶然与经常的界限呢？

3. 你喜欢本航空公司吗？是（ ）否（ ）

> 喜欢这个词是相对的。而且，乘客的回答是不是真诚的呢？再说，是或否难道是回答问题的最好方法吗？如果只是喜欢乘坐飞机，这个问题又将怎样回答呢？

4. 在去年4月或今年4月你在电视上看到几次航空公司的广告？

> 谁能记住这些呢？

5. 在评价航空公司时，你认为最显著和最有决定性的属性是什么？

> 什么是“显著”和“决定性的属性”？不要对被调查者用夸张笼统的词。

6. 你认为政府对飞机票加税从而剥夺了许多人乘坐飞机的机会是对的吗？

> 叫人们怎样回答这种有偏见的问题呢？

图5.2 一张有问题的调查表

在设计调查问题时，营销研究人员必须精心地挑选要问的问题、问题的形式、问题的用词和问题的次序。

在所提的问题上会发生一些常见的错误：提问包含了不能回答或不愿回答的问题，而同时却遗漏了应该回答的问题；仅仅是提出趣味性的问题。

问题的形式会影响到被调查者的反应。营销研究人员把问题区分为封闭式和开放式两种。封闭式问题包括所有可能的回答，被调查者从中选择一个答案。它规定了回答方式，使阐释和制表变得比较容易。开放式问题允许被调查者用自己的话来回答问题，他们可以采取各种形式。一般来说，因为被调查者的回答不受限制，所以开放式问题常常能揭露出更多的信息。开放式问题在探测研究阶段特别有用，这个阶段调查者期求的是洞察人们内心怎样想的而不是去衡量以某种方式在想的有多少人。

对问题的用词必须十分谨慎。研究人员应该使用简单、直接、无偏见的词汇。所提的问题应对被调查者进行预试，然后再广泛应用。

问题次序的排列也很值得研究。如果可能，引导性的问题应该是能够使人引起兴趣的问题。回答困难或涉及私人问题的问题会使人处于守势的地位。所提出的问题应该合乎逻辑次序。有关被调查者的分类数据要放在最后，因为这更加涉及个人，而且被调查者对此也不太感兴趣。

2）机械工具

虽然调查表是最普遍的一种调研工具，但在营销调研中还常使用一些机械工具。电流计可以用于测量一个对象在看到一个特定广告或图像后所表现出的兴趣或感情的强度。速示器也是一种能从少于百分之一秒到几秒的闪现中将一个广告展露在一个对象面前的设备。在每次展露后，由被调查者说明他或她所回忆起来的每件事。

4. 抽样计划

营销研究者必须设计一个抽样计划，它要求做出三个决定。

（1）抽样单位。这是回答向什么人调查的问题。一个适当的抽样单位并不总是很明显的。例如，在美国航空公司的调查中，抽样单位应该是从事商业的旅客，还是享受旅游乐趣的旅客，还是两者兼有？应该是访问21岁以下的旅行者呢，还是应该对丈夫和妻子都访问？

（2）抽样范围。这是回答应向多少人进行调查的问题。大样本比小样本更能产生可靠的结果，但是没有必要把全体目标或大部分目标作为样本。如果采取了可信的抽样程序的话，对一个总体只要抽出约百分之一的样本，就常常能提供良好的可靠性。

（3）抽样程序。这是回答应该选择被调查者的问题。为了获得一个有代表性的样本，应该采用概率抽样的方法。概率抽样可以计算出抽样误差的置信限度。例如，在抽样后可得出这样一个结论："在美国西南部的航空旅行者中，每年有95%的乘客的可能性旅行为5~7次。"

5. 接触方法

这是回答如何接触被调查对象的问题。通常有三种方法可供选择。

（1）电话访问是迅速收集信息的最好方法。这种访问还能够在被调查者不明确问题时予以澄清。但电话访问有两个主要缺点：只是电话拥有者才能被访问到；访问时间必须简短，不能过多涉及个人问题。

（2）邮寄调查是在被访问者不愿意面谈，受访者受偏见的影响或对调查有曲解的情况下所能采取的一种最好方法。邮寄调查表提问的语句需要简洁明了，同时回收率一般较低或回收迟缓。

（3）面谈访问是三种接触方法中最通用的方法。访问人能够提出较多的问题和可用个人观察法来补充访问的不足。面谈访问是最昂贵的方法，并且它需要较多的计划和行政管理。

值得指出的是，必须对调查计划的成本做出估算，营销调研方案的目的是帮助公司减小风险和增加利润。假设公司未经市场调研，估计推出空中电话服务可获得50 000美元的长期利润。经理还相信该项研究帮助他改进促销计划，并获得90 000美元的长期利润。在这种情况下，他就愿意为这项研究花费40 000美元。但是，如果这项研究成本超过40 000美元，就不能批准它。

强调营销中的4类变量潜在的危险之一是忽视了营销中最关键的环节。而这一环节是所有营销活动的基础——营销调研。我们不知道消费者要的是什么，我们也无法保证自己的产品是否会受到消费者的欢迎。如果我们的销售额下降，我们必须知道这是不是由于整个经济不振导致所有产品受到影响，还是只对酒店业产生影响，或是我们的客户转而购买其他的酒店产品。不管是何种情况，我们都应该设计不同的营销策略以应对挑战。因此，营销情报的收集对营销策划来说至关重要。

本章小结

营销调研可以定义为有计划、系统地收集、整理及分析数据，以帮助一个组织的管理者做出决策，并且在决策做出后监督其结果。营销调研与计划联系紧密，所有的公司都需要指导他们目前所处的地位，然后才能决定在一段时间内它们要达到什么样的位置。市场营销信息系统由人、设备和程序所构成，它们担负着为营销决策人员搜集、挑选、分析、评估和分配需要的及时而准确的信息的任务。市场营销信息系统内获得信息的多种不同方式：通过酒店内部记录，即使用公司内部可获得的信息记录；通过营销情报，即识别和甄选可使用的外部记录。营销调研是一个过程，在这个过程中要对营销机会与问题加以识别和界定，对营销活动进行监控和评估，并向管理当局提供调研的结果和建议。营销调研采取一种项目形式，应该有始有终。

关键术语

市场营销信息系统、营销调研、营销情报、第一手资料、第二手资料、抽样方案。

思考题

(1) 什么是市场营销信息系统?
(2) 如何开发酒店信息?
(3) 营销调研的步骤是什么?
(4) 酒店市场营销有哪些调研方法?
(5) 市场营销信息系统与营销情报有什么不同?

课堂互动

1. 小组讨论

(1) 假设你拥有一个豪华、高价位的餐馆，并且想要提高30位员工的服务质量。观察法对你达到既定目标会有多大帮助?

(2) 请解释为什么说界定问题及确定研究目标常常是研究过程中最困难的一个环节。

2. 头脑风暴

研究人员通常都从搜集第二手资料开始其研究过程。一个想了解消费者需求变化趋势的全服务餐馆可以利用的第二手资料来源是什么？

3. 课堂辩论

评价在一个餐馆中使用顾客意见卡的优点和缺点。

4. 角色扮演

在下列场合，运用所学的调研类型和方法知识进行一次模拟调研：①一家快餐店想了解儿童对该餐馆产品的销售有什么意见；②一家商务酒店想搜集有关商务旅行者对其餐厅的菜单品种、食物质量和服务水平的第一手资料；③一家休闲餐厅正在考虑在一处迅速发展起来的郊区开办一家餐厅；④一家快餐店想要检验它在两个城市中所做的烤牛肉三明治广告的效果。

营销实战

实训任务一

调查在校生对学校提供食品的质量有何感受。

(1) 你的研究群体是谁？

(2) 设计一个抽样计划，包括获取感兴趣群体的具有代表性样本的时间及地点。

实训任务二

从当地酒店获取一份顾客调查表。你认为这份调查表可以做何修改？如果你是经理，你将如何运用通过调查表获得的信息？

案例分析

麦当劳的营销策略

当今世界，没有任何一个产品品牌能像麦当劳品牌那样深入人心。被认为是美国文化象征的麦当劳，已经在全球120个国家设有29 000家快餐店，每天服务的客户达4 500万人，几乎在任何一个国家都可以看到那座金色的拱门。1992年，第一家麦当劳落户深圳，如今越来越多的中国消费者接受了麦当劳的生活方式。除了带给中国人全新的生活观念外，麦当劳也带来了它全新的广告观念。麦当劳叔叔和金黄色拱门已成为麦当劳的象征。

麦当劳的广告代言人与普通广告截然不同，它是以麦当劳叔叔这个虚拟人物作代言人。当然这种虚拟代言人的做法并非麦当劳独有，海尔产品的海尔兄弟，迪斯尼的米老鼠、唐老鸭，甚至麦当劳的竞争对手肯德基也是以肯德基上校这种虚拟人物做代言人的。在国内，麦当劳的电视广告并不多，但每篇都堪称经典之作。曾荣膺1996年法国戛纳国际广告电视金狮奖的麦当劳“婴儿篇”广告即不同凡响。这则电视广告中，一位躺在摇篮里的婴儿，一会儿哭，一会儿笑。当摇篮悠起来，靠近窗口时，这位婴儿就高兴地露出笑脸；而当摇篮悠下来时，就哇哇地哭。这一简单的过程反复持续了多次。怎么回事？当广告的最后，把镜头从婴儿的角度对准窗外时，一切都已明了：原来婴儿是因为看到窗外金黄色的麦当劳双拱门而笑，因为看不到它而哭。这个广告创意极为单纯，情节却充满了与生俱来的戏剧性。麦当劳的其他电视广告也是同样夸张，面对麦当劳美味的诱惑，广告中的年轻人可以一头撞到玻璃上，淑女可以丢掉风度，而婴儿变得更有灵性。麦当劳的电视广告难以逐一而论，消费者只要到麦当劳快餐店，就可以分享这些广告带给人的快乐。

麦当劳“量体裁衣”式的营销体现在以下几个方面。

1. 重文化、重品质、重服务，加强品牌核心竞争力

麦当劳金黄色的拱门允诺：每个餐厅的菜单基本相同，而且“质量超群，服务优良，清洁卫生，货真价实”。它的产品、加工和烹制程序乃至厨房布置，都是标准化的，严格控制的。麦当劳向来被认为是改变了世界餐饮文化的快餐品牌，其成功的要诀就在于不断变化的品牌主张和持之以恒的品牌核心。例如，在美国，麦当劳在20世纪70年代，它的口号是“you deserve a break today”（今天你该休息了），表达了美国深层的信仰：职业道德应该得到回报。“今天你该休息了”这一主张适应了当时社会强调劳动回报的思潮。在80年代早期，麦当劳的广告主题“麦当劳和你”反映了一个从职业道德到自我导向的变化，意思是要避免为工作失去自我从而为今天生活的渴望。80年代中期普遍出现了一种向“我们”方向的转移，反映了传统的对于家庭价值的关注，麦当劳的广告也相应地发生了变化：其主题从个人消费者转向了家庭导向。它的口号是“it's a good time for the great taste McDonald's”（是去尝尝麦当劳美味的好时候了）。有效地将美食和家庭价值联系了起来。麦当劳形象的设立和麦当劳友好而且关注对小孩的养育，这证实了它经营策略的成功。相反，它最初的竞争对手burger king被认为是具有侵略性的、男性化的和不友好的。90年代早期发生的深度萧条产生了另一个文化变化，这使麦当劳的经营策略也相应地作了修改。很多消费者对未来不再那么乐观，对于传统的美国梦感到渺茫，同时对价格也更为敏感。于是，在1991年，麦当劳开始实行一系列的价格削减，推行了大量的特价销售，并且“物有所值”开始成为其广告主题。当经济情况走出萧条，但经济不安全感仍然存在的时候，麦当劳采用了一个更具亲和力的主题：“have you had your break today?”。（你今天休息了吗?）这一标题，通过暗示休息的权利反映了文化价值观向着更加注重享乐的方向转变。文化价值观是持久的，麦当劳总是尝试迎合文化潮流适时调整品牌主张，而这中间麦当劳的“品质、服务、卫生、清洁”核心理念却一直没变。

在与文化潮流相适应的过程中，麦当劳始终坚持把注意力放在吸引孩子上。作为

时代的反映，麦当劳正极力吸引少年儿童到因特网上。1996年麦当劳公司向孩子们提供在电脑屏幕上设计个性化的报纸标题的机会，让他们能发挥丰富的想象力，如与迈克尔·乔丹一起作战，打败邪恶的外星人。麦当劳公司知道这种虚构与幻想的创造帮助孩子们建立了一个基本的文化价值观——向个人主义发展的驱动力。而职业道德作为另外一种文化价值观随后而来。

麦当劳不仅在国内反映着美国文化，它还将其输送到海外。金黄色的拱门已被认作美国服务的标志，而将美食作为快餐的热潮已遍布全球。

2. 渠道管理：特许经营，行遍全球

麦当劳作为世界上最成功的特许经营者之一，让其引以为豪的是它的特许经营方式、成功地异域高层拓展和国际化经营。在其特许经营的发展历程中，积累了许多许多非常宝贵的经验。

(1) 明确的经营理念与规范化的管理。这主要是指最能体现麦当劳特点的“顾客至上、顾客永远第一”的重要原则。

(2) 严格的检查监督制度。麦当劳体系有3种检查制度：①常规性月度考评；②公司总部检查；③抽查。这也是保证麦当劳加盟店符合部门标准，保持品牌形象的保障。

(3) 完善的培训体系。这为受许人成功经营麦当劳餐厅、塑造“麦当劳”品牌的统一形象提供了可靠保障。

(4) 联合广告基金制度。让加盟店联合起来，可以筹集到较丰厚的广告基金，从而加大广告宣传力度。

(5) 相互制约、共荣共存的合作关系。这种做法为加盟者各显神通创造了条件，使各加盟者营销良策层出不穷，这又为麦当劳品牌价值的提升立下了汗马功劳。正是通过在特许营销中实施上述策略，麦当劳获取得了巨大的成功，开创了特许营销的辉煌篇章。

3. 盲目的“本土化”经营丧失市场控制能力

2003年前后，一向只卖汉堡包、炸鸡和薯条的麦当劳，开始在台湾的350个营业点“卖饭”。从来不可能出现米饭的麦当劳，革命性地朝“本土化”经营。麦当劳在台湾卖饭并非首创，2002年3月麦当劳在新加坡早餐时段卖粥，7月在香港晚餐卖饭。台湾的午晚餐都卖饭，则是麦当劳的第三波动作。

这些盲目地“本土化经营”，由于价格的虚高而失去了很多顾客。据悉，麦当劳卖的饭，初阶段提供咖喱猪排、蘑菇鸡腿、和风烧肉和泰式辣鸡等4款米饭套餐，价位锁定129元台币，比超级市场供应的快餐盒饭贵2.5倍。这对经济本就不景气的台湾来说，这样的价格无疑使它失去了不少“领地”。

与此次价格虚高相反的是降低价格，即使如此，也没为企业萎缩的经营带来希望。1998年，麦当劳业绩连连下滑，引起了高层管理者的恐慌，他们病急乱投医，拿出了全面降价这一法宝，大打价格战。麦当劳大降价使老顾客得到实惠，但并未吸引更多的潜在顾客，甚至让一般大众产生了降价与劣质滞销货的联想。因此，麦当劳的降价措施反而引起业绩的更大滑坡。

在提升价格和降低价格都不能提高经营业绩的情况下，百年老店麦当劳就像一个老态龙钟的迟暮之人，丧失了把握市场的能力。

4. 盲目扩张市场、丧失核心品牌

由于麦当劳对外投资速度过快，导致顾客满意度大幅度下降，市场占有率有降无升。在2002年麦当劳缩减扩张计划之前，麦当劳在世界新建分店的速度最快时一度达到每3小时一家。然而，从1987—1997年，虽然麦当劳的分店增加了50%，但销售总额却下降了2%，单个分店的利润也急速下降。麦当劳盲目开设分店也引起众多特许经营商的不满，认为麦当劳在不合适的地方开设了一大堆不恰当的分店。一味追求数量，使得顾客对其满意度大打折扣。

自格林伯格1998年上台以来，特许经营店拥有了比以前更多的自主权，可自由做出从市场营销到具体单项目的一系列决策，这大大弱化了麦当劳一直引以为豪的传家宝——“麦当劳化”。麦当劳的核心竞争力和品牌因此而大大地丧失掉了。

索瑞斯管理咨询（国际）有限公司首席顾问李海龙对于麦当劳的危境，通过分析对症下药，从解决以下3点来入手。

（1）快刀斩乱麻，迅速关闭严重亏损的分店，将未中止的物业转为可口可乐的其他经营业态。主力依然以赢利店和大中城市为阵地。

鉴于目前农村人口城市化的趋势越来越明显，大量的城市人口中来自农村的数量越来越多，麦当劳可集中力量在大中城市外围的中小城市有选择的开辟分店，以对肯德基形成合围之势，同时达到培育潜在消费群体的目的，这些人群将会成为中小城市麦当劳的常客。

（2）在保持既有的“标准、快速、干净、服务”核心要点的前提下，积极地加深对中国饮食文化的了解，寻找切入点，如在口味方面的适当改进和提升。甚至可以提炼出“对胃口的麦当劳”、“口味好，胃口就好，欢乐麦当劳”一类的策略，以弥补缺失。

（3）低价格策略应当继续保持，在像中国这样一个人均收入尚未达到富裕标准的国家来说，便宜的价格总是显得非常具有竞争力，“没有两分钱打不掉的忠诚”目前来说“放之四海而皆准”。对于竞争对手肯德基来说，也是一件有力的武器。

正是有了李海龙的这一剂良药，拱门又焕发出了金色。

思考题：

（1）请你运用SWOT分析方法总结麦当劳在中国面临的环境要素。

（2）为适应环境变化，麦当劳分别制定了何种营销策略应对？如何评价其效果？

6

酒店客源市场及其细分

本章概要

(1) 消费者市场与消费者购买行为。
(2) 团体市场的组织机构购买行为。
(3) 酒店市场细分及目标市场选择。
(4) 酒店市场定位。

本章目标

学完本章以后，你应该能够：根据影响消费者购买行为的因素，设计一些新的能被市场接受的产品和服务；认识消费者购买决策过程参与者的角色，做出相应的营销策略调整；识别刺激消费者购买行为的因素，将其纳入到营销策略，从而引导消费者购买；明确组织购买行为的特点，以便采取针对性的营销策略和方法；运用市场细分理论，用于制订酒店营销计划。

案例导入

在芬兰极地有一家袖珍旅馆，这家旅馆是由两个人开的，只有10间客房。这两个人之所以开了这么小的一家旅馆，就是因为通过调查他们知道，许多人过够了城市生活，想到野外享受田野风光，尝一尝荒野滋味。他们把树干锯成两半拼成桌，锯成木墩当做凳，门檐上挂熊头，墙上贴树皮，客厅的大壁炉日夜燃烧，店内外洋溢着荒野的原生态自然美。他们尽全力投客人所好：想钓鱼，立即送来钓鱼竿；想划船，早已备好了小木船；想做野味，马上送来刀叉和佐料。第一年里这家旅馆就接待了3 500多名客人，收入100万芬兰马克，成为全芬兰人均收入最高的旅馆。

案例点评： 这家旅馆在推出自己的产品时，没有像一般的旅馆针对商务型的宾客，也没有像普通旅游旅馆一样专门针对普通宾客，仅供食宿，而是在对市场进行细分后，专门针对一些有个性化需求的、对野外生活比较渴望的这类人群，在这类较小的市场中占据绝对的市场份额。对市场进行合理细分，寻找到有利的市场机会，并在这类市场中建立竞争优势，是酒店成功经营的一个重要途径。

顾客市场是酒店营销的主要研究对象，因而，研究顾客购买行为的主要因素及其购买决策的过程，对于酒店开展有效的市场营销活动至关重要。按顾客购买目的或用途的不同，市场可分为消费者市场和组织市场两大类。消费者市场是个人或家庭为了生活消费而购买产品或服务的市场。组织市场是指以某种组织为购买单位的购买者所构成的市场，购买目的是生产、销售、维持组织运作或履行组织职能。

6.1　消费者市场与消费者购买行为

消费者市场涉及较广，从哪里入手进行分析？市场营销学家将其归纳为以下7个方面，见表6-1。

表6-1　消费者市场涉及的内容

市场由谁构成？(Who)	购买者（Occupants）
消费者购买什么？(What)	购买对象（Objects）
消费者为何购买？(Why)	购买目的（Objectives）
消费者的购买活动有谁参与？(Who)	购买组织（Organizations）
消费者怎样购买？(How)	购买方式（Operations）
消费者何时购买？(When)	购买时间（Occasions）
消费者何地购买？(Where)	购买地点（Outlets）

6.1.1　消费者购买行为模式

营销人员在制定针对消费者市场的营销组合之前，必须先研究消费者的购买行为。研究消费者购买行为最有代表性的是刺激—反应模式，如图 6.1 所示。市场营销因素和市场环境因素的刺激进入购买者的意识，购买者根据自己的特征处理这些信息，经过一定的决策过程导致了购买者的反应。

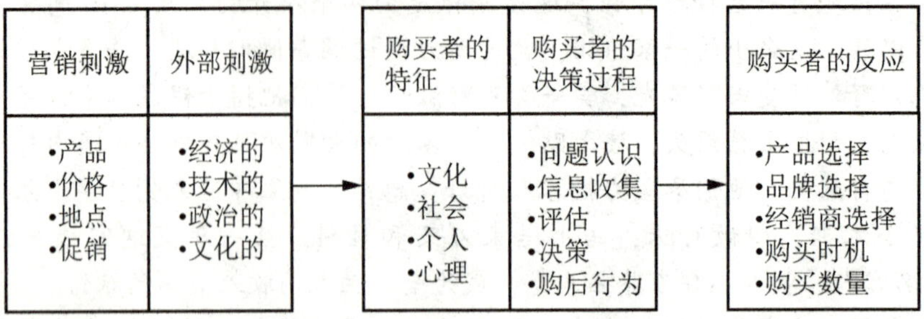

图 6.1　消费者购买行为模式

6.1.2　影响消费者购买行为的各种因素

消费者常常会拒绝一些本来看上去很诱人的馈赠。似乎就在管理人员自认为了解了他们的顾客的时候，却发现顾客的购买行为根本没有理性。可是，在管理人员看来缺乏理性的行为，对于消费者来说却完全是理性的。购买行为绝不简单，它受许多不同因素的影响，寻求对它的理解是营销管理人员最根本的任务。

消费者的购买行为深受其文化、社会、个人和心理等因素的影响，如图 6.2 所示。

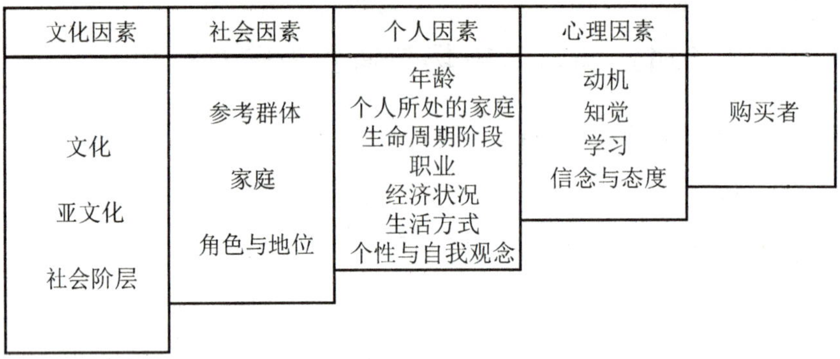

图 6.2　影响消费者购买行为的因素

1. 文化因素

文化因素对消费者的行为起着最广泛、最深刻的影响。现在我们就购买者的文化、亚文化和社会阶层所起的作用进行一下探讨。

1）文化

文化是决定人们的欲望和行为的最基本的因素。它由基本的价值观、认知系统、欲望和行为所构成，这些是一个人从社会当中不断习得的。文化不能支配人们的生理需要，但可以支配人们满足生理需要的方式。文化是通过一些有形的要素表现出来的，如食物、建筑物、衣着和艺术品。文化是接待业和旅行业不可缺少的组成部分，它决定了我们吃什么、如何旅行、到哪里旅行和住在哪里等问题。文化是动态的，会随着环境的改变而改变。营销人员总是不断地努力识别出文化的变化趋势，为的是设计一些新的能被市场接受的产品和服务。

应用案例 6－1

由于在文化上出现了一种更加关注健康和保养的趋势，许多酒店都增设了健身房或健身俱乐部，有的则与当地的健身俱乐部达成协议，以使顾客能够利用其健身设施。在饮食上出现的更加注重清淡口味和天然食品的趋势则使餐馆的菜单设计发生了很大的变化。新餐馆的设计也反映了素雅和简洁的居室装修风格这一潮流趋势。

2）亚文化

每一种文化都包含有更小的文化群体，即建立在共同经验和相同环境基础上并具有相同的价值体系的人群，其中包括国家亚文化、宗教亚文化、种族亚文化及地域亚文化。许多亚文化群都是细分市场的重要构成部分，营销人员常常根据不同亚文化群的特征设计相应的产品和营销方案。充分重视民族、宗教信仰及生活习惯原则，提供不同的产品和服务；也可以利用不同地域因文化不同而产生的不同生活方式、民俗，组织领略民族风情，从而提高产品的吸引力。

对于面对不同国家消费者的酒店来说，要真正理解消费者行为是相当困难的。虽然不同国家的消费者可能在某些方面是相同的，但他们的价值观、态度和行为往往大相径庭。具有国际视野的营销人员必须了解这些差异，并相应地调整其产品和营销方案。看看下面这几个例子。

德国人是非常讲究准时的。被邀请到家里做客的美国人应该携带鲜花作为给女主人的礼品，鲜花最好不要包装。在引见时，应先向女士打招呼，并等到她们主动要握手时才伸出手。

在英国，即使在正餐上也常常会提供吐司面包。如果主人对吐司面包很得意就一定要准备好赞美几句。商务性的款待常常利用午餐，而很少在正餐时进行。

在沙特阿拉伯，尽管男人之间能以亲吻的方式互相问候，但在公共场合他们却从来不吻女人。一位美国女士在与沙特阿拉伯男士会面时，要等他先伸出手来握。如果一个沙特阿拉伯人给你提供食物，一定要接受，因为拒绝是对他的侮辱。

在日本，人们认为服务人员所表现出的友好是不值得尊重的，在与服务人员交谈时，他们更倾向于得到迅捷而不过于热情的服务。

对于一个国际性酒店来说，如果不能理解各国之间这些传统和行为上的差异，就会招致灾难性的后果，而那些善于适应环境的酒店就可能是赢家。

应用案例 6-2

有些在以色列开办的餐馆在“逾越节”期间歇业了，而这期间恰有许多人外出旅游，对餐馆的需求量实际上很大。肯德基、必胜客、汉堡王和麦当劳都在这期间调整了菜单，使其适合“逾越节”期间犹太教对饮食的规定。汉堡王推出了玉米和大豆面圈，麦当劳把它的麦乐鸡块做成肉泥掺和到专供“逾越节”期间吃的一种未发酵面包当中，必胜客用未发酵的面团做其比萨的饼坯，而肯德基则用叉烧鸡取代了它的炸鸡。

通过了解国际市场，特别是中国市场，百胜全球餐饮集团（Yum! Brands，拥有肯德基、必胜客和塔可钟三大快餐连锁的特许权）能够在一年的时间里在美国本土以外的地方开设1 000多家餐厅。为适应海外消费者的口味，Yum对菜单进行了调整。在中国，肯德基开发出一种“鸡腿堡”，因为中国的消费者喜欢吃鸡腿。他们还用中国式蔬菜替换了凉拌卷心菜。更具创新的做法之一是在中国开设的塔可钟墨西哥风味餐厅（Taco Bell Grand）。这家餐厅与美国的塔可钟不同，它看上去更具星期五餐厅的风格。塔可钟墨西哥风味餐厅不提供油炸豆和硬邦邦的墨西哥煎玉米卷，因为这些都是不受中国人欢迎的菜品。

3）社会阶层

社会阶层是社会学家根据职业、收入来源、教育水平、价值观和居住区域对人们进行的一种社会分类，它是按层次排列的、具有同质性和持久性的社会群体。

在某个既定阶层的人会出现类似的行为（包括购买行为）。在如食品、旅游和休闲活动中，不同的社会阶层对产品和品牌的偏好表现出明显的差异，有些营销人员只关注某一个社会阶层。例如，坐落在曼哈顿的四季餐馆把目标市场定位在高收入顾客，而坐落在下曼哈顿的乔伊咖啡店则把目标市场定位在低收入顾客。而且，不同的社会阶层也会偏好不同的媒体，高收入顾客比较喜欢杂志和书籍，而低收入顾客则喜欢电视节目。即便是在电视节目的选择上，不同的社会阶层也会有不同的喜好，高收入观众喜欢新闻和戏剧，而低收入观众则喜欢肥皂剧和体育节目。在社会阶层之间也存在着语言上的差异，这意味着广告商必须根据目标市场所处的社会阶层撰写适当的广告文本和对话方式。

2. 社会因素

消费者的购买行为也受一些社会因素的影响，其中包括消费者参考群体、家庭、角色与地位等。社会因素能在很大程度上影响人们的反应，所以，各个企业在制定营销策略时都必须对其予以考虑。

1）参考群体

为一个人所归属的、对其有直接影响的群体叫做成员群体。例如，信仰摩门教的教徒深受他们所属的宗教群体的影响，不喝酒精饮料。也正因为如此，那些提供葡萄酒和其他酒精饮料的高档餐厅对他们就没有很大的吸引力。

参考群体是指在一个人的态度和行为形成过程中起着直接或间接的参考作用的成员群体。人们也会受一些他们本不属于但却渴望归属的那种明星群体的影响。例如，一名大学新生可能渴望成为凯悦酒店最高管理集团的一员，即使他还不是这个集体的成员，也可能已经与他们的价值理念相认同。

营销人员要努力识别其目标市场的参考群体。这些参考群体至少会以 3 种方式影响消费者：①参考群体给人们带来新的行为和生活方式；②它们影响人们的态度和自我观念；③它们还会使人们在选择产品、品牌和经销商时产生某种趋同的压力。

群体影响的程度因产品和品牌而异。当产品属于那种能被购买者尊崇的其他人看到的产品时，群体的影响最大。相反，群体影响在购买私人用品时就不起什么作用。某些夜总会可以和一些频繁在夜总会聚会的参考群体挂钩，来吸引那些渴望属于该群体的人。乡村俱乐部和城市俱乐部就常常吸纳一些志同道合的人作为其成员。

【特别提示】

营销人员可以找出群体中本产品的意见领袖，分析他们新接触到的信息媒体，设计更具有吸引力的信息，利用意见领袖的影响力使产品在该群体内部得到广泛认同。

2）家庭

家庭成员对购买行为的影响非常大。家庭是最重要的消费者购买组织，在购买不同产品和服务时，丈夫、妻子和子女会扮演不同角色及产生不同影响。随着产品类型及决策阶段的变化，丈夫和妻子各自的投入也发生着变化。购买角色还随着消费者生活的变化而变化。例如，80%的购车决策会受到女性的影响，而 40%的食品采购会受到男性的影响。此外，子女对是否在快餐店就餐有着很大的影响力。麦当劳就直接对儿童作快餐广告。该连锁店的广告在每个星期六早上的卡通片中播放，而且常常为其“快乐餐”赠送新玩具。

3）角色与地位

一个人从属于许多群体——家庭、各种俱乐部和组织。个人在每个群体当中的位置可以根据他所扮演的角色和所处的地位来界定。角色是一个人周围的人期望其应履行的各种活动。儿子或女儿、妻子或丈夫、经理或工人都是最普通的角色。

每一种角色都会影响到购买行为。例如，大学生与父母一起就餐，会不同于与同学就餐。同样一个人，在给公司预订宴会时则会更重视细节和质量，而不是价格。在这种情况下，个人的角色就对购买行为的影响非常显著。

我们的角色深受周围环境的影响。每个角色都代表着一定的社会地位，这一地位反映了社会总体上对该角色的尊重程度。人们通常选择能显示自己社会地位的产品。

营销人员应该确保其产品能满足目标角色的使用或象征性需要，从而使人们认为该产品适用于该角色。

应用案例6－3

在一家高档餐馆就餐，人们的行为举止决不同于在一家快餐店就餐。人们对在不同档次的餐馆里工作的雇员所扮演的角色也有不同的期望值。如果不能满足这些期望，人们就不能获得满足。在高档餐馆就餐的客人就希望在就座时服务员能帮他们把椅子拉出来。同样的就餐者如果在快餐店就餐，服务员若帮他拉椅子落座，他就会感到很惊奇甚至很可能会感到不快。

3. 个人因素

购买决策也受个人因素的影响，如年龄、个人所处的家庭生命周期阶段、职业、经济状况、生活方式、个性与自我观念等。对于酒店营销人员来说，目标市场顾客的上述个人因素，都应潜心研究，摸索规律，争取促销活动能符合他们的实际。

1）年龄

一生中，人们所购买的产品和服务的类型是不断变化的。营销人员常常会忽略一些与年龄相关的重要因素。这也许是因为，那些制定营销战略的人与那些购买产品和服务的人之间存在着年龄上的很大差异。对各种不同年龄段市场的成功营销也需要靠制定专门的和目标明确的战略来实现。

2）个人所处的家庭生命周期阶段

购买行为还受到个人所处的家庭生命周期阶段的影响。单身的青年通常经济负担较轻，他们会把很大一部分的可支配收入花费在娱乐上。尚无子女的年轻夫妇可任意支配的收入较高，他们经常在外就餐；可是一旦有了孩子之后，到酒店就餐就转变为送餐或购买外卖。当孩子离开家时，可任意支配收入的机会增加，在外就餐的花费也会相应增加。营销人员要经常根据个人所处的家庭生命周期阶段来定义目标顾客，并制订适当的产品和营销计划。

3）职业

一个人的职业会影响他买什么样的产品和服务。例如，建筑工人经常从开到工地外面的供餐卡车上购买午餐。企业管理人员会从一种全服务餐馆订餐，而普通职员可能自带午餐或从附近快餐店中订餐。有些咨询机构不允许其雇员在快餐店里进餐。营销人员要努力识别那些对本企业产品怀有较大兴趣的职业群体。

4）经济状况

酒店消费要受到经济能力的制约。没有足够的可任意支配的收入，旅游者就无力到酒店消费。据一项专题调查，62%的被调查者会说，费用因素是他们无法旅游的原因。即便有足够的费用可自由支配，还有对费用如何分割的问题，即有多少可用于旅游、酒店的消费上。

一个人的经济状况会在很大程度上影响其对产品的选择，影响其对某种特殊产品的购买决策。在经济萧条时期，消费者普遍缩减其在餐馆、娱乐和度假等项目上的开支。他们改在廉价餐馆就餐，或很少在外边吃饭，即使吃的话还要看有没有优惠券和特价套餐。营销人员需要关注个人收入、储蓄和利息率的变化。如果经济指标显示出萧条，他们就可以对产品进行重新设计、重新定位和重新定价。餐馆这时可能需要添加一些低价菜，以便始终能吸引目标市场的顾客。

相反，在经济繁荣时期，会有很多机会。消费者往往更倾向于购买高价酒，喝进口啤酒，菜品要上档次。企业必须在经济繁荣时期抓住时机，在经济衰退时期采取防范措施。实际上，对所面临的宏观环境时刻保持警觉是值得的。

5）生活方式

即使人们来自相同的亚文化、社会阶层和职业背景，也会有相当不同的生活方式。生活方式是通过活动、兴趣和意见表现出来的。生活方式描述出整个人与周围环境之间的相互作用。营销人员应该探寻他们所销售的产品与自我实现导向型顾客之间的关系。

6）个性与自我观念

个性在心理学中也被称为人格，是指个人带有倾向性的、比较稳定的、本质的心理特征的总和。它是个体独有的、并与其他个体区别开来的整体特性。自我观念也称自我感觉或自我形象，是指个人对自己的能力、气质、性格等个性特性的感觉、态度和评价。换言之，即自己认为自己是怎样的一个人。消费者千差万别的购买行为往往是以他们各具特色的个性心理特征为基础的。一般来说，气质影响着消费行为活动的方式，性格决定着消费者行为活动的方式，能力标志着消费者行为活动的水平。

4. 心理因素

一个人的购买行为还受到一些主要的心理因素的影响，它们是动机、知觉、学习、信念与态度。

1）动机

一个人在任何时候都会有很多需要。有些是属于生理的，由饥饿、干渴和不舒服所引起。另一些是心理上的，由一些紧张状态所引起，如认可、尊重或归属等需要。这些需要的大部分在某个时点上都很弱，不足以激发一个人的行为。当一种需要在强度上达到足够的水平时，这种需要就转化为动机。马斯洛的动机理论认为，人的需要是按照一定层次排列的，从最迫切的需要到最不迫切的需要。马斯洛的需要层次按照重要性依次是生理需要、安全需要、社会需要、尊重需要和自我实现需要。当每一个重要的需要获得满足之后，下一个最重要的需要就开始发挥作用了。

2）知觉

受动机驱使的人随时会有所行动。他怎样行动会受到其对情况的知觉的影响。在同样的场合，具有相同动机的两个人由于他们感觉到的各种条件不同而会采取完全不同的行动。为什么人们对同样的情况会有不同的知觉呢？我们所有人都是凭着 5 种感觉来获取信息的：视觉、听觉、嗅觉、触觉和味觉。可是，我们每个人又都是以各自的方式接收、组织和解释这些所感受到的信息的。知觉是个人选择、组织和解释信息并勾画出一幅有意义的图示的过程。

3）学习

当人们行动的时候，他们也在学习。学习是指由经验引起的个人行为上的变化。人类的大多数行为都是习得的。学习理论的倡导者认为，学习过程发生在动机、刺激、暗示、反应和巩固的相互作用当中。

应用案例6－4

当消费者消费意见产品时，他也在学习它。会议的举办者会为会议在哪里举办进行选择，他们通过在餐厅就餐，来观察员工的友好程度和服务技能，并考察酒店的特色。根据所了解到的信息，他们选择了开会的酒店。在开会期间，他们再一次体验酒店的服务。根据他们及其他人员的体验，他们会对酒店产生满意或不满意的评价。

酒店应该帮助客人了解其设施和服务的质量。有些豪华酒店会安排员工领着首次入住的客人四处看看，告诉其酒店所能提供的各种服务。酒店员工对回头客应该有所表示，往来信函和文件也应与新客人不同。

4）信念与态度

人们通过行动和学习来建立自己的信念和态度，这些信念和态度反过来又会影响其购买行为。信念是指一个人对事物的描述性看法。一家酒店可能认为某酒店在相同价位的酒店当中属于设备最好、人员最专业的酒店。这些看法也许建立在真实的知识、意见和信仰的基础上，也许掺杂有感情的成分，也许没有。

营销人员感兴趣的是人们对一些特殊产品和服务的信念。信念能强化产品和品牌形象。人们按信念行事。如果存在某种无端阻止人们购买的信念，营销人员就要采取措施去改变这种信念。

消费者的行为具有很多个人特征和因素。消费者的选择是文化、社会、个人和心理因素之间复杂的相互作用的结果。这些因素当中有很多是不能为营销人员所左右的，但它们可以帮助营销人员更好地理解顾客的反应和行为。

【特别提示】

酒店在制定营销策略时要善于选择同目标市场关系最密切、传递信息最迅速、影响最大的相关群体，特别是他们的“领袖”和“意见带头人”，了解其爱好，对他们做好酒店产品、服务的促销工作，千方百计地争取他们做酒店产品、服务消费的带头人，进而运用各种传播媒介，扩大影响。

6.1.3 消费者购买决策过程

消费者购买决策过程是消费者购买动机转化为购买活动的过程。不同消费者的购买决策过程有特殊性，也有一般性。消费者购买决策过程的参与者有发起者、影响者、决定者、购买者和使用者。以上五种角色中，营销人员最关心决定者是谁。

阿萨尔根据购买者的参与程度和产品品牌差异程度区分了四种消费者购买行为，见表 6－2。

表 6－2 购买行为的 4 种类型

购买参与程度 品牌差异程度	高	低
大	复杂的购买行为	寻求多样化的购买行为
小	减少失调感的购买行为	习惯性的购买行为

购买决策的过程有五个环节，如图 6.3 所示，即识别需要、搜集信息、方案评价、购买决策和购后行为。它强调了一点：购买过程在实际购买之前就开始了，并持续到购买之后很久。这就鼓励营销人员要注意整个购买过程，而不仅仅是购买决策本身。

图 6.3 购买决策的过程

购买决策的过程看上去似乎表明，消费者在每一次购买中都要经历这五个环节。但在一些日常性购买当中，消费者实际上会省略或颠倒其中的一些环节。在酒吧中购买一杯啤酒的顾客，会直接做出购买决策，不需要进行搜集信息或方案评价。这被称为自动反应环。每一个营销人员都希望顾客会对他们的产品做出自动购买反应，但这不太可能发生。当消费者面对的是新的和复杂的购买情形时，就会慎重考虑。

从备选方案评价到购买决策之前的情况如图 6.4 所示。

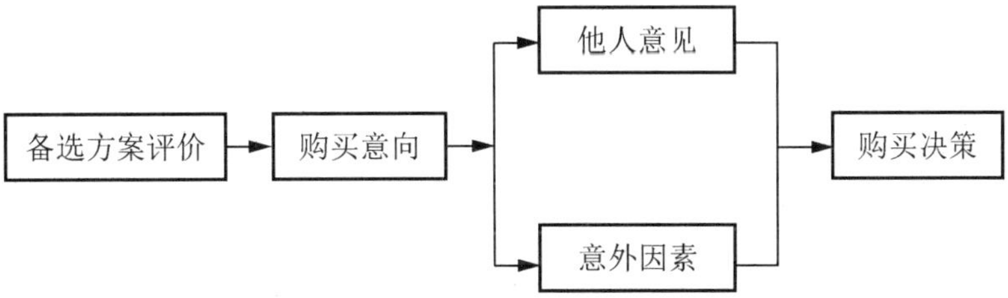

图 6.4 从备选方案评价到购买决策之前

1. 识别需要

当一个人意识到某种问题或需要时，购买过程就算开始了。购买者感受到了一种实际状态与欲望状态之间的某种差异。这种需要可能由内部刺激所诱发。根据以往经验，这个人学会了应付这种需要，而且还知道什么东西能满足这种需要。

在这个阶段，营销人员必须确定那些消费者对需要进行识别的因素和情形。他们应该对消费者进行调查，弄清楚什么类型的需要或问题导致他们购买某种产品，什么引发了这些需要，这些需要如何引导消费者选择某种特殊的产品。

通过搜集这些信息，营销人员就能识别出各种最能刺激人们对某种产品感兴趣的因素，把这些因素容纳到营销计划当中。营销人员在宣传当中也能告诉人们其产品能在多大程度上解决他们的问题。

应用案例6-5

作为首家主题式休闲餐厅的开创者，美国星期五餐厅在开幕后短期内便成为成功青年人士的聚会之所，被美国《新闻周刊》称为“典型单身贵族形象的发源地”。美国星期五餐厅在广告当中宣传它给客人的是可以在圣诞节期间购物的礼品卡，他们的食物和氛围吸引了各种人群，客人们有了礼品卡，不必再拥挤到购物中心去。星期五餐厅把礼品卡作为解决圣诞节前客人们通常会遇到的问题的手段，并以此来进行推销。

在寻找酒店时，“商务旅游者希望酒店的装备能使他们高效地工作，并且酒店拥有称职的员工。他们对于这一点的要求已经胜过个性化的服务和装饰豪华的环境”。但不幸的是，有些酒店似乎将产品的奢华与提供特色产品混为一谈。商务旅游者会受益于特色产品，因为这些产品满足了他们的需要。而酒店注重大堂和餐厅的豪华，却忽视了将客房装备成出门在外的办公室，从而未能满足商务旅游者这一重要市场的需求。

2. 搜集信息

一位意识到有需要的消费者可能会寻找更多的信息，也可能并不需要这样做。如果消费者的内驱动力很强烈，而且能够满足需要的产品又唾手可得，那么消费者很可能马上就会做出购买决策。否则，消费者可能会把需要搁置下来，先搜集相关信息。

消费者要搜集多少信息，这要看内驱动力的强度、原有信息的多少、搜集信息的难易程度、增加信息的价值，以及一个人通过搜集信息可能获得的满意程度。

消费者获得信息的来源有很多，下面是其中三种。

（1）个人来源：家庭、朋友、邻居和熟人。

（2）商业来源：广告、营销人员、经销商、包装物和展览。

（3）公共来源：餐馆评论、旅游出版社和消费者评选机构。

一个消费者不可能在购买前对无形产品进行使用。例如，人们可能会通过广告知道一家餐馆，但在去餐馆就餐前还是会询问一下朋友。

【特别提示】

营销人员应该仔细地识别消费者的信息来源，并判断每一项来源的重要性。可以问消费者最开始他们是如何听说本产品的，他们都知道些什么信息，对各种来源不同信息的重要性他们如何估价等。这些信息在制定有效的传播方案时会很有帮助。

3. 方案评价

我们已经知道消费者如何运用各种信息以便得到几种可供选择的产品，但到底消费者如何在各种方案中进行选择呢？消费者如何在头脑中对信息进行分类和处理以做出选择呢？目前为止，还没有一种简单的评价过程可以适用于所有的消费者或一个消费者的所有购买场合。具体的评价过程是有差异的。

有一些基本的概念有助于解释消费者的评价过程。第一，我们假设每个消费者都把产品看作一系列产品属性的集合。对餐馆来说，这些属性包括食物质量、菜品种类、服务质量、就餐环境、餐馆位置和产品价格。这些属性哪些比较重要，对不同的消费者来说看法会有所差异。他们会特别注意与他们有关的那些属性。第二，消费者对每一种属性的重视程度不同。就是说，每个消费者会根据他个人特殊的需要和欲望来评价每一种属性的重要程度。第三，消费者可能会形成一系列有关每一种品牌的各种属性的信念。这种对某个品牌所形成的各种信念即所谓的品牌形象。由于每个消费者的个人经验不同，加之受选择性知觉、选择性曲解和选择性保持的影响，消费者的这些信念可能与产品的真正属性有所不同。第四，人们认为，消费者对每一种属性都有一个效用函数。效用函数描述当产品的属性发生变化时消费者所期望的对产品的整体满足感是怎样变化的。第五，消费者通过某种评价程序而形成对不同品牌的态度。在评价过程中到底使用一种还是多种评价程序，取决于消费者及其购买决策。

4. 购买决策

在方案评价阶段，消费者会对不同的品牌进行排序，并形成购买意向。一般来说，消费者会购买他最喜欢的品牌，但在购买意向和购买决策之间还可能会受到两个因素的影响，也就是他人意见和意外因素。由于消费者只有在购买之后才知道会有什么样的经历，所以管理者必须牢记第一次购买产品的消费者并不是真正意义上的消费者，他们只是尝试了一下产品罢了。当消费者在购买时，员工必须尽其所能使消费者确信他们将会获得一次美好的经历并且购买后会给予好评。

5. 购后行为

当消费者购买了产品以后，营销人员的工作并没有结束。买了产品之后，消费者也许满意也许不满意，于是就会出现令营销人员特别感兴趣的购后行为问题。什么因素决定消费者购买之后是否满意，答案在消费者期望与对产品的感受之间的关系上。如果产品与消费者的预期相吻合，消费者就会感到满意；反之则不满意。

消费者将期望建立在过去的经验及从营销人员、朋友和其他渠道所获得的信息基础上。如果卖家夸大其产品所具有的性能，结果消费者就会失望。期望与感受之间的这种差距越大，消费者就会越感到不满。这说明，卖家必须诚实地描述产品的性能以使消费者满意。

应用案例 6-6

百慕大酒店在淡季以低价吸引旅游者到百慕大岛度假。他们称这个季节为“聚会的时光”，并在广告中宣称，岛上所有的景点都可以进入。可当旅游者来到之后才发现，许多设施和景点都关闭了，许多酒店的餐饮设施也都停业了，这使旅游者非常失望。广告宣传最初确实带来了游客，但好景不长，6 年当中，该酒店的出租率几乎下降了 50%。

顾客如果不满意，就会采取行动。他们可以退货，或向公司投诉要求赔偿或调换。他们可以诉诸法律，或向能够帮助他们解决问题的机构或团体投诉。购买者也可以干脆不买产品，并且说服家庭其他成员和朋友都不买。不管是怎样的一种结果，卖家都有损失。

【特别提示】

营销人员可采取措施以减少消费者的购后不满，并帮助顾客感受到购买所带来的好处。酒店可以给会议策划人员发一封信，表示希望他们选择本酒店作为下一次的会址。他们可以在专业杂志中将满意的会议策划人的推荐或表扬之类的证书予以发表。他们也可以鼓励顾客给公司提意见。

理解消费者的需要和购买过程是成功营销的基础。通过了解购买者如何完成识别需要、搜集信息、方案评价、购买决策和购后行为诸环节，营销人员可以得到很多有关如何更好地满足购买者需要的线索。通过理解购买决策过程中的各种参与者及各种影响购买行为的因素，营销人员可以制订更为有效的营销计划。

6.2 团体市场的组织机构购买行为概述

公司会议这一细分市场的理想销售人员不是传统的销售员，而是问题解决者。

——罗伯特 · C. 迈凯

6.2.1 团体市场的组织机构购买行为

与消费者购买相比，企业购买通常包括更多的买者和更专业的购买行为。一些经常利用酒店召开会议的大公司可能配备专门的会议策划人员。专业的会议策划人员接受过谈判技能的训练，所以酒店必须有训练有素的营销人员，以应付训练有素的购买者。

组织机构购买通常要面对比消费者购买更为复杂的购买决策。这种购买往往数额大、技术复杂（涉及房间大小、房内设备、紧急出口、视听设备等），还要有经济上的考虑，以及与组织机构内部各层次的人进行沟通等问题。组织机构的购买决策过程一般要比消费者购买更正式，也更属于一种专业性的工作。购买越复杂，参与决策过程的人员就可能越多。在组织机构购买过程中，买者和卖者相互间往来颇深。销售已经成为咨询过程。酒店员工设计有趣味和创意的菜单、主题宴会、会间咖啡服务，而酒店的会议服务人员则通过自己的工作来实现会议策划人员的意图。总而言之，酒店的全体员工要竭尽全力地与公司和协会的顾客密切合作，以满足顾客的需要，寻找到具有针对性的解决方案。

组织购买行为是指那些参与购买决策过程、具有共同目标并共担决策风险的个人和团体。它包括以下 5 种。

（1）使用者。他们是使用产品或服务的人，通常是他们提出购买建议，界定所需产品的特性。如果一次销售会议的各位参加者感受很差，那么他们往往会促使公司以后不再把该酒店作为开会地点。

（2）影响者。他们直接影响购买决策，但他们不是最终的决策人。行政秘书、地区经理和许多其他人都能够而且确实对展销会、研讨会、年会和其他聚会的选址起到很大的影响作用。

（3）决策者。他们负责选定产品的供应商，决定对产品的各种具体要求。

（4）批准者。他们负责批准决策者或购买者所建议的行动方案。

（5）购买者。他们对供应商的选择和具体购买条件的确定有正式的权力。购买者可以帮助确定对产品的具体要求，在选择卖家和进行谈判中扮演着重要角色。

组织购买中的决策人数和类型各有不同。那些访问组织机构顾客的营销人员必须明确以下几点：①谁是决策的主要参与者；②他们影响什么样的决策；③他们影响到何种程度；④每一位参与者所使用的评价标准是什么。

【特别提示】

营销人员可能没有时间也没有条件去接触组织机构购买中所有的人。营销人员要注意不要越过决策者这一环节。大多数决策者喜欢有一种能控制购买决策的感觉，若越过决策者这个环节直接去与老板接触，由此产生的恶感会导致决策者选择另一家酒店。

6.2.2 影响组织机构购买者的主要因素

组织机构购买者在制定其购买决策时要受到很多因素的影响，最重要的影响因素是经济方面的。他们认为，买家最关心的是谁能提供最低的价格、最好的产品和最多的服务。这种看法提示接待业的营销人员要重视价格和成本这两个变量。

实际上，组织机构购买者对经济和个人因素都有反应。如果供应商所提供的各种条件都非常相似，价格就成为最重要的决定因素。如果竞争产品完全不同，购买者就将面临许多决策变量，而不仅仅是价格比较。

1. 环境因素

组织机构购买者深受当前和未来的经济环境的影响，如基本需求水平、经济前景和资金成本这样的因素都十分重要。在衰退期，公司要削减旅行费用，而在繁荣期旅行费用的预算往往会增加。

2. 组织因素

每一个组织都有其特殊的目标、政策、程序、组织结构和系统，它们与购买密切相关。接待业的营销人员必须尽可能地熟悉它们，而且还要清楚下面一些问题：参与购买决策的人有多少？他们是谁？他们采用什么评价标准？公司对购买者的政策和约束是什么？

3. 人际因素

采购中心通常有几种参与决策的人，他们的兴趣、权威和说服力不同。接待业的营销人员很难知道购买决策过程中这个群体内部是如何相互作用的。不过，营销人员通常会了解到构成组织环境的一些个性和人际方面的因素，它们对洞察群体运行机制是很有用的。

4. 个人因素

购买决策过程的每一个参与者都有个人的动机、认知和偏好。参与者的年龄、收入、受教育程度、专业身份、个性和对待风险的态度，都会对参与决策过程的人产生影响。不同的购买者无疑会展示不同的购买风格。接待业的营销人员必须了解顾客，并运用各种战术去了解环境因素、组织因素、人际因素和个人因素所产生的影响。

6.2.3 团体商业市场

最重要的一种组织机构市场是团体商业市场。对于营销管理人员来说，理解团体商业市场和消费者市场之间的差别非常重要。与消费者市场相比，团体商业市场通常更为复杂，需要更多的技术信息。许多团体交易要提前一年着手预订。在这期间，会出现认知失调。所以，营销人员必须与购买者保持联络，使他们感觉到他们的确选择了一家好酒店。

团体商业市场主要有四种类型：年度会议（以下简称“年会”）、协会会议、公司会议和奖励旅游。每一次年会都会吸引大量的参会者，但是协会会议和公司会议召开的次数要比年会频繁。平均有一次年会就有 90 次协会会议或公司会议。平均每次年会的参加人数是 1 000 人，每次公司会议的参加人数是 70 人，而每一次协会会议的参加人数是 95 人。在选择酒店时，会议策划人员需要考虑的一个重要原因就是酒店是否能容纳下这些参会人员。大多数酒店都能满足数百人规模的小型会议的需要，而大一些的酒店才能满足年会的要求。对大多数酒店来说，团体业务是一个很重要的细分市场。那些成功的酒店必须清楚哪些需要团体，然后运用团体业务来平衡淡季和旺季，如何靠酒店所提供的各种利益而不仅仅是以低价向团体市场销售产品。

1. 年会

年会是一种需要提供大量会议设施的特殊市场，一般是协会成员每年一度的会议，期间要包括若干分组会议、委员会会议和特殊小组的论题会议。拥有一定规模的会议设施的酒店，使用大型的会议设施的年会，常常有上万名代表参加。这样的会议被称为城市大会，因为整个城市都在接待这些代表。

年会策划人员在选择会议地点时，会把下列因素视为重要的决策变量：酒店设施设备、交通便利程度、交通费、距离参会人员所在地的远近、气候、休闲项目、观光文化活动。酒店最重要的特征表现在以下几个方面：会议室、价格、食品质量、客房、各种支付性服务、付款程序、入住/结账、人员安排、展览场地、以往经验。

需要注意的是，酒店的食物质量对会议策划者来说极为重要。别具一格的宴会、不寻常的接待鸡尾酒会及独特的会间咖啡茶点供应都属于会议标新立异的亮点，是容易引起与会人员兴趣并乐意向同事夸耀的环节。相反，食物寡淡和服务低劣很容易在与会者中间产生不好影响。支持性服务在需要时必须是触手可及的。

许多酒店现在与独立的视听设备公司签订合同，来提供和维修设备。在大酒店，视听设备公司设有专门的办公室，用来放置设备，安排技术人员。对于大型的会议，视听设备公司在会议期间安排现场技术人员，发生问题随时解决，以便保证会议发言按计划进行。

结账程序对酒店策划人员来说也很重要。那些认为结账是理所当然的事情，以及没有一个为顾客着想的财务部的酒店是很容易出问题的。专业会议策划人员会要求酒店提供能让人理解的、准确的账单，并且及时送来。对于会议策划人来说，重要的问题不是设施和价格，而是食物质量、结账程序及酒店员工的专业技能和精神状态。

2. 协会会议

协会会议各色各样，包括地区性会议、专门主题会议、教育会议和董事会会议等。对协会会议策划人来说，选择会议地点最重要的条件是酒店及其设施的可用性、交通便利程度、距离与会者远近及交通费等。气候、休闲条件和文化活动不像对年会那样重要，因为会议本身是主要的吸引力所在。在选择酒店时，会议策划人要看实物质量、价格、会议室、结账程序及其他类似于年会的条件。需要注意的是，对协会会议策划人来说，最重要的就要数餐饮的质量了。

3. 公司会议

公司所关心的主要是会议的效率，以及要达到公司的目标。公司会议的类型有培训会议、管理会议和计划会议，还有一种类型叫奖励会议。作为一名公司会议的策划人，他在选择会议地点时最看重的条件是酒店的可用性、交通便利程度、交通费和与参会者的距离远近。影响最大的几个因素是食物质量、会议室、价格、客房、支付性服务、结算手续。

公司会议策划人都希望会议开得有成效，钱花得有价值。他们事业上成功与否就看会议举办得怎么样了。酒店若想获得并维持好公司会议业务，这样他们就必须明白会议室是否合用，配备是否合适。由于会议策划人希望参会者感觉舒适，因此，客房就非常重要。他们也关注食物质量，娱乐设施也是很重要的。在一个连开几天的技术会议上，可以通过打高尔夫或网球运动来鼓励与会人员进行一些交往，以打破在屋子里作分组讨论的单调气氛。类似的，晚上到外面就餐、运动和参加一些文化活动也是很被与会人员喜爱的放松方式。

公司文化也是选择酒店时的重要影响因素。酒店营销人员必须理解客户的公司文化，以便在提供各种利益时投其所好。有些公司认为，会议要办得简朴，勿过于铺张。这样公司会感到会议也是给员工树立榜样的机会，要借此鼓励员工花钱有节。另一些公司可能借会议让员工得以放松和享受，给他们提供一次有价值的休息机会。那些认为公司会议应该既有教育意义又可以使员工得到休息并培养起对企业热忱的企业，就会情愿花更多的钱用于餐饮、娱乐和租用豪华酒店设施上。

4. 奖励旅游

奖励旅游作为一种特殊的公司团体业务形式，是与会人员所接受的一种达到或超额完成工作任务的奖励。公司可以给个人也可以给集体予以表彰奖励。由于以旅游作为奖励，所以被奖励者一定会对目的地和酒店另眼相看。奖励旅游的平均支出较高，酒店利润较大。与其他旅游形式一样，对奖励旅游而言，体验至关重要。人们关心的不再是选择适当的地点找一家好酒店，而是能够创造一种振奋人心并能从中受益的体验。酒店在这方面做得越多，成功的可能性就越大。

成功举办会议的最重要的一个方面是，在召开会议之前，酒店相关人员要同会议策划人员举行一个预备会议。财会人员应该参加预备会议，以便他们与会议策划人员相互熟悉。会上他们应该确定一个在会议结束前与策划人员碰头的时间，以确保账单符合双方的意愿。若是车库空间有限，就需要做出安排以确保会议团体的车位。顾客可能会向酒店的员工（如前台服务员或电话接线员），询问会议日程及相关事宜，因此需要事先向他们通报情况。负责预订服务的部门应该知道会议团体中重要客人的姓名及谁在入住时有优先登记权。负责接收会议包裹的员工要知道应该把包裹送给谁及他们的详细地址。预备会是对会议后勤情况的一次大检查，它将对成功地举办会议大有帮助。

【特别提示】

在大多数酒店和许多饮食服务业中，组织机构购买占销售的百分比很大。从某种意义上说，组织机构市场类似于消费者市场。例如，二者都扮演了购买角色并且做出了购买决策以满足其需要的人的参与。然而，组织机构市场在许多方面与消费者市场是不同的。这种不同表现在市场结构和需求、购买单位的性质、决策的类型和有关的决策过程上。

6.3 酒店市场细分及目标市场的选择

6.3.1 市场

市场一词，按照它的本义，市场是买卖双方聚到一起交换其商品或服务的场所。在经济学家看来，市场是由所有从事商品和服务交易的买者和卖者构成的。对于营销人员来说，市场指的是某种商品或服务的所有潜在的和现实购买者。

市场营销现已经历了三个阶段。

(1) 大规模营销。在大规模营销阶段，卖家将一种产品以批量的形式生产、分销和促销给所有的购买者。例如，麦当劳曾一度只生产一种规格的汉堡，向所有的市场销售，希望它能够吸引每一位顾客。

(2) 产品多样化营销。在这个阶段，卖家生产两种或几种产品，它们在特征、风格、质量和规格等方面都各有不同。如今，麦当劳提供普通汉堡、“巨无霸”及小份餐。这样的产品线设计是为了向顾客提供不同的选择，而不是想吸引不同的细分市场。

(3) 目标市场营销。在这个阶段，卖家识别各个细分市场，选择其中的一个或几个，针对每个选定的细分市场制定产品和营销组合。

在目标市场营销过程中有三个主要步骤，如图6.5所示。第一步是市场细分，将市场分割成不同的购买者群体，这些群体可能需要不同的产品和/或营销组合。酒店发掘各种不同的分割市场的标准与依据，并对所形成的各个细分市场的总体特征加以描述。第二步是目标市场选择，先对每个细分市场的吸引力进行评价，然后选择一个或几个细分市场。第三步是市场定位，即为产品进行竞争性定位，并制定适当的营销组合战略。

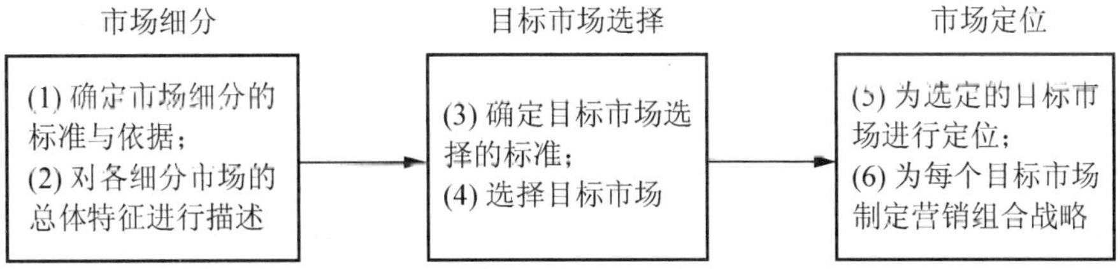

图6.5 目标市场营销的主要步骤

可见，酒店进行市场细分的步骤有以下四步。

(1) 需要研究顾客的市场范围。由于酒店面向的是异地顾客，因而任何地域的非本地人员都有可能成为酒店的潜在客户。但需要注意的是，不同地区、不同档次、不同类型的酒店，所面临的顾客对象可能有较大的分别，如北京、上海、广州等城市的高星级商务酒店可能会接待来自世界各地的顾客，而一些二线省会城市乃至地方城市的中小酒店，则可能以全国甚至仅以本省客源为主，所以，酒店选择的市场范围宽度必须适中，要与酒店的自身能力和营销目标相联系。

（2）列出市场范围内所有潜在消费者的全部需求，同时选择合适的细分变量，将酒店的顾客市场划分为若干个具有不同消费特点的子市场。

（3）对细分市场中的顾客进行调查，了解细分市场中顾客的需求及购买行为特点，为日后制定相应的营销策略打下坚实的基础。

（4）分析调查结果并确定各个可能的细分市场的名称、规模、特征，结合企业实力，选择具有较强市场吸引力且适合企业自身的目标市场，并且针对目标市场顾客的特点，提供满足需求的产品，同时制定相应的市场营销策略。

6.3.2 市场细分

市场细分的概念是美国市场学家温德尔·史密斯于 20 世纪 50 年代中期提出来的。所谓市场细分，就是按照顾客需求与欲望把一个总体市场划分成若干个具有共同特征的子市场的过程。因此，分属于同一细分市场的顾客，他们的需求与欲望极为相似；分属于不同细分市场的顾客，对同一产品的需要和欲望存在着明显的差别。

面对复杂多变的大市场，任何酒店都不可能满足酒店市场上全部顾客的所有需求。又由于受酒店资源、设备、技术等方面的限制，酒店也不可能满足全部顾客的不同需求。酒店只能根据自身的优势条件，从事某个市场的服务和营销活动，选择力所能及的、适合自己经营的目标市场，这就有必要进行市场细分。酒店市场细分就是将一个错综复杂的酒店异质市场划分成若干个具有相同需求的亚市场，以确定酒店目标市场的过程。

有些规模大、地理位置好、等级较高的酒店，若以商务旅游者和豪华观光度假旅游者为其目标市场，它的主要经营活动和营销活动就应该集中在这两个目标市场上。喜来登酒店集团、希尔顿酒店集团等就把这两个细分市场作为主要的目标市场。另一些等级不高、地理位置欠佳的酒店，则常以团体包价观光旅游者为目标市场。

总之，每家酒店都应根据自己的特点进行市场细分，寻找适合自己经营的目标市场。

1. 酒店市场细分的标准

要进行有效的市场细分，酒店必须找到适合恰当的细分变量。所谓市场细分变量，即对市场进行细分所考虑的因素和依据，是指影响消费者消费酒店产品的因素。受到这些因素的影响和作用，消费者在消费需求和欲望方面产生了明显的差异。

一般而言，酒店市场进行细分的标准变量主要包括：地理变量；年龄、性别等人口统计变量；社会阶层等心理变量；购买时机等行为变量。根据这些细分变量划分出来的酒店子市场都具有鲜明的消费特征。

1）按地理变量细分市场

地理变量是酒店划分市场时最常采用的细分变量。酒店客人来自不同的国家、地区和城市，不同国家及地区的客人经济状况不同、消费习惯不同、对酒店产品及服务的需求和偏差也有很大的区别。

按照地理变量对于市场的划分，酒店市场客源可以分为国际市场和国内市场。其中，国际市场按地理变量继续细分还可以分为亚洲客源市场、欧美客源市场、中东客源市场。以此类推，亚洲客源市场又可以分为日韩客源市场、中国港澳客源市场、中国台湾客源市场、东南亚客源市场等。国内市场的细分方式也有许多，如根据行政区划分，国内市场可以分为东北客源市场、华北客源市场、华南客源市场、华东客源市场、华中客源市场、西南客源市场和西北客源市场等，而这些亚市场又可以细分为每一省份及地市客源市场。

亚洲客人与欧美客人的需求存在许多差异。亚洲客人注重服务、价格，在自费外出时，购物消费较多，而住宿支出相对较低；在娱乐活动方面，亚洲客人偏爱唱歌等非运动类项目、喜欢静谧雅致的酒吧氛围。相反，欧美客人在外出旅游时，非常注重住宿质量，对于客房的整洁、卫生、舒适程度比较挑剔，倾向于选择高档次的连锁酒店，在娱乐活动方面，欧美客人喜欢到游泳池、网球场、健身房等做健身运动，且偏爱热烈、自由、随和的吧台等。在了解客人需求的差异后，酒店需要设计并提供不同的产品设施和服务，采取不同的营销策略以吸引客源。在北京的酒店中，东方君悦酒店、国际俱乐部饭店、长城饭店等均以欧美客人为主要客源市场，而长富宫酒店等则以日本游客为主要客源市场。为满足不同客源市场的需要，这些酒店各尽所能，提供了不同的客房及餐饮服务。以长富宫酒店为例，由于其主要客人以日本人为主，前台服务人员均需用熟练的日语为客人提供登记入住服务，其官方网站不仅有中文版和英文版的页面，还有日文版的页面，以日文形式向日本客人详细介绍酒店的基本概况、各类设施、提供的服务，以及酒店策划的营销活动的简介等，日本客人还可以进入日文版面的网页实时进行客房的预订。此外，长富宫酒店还特别设立了日本楼层。在这些楼层中，客房陈设全部为日本式，客房服务人员在进行客房清扫时，必须先脱鞋方可进入房内。这些都表明长富宫酒店充分利用了地理细分变量对市场进行细分，而且较好地运用了细分出来的结果，针对客人的特点设计了产品与服务。

按地理变量细分市场最大的好处在于酒店可以根据不同地区的客人需求设计出不同的产品，并且根据客人的特点在选定区域内策划有针对性的市场营销活动。另外，地理细分变量细分出来的市场能够反映出该市场中客源对于酒店产品购买潜力的大小：大城市及经济发达地区购买饭店产品的潜力大，很多酒店会在这些地区多做宣传，以期望能够吸引更多的客人；而小城市及经济欠发达地区的市场潜力较小，酒店的关注程度就会削弱。

一般而言，以地区划分市场的依据时，可以使用客人住宿登记表进行统计，这是最为有效的一种分类依据。

2）按人口统计变量细分市场

人口统计变量主要包括年龄、性别、职业、收入、家庭状况（包括家庭生命周期、家庭规模等方面的因素）、受教育程度、社会层次、种族、宗教、民族等。其中，酒店多以年龄、性别为细分变量对市场进行划分。下面选取其中的五点来进行介绍。

（1）年龄。根据年龄细分市场，可将市场分为青年市场、老年人市场、成年市场及儿童市场。不同年龄段的客人，其生活方式、经济条件、旅行方式都不尽相同，因而针对不同年龄段客人的酒店在设施设备和服务的提供及价格等方面也有很大的区别。

① 青年市场。青年人喜爱独自旅行或结伴而行，一般喜欢采用自助游的方式，携带的行李较少。受收入及其消费方式的影响，青年人一般存款较少，因此在住宿方面的支出经费较低，只需有简单的住宿和洗浴条件即可，也不会在酒店消费高价的餐饮，而是倾向于品尝当地的小吃。或者受费用的限制，他们会在酒店自己煮饭以解决用餐问题，当然他们愿意尝试一些新的个性化的饭店与设施，以追求一些新的经历和感受。在世界范围内，青年旅馆的推出因满足青年人的上述需求而备受欢迎。在欧洲有很多专门针对青年人的青年旅馆。青年旅馆一般入住手续简单快捷，设施简易，每4~8人住一间，室内用上下层双人床，浴室是集体公用的，每个房间配一台电视，但电话设在服务台，服务是自助式的，房间卫生由青年人自己打扫，有的旅馆内还建有公共阅览室、活动室、洗衣房等，这些都可以很好地满足青年人的需求。

② 老年人市场。在酒店的细分市场里，老年人市场可能是一个容易被忽视的市场。但在美国市场上进行的一次调查显示，老年人占据了美国旅游休闲市场47%的份额，他们每年要消费1.4亿美元。当今社会的老年人较之以前更加活跃、身体更加健康、内心更加年轻，除去基本生活支出及医疗保健支出外，他们的其他支出较少，因而自由支配的收入比较多。而且，老年人口也是许多国家增长最为迅速的年龄层。对酒店业来说，这一切意味着有一个巨大的未完全开发的市场。如果酒店业能够在这个市场采取极具诱惑力的市场激励措施的话，那么这个市场中的那些消费成熟的老年人还是愿意在淡季外出旅游的。因为他们没有工作，可以在一周正常的工作日里外出旅游，而且会根据酒店客房的可使用率来安排他们的出游。此外，他们多数愿意以现金形式结算，这样可以为酒店带来更多的现金周转。在住店期间，他们也更愿意在酒店内部的餐厅就餐，给酒店的餐饮业务带来很好的经济效益。

为了进入并立足这个市场，酒店必须很好地了解这些老年客人的需求和欲望，以及为他们提供有吸引力的服务。针对老年人市场，酒店应该在客房卫生间地面设置防滑措施；浴盆里应安装把手；浴盆高度要合适；现在有些年轻人喜欢用大木桶洗浴，但对老年人则应慎用，以防止其因腿部不灵便而摔倒，必要时在沐浴间设置防水的软凳。走廊、房间的光线及娱乐设施的配备方面要多注意，酒店走廊沿墙应有扶手，电梯间有座椅。在娱乐设施方面也多以一些不太剧烈的运动为主，防止其摔倒或腰部扭伤。酒店内所有涉及字体的设施及物品，如信号指示牌、服务指南、菜单等都应是大字号，或者为其准备好放大镜。在服务方面，酒店服务人员应当为老年人提供更为周到细致的服务，提供的饭菜应当易于消化，酒店需具备相应的医疗和急救服务能力，这些都是为老年人提供酒店产品与服务的关键。

③ 成年市场及儿童市场。以旅游为目的的成年客源又分为带小孩的成年人及不带小孩的年轻夫妇。酒店在为带小孩的客人提供服务时，一般不能忽略儿童的要求。此时，带小孩的家庭喜欢寻求热闹的气氛，希望酒店能够提供各种各样的娱乐活动及设施，且有条件的话最好能够有供儿童玩耍的游乐室或儿童房，在这方面迪士尼乐园的酒店一直十分用心，入住酒店的客人不仅可以在迪士尼乐园尽情游玩，还可以在酒店提供的游乐设施中玩得开心尽兴。

应用案例 6－7

香港迪士尼酒店外特设一个巨型的米奇迷宫和网球场，小朋友可以在里面玩捉迷藏、走迷宫。除此之外，小朋友还可以参加酒店特意为儿童举办的各项活动，在这里小朋友也被视为酒店的客人。通过紧紧抓住儿童这批特殊的顾客群体，香港迪士尼酒店获得了亲子家长的信任，并成功实现了吸引家庭顾客的目的。

人口统计变量比较容易衡量，有关数据相对容易获取，这也成为了其经常被酒店作为市场细分依据的重要原因。

（2）性别。由于生理上的差异，男性与女性在产品需求上有很大的不同，如对酒店客房的需求，女性顾客有希望客房中有梳妆台、较大的卫生间、客房离服务台比较近等方面的需求。

（3）经济收入。收入是引起需求差别的一个直接而重要的因素，收入的高低决定了顾客在外出旅游时对酒店档次的高低、交通工具等方面的选择有所不同。在酒店市场营销中，根据收入细分市场相当普遍。

（4）职业与教育。它指按顾客职业的不同、所受教育水平的不同，以及由此引起的需求差别细分市场。例如，由于顾客所受教育水平的差异所引起的审美观具有很大的差异，对酒店客房装饰用品的品种、颜色等会有不同的偏好。

（5）家庭生命周期。一个家庭，按年龄、婚姻和子女状况，可划分为 7 个阶段。在不同的阶段，家庭的需求也会有所不同。

① 单身阶段。几乎没有经济负担，为新消费观念的带头人，属娱乐导向型购买。

② 新婚阶段。年轻夫妇，无子女，经济条件比较好，购买力强，对耐用品、大件商品的欲望需求强烈。

③ 满巢阶段Ⅰ。年轻夫妇，有 6 岁以下的子女，处于家庭用品购买的高峰期。不满足现有的经济状况，注意储蓄，购买较多的儿童用品。

④ 满巢阶段Ⅱ。年轻夫妻，有 6 岁以上的未成年子女。经济状况较好。购买趋向理智性，受广告及其他市场营销刺激的影响相对减少。注重档次较高的商品及对子女的教育投资。

⑤ 满巢阶段Ⅲ。年长的夫妇与尚未成年的子女同住。经济状况较好，夫妇或子女皆有工作。注重储蓄，消费比较冷静和理智。

⑥ 空巢阶段。年长的夫妇，子女离家自立。前期收入较高，购买力达到高峰期，较多购买老年人用品，如医疗保健品，娱乐及服务性消费支出增加。后期退休收入减少。

⑦ 孤独阶段。单身老人独居，收入锐减。特别关注情感等需要及安全保障。

除了上述5个方面，经常用于市场细分的人口统计变量还有家庭规模、国籍、种族、宗教等。实际上，大多数酒店会采用两个或两个以上的人口统计变量来细分市场。

3）按心理变量细分市场

按心理变量细分市场主要是从消费者所处的社会阶层、生活方式、个性、动机等心理特点进行细分。心理变量与其他变量不同，这些变量显得更为主观，测量起来也比较困难，但心理因素决定着人们的消费行为和生活方式，因此，心理变量细分出来的市场特征更加明显，用心理变量细分市场需要更深入的调查研究，需要借助更专业的分析方法。

（1）社会阶层。它是指在某一社会中具有相对同质性和持久性的群体。不同阶层的成员，在价值观、兴趣爱好和行为方式上有很大的差异，对酒店的市场细分提供了重要依据。

（2）生活方式。通俗地讲，生活方式是指一个人怎样生活。人们追求的生活方式各不相同，也是细分酒店市场时要考虑的因素。

（3）个性。它是指一个人比较稳定的心理倾向和心理特征。它会导致一个人对其所处的环境做出相对一致和持续不断的反应。

（4）住宿动机。不同住宿动机的客人对酒店类型的选择及酒店产品、服务等的需求都有所不同，他们住宿期间的行为方式、消费水平、消费习惯均有所差异。

影响酒店消费者的心理因素有许多，其中在酒店业应用最为广泛的是顾客的住宿动机因素，根据住宿动机划分出的酒店子市场主要分为两大类：公务客人市场和旅游度假客人市场。

在公务客人市场中，既有一般的公务散客，也有一些单位因召开会议而入住酒店的客人，或者公司派出人员外出参加某项展览或其他活动的客人。由于公务客人的旅游行为主要来自于工作，因此，他们比较注重酒店的地理位置，一般与其办事地点相近的酒店或者交通比较便利的市中心饭店会比较受欢迎。另外，由于公务繁忙，公务客人一般希望酒店提供高效的服务，酒店在提供预订、登记、结账等手续时需要快捷简便。还有，公务客人会对酒店提出较高的安全性要求，以避免一些重要的文件及商业机密外泄。由于公务客人的付费属公款性质，因此，这类客人对房价不太敏感，而是更注重房间的舒适性及房内或酒店能否提供必需的商务设施。

与公务客人相比，旅游度假客人主要以旅游观光和休闲度假等私人目的为动机入住酒店。这些客人又分为自助旅游客人及旅行社团队客人。其中自助旅游客人大都由个人支付费用。因此，在选择酒店时，价格因素起到了至关重要的影响作用。每位客人都会根据自己的实际情况选择价位合适的酒店，有时甚至会因价格原因放弃一些更利于自己行程的酒店。正是出于这个原因，酒店如果能够在价格上给予适当优惠，会对这类客人产生极大的吸引力。但是，注重价格因素并不意味着自助游客人就不在意客房的清洁舒适度及酒店的地理位置。他们会综合考虑多方面的因素，在自己经济条件允许的范围内挑选性价比最高的酒店。对于其他设施与服务，与公务客人不同，经济条件较为紧张的自助游客人通常不会在店内的餐饮部门就餐。他们会选择在店外用餐，或自带食品；若酒店能够提供相关条件，自助旅客人甚至会自己亲自动手解决就餐问题。旅行社团队客人与自助旅游客人有类似的地方，但这些客人考虑的因素多在挑选旅行社阶段，一旦确定了旅行社，多数情况下是由旅行社安排具体行程及入住下榻的酒店的。

4）按行为变量细分市场

行为变量是酒店划分市场的另一重要变量，一般而言，酒店会根据购买者的购买方式和购买量、购买途径、购买时机、购买频率、顾客的停留时间、品牌忠诚度等因素将他们划分成不同的群体，根据行为变量进行市场细分的过程称行为细分。行为是心理过程的结果，但比起心理变量，行为变量更具可观性和可测量性。

行为变量主要包括以下八个方面。

（1）购买时机。根据顾客提出的需要、购买和使用产品的不同时机，将他们划分为不同的群体。例如，我国许多酒店借助传统节日大做广告，促进产品的销售。

（2）追求利益。顾客购买某种产品总是为了解决某类问题，满足某种需要。而产品提供的利益往往是多方面的。顾客对这些利益的追求时有侧重，如对酒店来说，旅游度假客人是追求经济实惠的，商务客人则要求舒适方便等。

（3）使用者状况。根据是否使用和使用程度细分市场，通常将顾客分为经常购买者、首次购买者、潜在购买者和非购买者。大型酒店集团往往注重将潜在使用者变成实际使用者；较小的酒店则注重保持现有顾客，并设法吸引竞争对手的顾客。

（4）使用数量。根据顾客使用某一产品的数量大小细分市场，通常可分为大量使用者、中度使用者和轻度使用者。

（5）品牌忠诚度。酒店还可根据顾客对产品的忠诚程度细分市场。有些顾客经常变换品牌，另外一些顾客则在较长时期内专注于某个或少数几个品牌。通过了解顾客的品牌忠诚情况和品牌忠诚者和品牌转换者的各种行为与心理特征，不仅可为酒店细分市场提供一个基础，同时也有助于酒店了解为什么有些顾客忠诚于本酒店的产品，而另外一些顾客则忠诚于竞争酒店的产品，从而为酒店选择目标市场提供依据。

（6）购买准备阶段。顾客对不同酒店的了解程度往往因人而异。例如，有的顾客可能对某一酒店服务确有需要，但并不知道该服务的存在；也有顾客虽然知道该酒店，却对酒店的服务价值、稳定性等还有疑虑；另外一些顾客则可能正在考虑购买。针对不同购买阶段的顾客群体，酒店进行市场细分并采用不同的营销策略。

（7）态度。不同的顾客对同一酒店的态度可能有很大差异，如有持肯定态度的，有持否定态度的，也有保持中立的。应针对不同的顾客群体进行市场细分，并在广告、促销等方面有所不同。

（8）购买方式。从客人的购买方式来看，酒店客人主要分为团队客人和零散客人两大类。团队客人由于一次性购买量较大，酒店通常会给予价格上的优惠；而零散客人对酒店意味着较高的房价和较少的优惠，因此会带来较高的利润。

结合上述行为变量中的购买方式对客人进行细分，团队客人又可分为会议团队、旅游观光团队等，零散客人又可分为商务散客、家庭度假客人及单身旅游者。上述每类客人都具有自身非常典型的消费特征。

1）会议团队的“全面”消费及消费集中性强

（1）会议团队的“全面”消费。会议团队是指因参加各种会议而使用酒店设施的客人，会议团队因属于商务或公务性质，又具有一定的团体性，因此也称商务团体客人。根据参会人员的身份及会议性质划分，会议团队又分为商务会议、展览和交易会议、股东会议及政府会议。

① 商务会议对酒店要求一般较为苛刻，除要求有充分的会议设施设备和完善的服务外，还要求价格合理，但由于会议会增加酒店客房出租率，并带动酒店其他收入的提高，因此商务会议仍是酒店青睐的对象，尤其是规模不大的较高层次的商务会议。

② 展览和交易会议对酒店的要求同商务散客类似，但团队性比商务散客强，且具有一定的临时性，不如商务散客那样回头率高且稳定性强。

③ 股东会议只要求咖啡、茶水和饮料，除场租费外，不会给酒店带来更多的收入，但会给酒店形象和名声造成好的影响。

④ 政府会议要求高，但经费有限，酒店为加强对政府部门的公关活动，对政府会议会有优惠，只求保本，不求赢利，并注重利用这类会议进行企业公关宣传。

虽说会议团队类型众多，但无论哪种会议团队，其消费特点均表现为“全面性”，这又体现在3个方面：食住行游购娱的全面消费、酒店设施设备的全面消费、酒店服务的全面消费。会议团队不仅会购买酒店的客房产品，同时还会在会议举行期间集体在酒店内部用餐；因会议需要，还会使用酒店内的会议设施、宴会厅；如果会务费比较充足，还会准许参会人员到康乐部门娱乐消费。为了丰富会议的活动内容，有些会务组会安排参会人员到酒店所在地区的知名景点进行游览，可能会有用车安排。另外，由于商务客人经济收入水平较高，有时也可能购买酒店商品部提供的当地特色商品等，因此酒店能够从举办会议中获得丰厚的收入和利润。

（2）会议消费集中性强。从接站到会议结束的订票、送票、送站，甚至用餐时间都非常集中，对酒店服务是一次性全面消费，也是一次全面检查。除需要员工的高素质外，还要管理者在安排上做到周密、细致，包括菜单设计的多样性，否则一环出错，就会给酒店造成不好的影响。很多酒店目前最头疼的是在接待大型会议期间人手不够及员工素质不高。

一般来说，会议选择酒店时着重考虑的因素有会议厅的数量、大小和质量；客房的数量、大小和质量；食品服务质量；办理进店、离店及付款手续的效率；是否会指定专人负责处理会务事宜；酒店及员工接待会议的经验；提供会议的支持性服务，如代办机票；提供展览空间；交通工具的便捷性；酒店中的娱乐设施；周边环境等。

2）旅游观光团队的“速度”消费

旅游观光团队的消费特点主要表现为对价格比较敏感，希望提供速度消费。旅游观光团队大多因行程安排紧，内容安排丰富，再加上客人急于利用较多的时间自由观光游览，所以要求酒店将各项服务安排衔接得非常紧，尽可能节约时间。这主要表现为旅游观光团队在入住和离店时要求手续简便，时间短；运送行李要快，以让客人尽快洗漱、更衣休息；就餐方便，等候时间短，菜肴品种翻新要快。一般短期旅游观光团队的菜单不应有重复的品种；住宿期略长（三五天）的旅游观光团队，菜单品种的重复率不应超过10%。

与一般零散客人及会议团队相比，旅游观光团队的消费能力差，除客房及早餐产品外，多数不会有其他消费，最多会在酒店消费一顿晚餐，不会给酒店带来附加收入，且旅游观光团队对于酒店的硬件设施的破坏性强，因此有实力的酒店一般仅愿以此类客源作为补充客源。

3）商务散客的“三高”消费

毫无疑问，商务散客是以从事商务或公务活动为目的而进行旅行的旅游者，因为单独行动或两三个人一起行动比较多，因此被称为商务散客。根据哈沃斯国际咨询公司调查，世界饭店业的业务中，55%～60%的客人是商务散客，而高档饭店中70%的客人是商务散客。商务散客对酒店的要求有地理位置适当，尤其偏爱市中心商务发达区域的商务饭店；要求饭店提供各项服务，手续简便、高效，预定时间短；围绕商务活动展开的信件、传真传送及时；商务用餐不受时间限制；要求有完备的商务设施及附属设施，如充足的商务用电话、电传线路；小型商务洽谈场所，设有保险柜，提供文件等。

商务散客往往被称为城市饭店的“面包与黄油”客人，具有“三高”消费的特点，即对酒店的高标准要求、高房价消费和高回头率消费。大多数城市的商业酒店都把商务散客作为重点营销对象。在为这类顾客提供服务时，酒店必须严格要求员工提供高水准的服务。

根据万事达公司调查，65%的商务散客会自己选择酒店，剩余的人员由旅行社、秘书和企业其他人员帮助其选择酒店。为此，酒店在针对散客提供服务时，不仅应当注意客房及楼层中商务设施的完善程度及提供服务项目的针对性，同时也应注意订房人员的偏好。

4）家庭度假客人的“温馨”消费

以家庭为单位、以休闲为目的，在度假酒店连续住宿以放松身心的客源类型为家庭度假客人。由于工作日的缩短，闲暇时间的增多，带来了旅游度假的盛行。我国现在家庭结构小型化的特点也造就了我国度假旅游市场以家庭为主。

家庭度假客人要求酒店提供像家庭一样温馨的环境和适应家庭消费的设施设备及服务。例如，在住宿方面，为满足家庭度假客人的要求，客房布置应有家庭气氛，且需注意到儿童对于客房的不同要求，这一点此前已经进行过详细论述，在此不再赘述。此外，由于家庭度假客人多属私人消费，因此酒店应尽可能减少家庭的费用支出，如酒店提供双人房供全家住宿，小孩与父母同住应免费加床。在国外，有些度假酒店，也包括一些城市饭店，客房除两张单人床外，还有一个沙发床，白天支起来做沙发，节省空间，晚上放下来供家里的小孩睡觉使用，非常方便、经济，很受家庭欢迎。在餐饮方面，度假型酒店的餐厅应有适应家庭的小餐台，而不应当全是十人一桌的大餐桌，菜肴品种也应有家常菜和地方特色菜，同时应提供儿童菜单，而不是一味追求档次和大菜系，要有家庭的就餐气氛。在娱乐方面，饭店还应围绕儿童、青年人设置一些娱乐设施，并设计一些有趣的活动项目，以便把爱好活动的顾客吸引到有特别活动的酒店来。

应用案例 6-8

在瑞典有一家爱子饭店，坐落在一个非常有魅力的乡村里。这里一派北国风光，饭店专门为家庭提供价格低廉的食宿和服务。一个家庭在这里吃住，每周只需支付250美元。这里环境优雅，可以得到很好的休息和放松，孩子可以在这里爬山、划船、野餐和进行其他户外活动。带领孩子来此住宿一段时间，可以洗去城市的喧嚣和浮华，消除平日工作与生活中的一些烦恼与不快，因此这家饭店非常受一些家庭尤其是单身父母家庭客人的欢迎。

5）单身旅游者的便利消费

单身旅游者通常指单独旅游的客人，尤其那些“背包大军”和探险考古旅游者。单身旅游者对饭店最大的消费需求是便利，不注重酒店的装饰、气氛，他们很少使用酒店的设施，也很少预订酒店，经常依自己的意愿走到哪里就住在哪里，但非常注重酒店的价格和便利服务，如方便的结算手续，大量的当地信息资料、旅游景点资料和免费报纸等，其对酒店设施及服务的要求与前面论述的青年客源市场有许多相似之处。这一群体在酒店客源中占的比例很小，但具有较强的传播作用。

2. 市场细分的原则

如何寻找合适的细分标准，对市场进行有效细分，在市场营销实践中并非易事。一般而言，成功有效的市场细分应遵循以下原则。

（1）可衡量性。它是指细分的市场是可以识别和衡量的，即细分出来的市场不仅范围明确，而且对其容量大小也能大致做出判断。

（2）可进入性。它是指细分出来的市场应是酒店市场营销活动能够抵达的，即酒店通过努力能够使产品进入并对顾客施加影响的市场。一方面，有关酒店的信息能够通过一定媒体顺利传递给该市场的大多数顾客；另一方面，酒店在一定时期内有可能将产品通过一定的分销渠道销售给该市场。否则，该细分市场的价值就不大。

（3）有效性。即细分出来的市场，其容量或规模要大到足以使酒店获利。进行市场细分时，酒店必须考虑细分市场上顾客的数量，以及他们的购买能力和购买频率。

（4）对营销策略反应的差异性。它指各细分市场上的顾客对同一市场营销组合方案会有差异性反应，或者说对营销组合方案的变动，不同细分市场会有不同的反应。

一方面，如果不同细分市场的顾客对产品的需求差异不大，行为上的同质性远大于其异质性，此时酒店就不必对市场进行细分；另一方面，对于细分出来的市场，酒店应该分别制定出营销方案。

3. 酒店市场细分的方法

酒店市场细分应注意：①市场细分的标准是动态的。②不同的酒店在市场细分时应采用不同的标准。③酒店在进行市场细分时，可以采用一项标准，即单一变量因素细分，也可以采用多个变量因素组合或系列变量因素进行市场细分。其方法有单一变量因素法、多个变量因素组合法、系列变量因素法。

6.3.3 酒店目标市场的选择

市场细分揭示了酒店所面临的各种可供选择的细分市场。现在，酒店需要对各个细分市场进行评估，决定将哪些细分市场作为目标市场。

1. 酒店细分市场的评估

目标市场就是酒店决定要进入的市场。一般而言，酒店考虑进入的目标市场，应符合以下标准或条件。

1）有一定的规模和发展潜力

酒店进入某一市场是期望能够有利可图的，如果市场规模太小或者趋于萎缩状态，酒店进入后则难以获得发展。此时，应审慎考虑，不宜轻易进入。当然，酒店也不宜以市场吸引力作为唯一取舍因素，特别是要力求避免“多数谬误”，即与竞争酒店遵循同一思维逻辑，将规模最大、吸引力最大的市场作为目标市场。大家共同争夺同一个顾客群体的结果是，造成过度竞争和社会资源的无端浪费，同时忽略了另外一些顾客的需求。

2）细分市场结构的吸引力

细分市场可能具备理想的规模和发展特征，然而从赢利的观点来看，它未必有吸引力。迈克尔波特认为有 5 种力量决定整个市场或其中任何一个细分市场的长期内在吸引力。这 5 种力量是细分市场内激烈竞争、新竞争者、替代产品、顾客讨价还价能力加强和供应商讨价还价能力加强。它们具有以下五种威胁性。

（1）细分市场内激烈竞争的威胁。如果某个细分市场已经有了众多的、强大的或者竞争意识强烈的竞争者，那么该细分市场将会失去吸引力。如果该细分市场处于稳定或者衰退、生产能力不断大幅度扩大、固定成本过高、撤出市场的壁垒过高、竞争者投资很大时，情况会更糟。这些情况常常会导致“价格战”、“广告争夺战”，酒店要参与竞争就必须付出高昂的代价。

（2）新竞争者的威胁。如果某个细分市场可能吸引会增加新的生产能力和人量资源并争夺市场份额的新竞争者，那么该细分市场就会没有吸引力。问题的关键是新竞争者能否轻易地进入这个细分市场。如果新竞争者进入这个细分市场时遇到了森严的壁垒，并且遭受到细分市场内原来酒店的强烈报复，它们便很难进入。保护细分市场的壁垒越低，原来占领细分市场的酒店报复心理就越弱，这个细分市场就越缺乏吸引力。某个细分市场的吸引力随其进退的难易程度而有所区别。根据行业利润的观点，最有吸引力的细分市场应该是进入的壁垒高、退出的壁垒低。在这样的细分市场里，新的酒店很难进入，但经营不善的酒店可以安然撤退。如果细分市场进入和退出的壁垒都较低，酒店便可以进退自如，然而获得的报酬虽然稳定，但不高。最坏的情况是进入细分市场的壁垒较低，而退出的壁垒却很高。于是，经济增长时，大家蜂拥而入，但在经济萧条时，却很难退出。其结果是大家都生产能力过剩，收入下降。

（3）替代产品的威胁。如果细分市场存在替代产品或者潜在替代产品，那么该细分市场就失去吸引力。替代产品会限制细分市场内价格和利润的增长。酒店应密切注意替代产品的价格趋向。如果在这些替代产品要进入的行业中技术有所发展，或者竞争日趋激烈，这个细分市场的价格和利润就可能会下降。

（4）顾客讨价还价能力加强的威胁。如果某个细分市场中顾客的讨价还价能力很强，或正在加强，那么该细分市场就会没有吸引力。顾客会设法压低价格，对产品质量和服务提出更高的要求，并且使竞争者互相斗争，所有这些都会使酒店的利润受到损失。如果购买者比较集中或者有组织，或该产品在购买者的成本中占较大的比重，或者产品无法实行差别化，或者顾客的转换成本较低，或者由于购买者的收入较低而对价格敏感，或者顾客能够实行联合，购买者的讨价还价能力就会加强。酒店为了维护自己的利益，可选择议价能力最弱或者转换销售商能力最弱的顾客。较好的方法就是提供给顾客无法拒绝的优质产品和服务。

（5）供应商讨价还价能力加强的威胁。如果酒店的供应商能够提高或降低产品或服务的质量，或者减少供应数量，那么酒店所在的细分市场就会没有吸引力。如果供应商集中或有组织、替代产品少、供应的产品是重要的投入要素、转换成本高、供应商可以实行联合，那么供应商的讨价还价能力就会较强。因此，与供应商建立良好关系和开拓多种供应渠道才是防御上策。

3）符合酒店的目标和能力

某些细分市场虽然有较大的吸引力，但不能推动酒店实现目标，甚至还会分散酒店的精力，这样的市场应该考虑放弃。另外，还应考虑酒店的资源条件是否适合在某一细分市场经营。只有选择那些有条件进入、能充分发挥资源优势的市场作为目标市场，酒店才会立于不败之地。

2. 酒店目标市场的选择策略

当酒店选定目标市场后，如何经营好这些目标市场，是酒店营销人员需要考虑的一个重要问题。酒店目标市场的选择策略是指酒店如何选择自己的目标市场。常用的目标市场选择策略有以下三种。

1）无差异营销策略

无差异营销策略，是指酒店不进行市场细分，而把整个市场作为自己的经营对象。这种方法在酒店的实际经营中表现为不分主次，凡是顾客都接待。这种方法如图 6. 6 所示。

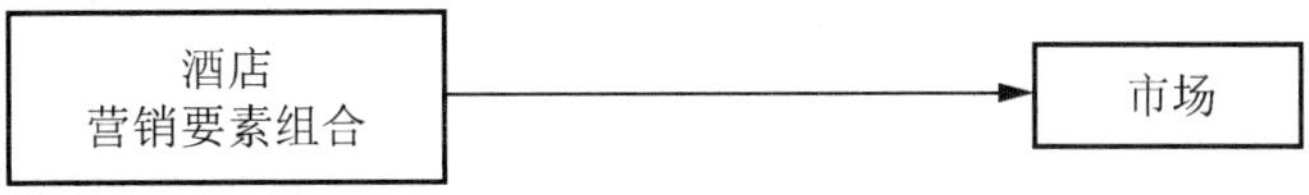

图 6.6　无差异营销策略

酒店营销人员试图用一种营销组合来对付整个市场，目的是集中满足市场消费者的共同需要。这种策略在营销学中被称为无差异营销策略。无差异营销策略适用于同质市场，即市场需求差异小到可以忽略不计的市场；新产品介绍期；需求大于供给的卖方市场。

无差异营销策略既有一定优点又有不足之处。优点主要是它可以减少酒店的经营成本和营销费用。由于采用单一性的营销组合，产品的组合成本、销售渠道的费用及促销费用都大大降低。不足之处是这种策略忽视了市场需求的差异，可能会导致部分顾客的不满意。另外，这种策略不能适应竞争激烈的市场环境。

2）差异性营销策略

酒店选择两个或两个以上亚市场作为目标市场，被称为差异性营销策略，如图 6. 7 所示。

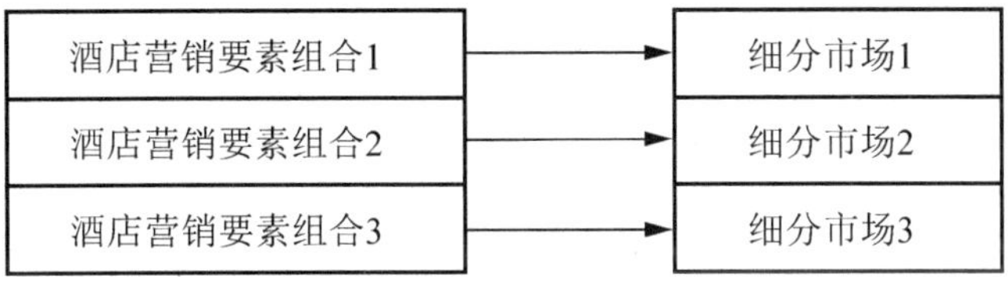

图 6.7　差异性营销策略

酒店选择两个或两个以上的目标市场，并针对不同的目标市场采用不同的营销组合，这种经营策略在营销学中被称为差异性营销策略。差异性营销策略适用于规模大、资源雄厚的酒店或酒店集团，竞争激烈的市场，产品成熟阶段。

3）集中性营销策略

有时酒店营销人员不愿意将酒店的有限资源分散在许多亚市场上，避免势单力薄，而宁可将资源集中使用于某一个最有潜力且最能适应的亚市场上去，这样可以在自己的目标市场上取得绝对优势或树立强大的形象。这种以一个亚市场作为目标市场的方法，被称为单一目标市场法。

营销人员使用某种特定的营销组合来满足某个单一目标市场，并将酒店的人力、物力、财力集中于这一目标市场，这种策略在营销学中被称为集中性营销策略。集中性营销策略可以用图 6. 8 表示。

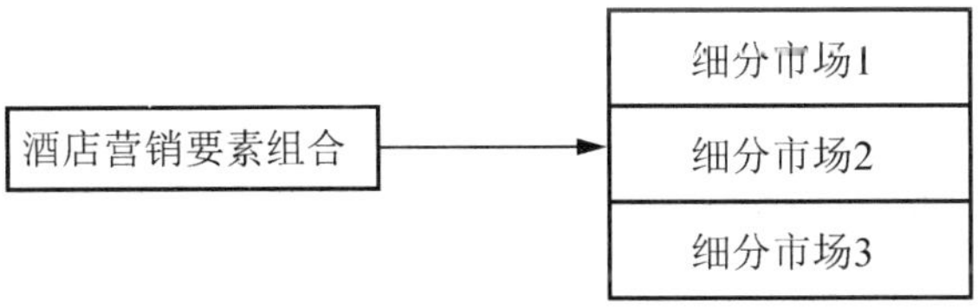

图 6. 8　集中性营销策略

集中性营销策略适用于酒店资源并不多的中小酒店，竞争比较激烈的市场。

集中性营销策略对酒店的主要好处：首先，它有利于酒店经营项目的专门化；其次，有利于酒店提高资源的利用率；最后，它还有利于酒店在目标市场上建立扎实的基础。这种营销策略的目的是希望能在较小的市场中占领较大的份额。由于酒店将资源集中于某一亚市场，因此酒店所冒的风险较大，万一目标市场发生不利的变化，酒店就会面临危险。为此，营销人员在采用这种策略时应特别小心谨慎。

应用案例 6－9

瑞士有一家女士宾馆，只有28个房间，除大堂接待处外，宾馆内的任何区域都不准男士进入，宾馆所有工作人员都是女性，宾客可以穿着自己的睡衣从卧室到楼顶的健美美容中心，随意走动。在房间设计上，该酒店体现处处为女士服务的宗旨，如浴室设计得比普通的三星级宾馆要大一些，灯光也好一些，且备有定光调节器，但没有刮须器的插座。客房内的衣柜和衣架都是特别设计的，适合于挂裙子之类的衣物。迷你酒吧中可见的巧克力及花生被瑞士无糖饼干和亚洲小吃代替，早餐也很能体现节食减肥的意识。虽然开业后，其收费不菲，但这家宾馆还是非常受一些注重隐私的商务女性的欢迎。

近年来，由于酒店行业竞争日益激烈，采用差异化营销策略的酒店也日趋增多。这就意味着酒店将以多种产品、多种价格、多种销售渠道及多种促销手段来满足不同的目标市场，由于选择多个目标市场，酒店的经营费用和营销费用也随之增多，同时也增加了营销人员管理工作的难度。

6.4 酒店市场定位概述

市场定位是指根据目标市场上同类产品竞争者的状况，针对顾客对该类产品某些特征或属性的重视程度，为本产品塑造强有力的、与众不同的鲜明个性，并将其形象生动地传递给顾客，求得顾客认同。市场定位的实质是使自己与别人严格区分开来，使顾客明显感觉和认识到这种差别，从而在顾客心目中占有特殊的位置。

6.4.1 酒店市场定位及其策略

1. 市场定位

市场定位与产品差异化有密切关系。在营销过程中，市场定位是通过为自己的产品创立鲜明的个性，从而塑造出独特的形象。一个产品是多个因素的综合反映，包括性能、构造、成分、包装、形状、质量等，市场定位就是要强化或放大某些产品因素，从而形成与众不同的独特形象。因此，产品差异化仍是实现市场定位的手段。但是，产品差异化并不是市场定位的全部内容。市场定位不仅强调产品差异，而且要通过产品差异化与传统产品产生本质的区别：它不是从生产者角度出发单纯追求产品变异，而是在对市场分析和细分化的基础上，寻求建立某种产品特色，因而它是现代市场营销观念的体现。

在现代社会中，许多市场都存在严重的供大于求的现象，众多同类酒店争夺有限的顾客，市场竞争异常激烈。为了使自己的产品获得稳定的销路，防止被其他酒店替代，酒店就必须从各方面培养一定的特色，树立鲜明的市场形象，以期在顾客心目中形成一种特殊的偏爱。例如，希尔顿酒店集团以“快速服务著称”；假日酒店集团在中低档酒店市场上，成功地塑造了“廉价、卫生、舒适、整洁”的市场形象。另外，市场定位决策是酒店制定市场营销组合策略的基础。酒店的市场营销组合受到酒店市场定位的制约。例如，假设某酒店决定销售优质低价的组合产品，那么这样的定位就决定了：产品的质量要高，价格要低；广告宣传的内容要突出强调酒店这一组合产品质优价廉的特点，要让顾客相信货真价实；同时要求各部门默契配合，工作效率要高，尽量减少浪费，保证低价出售仍能获利。也就是说，酒店的市场定位决定了酒店必须设计和发展与之相适应的市场营销组合。由此可见，市场定位在酒店的营销工作中具有非常重要的意义。

2. 定位策略

营销人员可以根据产品的具体属性进行定位。根据产品属性定位是危险的，因为一旦顾客的偏好发生变化，产品具体属性定位的作用就会被竞争者们逐步削弱。还可以针对另一类产品来定位自己的产品。当两个或多个企业的基本定位相同（如两个企业都定位为“一家低价位的商务酒店”或“一家地理位置优越的商务酒店”）时，每个企业都需要进一步寻求差异。每个企业必须积累各种特殊的竞争优势，以吸引细分市场中的大多数顾客。这种方法通常被称为超细分市场营销或补缺市场营销。

应用案例 6-10

地中海俱乐部最早期的目标顾客群体是一些希望忘记城市的喧嚣及工作中烦恼的单身者。为此，地中海俱乐部旗下的度假酒店一直在努力营造与日常生活不同的人际氛围和自然环境，在这种环境中争取做到没有所谓的界限、规则或者约束，并以此种经营模式获得了目标人群的欢迎，最终以“单身者的天堂”这一形象屹立于酒店行业数十载。

市场定位是市场细分、目标市场选择之后的一个自然衔接，定位策略必须建立在市场细分与目标市场选择的基础上。酒店的市场定位一般采取以下三种策略。

1）根据使用消费群定位

这是与市场细分联系最为密切，也是酒店最常采用的定位策略。酒店将自身产品指引给适当的使用者或某个目标市场，以便根据这些使用者或目标市场的特点创建产品恰当的形象。

2）根据价格质量定位

根据价格质量进行定位有两种做法：其一，酒店将产品的价格作为反映质量的标识。产品越具特色，即产品的性能越高或者提供的服务越周到，其价格也就越高。对于一个提供全方位服务的高档酒店来说，为自己的产品制定高价，本身就会对顾客起到一种知觉暗示的作用，即他们可在这里得到周到的高级服务。例如，喜达屋集团旗下的圣瑞吉斯饭店（St. Regis），是世界上最高档饭店的标志，代表着绝对私人的高水准服务。当然，与之相对应，这家酒店的客房及其他产品的价格也是非常高的。与圣瑞吉斯这一酒店品牌相反，马里奥特饭店集团为其旗下的公平客栈（Marriott Fairfield Inns）设计的定位是“清洁的客房、友善的氛围及低廉的价格”，其目标市场是一些经常出差的商务散客，这一定位将“清洁的客房”这一质量特点及“低廉的价格”这一价格水平进行了有机结合，在价格与质量之间实现了较好的平衡，要求酒店将主要精力集中于两项职能上——前台接待和客房服务，从而吸引了一大批对价格敏感、对客房清洁质量比较关注而对餐饮要求不高的商务散客。采用明智的定位使得公平客栈的经营重点突出、方向明确，并且可以在自己擅长的领域——价格诱人的简单住宿经营中取得优势。

其二，根据产品用途、类别进行定位。这一方法是指根据产品的某种特别用途进行定位。同样是一个大厅，它可以作为大型宴会、自助餐的场地，也可以被当成会议大厅承办各种会议，同时，还可以成为各种展示、展览的场所。对于这样的一个酒店产品，酒店可以根据其不同的用途，在挑选出来的目标市场中，分别树立起不同的产品个性和形象。如果一个酒店拥有足够的会展场地和健全的会议设施，则可以围绕适合接待某些类型的会展或演出活动这一长处去树立形象。这样，当会议和会展组织者或者某些演出活动的主办者寻找场所时，具有这种定位的酒店都有可能因此而受益。

其三，酒店还可以通过变换自己的产品的用途或类别的归属去进行定位。工业企业中有许多运用这种方法进行定位的案例。例如，西方国家中的一些酿造厂商所生产的本来是酒精含量较低的啤酒类产品，但是它们不是将其产品定位于啤酒，而是定位于软饮料产品。通过这种定位，可以吸引完全不同于啤酒饮用者的消费者市场，从而使其产品的市场规模得以扩大。同理，有些度假地酒店可以不必将自己定位为酒店，而是定位于如温泉疗养中心之类的场所，以此区别于普通酒店。通过诸如此类的做法，酒店可扩大或控制自己的目标市场范围。北京九华山庄就采用了这种定位方法，通过强化自身的保健功能将自己定位于“体检中心+酒店”的功能，使得自己有别于普通的郊区度假酒店，并获得了成功。

3）根据竞争者定位

这种方法采用的做法是，酒店将自己同市场中声望较高的其他酒店进行比较，借助竞争者的知名度来实现自己的形象定位。其通常做法是通过推出比较性广告，说明本企业产品与竞争者产品在某一或某些性能特点上的相同及不同之处，从而达到引起消费者注意并在其心中形成印象的目的。根据竞争者进行定位又分为避强定位和迎头定位。

（1）避强定位。一般情况下顾客对首先进入头脑的事物记忆最清楚。当酒店意识到自己无力与强大的竞争者抗衡时，可以选择远离竞争者，根据自身条件及相对优势，突出宣传自己与众不同的特色，满足市场上尚未被对手发掘的潜在需求。由于避开了强劲的对手，这种方式风险小、成功率高，如能正确运用此方式准确定位，即使是实力较弱的酒店也能取得成功。

（2）迎头定位。这是一种以强对强的市场定位方法，即将本酒店形象或产品形象定位在与竞争者相似的位置上，与竞争者争夺同一目标市场。例如，快餐业中的肯德基就采取了这一定位策略，在与麦当劳竞争过程中，肯德基迎头而上，从各方面挑战麦当劳快餐业"龙头老大"的市场地位。需要注意的是，实行这种定位策略的酒店应具备的条件：能比竞争者提供质量更好或成本更低的产品；市场容量足够大，能够容纳两个或两个以上的竞争者产品；比竞争者有更多的资源和更强的实力。这种定位方式存在危险，但能够激励酒店以较高的目标要求自己奋发向上，一旦成功就会取得巨大的市场优势，且在竞争过程中往往能产生轰动效应，可以让消费者很快地了解酒店及其产品，易于酒店树立市场形象。当然，实行对抗性定位，必须知己知彼，应清醒估计自己的实力，不一定要压垮对方，只要能够平分秋色就是巨大的成功。

由于定位最终决定着顾客对酒店及其产品的知觉，因此市场定位在很大程度上成为运用各种营销策略及手段的指导基础。在实现定位的过程中，酒店需要运用产品、价格、分销和促销等营销手段，在目标市场心目中树立和造就本酒店品牌的地位。

为了保证定位战略的实施成功，营销组合中各种营销手段之间需要相互支持和配合。例如，如果已经决定以大公司商务人员为目标市场的高档酒店，提供豪华级的服务产品，其宣传品就不能使用劣质的纸张、浓烈的颜色和难以阅读的密集排版，也不宜采用直接削价法去开展销售促进，更不宜将经营廉价产品的中间商纳入自己的分销渠道，否则便会混淆消费者对酒店产品的知觉。总之，各项营销手段的应用都必须协调一致去创造酒店品牌的统一形象。

6.4.2 市场定位的步骤

市场定位的主要任务，就是要使顾客能把本酒店与其他竞争者区别开来。要达到这个任务，一般需要开展以下一些工作。

1. 确定谁是竞争对手

酒店产品的竞争对手也就是酒店产品的替代者。一般说来，竞争对手具有与本酒店的产品相同或相近的特点，即相同或相近地区、相同或相近等级、相同或相近类型（顾客）与相同或相近价格的酒店产品。

两家酒店的产品是否具有竞争替代性，一个最简便的测定方法就是，在一家酒店降低价格时，看一下另一家酒店的顾客是否转移过来。如果转移过来，说明这两家酒店是竞争对手，转移过来的人越多，说明竞争程度越高；反之，转移过来的人越少，竞争程度就越低。

2. 对竞争对手的产品进行分析

在确定竞争对手后，酒店可以选派几个人，吃住都在竞争对手的酒店里，收集竞争对手有关资料，询问员工和顾客有关问题，并在这一家酒店里巡视，这是一种在竞争对手酒店里亲自考察体验的方法，是一种调查方法。它能帮助我们系统地掌握竞争对手的情况。

酒店业是一种容易进入的富有竞争性的产业。大多数酒店产品之间的差别都很小，吸引的是同一细分市场的客源，因此，它们在许多情况下采用的是与竞争对手定位相同的市场，争取更多的市场份额的方法。这一方法的要点是，拥有每一家竞争对手酒店的优势，再加上自己的优势，从而使自己处于领先地位。

3. 选择与实施酒店定位策略的方法

定位工作一般包括以下 3 步。

1）认识可能的竞争优势

酒店可以通过把各种竞争优势捆绑在一起来使自己区别于其他企业。对于类似的产品，酒店通过提供比竞争对手更低的价格，或通过提供更多的利益以使较高的价格能被人接受，这些都可以使企业赢得竞争优势。所以，酒店必须将自己的产品和价格与竞争对手的进行对比，并不断地寻找改进的可能性。当酒店已经能够比竞争者做得更好时，它就已经取得了竞争优势。

优势可以从创造产品差异、服务差异、人员差异、地点差异或形象差异等多方面来寻找。

（1）创造产品差异。一些被翻新过的经典酒店，通过强调昔日的辉煌来使自己与众不同。但很多酒店和餐馆在物理属性上都缺少差异化。特别是汽车旅馆，从建筑外表上看差不多是一样的，没有很大差异。在这种情况下，价格通常是体现差异的主要因素。有些餐馆通过提供天然食品的方式实现差异化。差异化使得消费者感到兴奋，同时也提供了建立良好公共关系、顾客忠诚及获得高利润回报的机会。

（2）创造服务差异。有些企业通过服务来寻求与竞争者的差异。例如，喜来登酒店、香格里拉酒店和其他旅馆提供一种房间内入住登记服务。有些餐馆把家庭送餐作为一种差异点。总之，通过提供能使目标市场顾客受益的服务，企业可以达到其寻求差异的目标。

（3）创造人员差异。一些酒店通过雇佣和培训比竞争者更好的人员来获得竞争优势。人员差异要求企业必须精心挑选与顾客直接接触的人员，并且善加培训。这些人员必须有能力、有技能、有知识。他们要谦虚、友好、懂礼貌，能为顾客提供始终如一的准确的服务。他们还要努力理解顾客，清楚地与他们交流，能对顾客的问题和要求做出迅速的反应。

（4）创造地点差异。在酒店业，地点是很强的竞争优势。那些紧靠免费出口的汽车旅馆比起一个街区之外的汽车旅馆来，在客房出租率上会有很大的优势。酒店企业应该寻找由地理位置所创造的价值，并记住这样的价值具有一定的随机性。

（5）创造形象差异。即使竞争的产品很相似，购买者也会根据公司或品牌的形象观察出差异来。所以，酒店应该致力于形象的塑造，以便使自己区别于竞争者。公司或旅游目的地的形象所传达的信息要简洁而有特色，意在表达产品的主要利益和定位。

2）选择适当的竞争优势

假设酒店已经很幸运地发现了若干潜在的竞争优势。现在，它必须选择那些可以作为制定定位策略的依据。

许多营销人员认为，酒店针对目标市场应该尽全力推出一种利益。每一种品牌应该只强调一种特性，并把自己说成是具备该特性的产品当中的“老大”。购买者往往能比较容易记住第一名。定位在第一位的企业该宣传什么呢？主要还是最优质量、最佳服务、最低价格、最好价值和最佳位置。酒店若能潜心研究其中某个对目标市场最为重要的方面，并始终如一地提供这种优势，它就很可能成为最有名、令人印象最深的企业品牌。也有的营销人员认为，酒店在定位时不应该仅限于依赖一个优势因素。如今，大众市场正分裂成为许许多多小的细分市场，在这种情况下，各个酒店都在设法拓宽其定位策略，以求吸引更多的细分市场。

酒店定位需要避免3种主要错误：一是定位过宽，即根本没能把酒店的优点凸显出来。有些酒店发现，购买者对酒店的了解非常模糊，或者根本不知道酒店有什么独到之处。许多独立的想要抓住国际市场的酒店就属于定位过宽。二是定位过窄，即给购买者传达的酒店形象过于狭窄。三是定位错乱，即给购买者一种令人感到混乱的酒店形象。

准确的定位有助于品牌忠诚的建立。对酒店来说，仅仅做到让顾客满意是远远不够的。满意的顾客只有在形成品牌忠诚的态度之后才有可能再次光顾。

并非所有的品牌差异都有意义或有价值，也不是每一种差异都能成为很好的区别因素。每种差异在为顾客提供利益的同时也能给公司带来成本，所以公司必须谨慎地挑选用以使自己区别于竞争者的方法。如果一种差异能满足如下标准，那么它就值得去被强调。

（1）重要的。该差异能给目标购买者带来具有很高价值的利益。

（2）专有的。竞争者并不提供该种差异或者本公司能以更与众不同的方式提供该差异。

（3）优越的。该差异优越于其他可使顾客获得同样利益的办法。

（4）可交流的。该差异可以向购买者传达，使他们能够感知到。

（5）优先的。竞争对手难以轻易地抄袭这种差异。

（6）付得起的。购买者有能力支付这一差异。

（7）有利可图的。公司能从此差异中获利。

3）市场定位的沟通与传达

一旦选择好市场定位的特征，并确定了市场定位的表达方式，酒店就必须把这一定位传达给目标顾客。酒店的所有营销组合措施都必须支持其定位策略。例如，如果一个酒店决定要在服务上出类拔萃，它就必须根据服务的要求来雇佣员工，提供培训计划，对那些提供良好服务的雇员给予奖励，并策划销售和广告活动以宣传其优异的服务。

【特别提示】

要想制定和维持一种始终如一的定位策略并非易事，有许多反作用力总是在起作用。酒店所选择的广告代理机构可能并不喜欢选定的定位策略，因此就明里暗里地不予支持。新的领导层可能并不理解原有的定位策略，可能对一些关键的支持计划削减预算。要想发展起一种有效的定位，就离不开管理人员、普通雇员和营销人员长期的、持续的、一贯的支持。

本章小结

能够真正了解消费者会对不同的产品特征、价格和广告宣传做出什么样的反应的酒店才会在竞争中占有优势地位。所以，各个酒店都热衷于研究营销刺激与消费者反应之间的关系。营销刺激由4P（产品、价格、渠道和促销）构成。其他刺激包括购买环境当中的各种重要因素和事件：经济的、技术的、政治的和文化的。所有这些刺激都进入购买者的“黑箱”系统，在那里它们被转化为一系列可以观察到的购买者的反应：产品选择、品牌选择、经销商选择、购买时间和购买数量。具体而言，影响消费者购买行为的因素有文化因素、社会因素、个人因素和心理因素。目标市场营销过程的3个步骤是指市场细分、目标市场选择和市场定位。

关键术语

消费者购买行为模式、购买决策、市场、目标市场营销、市场细分、目标市场选择、市场定位。

思考题

(1) 影响消费者行为的各种特征是什么？
(2) 消费者购买决策过程是怎样的？
(3) 组织机构购买过程中的参与者有谁？
(4) 影响组织机构购买者的主要因素有哪些？
(5) 组织机构的购买过程怎样？
(6) 目标市场营销过程的3个步骤是什么？
(7) 市场细分的依据是什么？
(8) 如何评估细分市场？
(9) 应如何选择目标市场？

（10）市场定位的策略有哪些？

（11）解释市场细分、目标市场选择及市场定位的过程。

课堂互动

1. 小组讨论

（1）选择一种你将在国外推行的餐馆经营观念。图 6.2 中所列举的各种因素对你的餐馆的成功会产生积极还是消极的影响？

（2）家庭成员在何时会对选择餐馆就餐形成显著的影响？

（3）同几个人讨论他们将如何在一个陌生的城市选择酒店，如何为特别的日子选择餐馆或是度假地。从讨论中你获得了哪些与购买决策过程相关的知识？

2. 角色扮演

当一位餐饮部经理接待一位为女儿安排婚宴的母亲时，他的处理方式与接待一位想要以优惠价格在酒店举办曾在其他 5 个城市举办过销售会议的大公司会议策划人员有什么不同？

3. 小组工作

（1）在你所居住的社区当中选择一家你认为可能具有很好的细分市场的餐馆或酒店，给出你在进行市场细分之后将采取的营销组合策略。

（2）想一想你的同班同学，你能否用不同的标准将他们划分为几种不同的类型？你做这种划分所使用的变量是什么？你能否有效地向他们提供产品？

营销实战

实训任务一

选择一家酒店，对其整体市场的部分细分市场进行分析。解释它所选择的一个目标市场，阐述它是怎样将自己与竞争者区别开来并在市场中进行定位的。

实训任务二

与商务旅游者交谈。询问他们因公外出时是否可以自己选择酒店和航空公司。如果可以，询问一下他们是否受到任何限制；如果不可以询问一下他们的组织机构是否在那里有投资。这些信息又将如何帮助你向他们的组织机构进行产品营销？

实训任务三

寻找一份酒店针对特定细分市场（如儿童、青年人、老年人、高收入人群等）而做的广告，然后亲自到这家公司的某一网点去。在此网点，为吸引广告中所针对的细分市场，公司在营销组合方面采取了哪些做法？（可以从促销、标志、产品组合、渠道和定价中选择）

案例分析

永不停息的市场细分：万豪酒店

在美国，许多市场营销专业的学生最熟悉的市场细分案例之一就是“万豪酒店”。经过多年的发展和演化，万豪酒店现在一共管理着18个品牌。其中既有针对高端市场的里兹-卡尔顿豪华酒店，构建了由超过30家万豪酒店构成的豪华组合；又有趋低化的瞄准商务客人的万怡酒店、盯住休闲客人的费尔菲尔德旅馆。虽然万豪集团是以中端的万豪酒店和万丽酒店起家的，仍有47%的万豪酒店客房仍属提供全套服务的中档价位酒店，但是这个比例相对于创立时的100%已经大大减少，并且，为了避免将自己困死在中端市场，公司还将进一步降低中端客房，将中档客房比例在2006—2008年降到37%。

1. 万豪酒店的概况

这家著名的酒店针对不同的细分市场成功推出了一系列品牌：Fairfield（公平）、Courtyard（庭院）、Marriott（万豪）及Marriott Marquis（万豪伯爵）等。在早期，Fairfield是服务于营销人员的，Courtyard是服务于销售经理的，Marriott是为业务经理准备的，Marriott Marquis则是为公司高级经理人员提供的。后来，万豪酒店对市场进行了进一步的细分，推出了更多的旅馆品牌。

在“市场细分”这一营销行为上，万豪酒店可以被称为超级细分专家。在原有的4个品牌都在各自的细分市场上成为主导品牌之后，万豪酒店又开发了一些新的品牌。在高端市场上，Ritz-Carlton（波特曼·丽嘉）酒店为高档次的顾客在提供服务方面赢得了很高的赞誉并备受赞赏；Renaissance作为间接商务和休闲品牌与Marriott在价格上基本相同，但它面对的是不同消费心态的顾客群体——Marriott吸引的是已经成家立业的人士，而Renaissance的目标顾客则是那些职业青年人；在低端酒店市场上，万豪酒店由Fairfield Inn（公平旅馆）衍生出Fairfield Suite（公平套房），从而丰富了自己的产品线；位于高端和低端之间的酒店品牌是TownePlace Suites（城镇套房）、Courtyard和Residence Inn（居民客栈）等，它们分别代表着不同的价格水准，并在各自的娱乐和风格上有效进行了区分。

伴随着市场细分的持续进行，万豪酒店又推出了Springfield Suites（弹性套房），比Fairfield Inn的档次稍高一点，主要面对每晚75~95美元的顾客市场。为了获取较高的价格和收益，万豪酒店使Fairfield Suite品牌逐步向Springfield Suites品牌转化。

2. 万豪酒店的品牌战略

通过市场细分来发现市场空白是万豪酒店的一贯做法，正是这些市场空白成了万豪酒店成长的动力和源泉。万豪酒店一旦发现有某个价格点的市场还没有被占领，或者现有价位的某些顾客还没有被很好地服务，它就会马上填补这个“空白”。位于亚特兰大市的Ritz-Carlton酒店（现在已经被引入上海等国内城市）经营得非常好而且发展得很快，现在，该酒店甚至根本不用提自己是Marriott麾下的品牌。

万豪酒店的品牌战略基本介于“宝洁”和“米琪林”（轮胎）之间，“宝洁”这个字眼相对少见，而“米琪林”却随处可见。“米琪林”在提升其下属的 B. F. Goodrich（固锐）和 Uniroyal（尤尼鲁尔）两个品牌时曾经遇到过一些困难和挫折，万豪酒店在旅馆、公寓、酒店及度假地等业务的次级品牌中使用主品牌的名字时也遇到了类似的困惑。与万豪酒店相反，希尔顿酒店采用的是单一品牌战略，并且在其所有次级品牌中都能见到它的名字，如“希尔顿花园旅馆”等。万豪酒店也曾经使用过这种策略，这两种不同的方式反映了它们各自不同的营销文化：一种是关注内部质量标准，一种是关注顾客需求。像希尔顿酒店这样单一品牌企业的信心是建立在其“质量承诺”之上的，公司可以创造不同用途的次级品牌，但主品牌会受到影响。

一个多品牌的公司则有完全不同的理念，公司的信心建立在对目标顾客需求的了解之上，并有能力创造一种产品或服务来满足这种需求。顾客的信心并不是建立在万豪酒店这个名字或者其服务质量上，其信心基础是“旅馆是为满足顾客的需求而设计的”。例如，顾客想找一个可以负担得起的旅馆住上三四个星期，Towne Place Suites 可能就是其最好的选择，他（或她）并不需要为万豪酒店额外的品质付费，他（或她）可能并不需要这样的品质，而且这种品质对他而言可能也没有任何价值。

3. 万豪酒店创新之道

万豪酒店会在什么样的情况下推出新品牌或新产品线呢？答案是，当其通过调查发现在旅馆市场上有足够的、尚未填补的“需求空白”或没有被充分满足的顾客需求时，公司就会推出针对这些需求的新产品或服务——这意味着公司需要连续地进行顾客需求调研。通过分析可以发现，万豪酒店的核心能力在于它的顾客调查和顾客知识，万豪酒店将这一切都应用到了从 Fairfield Inn 到 Ritz-Carlton 酒店所有的旅馆品牌上。从某种意义上说，万豪酒店的专长并不是旅馆管理，而是对顾客知识的获取、处理和管理。

万豪酒店一直致力于寻找其不同品牌间的空白地带。如果调查显示某细分市场上有足够的目标顾客需要一些新的产品或服务特色，那么万豪酒店就会将产品或服务进行提升以满足顾客新的需求；如果调查表明，在某一细分目标顾客群中，许多人对一系列不同的特性有需求，万豪酒店将会把这些人作为一个新的“顾客群”并开发出一个新的品牌。

万豪国际公司为品牌开发提供了有益的思路。对于一种现有的产品或服务来说，新的特性增加到什么程度时才需要进行提升？又到什么程度才可以创造一个新的品牌？答案是，当新增加的特性能创造一种新的东西并能吸引不同的目标顾客时，就会有产品或服务的提升或新品牌的诞生。

万豪酒店宣布开发“弹性套房”这一品牌的做法是一个很好的案例。当时，万豪酒店将“弹性套房”的价格定在 75～95 美元，并计划到 1999 年 3 月 1 日时建成 14 家，在随后的两年内再增加 55 家。Springfield Suites 源自 Fairfield Suites，而 Fairfield Suite 原来是 Fairfield Inns 的一部分。Fairfield 始创于 1997 年。当时，《华尔街日报》是这样描绘 Fairfield Suite 的：宽敞但缺乏装饰，厕所没有门，客厅里铺的是油毡，它的定价是 75 美元。实际上，对于价格敏感的人来讲，这些套房是 Fairfield Inns 中比较宽敞的样本房。现在的问题是，Fairfield Suite 的顾客可能不喜欢油毡，并愿意为“装饰得好一点”的房间多花一点钱。于是，万豪酒店通过增加烫衣板和其他令人愉快的东西等来改变 Fairfield Suite 的形象，并通过铺设地毯、加装壁炉和早点房来改善客厅条件。通过这些方面的提升，万豪酒店吸引到了一批新的目标顾客——注重价值的购买者。但后来，万豪酒店发现对 Fairfield Suite 所做的提升并不总是有效——价格敏感型顾客不想要，而注重价值的顾客对其又不屑一顾。于是，万豪酒店考虑将 Fairfield Suite 转换成 Springfield Suites，并重新细分了其顾客市场。通过测算，万豪酒店得到了这样的数据：相对于价格敏感型顾客为 Fairfield Suite 所带来的收入，那些注重价值的顾客可以为 Springfield Suites 至少增加 5 美元的收入。

在一个有竞争的细分市场中进行产品提升要特别注意获取并维系顾客。对于价格敏感型顾客，你必须进行产品或服务质量的提升以避免他们转向竞争对手。如果没有竞争或者没有可预见的竞争存在，那么就没有必要进行提升产品或服务质量。其实，竞争总是存在的，关键是要通过必要的提升来确保竞争优势。面对价格敏感型顾客，过多的房间并不能为 Fairfield Inns 创造竞争优势。

思考题：

（1）通过案例，请你指出万豪酒店的几个品牌及其所对应的目标市场？

（2）万豪酒店的案例给了中国酒店业哪些启示？

7

酒店产品策略

本章概要

（1）酒店产品层次及产品组合。

（2）酒店品牌决策。

（3）酒店产品生命周期。

（4）酒店新产品开发。

本章目标

学完本章以后，你应该能够：运用酒店产品层次和产品组合概念，提高酒店产品质量和优化产品组合结构；根据顾客需求设计创新酒店产品；运用品牌策略知识，在营销活动中显示出有效的促销竞争力；根据酒店产品所处的不同生命周期阶段，调整营销决策。

案例导入

三亚某度假酒店，在2012年推出一款家庭套餐“全家福之旅”产品，3天2晚定价为1 188元，套餐内容包括入住高级山景房；儿童免费加床一张；赠送每日营养西式自助早餐；赠送餐饮代金券100元；赠送3人特色小鱼按摩；免费使用儿童游泳圈1次；免费接送机服务；免费参观国家4A级景区——亚龙湾中心广场、贝壳馆及蝴蝶谷；免费使用酒家私家沙滩、儿童乐园；客房内不限时宽带上网。这一产品组合不仅包含了酒店住宿，还包括早餐及一些免费的娱乐项目，其价格对于度假宾客而言，具有较强的吸引力。

案例点评：酒店的市场营销活动是以满足顾客需求为中心的，而顾客需求的满足只能通过酒店提供的产品或服务来实现。因此，产品是酒店市场营销组合中的一个重要因素。产品战略直接影响和决定着酒店对其他市场营销因素的管理，对酒店市场营销的成败关系重大。

针对顾客的不同需要设计开发各种受顾客欢迎的酒店产品是市场营销工作的基础。酒店在制定产品策略时应当清楚产品本身的构成，以“满足顾客的需求”为出发点从事该项工作，同时注意产品创新的重要性，并且借助品牌的打造实现产品的顺利销售。

7.1 酒店产品层次及产品组合

在现代市场经济条件下，每一家酒店都应致力于产品质量的提高和组合结构的优化，以更好地满足顾客需求，取得更好的经济效益。

7.1.1 酒店产品的概念

产品是指能够提供给市场并引起人们注意、获取、使用或消费以满足某种需求或欲望的任何东西。它包括各种有形物品、服务、地点、组织和想法。

酒店营销学中的酒店产品是指顾客参加酒店活动的整个过程中所需产品和服务的总和，是具有以提供酒店服务为核心利益的整体产品。

梅德里克提出，酒店产品由五个部分组成，每一部分都可能带给顾客不同的感受和利益。

（1）地理位置。酒店地理位置的好坏意味着可进入性与交通是否方便，周围环境是否良好。

（2）设备与设施。它包括客房、餐厅、酒吧、会议室、娱乐休闲设施等。

（3）服务。它包括服务的内容、方式、态度、速度与效率等。

（4）形象。它是指客人对酒店设施、服务、地理位置与室内外环境等各种因素的印象总和。

(5) 价格。它既表示酒店通过其地理位置、设备与设施、服务和形象给予客人的价值，也表示客人从上述因素中获得的满足。

应用案例 7-1

广州的白天鹅宾馆坐落在风光旖旎的沙面岛，毗邻三江汇聚的白鹅潭。该宾馆的中庭注重“以景生情”的意境创造，其高 3 层，约 2 000m^2 的中庭正中是具有岭南园林风格的石山瀑布、玉宇金庭，上下有亭台桥榭，高低错落，四周长廊遍植垂萝，各长亭中设有传统的岭南家具，通透的木雕门窗，庭中草木、青翠欲滴。中央石山瀑布往下直泻，飞珠溅玉，透过瀑布，假山左上角有 3 个绿色大字——“故乡水”和一句字体较小却极富情韵的诗——“别来此处最萦绕”清晰可见，这一中国庭园特色唤起了游客的亲切感，许多归国侨胞面对此景感慨万千，热泪盈眶，乡情涌动。正是由于白天鹅宾馆将永恒的故乡情结融入到酒店的产品中，使得它具有了巨大的乡情魅力。

7.1.2 酒店产品的层次

酒店营销管理者应该理解酒店产品的五个层次，如图 7.1 所示，并对其进行运用。酒店产品包括基本服务与扩展服务，它们共同组成了服务产品策略。基本服务是服务产品赖以存在的基础，扩展服务是使基本产品区分于竞争者产品的操作部分。酒店营销的起点在于如何从酒店产品的五个层次来满足顾客的需求。

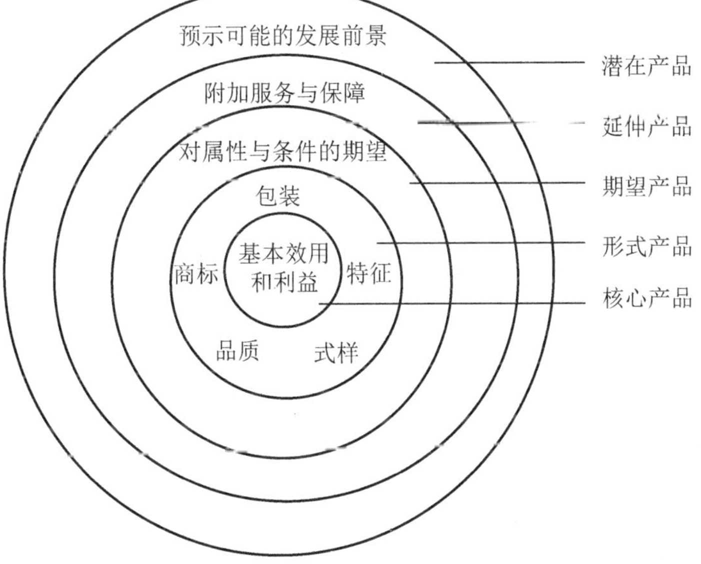

图 7.1 酒店产品的五个层次

1. 核心产品

酒店产品最基本的层次是核心产品，即向顾客提供产品的基本效用和利益，也就是顾客真正要购买的利益和服务。顾客购买酒店产品并非是为了拥有该产品实体，而是为了获得能满足自身某种需要的效用和利益。对于不同的顾客来说，其核心利益不同，对于在意价格的顾客来说，是便宜、清洁地过一夜；对于追求豪华的、喜欢炫耀的顾客来说，是享受体面与舒适的现代生活。

2. 形式产品

影响酒店产品核心利益的是产品必须依附于一定的实体。产品实体称形式产品，即产品的基本形式，包括产品的包装、特征、式样、品质、商标等。例如，酒店的位置、建筑、装潢、设备、服务项目等都属于形式产品。

3. 期望产品

期望产品是顾客购买产品时期望的一整套属性和条件，如顾客对酒店价格的高低、服务的优劣、预计的时尚性等的不同期望。

4. 延伸产品

延伸产品，即产品包含的附加服务与保障，如酒店的机场接送服务、代订机票、免费卡拉 OK 等。延伸产品来源于对顾客需求的综合性和多层次性的深入研究，要求酒店营销人员必须正视顾客的整体消费体系，但同时必须注意因延伸产品的增加而增加的成本顾客是否愿意承担的问题。

5. 潜在产品

潜在产品预示着该产品可能的发展前景。例如，在酒店客房能浏览国际互联网是顾客的基本需求，所以要求酒店在建设或改造客房时预留连接国际互联网的线路和接口。

上述酒店产品的五个层次既相互独立、各具特点，又紧密联系，共同构成酒店整体产品的全部内容。在酒店产品的五个层次上，确保基础产品和期望产品的质量，是使顾客满意的前提条件。延伸产品和潜在产品是酒店产品灵活性的具体表现，同时也是形式产品在现有价值之外的附加价值。酒店产品五个层次的全部意义在于提供一个具有质量保证和一定灵活性并且具有竞争优势的产品。

全面理解酒店产品的五个不同层次使我们认识到：第一，酒店产品的竞争始于形式产品，更确切地说，始于产品的核心利益。第二，满足顾客的期望是酒店经营成功的关键。如果一家酒店不能提供顾客期望的产品，顾客便可能不满足甚至投诉。第三，在激烈竞争的市场条件下，竞争主要体现在延伸产品上，也就是酒店产品的差异化。第四，一家成功的酒店常以提供潜在产品为其特征。第五，灵活性来自于酒店所有工作人员，来自于持续进行的、卓有成效的培训，来自于适当的授权，即让一线工作人员直接处理日常工作中遇到的问题。

【特别提示】

菲利普·科特勒认为，接待业的管理人员需要从4个层次上研究产品（图7.2）：核心性产品（Core Product）、配置性产品（Facilitating Product）、支持性产品（Supporting Product）和扩展性产品（Augmented Product）。产品的最基本层次是核心性产品，它要回答购买者真正要买的是什么。配置性产品是那些在顾客使用核心性产品时必须存在的物品或服务，如酒店配备的入住和结账服务、电话、餐厅和男仆服务。支持性产品是相对核心性产品所追加的代表额外利益的产品，它也起到与竞争产品相区别的作用。扩展性产品包括硬件环境、顾客与服务系统的互动、顾客参与及顾客之间的互动。这些因素连同核心性产品、配置性产品和支持性产品一起构成了扩展性产品。

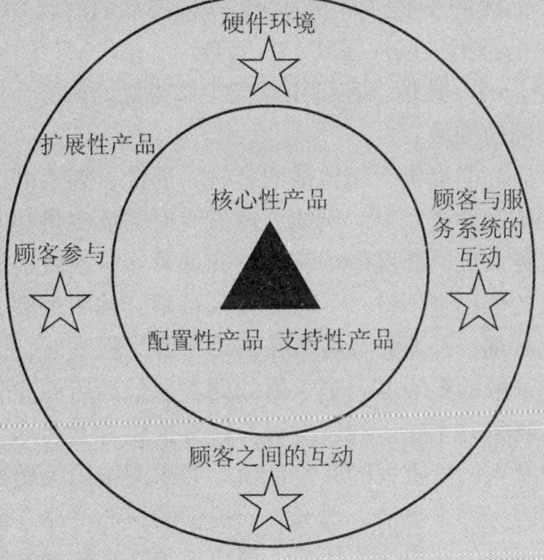

图7.2　菲利普·科特勒关于酒店产品层次的分析

7.1.3　酒店产品组合

大多数顾客进酒店不是来购买分类产品，而是来购买分类产品的组合。虽说整体产品代表了酒店的整体功能，但顾客往往只是根据自己的需要选择其中若干项的组合。因此对酒店来说，要考虑产品的有效组合。不同的顾客需要的产品组合是有区别的，酒店必须推出不同的有形产品及相对应的服务项目并且将其加以组合以满足消费者个体或群体的不同需求。

产品组合由酒店产品的广度、长度、深度和一致性所决定。酒店产品组合的广度是指酒店拥有几条不同的产品线。酒店产品组合的长度是指酒店产品组合里产品项目的总数。酒店产品组合的深度是指酒店产品线上的每个产品项目可供顾客选择的种类。酒店产品组合的一致性是指不同产品在用途、生产技术、销售渠道或其他方面相似的程度。

从数学角度来说，广度、长度和深度的内容越多，组合出来的局部产品就越多。但这并不一定是经济、有效的。产品越多，成本越高，投入的服务越多，质量也越难保证，所以酒店一定要根据实际可能来确定组合规模。现在许多酒店在基础条件和财力不足、服务质量还很低的情况下，一味追求攀星升级，不断增设新的设施项目。客人的需求是无限的，酒店的能力永远是有限的，如何在这“无限”与“有限”之间找到一个最佳的平衡点，就是我们酒店经营者的任务。

产品组合的 4 个层次在营销策略上都有意义。酒店可以利用以下 4 种方式来增加销售。

（1）增加产品线（产品组合的广度），把市场上形成的良好声誉用于新增的产品。

（2）增加现有产品线的长度，而成为拥有全线产品的酒店。

（3）增加各产品的种类，以加深其产品组合。

（4）加强产品组合的一致性，在特定领域中博得好的声誉，或者减少产品组合的一致性以进入数种不同的领域。

由于绝大部分酒店都能提供干净整洁的客房，因此，客人的满意度实际上来自于那些支持核心产品的辅助性产品上。例如，客人有时需要提供婴儿托管服务；有时需要菜肴香甜美味且服务人员的态度彬彬有礼、和蔼可亲；或者前厅接待员待客方式热情友好；或者，客人的信用卡不被接受时服务人员不会袖手旁观，而是主动提供热情的帮助，帮客人排忧解难；甚至，当客人在酒店中身患疾病时，酒店能够给予其特殊照顾，令其感受到如家般的温暖等。也正因如此，现代酒店的竞争主要集中于辅助性产品的竞争上。现代竞争并不在于酒店能够为顾客提供什么客房，而在于它能为其产品增加什么内容，以及人们所重视的其他价值。如果两家同等档次的酒店都处于市中心的位置，且它们的客房都很整洁，那么它们提供的核心产品在消费者看来就无太大差别。此时，要想在竞争中获得竞争优势，酒店必须提高辅助性服务产品的水平，以增加为顾客带来的附加值。酒店经营者必须认识到辅助性产品对酒店竞争的重要意义，用这种思路和方法，营销人员就会发现提供辅助性产品增加了企业在有效竞争中的许多机会。

7.1.4 酒店产品的设计要点

目前，同类产品的竞争往往表现在两个方面。

（1）对核心产品的准确认识。如果顾客乘飞机需要的是经济舱，你设计出的却是头等舱，那么，就不会有顾客来订机票；反过来，顾客需要的是头等舱，你设计出的却是经济舱，你既不能使顾客满意，又损失了赚更多钱的机会。

（2）适当地扩大延伸产品。酒店增加延伸产品的目的，往往是要使顾客获得意外的惊喜。例如，酒店的顾客在傍晚时，在他们的床头发现一块巧克力薄荷糖，或者一个小水果篮他们会感到很惊喜，从而对该酒店留下好印象。正如许多酒店经理经常说的那样，我们要用顾客所喜欢的特殊方法为顾客服务。

这里需要注意的问题是，这些附加产品也会增加成本，营销人员必须考虑顾客是否愿意为享受这些附加产品而增加支出。经常的情况是，原来的附加产品很快会变成顾客预期的利益，如现在顾客都期望在酒店客房里有闭路电视、化妆品盘。这意味着想保持优势的酒店必须不断创造出新的酒店客房里的附加产品，使之与竞争对手不同。创新，是酒店产品保持生命力的秘诀。

应用案例 7-2

香港丽晶酒店就抛弃了传统的设计思想，在卫生间上花费了很大的精力。例如，该酒店通常为12.8㎡的卫生间内镶嵌淡粉色大理石，落地玻璃窗，大大提高了日常照明度。传统的“三大件”也有很大改变：增设淋浴池，特制了一些低位扶手以照顾行动不便的客人；抽水马桶上架设了预热装置，避免了客人“热屁股碰上冷板凳”的尴尬；浴缸面积很大，足以供两人同时使用，可以在短短几秒钟内迅速灌满水，还有独特的按摩功能。最让客人们欣赏不已的是，还可以在浴缸内远眺维多利亚的迷人景色。丽晶酒店的超级卫生间成为该酒店最为成功的卖点，也帮助酒店在竞争激烈的香港市场站稳了脚跟。

成功的酒店产品的设计要点可以概括为以下五条：产品便于使用，顾客买得起这一产品，产品便于代理商（如旅行社）销售，具有良好的售后服务系统，产品也易于被酒店提供出来。

7.2　酒店品牌决策

酒店产品在形成特色的基础上，还应该向更高的层次提升，打响自己的品牌。品牌是现代服务产品的重要组成部分，在企业营销活动中有着独特的魅力。

美国市场营销协会对品牌的定义是“品牌是一个名称、术语、标记、符号或图案设计，或者是它们的不同组合，用以识别某个或某群销售者的产品或服务”。

应用案例 7-3

“里兹—卡尔顿”是一个酒店集团，总部设在美国，其服务质量和声誉在全球是最高的。它也是获得美国全行业最高质量奖的唯一一家酒店。能在里兹卡尔顿酒店下榻是一种体面，一份荣耀。在亚太地区发展最快的十大城市中，大阪和新加坡的最佳标志酒店就是里兹—卡尔顿酒店。上海的波特曼酒店由里兹—卡尔顿酒店集团管理，这是该酒店进军中国酒店市场的第一家酒店。

除北京中国大酒店和上海花园酒店等个别几家五星级酒店之外，其他五星级酒店的实际平均房价都低于 200 美元。而里兹—卡尔顿酒店的房价却定得很高，且很少有折扣现象。在接待方面，如希尔顿酒店、喜来登酒店、假日酒店这些老牌大集团在接待群体客人方面很有经验，零散客人也接待，以商务客人为主。而里兹—卡尔顿酒店则以其特有的细腻和周到在接待高收入群体方面享有盛誉，是富豪和名流的聚集之地，如澳大利亚议长、总理在这里举行招待会，戴安娜访问悉尼也指名下榻里兹—卡尔顿酒店。如果说一些高档大酒店是代表了商务客人的身价的话，那么里兹—卡尔顿酒店则更高一筹，它是“上流社会”的代名词。里兹—卡尔顿酒店在全球有 24 万名回头客，其麾下各地酒店对他们都有详尽的个性需求的服务档案。

企业名称是品牌的核心要素，虽然一个普通的名称也可以建立起高效的服务品牌，但显然，有个好名称更容易做到这一点。酒店的品牌名称必须独具特色，朗朗上口，且含义深远，只有这样才能够给顾客留下极为深刻的印象。

应用案例 7－4

香格里拉这一品牌的美名，来自詹姆士·希尔顿的传奇小说《失落的地平线》。书中详述了香格里拉——一个安躺于西藏群山峻岭间的仙境，是一块永恒、和平、宁静之地，那里有雪山峡谷、有被森林环绕的湖泊、有被雪山怀抱的美丽草原，优美的景色让栖息其中的人感受到前所未有的安宁。时至今日，香格里拉已成为世外桃源的代名词。而香格里拉酒店集团的优秀服务及完美憩静的环境，正与这个弥漫着神秘色彩的名字融为一体，单从香格里拉这一酒店品牌名称上，顾客就可以想象得到自己步入酒店后将享受的环境氛围及温馨的服务。

品牌在营销中的作用，无论如何不能夸大，品牌本身不具备独立的营销功能，它只有与服务质量联系在一起时，才能显示出有效的促销竞争力。换言之，好的品牌可以锦上添花，扩大优势，但品牌绝对挽救不了劣质服务。顾客对酒店提供的服务越满意，那么该酒店的品牌在顾客心目中的地位就越高，所以品牌对酒店来说，它的作用是强化和促进优质服务，而不是补偿劣质服务。

酒店的品牌标志是不能用语言表达的，但却有可以通过视觉而被公众及消费者加以识别的要素，包括品牌的特定符号、图案、专用色及专用字体等。不同档次酒店品牌的标志也应给人不同的感觉。例如，里兹—卡尔顿酒店的标志是由狮子与皇冠所组成，这个标志最初由杰思·里兹所设计，其中狮子代表金融集团的股东，而皇冠则是英国皇室的象征。1965 年，里兹—卡尔顿酒店的经营者对这一标志进行了适当修改，使之更显出里兹—卡尔顿品牌的尊贵高尚气质，并被沿用至今。与里兹—卡尔顿酒店同样定位于顶级奢华市场的圣瑞吉斯酒店及 JW 万豪酒店同样设计了具有尊贵之气的标志，如图 7.3 所示。这些豪华酒店品牌都仅用了一两种简单的颜色，且均为冷色调，图案也较为复杂，在众多酒店品牌标志之中显得独树一帜，彰显品牌的优雅与高贵。

(a) 里兹—卡尔顿酒店的标志　(b) 圣瑞吉斯酒店的标志　(c) JW万豪酒店的标志

图 7.3　奢华酒店的品牌标志

与奢华酒店品牌相比，一些定位于高档酒店市场的酒店品牌在图案方面则简化了许多，减少了图案标志，只有字体或简化字母等图形。在颜色方面，有些酒店的品牌标志中出现了暖色调，但一般而言，高档酒店的品牌标志背景仍以淡雅的色调为主。与中档的酒店品牌标志的简约相比，高档酒店的品牌标志在整个造型方面尤其是字体设计方面显得比较纷繁复杂，显示出高档酒店品牌的高档与贵气。万豪酒店、洲际酒店和喜来登酒店等高档酒店的标志如图 7.4 所示。

(a) 万豪酒店的标志　(b) 洲际酒店的标志　(c) 喜来登酒店的标志

图 7.4　高档酒店的品牌标志

中档酒店市场上的品牌标志表现出比较明显的差异，由于中档酒店大多强调干净、简单、全方位的标准化服务，为此这类中档酒店品牌的标志也都比较简单，如假日（Holiday Inn）酒店、福朋（Fourpoints）酒店、诺富特（Novtel）酒店、美居（Mervue）酒店等都是用明快且冷静的颜色及较简单的字体、符号形象表达出自己品牌的价值观，即以简约的风格、适中的价格向客人提供服务，如图 7.5（a）～（b）所示。其中，雅高集团旗下的诺富特酒店和美居酒店虽然同为中档酒店品牌，但由于其提供的服务有差异，因此在标志颜色的选取上也有差异。诺富特酒店主要提供标准化的服务，因而使用了比较中性的颜色，而美居酒店由于强调个性，提供非标准化的服务，因而使用了比较另类的紫色作为主打颜色。当然，并非所有中档酒店的品牌标志都以简约风格为主，如万豪集团旗下的万怡品牌，由于该酒店是专为商务客人设计的价格中等的公寓，且万豪集团在品牌策略中使用了品牌延伸策略，需要借 Marriot 这一高档品牌的影响力带动中等档次客源群体的消费，因此万怡酒店在其品牌标志设计中不仅突出强调了自己 Courtyard 这一品牌的字形及绿色主打色，还适当引入了 Marriot 的标准字与红色标准色，使得整个品牌标志显得较为复杂，虽说如此，整个标志在视觉上还是具有较强的吸引力，突出表达了万怡的品牌价值观，如图 7.5（d）所示。

(a) 假日酒店的标志　(b) 福朋酒店的标志　(c) 诺富特酒店的标志　(d) 万怡酒店的标志

图 7.5　中档酒店的品牌标志

低档酒店品牌的标志与奢华、高档及中档酒店的品牌标志具有非常明显的差异性，如速 8 酒店、宜必思酒店，乃至我国经济型酒店市场中的知名品牌 7 天酒店、如家酒店等，均采取了极为鲜明、亮丽、具有视觉冲击力的红、黄、绿、蓝等颜色，并在字体方面进行了精心的设计，使得品牌标志给人以强烈的视觉冲击，在繁华的闹市街头及公路旁，醒目的酒店品牌标志可以令客人产生驻足停留的冲动感，如图 7.6 所示。

(a) 速8的标志　(b) 宜必思的标志　(c) 7天的标志　(d) 如家的标志

图 7.6　低档酒店的品牌标志

酒店设计的品牌标志给人的感觉不仅要与其等级相匹配，也应注意到酒店本身的类型。与商务型酒店相比较，度假型酒店的标志多呈现出比较清晰、活泼、明快的特点。例如，迪尼斯酒店的字母显得比较卡通，突显了迪尼斯能够为客人尤其是儿童类客人带来快乐经历这一品牌内涵，而万豪度假俱乐部的品牌标志中则添加了一轮太阳，与“度假”这一主题极为贴切。地中海俱乐部的品牌标志及其下端附加的“Where happiness means the world”这一标语口号，则将其“度假者天堂”的定位展示得淋漓尽致。

近年来，我国酒店也开始日益重视酒店标志的设计，并且在自己设计的品牌标志中融入了中国传统文化内涵，很好地体现了酒店自身的特点。以金陵饭店、北京饭店及白天鹅宾馆等中国早期的一些知名酒店为例，其品牌标志都是品牌设计中的精品。金陵饭店的标志以中国传统宫廷房屋中的金色窗棂为设计灵感来源，既体现了该品牌的民族特色，体现了金陵饭店东方式细腻温馨的服务品质，也暗喻了“金陵”这一品牌名称。北京饭店的品牌标志同样能够代表其自身的特点，“北京”两字组成的图标与北京具有代表性的景点“天坛”在外观方面有点形似，很好地体现了北京饭店的地域特点。白天鹅宾馆品牌标志的设计意念来源于羊城八景之一的鹅谭夜月，品牌标志的图案看似一只从一轮明月中游来的圣洁的白天鹅，象征着白天鹅宾馆冰清玉洁、优美高雅的企业形象；图案下配有中英文宾馆名称，以锈红色为专用色，简洁高雅，独特耐看。

【特别提示】

品牌就其实质来说，代表着销售者（卖者）对交付给买者的产品特征、利益和服务的一贯性的承诺。久负盛名的品牌就是优良品质的保证。

7.3 酒店产品生命周期

产品生命周期理论是市场营销学中的形象理论。研究产品生命周期理论，对于正确制定酒店的产品决策，及时改进老产品，发展新产品，有计划地进行产品更新，正确地制定各项经营策略，乃至酒店的经营管理都具有重要的意义。

7.3.1 产品生命周期理论

产品生命周期是指产品从投入市场到最终退出市场的全过程，该过程一般经历产品的导入期、成长期、成熟期和衰退期 4 个阶段。产品生命周期显现了产品销售历史中的不同阶段。与各个阶段相对应的是与营销策略和利润潜量有关的不同的机会和问题。酒店可通过确定其产品所处的阶段或将要进入的阶段，制订更好的市场营销计划。

产品生命周期理论包括下列主要内容：产品的生命有限；产品销售经过不同阶段，每一阶段对营销人员提出不同的挑战；在产品生命周期的不同阶段，利润有升有降；在产品生命周期的不同阶段，产品需要不同的市场营销策略。

有关产品生命周期的论述，大都认为一般产品的销售历史表现为一条 S 型曲线。典型的这种曲线分为四个阶段，即导入期、成长期、成熟期和衰退期，如图 7.7 所示。

（1）导入期：又称介绍期，指产品引入市场，销售额缓慢增长的时期。在这一阶段因为产品引入市场所支付的巨额费用，致使利润几乎不存在。

（2）成长期：产品被该市场迅速接受和利润大量增加的时期。

（3）成熟期：因为产品被大多数的潜在购买者接受而造成的销售额增长减慢的时期。为了对抗竞争，维持产品的地位，营销费用日益增加，利润稳定或下降。

（4）衰退期：销售额下降的趋势增强和利润不断下降的时期。

并非所有的产品都依循这种 S 型的产品生命周期过程，有些产品一引入市场便很

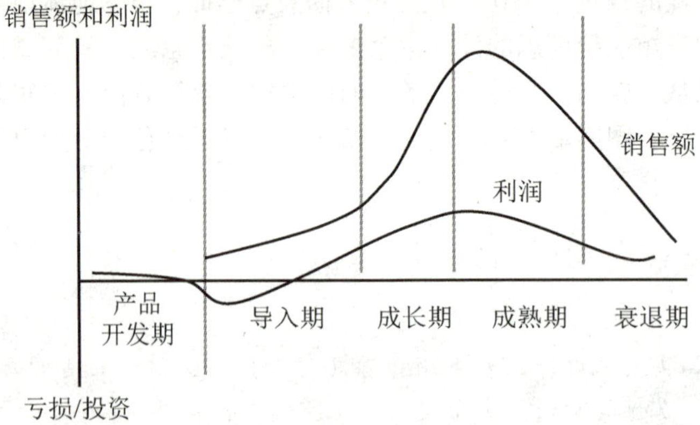

图 7.7　产品生命周期曲线

快消失了。酒店产品通常也会有衰退期，但经过重新装修后，它还会重新赢得青睐，并再度进入一个新的增长期。

许多产品大都具有很长的成熟期；相反，产品形式的生命周期阶段却往往比较标准。一种特殊品牌的生命周期可能变化很快，因为竞争者的反应和攻击不断变化。

【特别提示】

产品生命周期的概念对于描述产品与市场如何运行是一个很有用的框架，但用它去预测产品的表现或去作为制定营销战略的依据却可能会遇到某些现实的问题。例如，管理人员可能没有办法识别出产品目前处在什么生命周期阶段上，不能肯定它什么时候转向下一阶段，也难以列举那些影响产品生命周期阶段的各种因素。在实践当中，要想预测产品生命周期每个阶段的销售额、时间长度和产品生命周期曲线的形状是非常困难的。

7.3.2　产品生命周期原理及营销策略

创新的扩散和采用理论提供了产品生命周期的基本原理。当一种新产品推出时，酒店必须刺激顾客的知觉、兴趣、使用和购买。这都需要时间，而且在产品导入阶段，只有少数人（创新者）购买它。如果该产品使顾客满意，更多的购买者（早期采用者）会被吸引过来。接着，经过日益增长的市场知觉和价格下降，竞争者加入市场，加快了采用过程。随着产品正规化，更多购买者（早期大众）加入了市场。当潜在的新购买者人数趋向于零时，产品销售额的增长率下降。销售量稳定在重复购买率上。最后，由于新产品种类、形式和品牌的出现，购买者对现行产品的兴趣转移了，该产品的销售额下降。酒店产品生命周期的不同阶段应采用不同的营销策略。

1. 导入期

当新产品推出时，导入阶段便开始了。沟通销售渠道和在几个市场中推广新产品是要花费时间的，因此销售成长趋于缓慢发展。在这一阶段，由于销售量少和促销费用高，酒店新产品是亏本的或利润很低。它们需要大量的经费以吸引分销商。促销支出占销售额的比率最高，因为它需要高水平的促销努力，以达到以下目的：告诉潜在的消费者新产品的存在；使产品通过分销渠道分销。

此时只有少数几个竞争者在生产该产品。酒店销售的目标是那些最迫切的购买者，通常为高收入阶层。其价格偏高，原因是产量比较低，导致成本提高；生产技术问题可能还未全部掌握；需要高的毛利以支持销售增长所必须的巨额促销费用。

在推出一种新产品时，营销管理者能为各个营销变量，如价格、促销、分销和产品质量分别设立高或低两种水平。当只考虑价格和促销时，酒店可以在下面的4个战略中选择一种。

（1）快速撇脂战略。以高价格和高促销的方式推出新产品。酒店采用高价格是为了在每单位销售中尽可能获取更多的毛利。同时，酒店花费巨额促销费用向市场上说明虽然该产品定价水平高，但是物有所值。高水平的促销活动加快了市场渗透率。采用这一战略的假设条件是，大多数的市场已知晓这种产品，购买者愿意出高价购买，不存在潜在竞争者。

（2）缓慢撇脂战略。以高价格、低促销费用将新产品推入市场。高价格和低促销水平结合可以使企业获得更多的利润。实施该策略的市场条件是，市场规模相对较小，竞争威胁不大；市场上大多数用户对该产品没有过多疑虑；适当的高价能被市场接受。

（3）快速渗透战略。以低价格和高促销的方式推出新产品。这一战略期望能给酒店带来最快速的市场渗透和最高的市场份额。采用这一战略的假设条件是，市场规模很大；市场对该产品不知晓；大多数购买者对价格敏感；潜在竞争很强烈；随着生产规模的扩大和制造经验的积累，酒店的单位生产成本下降。

（4）缓慢渗透战略。以低价格和低促销的方式推出新产品。酒店可降低其促销成本以实现较多的净利润。酒店确信市场需求对价格弹性很高，而且对促销弹性很小。采用这一战略的假设条件是，市场规模大，市场上该产品的知名度较高，市场上对价格相当敏感，有一些潜在的竞争者。

2. 成长期

成长期的标志是销售额迅速增长。早期采用者喜欢该产品，中间多数顾客开始追随消费领导者。由于大规模的生产和利润的吸引，新的竞争者进入市场。它们引入新的产品特点，导致分销网点数目增加。在需求迅速增长的同时，产品价格维持不变或略有下降。酒店维持同等的促销费用或把水平稍微提高，以应付竞争和继续培育市场。销售的快速上升使促销费用与销售额的比率不断下降。

在这一阶段内，随着促销成本被大量的销售额分摊，利润增加。同时，由于“经验曲线”的影响，产品单位生产成本比价格下降得快。

在成长期，酒店为了尽可能长时间地维持市场成长而采用取下列战略。

（1）酒店改进产品质量和增加新产品的特色和式样。

（2）酒店增加新样式和相关产品。

（3）酒店进入新的细分市场。

（4）酒店扩大分销覆盖面并进入新的分销渠道。

（5）酒店从产品知觉广告转向产品偏好广告。

（6）酒店降低价格，以吸引对价格敏感的顾客。

酒店推行这些市场扩展战略将会大大加强其竞争地位。但是，这样的改进措施会增加成本。酒店在成长期要决定究竟选择高市场占有份额，还是选择当前高利润。如果把大量的资金用在产品改进、促销和分销上，它能获得一定的优势地位，但要放弃获得最大的当前利润，对此酒店又希望在下一阶段得到补偿。

3. 成熟期

产品销售到某一点后将放慢步伐，并进入相对成熟阶段。这个阶段的持续期一般长于前两个阶段，并给酒店营销管理部门带来最难对付的挑战。大多数产品都处于生命周期的成熟阶段，因此，大部分的营销管理部门处理的正是这些成熟产品。

成熟阶段仍可分成 3 个时期。第一个时期是成长中的成熟。此时由于受分销的影响，未来的销售依赖于顾客人数的增长和需求的更新。第二个阶段是成熟中的成熟期。此时利润最高，各酒店为了获取更多的利润展开更加激烈的竞争。第三个阶段是衰退中的成熟。此时销售的绝对水平开始下降，顾客也开始转向其他产品和替代产品。

在成熟期，酒店营销人员应该系统地考虑市场、产品和营销组合，来改进这些战略。

1）市场改进

酒店可用组成销售量的两个因素，为它的成熟品牌扩大市场。销售量等于酒店顾客数量乘以每位顾客的使用率。

酒店能够通过下列三种方法来增加酒店顾客的数量。

（1）转变非顾客。酒店能努力吸引非顾客转变为顾客。

（2）进入新的细分市场。酒店可以努力进入新的细分市场——地理的、人口统计的，即那些经常入住酒店但并未入住过本酒店的顾客。

（3）争取竞争对手的顾客。酒店可以吸引竞争对手的顾客试用自己的品牌。

可以设法让当前品牌使用者增加他们的年使用率来提高产品销售量。下面是实现此目的的 3 种策略。

（1）提高使用频率。酒店可以努力使顾客更频繁地使用该产品。

（2）增加每个场合的使用量。酒店可以努力使用户在每次消费时增加该产品的用量。

（3）新的和更加广泛的用途。酒店应努力发现该产品的各种新用途，并且要说服人们尝试更多的用途。

2）产品改进

酒店市场营销人员还应努力改进酒店产品的特性，使其能吸引新用户和增加现行用户的使用量以改善销售状况。产品改进可采用以下三种形式。

（1）质量改进战略，目的是注重增加产品的功能特性。

(2) 特色改进战略，目的是增加产品的新特色，扩大产品的多功能性、安全性或便利性。

(3) 式样改进战略，目的在于增加对产品的美学诉求。

3) 营销组合改进

(1) 价格。降低产品价格吸引更多低层次顾客，除直接降价外，还可以实行特价、早期购买折扣、放宽信贷条件等间接降价来吸引顾客。

(2) 分销。为产品开辟更多的新分销渠道，并在原有的分销渠道中增加更多的销售网点。

(3) 促销。采用多种促销手段，如增强广告频率，延长广告时间，开展赠奖、竞赛、折让等促销活动，加强人员推销工作等。

(4) 更新换代策略。引策略即置身于激烈的市场竞争环境中，酒店根据主客观条件，在分析产品前景不利的情况下，干脆提前淘汰旧产品，积极地开发新产品，开辟新市场。使产品不断更新换代，是酒店在市场竞争中立于不败之地的最根本措施。更新换代时要注意有计划、有步骤地使新旧产品在市场上衔接。

营销组合改进的主要问题是它们更容易被竞争者模仿，尤其是减价、附加服务和大量分销渗透等方法。因此，酒店不大可能获得预期的利润。事实上，所有酒店都在市场营销中不断地互相攻击。它们可能都经历过利润受侵蚀的过程。

4. 衰退期

大多数的产品形式和品牌销售最终都会衰退。这种销售衰退也许是缓慢的，也许是迅速的。销售可能会下降到零，或者也可能僵持在一个低水平上持续多年。销售衰退的原因很多，其中包括技术进步、顾客需求的改变、国内外竞争的加剧等。所有这些都会导致生产能力过剩、削价竞争加剧和利润被侵蚀。当销售和利润衰退时，有些酒店退出了市场。留下来的酒店可能会减少产品供应量，也可能从较小的细分市场中退出，还可能削减促销预算和进一步降低价格。

酒店在处理它的旧产品中面临许多任务和决策。

1) 识别疲软产品

首要任务是建立识别疲软产品的制度。酒店可成立一个由营销、研究与开发、生产和财务代表参加的产品审查委员会。这个委员会拟定一套识别疲软产品的制度，由审计办公室提供每种产品的资料，包括产品的市场规模、市场份额、价格、成本和利润方面的动向。经电子计算机程序分析这些信息，确定出可疑产品。其标准包括市场份额的趋势、毛利和投资报酬。把列在可疑表上的产品向负责经理们报告。由这些经理填写评估表，说明在营销战略不修改和修改后的情况下销售和利润的前景。产品审查委员会进行审核，并对每一个可疑产品提出建议——继续保留该产品、修改它的营销战略或放弃它。研究证据显示，与没有正式产品程序的酒店相比，那些有正式程序的酒店放弃产品的速度更快。这就使得管理工作更有效率。

2) 确定营销战略

有些酒店将比其他酒店率先放弃衰退的市场。这在很大程度上取决于退出障碍的水平。退出障碍越低，酒店就越容易脱离该产品，同时对留下来的其他酒店就更具有诱惑力，它们可以去吸引退出酒店所拥有的顾客。留下来的酒店将会增加销售和利润。因此，一个酒店必须对是否要在市场上坚持到底做出决定。

在衰退期，酒店可以采取如下营销战略。

（1）增加酒店的投资（使自己处于支配地位或得到有利的竞争地位）。

（2）保持酒店原有的投资水平。

（3）酒店有选择地降低投资水平，放弃无前景的顾客群，同时加强对有利可图的顾客需求领域的投资。

（4）尽可能用有利的方式处理资产，以便迅速放弃该业务。

衰退战略取决于行业的相对吸引力和酒店在该行业中的竞争实力。例如，一家酒店发现自己处在一个不吸引人的行业当中但还有竞争实力，则它应该考虑有选择地收缩自己的投资；而当它发现自己处在吸引人的行业中并有竞争实力时，则它应该考虑增加或维持其投资水平。

3）放弃决策

当酒店决定放弃一个产品时，它面临着进一步的决策。如果产品有很强的分销能力并有较好的声誉，酒店也可将它卖给一个小酒店。如果酒店找不到买主，就必须决定是迅速还是缓慢结束这个品牌。它还必须决定保留多少服务项目为老顾客服务。

许多经理使用产品生命周期理论来解释产品和市场的动态。作为一个计划工具，产品生命周期理论刻画出产品各个阶段的主要营销挑战控制工具。产品生命周期理论使酒店能在产品性能上与过去类似产品作一个对比。作为一个预测工具，因为销售时存在着各种不同的形式，以及产品各个阶段的持续期也各不相同，所以产品生命周期理论的用处较小。

7.4 酒店新产品开发

现代酒店经营的任务可分为三个方面：一是要发现和创造顾客；二是顾客是为酒店的承诺所吸引的；三是顾客是由于满意而忠诚的。显然，要完成好酒店的经营任务，关键是要把握好顾客的新需求。对酒店业而言，开发新产品具有重要的战略意义，它是酒店生存和发展的重要支柱。

7.4.1 酒店产品创新

酒店要在市场竞争中获胜，必须有自身独特的东西，但这种独特总是极易被其他酒店所模仿，所以，要想长期保持在市场竞争中的竞争优势，酒店必须不断地进行产品与服务创新。在当今的酒店业，持续不断地进行产品创新，并通过这些新产品的开发与推出吸引更多的顾客，是酒店能否持续发展的关键。

酒店产品的创新工作可以从以下几个方面展开。

1. 酒店客房产品的创新

客房产品是酒店满足顾客基本需求的核心产品，抓好客房产品的创新就等于抓好了酒店产品创新的战略重点。随着社会的进步，客房不仅仅是客人外出旅游住宿休息的地方，也不能仅仅靠一张床来满足客人恢复体力的要求。客房需要强化各种新的功能，并通过设施设备的配备及装修、装饰的改变来实现客房功能的演变，这是酒店客房产品创新的主要途径。

例如，为了突破标准间的乏味，许多酒店开始开设另类客房，针对客人的独特需求，突显客房的独特性或浓郁的文化气息，推出汽车客房、足球客房、电影客房等。除此之外，还有些酒店以某种特定的环境为主题设计客房，如监狱客房、梦幻客房、海底世界客房、太空客房等，甚至有些酒店设计出一些鬼屋等荒诞的客房，以满足一些客人求新奇求怪异的心理需求。除另类客房外，无障碍客房、无烟客房、女士客房、老人客房、绿色客房等新型客房的推出都是近年来酒店客房产品应客人需要而推陈出新的具体表现。进入 21 世纪后，高科技在客房服务和管理中得到广泛的应用。许多客房内通过引入网络或配备相关设施，可为客人提供网络浏览、E-mail 收发、FTP 文件下载、Internet 远程登录、网络游戏等多项服务，有些酒店甚至采用可旋转的液晶显示电视屏幕、遥控芳香治疗系统、环绕音响系统等打造高科技的概念客房。所有这些客房产品的推出都是酒店产品创新的重要组成部分。

总而言之，通过客房产品创新，可以改变酒店市场上同质化的客房产品结构，以丰富的新产品来引导市场的划分，避开市场上同质化客房的市场竞争。

2. 酒店餐饮产品的创新

餐饮产品的创新是酒店产品创新中的重要组成部分，其中，餐饮设施与环境的开发与创新是餐饮创新的重要方面。对整个餐厅的装饰装修乃至对设施设备进行配套改造，能够更好地体现餐饮产品的风格与特色，会令消费者感受到一种新的就餐氛围，推动客人的餐饮消费。设施设备与经营环境的开发与创新，不仅仅局限于对传统的餐厅装修进行改观设计，有些还借助其他设备的构想和功能，用沙发、秋千或吧台取代四平八稳的传统桌椅，或者用流水台面将菜品经传送带送至客人面前，客人可根据自己的偏好各取所需，所有这些都会令客人耳目一新。

餐饮产品的创新还体现在菜点的开发与创新上，菜点品种的开发需要酒店厨师通过原料替代、烹调方法的改进，使菜点在色、香、味、形、器、养等方面实现突破，给消费者以全新的菜品形象，使其有一种全新的感观与感受。

在创新菜点的酝酿、研制阶段，首先要考虑到当前客人比较感兴趣的东西。即使研制古代菜、乡土菜，也要符合现代人的饮食需求；传统菜的翻新、民间菜的推出，要考虑到目标顾客的需要。酒店菜品的创新应敢于用新的厨艺、新的原料创造新的品种，去满足消费者的新的消费需求。例如，近年来开发的“茶肴”“花馔”“黑色宴”“营养餐”及各式主题餐，正是迎合市场、满足现代消费走出的新路子。

3. 酒店服务的创新

服务的创新是酒店产品创新的必要环节，通过创新服务，提供个性化和高质量的服务，可以提高顾客满意度并形成竞争优势，从而能够提高酒店的市场竞争力，实现其效益最大化，这已成为酒店赢得持续竞争优势的法宝。服务的创新包括酒店服务项目的创新及服务人员自发的个性化服务创新。在顾客需求的基础上，推出相应的服务项目是现代酒店竞争的必经之路。

应用案例7－5

多数酒店的餐饮部门提供婚宴服务，但一般的婚宴服务仅仅局限于来宾的就餐服务，这只能满足顾客的部分需求。杭州华侨饭店的鸿福厅在认真研究新人举办婚宴的需求后，推出了一系列专门针对新人的措施，如推出欢迎婚宴超市，提供51种主菜和海鲜，17种鱼类，40种肉类，33种蔬菜，43种汤类及6种主食供新人们选择，彻底解决了婚宴主菜单千篇一律、缺乏创意的老问题。同时提供酒水超市价格，将实惠实实在在地让利给顾客。此外，酒店还帮助新人寻找婚宴策划礼仪公司，为顾客提供代办婚庆服务，帮助新人操办婚礼，将新娘化妆、现场布置、摄影、婚车、婚礼顾问、司仪主持等问题在酒店内一并解决，这些服务举措都使得华侨饭店成为办婚宴的极佳场所，因此它在杭州的婚宴市场上占据了一席之地。

员工的个性化服务创新要求酒店所有工作人员在岗期间必须站在客人的角度，通过关注客人，揣摩客人的喜好来发现客人的需求，满足客人的个性化需求，给每位客人提供一种难忘的经历，为客人在抵店、住店、离店的全过程中提供他们真正喜好的不同于其他客人的个性化服务。员工的个性化服务不在于所做事情的大小，而在于所做的事情是客人渴望得到又在意料之外的、会让客人感到惊喜的。

应用案例7－6

郑州友谊宾馆的一名客房服务人员在清扫客房时，观察到客人鞋上有一块血迹，于是主动提供给客人一片创可贴，客人因此倍感温暖，称自己在异地他乡感受到了来自服务人员如亲人般的关怀，日后有机会定会再次光临。

要做到员工个性化服务的创新，要求酒店的所有服务人员必须具备“认真观察，服务于客人开口之前，给客人以惊喜”的服务理念。服务创新的过程就是一种对客人认知的过程，也就是通过每一位管理者、每一位员工的用心经营与用心服务，挖掘客人的内心需求信息，使客人体会到我们充满人性化、个性化、人情味的服务。酒店的服务创新要求酒店提供的服务是在规范化标准服务的基础上具有特殊性、有针对性的、具有高附加值、使客人感到物超所值的服务。

7.4.2　酒店新产品的开发过程

开发新产品有利于促进酒店成长，可以维持酒店的竞争优势和竞争地位，有利于充分利用酒店的生产和经营能力，有利于酒店更好地适应环境的变化。当今，酒店面临的各种环境条件在不断发生变化。这预示着酒店原有产品可能会衰退，酒店必须寻找合适的替代产品。这就导致了对新产品的研究与开发。开发新产品还有利于加速新技术、新材料、新工艺的传播和应用。

酒店新产品开发可根据以下步骤进行，相关内容如图 7.8 所示。

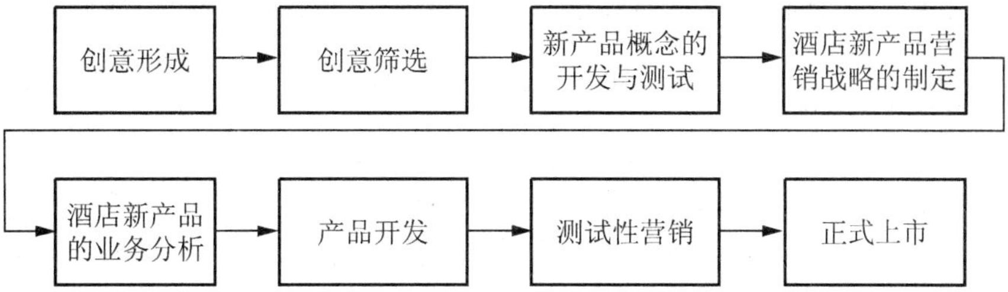

图 7.8 新产品开发的主要步骤

1. 创意形成

新产品的开发始于创意形成，即系统地捕捉新的创意。新产品创意是新产品开发的首要阶段，是对新产品进行设想或创意的过程。缺乏好的新产品创意已成为许多酒店新产品开发的瓶颈。一个好的新产品创意是新产品开发成功的关键。酒店通常可从酒店内部和外部寻求新产品的创意。

(1) 酒店内部人员。它包括酒店各生产部门、研究开发部门、职能部门和市场营销部门的人员。这些人员与产品的直接接触程度各不相同，但他们总的共同点便是都熟悉酒店业务的某一方面或某几个方面。对酒店提供的产品较外部人员有更多的了解与关注，因而往往能针对产品的优缺点提出改进或创新的构思。在酒店的这些内部人员中，除研究开发部门外，营销人员和高层管理部门的人员是新产品构思极为重要与广泛的来源。

(2) 顾客。它是新产品构思最丰富的来源。顾客在使用酒店产品与服务的过程中，直接感受到产品与服务的方便与不便之处，并针对这些不便产生关于产品改进或进行相关产品系列扩展的需求。许多构思搜索者认为，想找到最理想的产品构思，要通过向顾客询问现行产品的问题来获得。来自顾客的新产品构思通常不包括完整的产品概念，只是包含了产品概念的三个主要方面，即需求、形式和技术。但也正是这些不完整的构思，成为点燃新产品构思之源的火花。收集顾客的构思通常可采用顾客调查、投射测试、函询、座谈等形式以创造顾客表达意见的机会。此外，在一些非正式的场合，如顾客在使用产品时产生的抱怨也常能激发相关人员新产品构思的灵感。

(3) 中间商。旅行社、旅游批发商、旅游经销商、航空公司等都可能成为酒店新产品构思的较好来源。它们提供的有关新产品的构思对酒店业常常具有较高的价值。这些中间商因为已经成为顾客直接的产品使用顾问，他们提出的建议也因而具备较高的开发价值。

(4) 竞争对手。研究竞争对手的产品，从而改进酒店现有的产品，是新产品构思来源的一条重要途径。竞争者的新产品可能是本酒店跳跃式或附加型新产品构思的间接来源。有些酒店开始建立正式程序来获取有关竞争对手新产品的情况，这种程序包括在经营中有意识地收集竞争对手即将上市的新产品信息及上市后对产品性能与销售情况进行分析。

（5）酒店外的研究和发明人员。这些人员广泛存在于发明家学校、发明家评议会、商务管理部门、商标局和专利局、国家的企业性援助计划组、大学的研究与创新中心等。这些人员的创新构思一般是直接针对酒店的产品做出的，但他们的创新程度很高，常常可以从中得到改进或创新酒店产品的某个或某几个方面的灵感。

（6）咨询公司。以前，咨询公司多负责企业管理咨询方面的工作，但现在越来越多的咨询公司已参与到新产品的构思上来，并将产生的构思作为其直接产品之一。

（7）营销调研公司。它接受客户委托，调查顾客的需求状况，往往会无意中发现一些酒店未注意到的市场机会，从而引发对新产品的构思。不过，这些营销调研公司一般不会直接把他们发现的市场机会提供给代理人，而是需要代理人付出一定报酬。

2. 创意筛选

新产品的构思筛选是运用一系列评价标准，对各种构思进行比较判断，从中找出最有成功希望的构思的一种“过滤”过程。进行构思筛选有以下目的：第一，权衡各创新项目的费用、潜在效益与风险，尽早发现和放弃不良构思，找出可能成功的构思；第二，筛选的过程有助于对原有构思做出修改和完善；第三，筛选可促进跨职能的联系与交流。对不同构思进行评分时，评分者往往需要讲述自己判分的理由，这是吸取他人经验并增长才干的大好机会。

在构思筛选的过程中，应遵循以下原则。

（1）可行性原则。这是新产品构思必须满足的标准，它包括技术上的可行性、经济上的可行性和政策法规上的可行性。以上三条中任何一条得不到满足都必须舍弃该构思。

（2）效益性原则。这需要市场调研部门来协助进行分析。根据市场调研的结果，对市场潜力、回报周期、赢利幅度等做出判断。新产品构思方案能被采用的根本原因在于它能使酒店获得效益。

（3）适应性原则。新产品开发工作必须与酒店现有的研究开发力量、生产力量、销售力量以及顾客需求相适应，与酒店的长期目标相一致，这种适应性是新产品构思能顺利实施的保障。

筛选工作程序有以下三点。

（1）成立筛选小组。构思的筛选小组通常由酒店设立或临时成立。小组的成员需要涉及财务、技术、生产、销售和营销等方面的专家与代表。在筛选人员的选配上，不仅要考虑他们各自代表的职能和部门，还要考虑他们的评分能力和性格特征，筛选人员之间要做到性格互补。

（2）经验筛选。由筛选人员根据自己的经验来判断构思与酒店经营目标、生产技术、财务能力、销售能力是否相适应，把明显不适应的构思剔除而将较接近者留下以做进一步筛选。

（3）评分筛选。它是指利用评分模型对粗筛选留下的构思进行评分筛选。评分模型都包括4个基本要素：评分因素、评分等级、权重及评分人员。评分因素是指影响新产品开发成功的各种因素，如酒店的研究能力、财务能力、生产能力、营销能力、原材料的采购能力、市场潜力、竞争者状况、酒店形象等。

3. 新产品概念的开发与测试

新产品概念是指酒店从顾客的角度对产品构思进行的详尽描述，即将新产品的构思具体化。描述出新产品的性能、具体用途、形状、优点、外形、价格、名称、提供给顾客的利益等，让顾客能一目了然地识别出新产品的特征。因为顾客不是购买新产品构思，而是购买新产品概念。

新产品概念形成的过程即把粗略的产品构思转化为详细的产品概念。该过程的步骤：首先，搜集辅助信息，以获得有关市场特征、竞争状况等更多信息；进行专利搜索以找出潜在的竞争对手；通过与行业专家及潜在顾客的谈话来评估对新产品构思的态度。其次，从愿意合作且产品使用经验丰富的主要顾客那里获得有关新产品概念的建议，这些顾客不一定具有代表性，在某些情况下，仅有少数样本的定性分析就可以开发出新产品概念。有些情况下则需要进行大样本调查才能开发出新产品概念。

新产品概念一旦形成，就必须在一大群顾客中进行新产品概念测试，这群人应该是代表未来新产品的目标市场。新产品概念的测试主要是了解顾客对新产品概念的反应，受测试者是顾客，而不是新产品开发团队的人员。进行概念测试的目的在于，能从多个新产品概念中选择出最有希望成功的新产品概念，以减少新产品失败的可能性；对新产品的市场前景有一个初步认识，为新产品的市场预测奠定基础；找出对这一新产品概念感兴趣的消费者，针对目标消费者的具体特点进行改进；为下一步的新产品开发工作指明方向。

4. 酒店新产品营销战略的制定

为了把新产品引进市场而应设计一个初步的营销战略。营销战略应该包括 3 个部分。第一部分描述目标市场，制定新产品的市场定位，以及几年内要达到的销售额、市场份额和利润目标。第二部分概述新产品第一年的计划价格、分销渠道和营销预算。第三部分描述长期的预期销售额、赢利目标和相应的营销组合战略。

5. 酒店新产品的业务分析

管理部门一旦对产品概念和营销战略做出决策，接下来便可以估计该决策的业务吸引力了。业务分析涉及对销售额、成本和利润前景的考察，旨在确定它们是否符合公司的各项目标。如果符合，产品就能进入开发阶段了。酒店新产品的业务分析包括以下两点。

1）新产品的市场机会预测

（1）新产品的市场潜力预测。新产品的市场潜力是指在一个既定的环境下，当行业营销努力达到无穷大时，市场需求所趋向的极限。一个产品的市场需求是在一定的地理区域和一定的时间内，一定的营销环境和一定的营销方案下，有特定的顾客群体愿意购买的总数量。市场总需求不是一个固定的数，而是一个在一组条件下的函数，市场总需求受营销环境、顾客收入水平及行业营销费用等因素的影响。市场总需求量的大小将随着其影响因素的变化而变化，但它的变化是在一定的区间内进行的。当市场需求作为行业营销努力的函数时，我们把市场需求变化区间的下限被称为市场最低量，即不需要任何营销努力也会发生的基本销售量；市场需求变化区间的上限被称为市场潜量，即当营销努力超过一定水平后，市场销售量不能再进一步增加。

（2）新产品的市场渗透力预测。市场潜力的大小表明了新产品存在的可能机会，市场机会预测的另一个重要指标，是新产品上市后的规划期内，市场潜力将以何种速度逐渐实现，即新产品逐渐占领市场的速度，我们称之为市场渗透力。市场渗透力的强弱意味着新产品被顾客接受速度的快慢和程度的深浅。市场渗透力越强，新产品成功的概率越大。

2）新产品的销售预测

对酒店的新产品进行销售预测是酒店以其选定的营销计划和假设的营销环境为基础所预测的酒店销售水平。上面我们讨论了新产品的市场潜力，该市场潜力是针对一个新产品所创造的行业内所有酒店所共同拥有的市场机会。每家酒店在这个新产品潜在的市场容量中能占有多大的市场份额，是各酒店十分关注的焦点。为此，酒店须对新产品的销售潜力进行预测。新产品的销售潜力是指当酒店的营销努力达到最大限度时，可能实现的销售量。

良好的新产品销售预测要考虑四大主要变量：潜在顾客的行为、竞争者的行动、环境的影响、酒店的新产品战略。

（1）潜在顾客的行为。在新产品市场潜力的预测中，我们已经确定了谁是新产品的潜在顾客，而购买本酒店新产品的潜在顾客会有多少，是酒店对新产品销售进行预测要分析的首要因素。酒店须对顾客的购买行为进行分析，以此来判断本酒店新产品的可能销售量。潜在顾客对新产品的认识或接受程度不仅受新产品本身所提供利益的影响，而且酒店的品牌优势、营销努力及酒店形象等也将在很大程度上影响顾客的选择，从而影响酒店新产品销售量的大小。

（2）竞争者的行动。竞争者的介入会极大地影响酒店新产品的销售，如竞争者改变其价格、投入新的促销或推出类似新产品等措施。竞争将使本酒店新产品的销售量下降。

（3）环境的影响。宏观环境的变化自然也会影响酒店新产品销售的实现，如宏观经济不景气、顾客可支配收入下降或因国家出台新政策、法规而影响新产品的销售。

（4）酒店的新产品开发战略。它确定了酒店开发新产品的目的和手段。采取不同的新产品开发战略，如创业或冒险战略、紧跟战略、进攻战略及防御战略对市场份额的追求各不相同。因而，预测新产品销售潜力须结合酒店的新产品开发战略。

6. 产品开发

如果产品概念通过了业务分析这一关，就可以进入产品开发阶段。产品概念被发展成为实体产品。在此之前，产品还只是一个口头描述、一幅图画或一件毛坯。而在需要增加大量投资的产品开发阶段，我们就可以看出产品创意到底是否能够被转变为有用的产品。公司将开发出该产品的概念的一个或数个实体性的模型，希望从中找到一个能满足下列标准的样品。

（1）消费者能感受到该产品具有那些在产品概念描述中所包含的各种关键特征。

（2）在正常使用过程中是安全的。

(3) 可以在预算的成本框架内予以生产。

要开发出一件成功的样品，可能要用上几天、几周、几个月甚至几年的时间。马里奥特酒店用活动墙建造了一个庭院客房模型。他们开发了三种类型客房的结构：标准客房、短式客房和窄式客房。消费者对整体概念很欣赏，但他们不喜欢窄式客房，却接受了短式客房，这使马里奥特的每家酒店都节省了10万美元。

开发样品的一个问题是，样品往往限于核心产品。产品的许多无形成分，如雇员的服务，就无法包含进去。

7. 测试性营销

新产品市场测试性营销的目的是对新产品进行正式上市前的最后一次测试，而且该次测试的评价者是顾客的货币选票。尽管从新产品构思到新产品实体开发的每一阶段，酒店开发部门都对新产品进行了相应的分析、判断和预测，但这在很大程度上带有新产品开发人员的主观色彩。最终投放到市场上的新产品能否受到目标市场顾客的青睐，酒店对此没有把握。通过市场测试性营销，将新产品投放到有代表性地区的小范围的目标市场进行测试，酒店才能真正了解该新产品的市场前景。

市场测试性营销可为新产品是否全面上市提供全面、系统的决策依据，也为新产品的改进和市场营销策略的完善提供启示，有许多新产品是通过测试性营销改进后才取得成功的。

8. 正式上市

经过测试性营销，当酒店决定要大批量生产该新产品时，酒店必须做出4个方面的决策：何时推出、在何地推出、向何人推出、以何种方式推出。

(1) 何时推出。先面临的问题是引入新产品的时机是否合适。

(2) 在何地推出。酒店必须决定新产品的引入是局限在单一的地点，还是在一个地区、几个地区，甚至国际市场。能够有充分的信心、资本和生产能力将新产品向全国分销的酒店为数很少。相反，酒店往往会逐渐地、有计划地扩展市场。

(3) 向何人推出。在逐渐扩展的市场当中，酒店必须将其分销和促销活动对准最有发展前景的群体。在此前的市场测试中，管理人员应该已经对基本的前景有所把握。现在，他们必须重新识别市场，寻找早期使用者、经常使用者和观念领袖。

(4) 以何种方式推出。酒店必须制订一个把新产品引入所选定的市场的行动计划，并将营销预算投入到营销组合中。

本章小结

产品是指能够提供给市场并引起人们注意、获取、使用或消费，以满足某种欲望或需要的任何东西。它包括各种有形物品、服务、地点、组织和想法。酒店产品具有多层次性。支持品牌的条件，是各个公司使用品牌的原因及主要品牌决策的依据。酒店，作为一种产品，它绝不是一成不变的。经济的发展，科技的进步，人类需求的丰富，使酒店出现了众多的创意、更新和变化。从根本上说，酒店产品的创新依然围绕着营销的核心思想——顺应不断变化发展的市场需求，永远使顾客感到满意。

关键术语

产品、产品层次、品牌、新产品开发、产品生命周期。

思考题

（1）什么是产品？

（2）酒店产品有哪些层次？

（3）各个公司使用品牌的原因及支持品牌的条件是什么？

（4）如何进行新产品开发？

（5）产品生命周期理论是如何在酒店中应用的？

课堂互动

1. 头脑风暴

（1）快餐营销中的一个流行概念是家庭送餐，品种可谓无所不包，从比萨饼到汉堡包到炸鸡。你认为对这种服务的需求急速增长的原因是什么？营销人员如何才能通过满足顾客日益增长的多样化需求来形成自身的竞争优势？

（2）将产品生命周期概念运用到一个酒店当中。酒店应该怎样做才能够避免产品走向衰退？

2. 角色扮演

作为一个酒店或餐馆的经理，你将如何获得新产品的创意？

3. 小组讨论

（1）差不多有1/3的新产品创意是来自顾客。这样一个比例是否与“找到需要并设法满足之”这样的市场营销导向的思想相矛盾？为什么？

（2）解释为什么有很多人对品牌产品愿意付较高的价格。从这个事实看，产品品牌化的价值何在？

营销实战

实训任务一

参观同一品牌的两家酒店，每家都展示了同样的品牌形象吗？请给予解释。如果形象不一致的话，潜在顾客将受到怎样的影响？

实训任务二

参观一家酒店或者社会餐饮企业，看看这家企业的有形设施和氛围，其中包括外观、整洁度、员工、氛围和标志。这些有形氛围支持了公司的形象吗？是否还应该努力与潜在顾客及现有顾客进行沟通？请解释其原因。

案例分析

酒店的“香味”营销

福朋喜来登酒店的公关协调员向媒体透露：“以往，客人一走进酒店，闻到的是一种苹果派的味道。苹果派是欧美国家一道家常的饭后甜点，能让人感受到妈妈的味道，也令人联想到酒店所崇尚的简约风尚。不过最近，集团进行了一次大型的问卷调查了解到，客人更喜欢雨后清新自然的味道，于是，酒店决心对气味进行一些改变。”

改变味道的酒店还不只福朋喜来登酒店一家，喜达屋酒店集团一共管理着142家福朋喜来登品牌的酒店，这些酒店分布在全球24个国家。这么多福朋喜来登酒店在同一时间内换上了这种新气味。这种新气味由一家叫ScentAir的科技公司专门为福朋喜来登酒店量身定做，这家位于美国北卡罗来纳州的公司是一家全球知名的香氛递送解决方案供应商，专业为酒店、购物中心等商业机构“制香”。

福朋喜来登酒店的这款香味有个挺好听的名字，“Pinwheels in the Breeze”，中文翻译为“风车味”——“那种感觉就如同春日里清新舒爽的户外气息。”“风车味”是福朋喜来登酒店的特有气味。喜达屋酒店集团旗下有瑞吉、豪华精选、W酒店、威斯汀、艾美国际、喜来登、福朋喜来登等多个品牌，每个酒店都有自己的特有味道，根据酒店的风格、定位专属定制。

福朋喜来登酒店的客户群体定位在30~40岁的商务客人，他们年轻、自然，崇尚简约，喜欢自由，这款清新自然的“风车味”正合他们的心意。喜达屋集团旗下另外一个高端品牌——威斯汀酒店则采用了一款不同的香味。在威斯汀酒店的大堂和公共区域，到处弥漫着一股白茶芳香。威斯汀酒店定位于高端商务客人，这些商务客人工作紧张、压力非常大，白茶芳香能够帮助他们舒缓压力、放松心情。这种芳香的选择和威斯汀品牌“个性化、直觉灵动、焕发活力”的核心价值观相适应，体现了酒店所崇尚的健康、积极向上的生活方式。和名称、标志一样，与众不同的气味正在成为酒店的新标志。

眼花缭乱的品牌标志，独具匠心的包装设计，特色风格的店面装修……从前我们一直依赖于视觉元素辨识品牌之间的差异；后来，英特尔的五旋音，摩托罗拉的“HelloMoto”将品牌带入了一个崭新的听觉识别时代。如今，随着体验经济的到来，感官营销日渐盛行，嗅觉也被越来越广地应用到商业策划的方方面面。或许有一日，消费者只需闻一下气味，便知道自己踏入的是什么品牌的酒店。

英国牛津大学的心理学家做了个试验。他们让参与测试者分别吸入若干种新的并能识别出来的气味，并扫描他们的脑部，记录下不同气味引发的脑部反应。结果显示，人们不但会对各种不同气味表示强烈的喜好或厌恶，而且会把气味与特定的经验或物品联想在一起。这一结果被商家巧妙运用于品牌识别和品牌联想。因为世上没有两种完全相同的气味，不同香味如同标签一样，让消费者一闻就能联想起特定品牌。科学家证实，嗅觉记忆比视觉记忆更可靠。人们回想1年前的气味，准确度为65%；然而回忆3个月前看过的照片，准确度仅为50%。于是，“香味营销”流行起来。

如今，利用人们的嗅觉已经成为参与激烈竞争的一种武器。人们曾在美国做试验，让一家商店充满香气，而另一家商店没有任何气味，结果虽然是那些在不知不觉中接受试验的人们在两家商店逗留了相同的时间，但他们实际的感觉却大不相同。他们感觉在充满香气的商店里只待了一会儿，而在另一家商店里却待了很长时间。这说明宜人的香气使人神清气爽，兴致高昂，乃至忘记了时光在匆匆流逝。

几个世纪以来，法国饮食在国际上尤其是欧洲食坛上都占主导地位，然而20世纪60年代法国有威望的厨师掀起了新派法菜的潮流，提出“自由烹饪菜（Free-cooking）”的号召，提倡随着时代转变，强调缩短烹饪时间、保留食材鲜味。那么，我们的品牌营销从中有何借鉴呢？著名营销专家谭小芳认为，如专卖店的气味，就对提升销售至关重要。

一个好的气味会使得顾客心情愉悦，愿在店内停留较长时间购物。相反，难闻的味道则会让顾客产生焦躁情绪，甚至避而远之。专卖店作为品牌的体验场所，一方面要清除店内异味，如洗手间的气味、地毯发霉的气味等，另一方面要根据目标人群制定相应的气味方案。

对女性消费者来说，咖啡的香味、花卉的气味、烤面包的气味、橙子等水果的气味，都很有诱惑力。男性消费者对气味的感知能力相对较弱，但对优雅的淡淡的香水味普遍存在好感，专卖店或营销人员可适当使用此类香水，但务必淡雅。研究发现，男人和女人最容易达成共识的是柑橘、橙子的味道——建议普通的品牌专卖店使用。如果要用气味形成品牌独特的印记，则需要根据目标人群的喜好做科学的设计，使更多的人“说不清道不明”地喜欢我们的品牌，成为我们品牌的忠诚“粉丝”。

手机索尼爱立信曾推出一款使用时会发出淡淡清香，让人闻了可以平静情绪的新款手机，韩国LG有“巧克力”之称的手机散发出巧克力香味，三星则在店内散布清甜的哈密瓜香味。我们将这种营销手段称为“香味营销”。当然，此类案例还有很多，谭小芳搜集如下。

当你步入英国航空公司（以下简称“英航”）的头等舱及头等舱候机室时，最先引起你注意的就是独特的气味，这是一种叫做牧草的芳香剂。英航定期在航班上喷洒这种芳香剂，以加深公司在其最有价值顾客群中的品牌印象。这种区别于视觉的感官新体验独树一帜，非常新颖，营销效果很理想。英国高档衬衫零售商托马斯·彼克耐心地研制出了一种个性化气味，他在纽约、波士顿和圣弗朗西斯科新开的商店中放置传味器，当顾客经过时，传味器就会散发一种新鲜的、经过清洗的棉花味道。这种嗅觉享受让人迅速有了价值联想。

以体验营销闻名的星巴克，对于咖啡的味道与香味要求近乎苛刻。在星巴克上班的员工，不管是谁，不管是什么日子，都不准使用香水，因为在星巴克，空气中飘溢的只能是纯正的咖啡香味，这要远胜过其他的香味。试想，如果星巴克每天发出来的是不一样的香味，或是混杂着其他香水的味道，谁又能远远一闻到就直奔这个“家与公司外的第三生活空间”呢？

卡夫食品把气味嵌入杂志广告中，读者只要对该广告页中的某几个定点进行摩擦，美味就会飘散出来。以卡夫 Philadelphia 奶油奶酪广告为例，画面印有草莓奶酪蛋糕，一经摩擦，照片会散发出一股香甜奶味。此外，肉桂咖啡及白巧克力的味道也在不同的广告中呈现。

在明信片大小的广告插页上，铺上许多微小的香油滴，并用特殊技术使油滴不会裂开溢出。只要撕开插页，便会有某一品牌的香水味徐徐逸出。这种传播嗅觉符号的香页广告，使著名的英国劳斯莱斯汽车公司受到启发，让读者在香页上闻到该车车座的高级皮革香味。

新加坡嘉华电影院安装了散发香味的电子装置，影片《查理和巧克力工厂》放映时，放映厅内弥漫着浓郁的巧克力香气。其结果是多数观众选择到嘉华影院来观看这部电影，观众很开心，许多人说看完电影后觉得很饿，想吃巧克力，结果该电影院附设店的巧克力被抢购一空！

西安大唐芙蓉园、沈阳世界园艺博览会等运用现代智能远程管网化喷香手段，创造了户外“香化工程”范例。大唐芙蓉园香化工程，是全世界首例最大的户外香化工程。这不仅是为了营造梦回大唐的意境，也是一项既有历史厚重感，又有远大前瞻性的重大工程。针对千亩大唐芙蓉园里的皇家建筑、山水景观、剧场诗苑的不同功能、不同文化内涵和地貌特征，芙蓉园被划分为 6 个香化区域，并从大自然几千种香气中，精心创意出 50 多种香味，让东、西方文化在对接中融合，在融合中升华。

“全球旅行社”是法国的一家旅行社，位于巴黎闹市区的歌剧院大街，它宽敞的前厅里铺着蓝色的地毯，弥漫着淡淡的茉莉花和甜瓜的香味。但在它不同的柜台前，顾客们“嗅”到的气味又不尽相同。在负责去北美洲旅游的柜台前，散发的是可乐果的香味；在办理去太平洋群岛波利尼西亚的柜台前，香草的芬芳沁人心脾；而在预订豪华轮进行海上旅游的柜台前，则仿佛漂浮着一股海面上含碘的水汽。

可口可乐、雀巢、雅诗兰黛、宝洁……众多国际品牌的背后，都有著名的气味研究机构。新加坡航空公司（以下简称“新航”）空姐身上的香水，是美国 Scentair 公司特别调制的“热毛巾上的香水味”，成为新航的专利香味，闻香识人；喜达屋酒店集团旗下每个品牌都拥有自己的签名香味，为客人创造怡人放松的心灵旅行体验；北美 BOSS 将“男人的味道”这句广告语与店内魅力张扬的男性香味融为一体，成为视听品牌与嗅觉品牌完美融合的典范。

“香味营销”发展到现在，已经上升到了企业嗅觉品牌的高度了，无论是喜达屋和万豪、BOSS、SONY、LEXUS 等都已经拥有自己特有的“香味标签”。但事实上，在形成品牌影响力的道路上，包括嗅觉和味觉的“气味”研究，还需要迈过几道坎。首先，包括中国在内的世界上大多数国家的商标法还没有规定允许注册嗅觉商标或是味觉商标，这也就意味着即使研究出一种代表自己品牌的嗅觉产品或是味觉产品，也无法获得注册，得到法律保障。其次，相应的法律法规还无法确保“声”、“味”品牌可以有严格的知识产权保护，尤其对于“味道”这样的品牌来说，如何界定，是一个让人困扰的问题。再次，由于每个消费者的喜好各不相同，研究出的味道，势必会使一部分消费者喜欢，另一部分消费者不喜欢。最后，一个现实的问题是，品牌维护所带来的昂贵成本。令人兴奋的是，中国企业在气味的品牌营销上，已经开始迈出了第一步。无论成败，这都是中国品牌发展的一次有益尝试。

总之，不着文字，无须喧哗，营销于无形，而同时能够有效慑服消费者，这或许就是营销的一种至高境界，这也是“香味营销”给我们企业营销管理者的最好启示。

在感官体验时代企业该如何打通“香味营销”的通道？我们拭目以待吧！或者说，“拭鼻以待”！

（案例来源：http：//guide. foodmate. net/2012/2235. html.）

思考题：

（1）酒店和其他商业领域的“香味产品”有哪些特色？

（2）结合案例谈一下如何进行酒店产品创新。

8

酒店内部营销

本章概要

(1) 内部营销及其过程。
(2) 顾客价值与顾客满意。
(3) 关系营销。
(4) 营销与质量。
(5) 生产能力与需求管理。

本章目标

学完本章以后，你应该能够：理解内部营销是营销的重要组成部分；解释服务文化及其重要性；描述出实施内部营销计划的四个步骤；通过开展关系营销吸引新顾客、维持老顾客；实施生产能力和需求管理。

案例导入

著名的管理学家余世维先生，经常在他的讲座中谈到他在泰国曼谷东方酒店的经历。曼谷东方饭店是世界著名的酒店之一。余世维先生评价说：“能够经营出世界一流的酒店，因为人的不一样，做的事情也不一样。”

我在那里住的时候，早上一起来，服务生就迎上来问候：“早，余先生!”“你怎么知道我姓余?”“余先生，我们饭店有个规定，晚上客人睡觉的时候，这一楼层的服务生要记住每一个房间客人的名字。”这让我很欣慰。后来，我坐电梯下楼去，电梯门一开，已经有一位服务小姐站在那里。“早，余先生，吃早餐吗?”“啊，你也知道我姓余呀!”“余先生，上面刚打电话说您下来了。”后来，她带我到餐厅去，一进门服务生就问：“老位子吗?”“老位子?”“余先生，去年4月17日您来过这里，坐在湄南河旁边第二个窗口，是吗? 喜不喜欢老位子?”我说：“老位子!”我就欣慰地坐下，原来他们的电脑里有我的记录。“余先生，老菜单吗?”“老菜单!”“早上一杯番茄汁，两个炒蛋而且煎双面……”我说：“再加一个水果!”当我询问服务生饭菜的一些问题时，我还注意到一个细节，服务生总是先后退一步再回答我，这后退一步即是为了防止他的口水溅到菜里。这种教养我在世界各地都很少看到，这就叫人的品质！在我退房离开的时候，服务生把我的收据折好放在信封里给我，并说：“谢谢您，余先生，真希望第七次再看到您。”原来那是我第六次去泰国。之后有3年我没去过泰国。一天，我收到了饭店寄来的一张卡片：“亲爱的余先生，3年前的4月16日您离开以后，我们就没有再看到您，饭店全体上下都很想念，下次经过泰国一定要来看看我们。”下面写的是“祝您生日快乐!”原来写信的那天正好是我的生日。这种优质的服务无疑赢得了我的心！我发誓这辈子再经过泰国我一定去住那个东方饭店。

案例点评： 要想在今天的市场上取得胜利，企业必须以顾客为中心，必须向其目标顾客提供优异的价值。它们必须成为笼络顾客的行家，而不仅仅是生产产品的行家。在酒店业，营销必须是全员性的营销，而不仅仅是营销部或销售部自己的事情。营销应该是组织内部的一种哲学思想，营销的任务要让各条战线的员工共同完成。

顾客满意理论既属于营销理论的范畴，又是从一个侧面对传统营销理论的升华。它是在世界经济中企业经营管理理论的新的里程碑。

8.1 酒店内部营销及其过程

管理人员必须明白，劣质服务会比优质服务更显眼。当客人受到的接待很差时，他们的反应便是到处散布他们的感受。当人们有了一次愉悦的体验时，他们会把这种体验转告给5个人。如果他们有了一次糟糕的体验，他们会把这种体验转告给10个人。即所谓“好事不出门，坏事传千里”。企业的目标就要让每个客人的期望都得到满足，甚至令其有喜出望外之感。

应用案例 8－1

人们云集于全世界 28 000 家麦当劳餐馆，并不仅仅是因为他们喜欢该连锁店的食物。在全世界，麦当劳的整个系统都能十分协调地向顾客提供高标准的服务，该公司将此系统称为 QSCV：质量（quality）、服务（service）、整洁（clean）和价值（value）。该系统包含很多内容，既有内在的，也有外在的。麦当劳之所以有成效，应该归功于它成功地与其雇员、特许经营商、供应商及其他各方协同一致为顾客提供超常的价值。

8.1.1　员工满意和顾客满意

前台的接待人员、餐厅的服务员、门童及客房服务员，都影响到客人离店时的心情。他们对处理客人要求的态度、神情和主动性，都会给客人留下印象，而这种印象是针对整个酒店的。雇员提供的是酒店的产品，通过这个过程，雇员也成了产品的一部分。在一般情况下，很难从硬件上使酒店同竞争酒店明显地区别开来。在同一价格水平上的烤肉宴会和酒店客房通常都很相似。真正的产品差异来自提供服务的个人。在酒店业，大多数营销活动是由营销部以外的人员完成的，而不是营销人员。酒店的营销计划是将顾客吸引到酒店当中来，而酒店员工必须把这种初次来访的客人转化为酒店的常客。常客数量和利润之间存在着正相关关系。

当人们想到营销，往往想到针对市场做出的各种外部努力。但是一家酒店或餐馆的营销活动首先应该是针对内部员工的。管理人员必须确信雇员了解其产品并相信它们的价值。雇员则必须对他们为之奋斗的公司，及他们所销售的产品怀有激情，否则顾客就不可能有什么热情，这就是所有的管理人员都需要理解营销的重要性所在。同时，顾客导向也是十分重要的。外部营销将顾客带到酒店里来，但如果雇员不能够满足顾客期望的话，那就是毫无益处的。把顾客吸引回来的力量来自雇员的服务。

【特别提示】

在质量与员工满意之间也存在某种联系。一项研究表明，员工流失与员工对服务质量的看法有关。有些员工之所以离开酒店，是因为酒店向顾客提供的服务太差，它们对整个酒店持消极的态度。与满意的顾客打交道，员工会感受到乐趣；这样，高水平的顾客满意度也就创造了高水平的员工满意度。在酒店当中，人力资源的职能与营销是密不可分的。必须把它们结合到一起，以创造出满意的顾客和满意的员工。因为，满意的员工创造满意的顾客。

好的内部营销计划能创造员工的满足感，这反过来又会创造顾客的满足感。所有内部营销有两个益处：顾客满意和员工满意。它们接着就会提高利润水平，因为员工的流失减少了。顾客满意与员工满意之间存在着一种关联。好的员工不喜欢与不满的顾客打交道。在顾客满意和员工满意之间有一种双向关系。当顾客满意度降低时，员工的满意度也会降低；相反，当顾客的满意度增强时，员工的满意度也增强。

8.1.2 内部营销过程

内部营销使企业各个层次的员工都能体验到企业的业务，并在一种维护顾客利益的意识氛围中了解各种业务活动和大型活动。内部营销的目标是使员工能够向顾客提供满意的产品。由员工所构成的内部市场，最好是通过一种积极的、类似于营销的手段加以激励，也就是说，在内部所进行的各种活动都要以一种积极的、类似于营销的和协调的方式来完成。这样做的目的是鼓励那些具有服务意识和顾客导向的行为。内部营销是用一种营销的视角管理企业的员工。内部营销是以内部员工为目标的营销活动。内部营销是一个过程，其包含以下步骤。

1. 建立一种服务文化

如果管理人员希望员工对客人的态度好一些，那么，管理人员自己必须对客人及员工有一个好的态度。服务文化是一种从政策、程序、奖励机制和行动等各方面都支持顾客服务的文化。组织文化是能够给组织成员以某种组织含义的共有的价值和信念模式，它提供各个成员在组织内部的行为准则。要建立一种顾客导向的组织，第一步必须是形成一种浓郁的服务文化氛围，以此影响员工以顾客导向的方式行事。要把组织转变为一个顾客导向型的系统，就可能要求管理人员在雇用、培训、奖励机制、解决顾客投诉及员工授权方面都有所改变。

2. 开发一种进行人力资源管理的营销途径

管理人员必须运用营销原则去吸引和留住员工。他们必须研究并理解员工的需要，就像对待顾客的需要一样。员工选择雇主和抛弃雇主的方式，与顾客选择一家酒店及转向另一家酒店的方式是一样的。运用营销手段开发一些岗位和企业利益，对于吸引和留住好的员工是有帮助的。以下做法是有益的。

（1）创造能吸引优秀人才的工作岗位。

（2）雇用和培训，作为人力资源管理的传统职责，是任何内部营销计划的最关键部分，雇用程序尤其关键。

3. 岗前培训的重要性

有一位顾客住在假日酒店集团的一家特许经营酒店里。在这期间，他曾向前台服务员询问有关该酒店管理公司的情况：他们管理多少家酒店？它们都位于何处？这个服务员两个问题都没有回答上来。还有一件事，在一家华美达酒店，客人与餐厅服务员的对话被经理无意中听到了。客人请服务员推荐一个在本地就餐的好去处。管理人员本希望服务员先介绍本酒店的餐厅，然后提一提本地的其他餐馆。但是，服务员说她刚刚来到本地，还没有发现一处好吃的地方。你常常会发现，员工对他们所工作的酒店、酒店的产品及顾客所关心的其他项目竟然一无所知。如果员工对所在的公司和所售卖的产品毫无热情，就很难创造热情的顾客。

要达到理想效果，必须让员工经常获得有关公司的信息。公司的历史、当前的业务类型、公司的使命和前景，都是员工需要了解的重要信息。

4. 向员工传播营销信息

一般情况下，与顾客最有效的沟通渠道就是通过一线员工。他们可以推荐别的产品，如酒店的健身俱乐部或商务中心。如果对顾客有好处，他们还可以高价促销。在顾客的问题激化之前，员工往往有很多解决问题的机会。要做到这一点，他们就需要信息。管理活动是酒店与员工进行沟通的一个途径。在管理层和员工之间的接待沟通非常关键——不仅仅是开大会的形式，还包括管理人员与员工间经常的个人交流，了解顾客的需要，以便决定公司怎样才能使员工对顾客的服务更容易些。酒店可以利用技术和培训使员工加强对产品和服务方面的培训。员工应该得到有关新产品和产品更换、营销活动及在提供服务过程中所发生变化的信息。

5. 实行奖励和表彰机制

员工必须知道他们怎样才能有效地工作。沟通的设计要给员工形成反馈机制。一个内部营销计划包含着服务标准，以及测定企业满足这些标准的程度的具体方法。任何服务测定的结果都要通知员工。喜来登酒店、马里奥特酒店和其他一些大酒店公司都对顾客进行调查，逐项地了解顾客对酒店的每一个品质的满意程度。如果把顾客服务的测定结果通知给员工，并且对那些服务好的员工给予表扬，那么，顾客服务的测量就会对员工的服务态度产生积极的影响。如果酒店要建立一支具有顾客导向的员工队伍，它们一定要对其服务质量予以奖惩。建立在顾客满意程度基础上的奖励制度，是鼓励员工对顾客提供优质服务的一种方法。

8.2 顾客价值与顾客满意

今天的顾客面对数不尽的产品和品牌、各层次的价格、形形色色的供应商，顾客是如何做出他们的选择的？答案是，顾客选择那些能提供给他们最大价值的营销组合，顾客追求的是价值最大化。他们先构筑个人的期望，然后根据期望来行事。他们将其在消费产品过程中所获得的实际价值与他们所期望的价值相比较，其结果将影响到他们的满意程度和以后的购买行为。

8.2.1 顾客价值

顾客会对产品能否满足其需要做出整体性的评估。顾客价值总和与顾客成本总和之间的差额，就是顾客的“利润”或顾客得到的价值，如图 8.1 所示。

顾客价值总和是顾客从营销组合中所获得的所有产品、服务、人员和形象价值的总和。顾客成本总和是企业在提供营销组合时所付出的全部金钱、时间、精力和精神成本的总和。

减去	顾客价值总和（产品、服务、人员和形象价值）
	顾客成本总和（金钱、时间、精力和精神成本）
等于	顾客得到的价值（顾客“利润”）

图 8.1　向顾客提供的价值

有人曾询问豪华酒店的客人，哪些酒店特征能使他们对酒店更忠诚。通过深度访问，他们列举了 18 种可能的利益。然后，又请这些酒店客人将这些特征加以排序。这种分析帮助管理人员发现哪些领域存在为顾客提供更多价值的机会。他们还可以弄清楚哪些领域为大多数酒店所忽略，从而给他们一个创造竞争优势的机会。而且，提供这些特征的代价也不高。例如，如果用没有售出的套房给顾客提供意想不到的客房临时升级服务，并不增加什么成本。

如果一个营销人员发现竞争者为顾客提供更大的价值，这时有两种应对策略可供选择：一种是通过加强或增加产品、服务、人员或形象方面的价值，以此增加顾客价值总和；另一种就是通过降低价格、简化订购和服务程序来降低顾客成本总和。

1. 顾客成本原理

什么是价值？价值是指顾客从某购买商品或服务的付出中得到的一种利益回报。这个概念可更确切地表述为，价值等于顾客对商品或服务认定利益除以得到这种利益所投入的成本。显然，利益越大，成本越高。当然，也可用利益与成本相减之差来反映价值。但“除以”也好，“相减”也罢，都只是一种抽象概念，尤其是“利益”，很难转化为精确定量的货币。因此，价值在实际交换中很大程度上是由心理上的满意度评估确定的。

顾客是以自己的标准来衡量事物的价值的。如果你要取悦他们，你就必须以一个顾客的眼光来看待你自己所提供的商品或服务。需要指出的是，顾客购物时并不直接购买商品的价值。美国哈佛大学营销权威泰德教授说过：“每一个购物者买的都是期望，而不是商品。”说得通俗一点，就是顾客购买的是自己期望的价值。他们要等购物完毕的一段时间之后才能真正发现他们的期望是否正确。那为什么又要重视“顾客买的是期望”这一原则呢？道理很简单：一种商品或一次服务的实际价值与顾客所期望得到的价值是有一定差距的。如果实际价值大于期望价值，你的顾客就能从中得到“利益”。如果实际价值小于期望价值，你的顾客就会产生不满。因此，如果顾客在购买之后，因某种意外使顾客的开支增大或收益减少，从而导致价值的降低，那么你就拥有了一位对你不满的顾客。

2. 顾客成本的内涵

顾客成本是消费者为了得到利益而投入的时间、金钱和一切努力的总和，包括顾客耗费的货币价值、时间价值、精力价值和精神价值在内的全部付出。一对新婚夫妻参加某旅行社组织的三峡蜜月旅游，结果游船等级、时间、景点、酒店全部与旅行社许诺的大打折扣，甚至根本不兑现。事后多次投诉，旅行社推诿、搪塞、敷衍，这对夫妻又气愤又懊恼。由此造成的顾客损失绝不是退赔旅游原价所能弥补的。赔偿还应包括这对旅游者为投诉所耗费的大量精力和时间，还包括精神损害。

顾客成本是一个重要的概念。因为大多数企业只把注意力放在顾客付出的货币上。然而，顾客花费的成本却远远不止这些。如果你站在顾客的立场上，就能体会到顾客因购买一件商品而付出的全部非货币性的代价：为了找到合适的地方停车而花费的时间和精力；因找不到所需商品而产生的焦虑感；为等待因私事而离开的收银员而付出的耐心；同售货人员发生争执后而产生的精神烦恼；为商品质量不佳而反复多次跑去商场找经理交涉而耗费的时间和精力，以及由此带来的精神烦恼……

这些也是消费者付出的非货币代价，连同商品或服务本身的价格一起，构成了企业出售的商品或服务的顾客成本的总量。

3. 顾客成本与利益关系的变化

当一个顾客不满意时，就应当引起警觉：因为这次他不满意之后，就会埋下下次仍不满意的心理。每当努力与一位不满的顾客斡旋时，不仅要考虑到他现在的不满，还要考虑到他将来可能会产生的不满。而解决顾客不满的最关键的一点，就是站在顾客的立场上，为他们核算成本。一方面，尽量减少顾客成本的总量；另一方面，一旦出现顾客不满，应尽量从顾客成本角度做出必要的赔偿和补偿，其中包括对顾客精神安慰一类的补偿。

8.2.2 顾客满意

顾客要对企业所提供的营销组合的价值做出种种判断，并在这些判断的基础上做出购买决策。顾客对于所购买的产品或服务是否满意，要看产品实际提供的价值是否符合购买者的期望。一位顾客所获得的满意程度可能差异很大。如果产品的实际价值远不及顾客的期望，顾客就要失望；如果产品的实际价值与顾客的期望相符，顾客就会感到满意；如果产品的实际价值超过顾客期望，顾客就会感到非常满意，甚至有大喜过望的感觉。

营销人员必须谨慎地确定一个适当的期望水平。如果顾客的期望水平过低，营销人员虽然可以满足顾客的需要，但不能吸引足够的购买者。相反，如果使顾客的期望水平过高，却很可能使他们失望。

应用案例 8－2

假日酒店集团曾发动过一场“无惊奇”促销运动，承诺酒店将始终如一地提供不会出任何事故的住宿和其他服务。可是，到假日酒店的客人还是遇到了大量的问题。因此，促销活动所产生的顾客期望只能使顾客更加失望。结果，假日酒店不得不撤销了这次促销运动。

作为现代企业的一种重要的整体经营手段，顾客满意也被称为“CS 理论”或“CS 战略”，CS 是英文 customer satisfaction 的缩写。CS 理论中的顾客，一是指企业内部成员，主要包括企业的股东、员工。此外，企业中的供销及其他职能部门之间、上下工序之间也为顾客关系。二是指外部顾客和用户，即凡是购买或可能购买本企业产品和服务的个人和团体。

【特别提示】

“顾客满意”四字看似简单，但为什么大多数顾客总有不同程度的不满意呢？除了服务行为上的原因之外，对“顾客满意”的内涵缺乏全面的理解，则是造成服务不满意的认识前提。

8.2.3 顾客满意度与顾客忠诚度

顾客满意度是对顾客期望满足程度的测量。如果顾客得到他们所期望的，他们就会感到满意。如果超过了期望，他们便会获得极大的满足。与此不同，顾客忠诚度测量的是顾客在此光顾的可能性及他们对参与公司活动的意愿。

顾客满意是建立顾客忠诚的条件。要想建立顾客忠诚，必须满足或超额满足顾客的期望。但是，由于一些因素的影响，即使是已经获得满足的顾客，也可能仍不是忠诚的顾客。首先，有些旅行者不会经常返回某个地方。这样，顾客即使认为酒店质量很好，但由于他们不会再回到这个地方，也就谈不上再回到该酒店去。其次，有些顾客就喜欢到不同的酒店和餐馆体验新奇，所以，虽然有机会回到该地，也不再光顾该酒店。再次，有些顾客对价格很敏感，因此总是着眼于最便宜的买卖。即使他们对上一个酒店感到非常满意，也会因为别的酒店能提供更优惠的价格而转移。最后，顾客期望通过购买而得到满足，如果得不到满足，他们就不会购买。所以人们对满意度期望往往越来越膨胀。要想创造忠诚的顾客，管理人员必须拥有一些感到特别满足的顾客。

尽管顾客满意是顾客忠诚的条件，但顾客满意并不意味着顾客会再次光临。忠诚的顾客比满意的顾客更有价值。一个满意但从此再也不露面并且还不说你好的顾客，对公司没有“净现值”。相反，那些再次光顾本企业、还能到处传播他们对公司的好感的顾客，对于一个豪华酒店而言，其价值不低于 15 万元。管理人员必须能够识别出谁有可能成为忠诚的顾客，并为他们提供比竞争者所能提供的还要多的价值。

8.3 关系营销

一旦管理人员看出谁有可能成为忠诚的顾客，他就必须寻找与这些顾客建立关系——一种可以建立顾客忠诚的关系的途径。营销正日益从关注个别交易转向对重要关系和营销网络建设的关注。关系营销更注重的是长期的效益，其目标是向顾客提供长期的价值，其成功的手段是长期的顾客满意。

8.3.1 关系营销的内涵

关系营销包括建立、维持和发展与顾客间的紧密联系等内容。

交换承诺是关系营销中的一个重要概念。要建立企业与顾客之间的关系，企业会向顾客做出一系列与产品和服务有关的承诺，顾客也会对自己的义务做出一系列承诺。要保持并发展双方之间的关系，使双方受益，企业和顾客都必须履行各自的承诺。酒店承诺“入住两天以上的客人离店时免费送到机场”，就应该进一步明确是班车还是专车。某餐厅承诺某月某日至某月某日“午餐免费供应啤酒”，也应明确地告诉顾客啤酒免费供应限量与否。承诺得越是明确、具体，在兑现时就越能使顾客认可在消费中获得的利益，并认可该企业的信誉。相反，含糊笼统地承诺，往往会使顾客对消费中的利益抱有偏高的（甚至是过高的）期望，以致在企业兑现了承诺之后，顾客虽受益却会产生吃亏的感觉，从而给企业的关系营销带来负面影响。

承诺与交换是不同步的。它的基本顺序是，企业做出承诺—顾客在选中产品和服务的同时也选中了这种承诺—企业履行承诺，顾客获得利益—顾客满意进而对企业做出承诺—顾客履行承诺，企业因而保持或扩大了市场占有率而受益。当然，也有的企业对承诺并不事先张扬，而是在顾客消费中使之切实受益。某餐厅并没有做什么折扣、赠送之类的宣传。可是，当客人对他们的菜肴、服务都很满意的时候，他们又会为客人送上一份意外的惊喜——免费送上一盘有品位的水果。这同样会诱发客人“下次再来”、“介绍亲友们来”之类的动机，并愉快地向餐厅做出承诺、履行承诺。从承诺交换的程序中可以清楚地看出，企业是始终处于主导地位的。顾客承诺与否，完全取决于企业的承诺能否激起顾客再次到此消费的欲望。只有企业的承诺使顾客切实得到了心满意足的利益，交换承诺才会成为可能。关系营销中的承诺是非契约性的，它没有正式文本，也无须签署，更无须公正。

【特别提示】

企业的承诺一旦公布，无论是口头上还是文字上（海报、传单等）向消费者展示之后，就开始受到全社会的（包括消费者个体的、消费者组织的，以及大众传播媒介的）监督，即使因故要更改已经做出的承诺，也得有个“说法”，并再次公之于众，继续受社会监督，一旦食言，必将不可避免地背上“蒙骗顾客”的骂名。

顾客则不然，其在对企业的承诺面前，享有较高的自由度。某酒店成功地接待了一次大型会议，得到了与会者的一致好评，会议组织者高兴地表示，明年的同一个会议依然请该酒店来承办。可是到了明年，由于决策的变化，会议异地举行，会议组织者也作为该酒店的顾客，也只能终止原先的承诺，但是它却不会受到社会舆论或店家的指责。

公平是交换承诺的重要原则。企业与顾客双方在一次交换承诺中，各自支出与收益的比值相近或相等时，顾客对这种满意度最高，因而重复交换的动机也随之更为强烈。

应用案例 8－3

《市场报》报道大连市某宾馆向顾客承诺“24 小时供应热水”，可是顾客办理好了入住手续，进了客房发现要到晚上 21:00 点以后才供应热水。像这样在企业不守信用的情况下，顾客提出退房的要求是理所当然的。可是企业却要求顾客承诺承担单方面的责任，在办理退房手续时，硬是收取了客人半天的入住费用，让顾客意外地增加了一笔获得相应“承诺服务”的开支，而且浪费了半天时间，增添了不必要的烦恼。如此不公平的承诺，难怪媒体向社会曝光。

关系营销概念不如传统的营销因素组合概念简明，并且不能为实际工作者提供一系列容易理解的竞争手段。但是关系营销概念要求改变思维方式，从简单化营销因素组合思维方式转化为真正营销导向的思维方法，深入分析当前的营销环境，明确本企业应适用哪些资源，进行哪些营销活动，才能与具体的顾客或具体的目标细分市场的顾客建立、保持并发展相互之间的关系。

8.3.2 关系营销的 3 个级别

酒店用什么样的营销工具才能令顾客非常满意并建立起非常紧密的联系呢？有 3 种顾客价值捆绑方法可供选择。第一种方法主要是为顾客关系添加经济利益。例如，有些航空公司提供所谓的常客计划，有些酒店向常客提供客房免费升级服务。第二种方法是增加经济利益的同时增加社会利益。酒店的员工通过了解每个顾客的需要和欲望，将各种社会利益结合到一起，然后针对每个顾客提供定制化的产品和服务。他们把顾客变成了主顾。例如，一位服务人员认出了常客并称呼他的姓名、向他问好，一位营销人员与主顾建立了良好的关系。第三种方法是在提供经济和社会利益的同时建立起与顾客的结构性联系。例如，喜来登酒店为最佳顾客提供灵活的入住和退房时间，希尔顿酒店使用技术在电视上呈现个性化的欢迎信息。

应用案例 8－4

近年来，国外许多民航公司和旅馆公司推出了“经常旅游者奖励计划”，以免费机票、免费住宿、免费休假旅游、价格优惠等方式奖励常客。我国某些合资酒店也推出类似的奖励计划，希望在商务客人中形成对本酒店的忠诚感。然而，“经常旅游者奖励计划”并不能真正满足游客的需要，而且还会极大地增加旅游企业的成本费用。竞争对手也很容易模仿这类计划，这样，企业就很难取得竞争优势。

有些酒店与常客保持社交性联系，不断地研究和了解常客的需求和欲望；向常客赠送礼物和卡片，表示友谊和感谢；信任常客，并提高常客的信任感；向常客表现出合作态度和良好的服务态度。这样的社交性联系，竞争对手往往不易模仿。与常客保持密切的社交性联系，还可使企业及时发现服务差错，了解竞争对手动向，防止常客"跳槽"。

还有酒店与顾客建立忠诚性联系，即酒店使用高科技成果，精心设计服务体系，为常客提供竞争对手不易模仿的服务，使常客得到更多的消费利益和更大的实用价值，实现企业与顾客的双向忠诚，相互信赖，相互获利，达到不能分离的地步。忠诚性联系极大地增加了常客改购竞争对手服务所需付出的代价，极大地增加了竞争对手顾客改购本企业服务所能获得的利益。例如，上海和平酒店充分利用外滩金融一条街的历史地理优势，建立以高新科技含量为主体的"金融家俱乐部"，向金融客人及时提供全世界的金融信息，就是成功一例。

关系营销的效益来自忠诚顾客的不断光顾、营销成本的减少、忠诚顾客对价格的敏感度的降低及忠诚顾客的合作行为。营销成本减少的根源在于，维持一个顾客比创造一个顾客成本低，而且，通过忠诚顾客之口所传播出来的有关本企业的赞誉之词还可以创造新的顾客。

【特别提示】

关系营销并非要与每个顾客建立起特殊关系。事实上，有一些顾客是没有价值的。酒店应该有选择地建立顾客关系；弄清楚哪些顾客值得培养，因为你可以比任何别的竞争者都更有效地满足他们的需要。

各个酒店一定要关注其顾客流失率，并采取措施减少顾客流失。传统的营销理论与实践的中心就在于如何吸引新顾客，而不是如何留住现有顾客。它所强调的是做生意，而不是建立关系。人们热衷于讨论售前和售中的活动，而不关心售后的活动。不过，现在大多数酒店已经意识到保持现有顾客的重要性。根据一份报告的结论，只要减少 5%的顾客流失，酒店就能增加 25%~85%的利润。

8.4 营销与质量

酒店业的员工与顾客之间存在着高度的联系与协作。通过全面质量管理计划，管理人员竭尽全力地要消除纰漏，增进顾客对产品质量的感受。追求高质量是一个漫长的旅程。

8.4.1 质量的含义

质量可以区分为两种：产品特征和无瑕疵。前者强化顾客满意度，后者增加顾客满意度。前者要增加产品的成本，顾客必须对因产品所具有的额外特征而增加的成本支出较高的价格认可，或者这些特征能使顾客对产品更为忠诚。

顾客的期望是由公司的形象、人们的口碑相传、公司的促销努力及价格等因素构成的。还有一种看待质量的观点，就是整体感受质量不仅取决于预期质量与体验质量之比，也取决于技术质量和功能质量。技术质量是指在顾客与员工互动已经完成之后还依然保留的质量特征。对此，顾客容易感知，也便于评价。功能质量是指提供服务或产品的过程。在提供服务的同时，顾客与企业的员工之间要经历许多的互动过程。出色的功能质量可以对不太令人满意的客房有所弥补。如果功能质量很差，那么即使是提供高质量的客房，也难以克服顾客既有的不满心理。酒店如何提供产品功能质量或他们的对客服务，已经成为寻求差异化的关键。

应用案例 8-5

在酒店里，技术质量指客房；在餐馆里，技术质量指食物；在汽车租用公司里，技术质量指汽车。在一家酒店办理入住登记的经历就是功能质量的一个例子。一位顾客做了预订，门童先向他问候，前台的迎宾员给他以指点，请他到前台办理入住手续，然后领他到客房。

顾客对服务的预期质量，通常要受四个方面因素的影响，即市场营销沟通、顾客口碑、顾客需求和企业形象。由于接受服务的顾客通常能直接接触到企业的资源、组织结构和运作方式等方面，企业形象无可避免地影响顾客对服务质量的认知和体验。顾客心目中的企业形象较好，就会谅解服务过程中的个别失误；如果原有形象不佳，则任何细微的失误也会造成很坏的影响。因此，企业形象被称为顾客感知服务质量的过滤器。

服务质量的构成如图 8.2 所示。

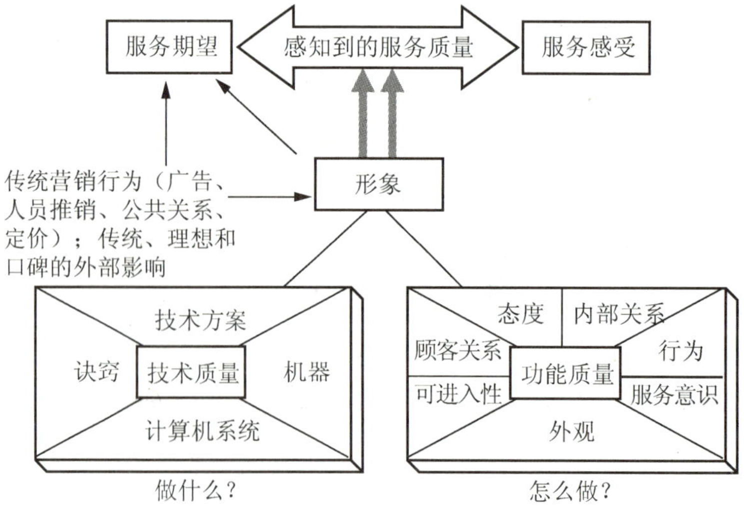

图 8.2　服务质量的构成

除了技术质量和功能质量之外，还有一种类型的质量——社会（伦理）质量。社会质量是一种信用质量。消费者在购买之前是不能加以估量的，在购买之后的短期内也往往难以评价。

应用案例 8-6

有些酒店的经理不知道他们的防火设施置于何处，有的虽然知道在什么地方，却未曾按计划对员工加以培训。这种缺乏生命安全管理的状况平时对顾客不会产生什么影响，客人可以在离开酒店时有一种非常满意的感觉，而且还准备再次光顾，甚至可能向其他人推荐此酒店。航空公司可以减少维修次数以便降低成本，这个事实消费者永远也不会注意到，但倘若发生坠机事件就不同了，随之而来的调查显示，原因出自低劣的养护标准。而那些在预防性维护和安全培训方面做得好的航空公司和酒店通常不就此做广告宣传，因为这些工作主要涉及的是他们的产品的消极方面。

8.4.2 服务质量的评价标准

一般认为，评价服务质量的标准，主要有以下五个方面。

（1）感知性。指提供服务的有形部分，如各种设施、设备、服务人员的仪表等。顾客正是借助这些有形的、可见的部分来把握服务的实质。有形部分提供了有关服务质量本身的线索，同时也直接影响到顾客对服务质量的感知。

（2）可靠性。指服务供应者准确无误地完成所承诺的服务。可靠性要求避免服务过程中的失误，顾客认可的可靠性是最重要的质量指标，它同核心服务密切相关。许多以优质服务著称的服务企业，正是通过强化可靠性来建立自己的声誉的。

（3）适应性。主要指反应能力，即随时准备乐意为顾客提供快捷、有效的服务，包括矫正失误和改正对顾客稍有不便之处的能力。对顾客的各项要求能否予以及时满足，表明企业的服务导向，即是否把顾客利益放在第一位。

（4）保证性。主要指服务人员的友好态度与胜任能力。服务人员较高的知识技能和良好的服务态度，能增强顾客对服务质量的可信度和安全感。在服务产品不断推陈出新的今天，顾客同知识渊博而又友好和善的服务人员打交道，无疑会产生信任感。

（5）移情性。指企业和服务人员能设身处地为顾客着想，努力满足顾客的要求。这要求服务人员有一种投入精神，想顾客之所想，急顾客之所急，了解顾客的实际需要，以至特殊需要，千方百计予以满足；给予顾客充分的关心和相应体贴，使服务过程充满人情味，这便是移情性的体现。

按上述评价标准，可通过问卷调查或其他方式对服务质量进行测量。

8.4.3 服务质量的效益

那些拥有较高的市场份额，并且被顾客感受到拥有较好质量的企业，比那些市场份额较低且质量较差的竞争者获得高得多的回报。具体而言，服务质量高的好处在于以下4点。

1. 有利于留住顾客

产品质量高，就能培育忠诚的顾客，创造正面的口碑效应。在购买决策过程中，这是一个十分重要的因素。它决定着顾客的满意程度，从而影响回头客的数量，也影响到人们对企业的口碑。

应用案例8-7

很多研究都表明，创造一个新顾客，所花费的费用是维持一个老顾客的4~6倍。那些追求高质量的酒店通常都以零差错为目标。很多酒店的经营者都感到，能有90%达到标准就算令人满意了。可是，在一个有200间客房的酒店，如果服务员在打扫客房是按照酒店90%的达标率要求自己，那就意味着一年当中有5 000位顾客的客房没有达到标准。也许其中有一半再也不想回来的话，酒店就要失去2 500位客人。假设每位客人一生当中在酒店可能的全部花费为5 000美元，那么，酒店就将因客房打扫出现的错误而失去总共约12 500 000美元的潜在收入。把这个计算在餐饮、前台和预订等岗位再做一下，你就很容易看到，服务质量低劣所造成的损失是巨大的。

2. 避免价格竞争

一家食品和服务质量都享有很好声誉的餐馆，其竞争地位要比质量低劣或时好时坏的餐馆具有很强的优势。那些有良好形象的餐馆，就能得到好的口碑效应，依靠回头客带来新的生意。而那些声望不佳的餐馆就难以赢得充分的回头客市场份额，人们对它们的评价也往往更为消极。处于这种境地的餐馆往往要借助赠券或其他手段给顾客以价格上的折扣。

应用案例8-8

有些酒店有时并不能有针对性地满足顾客的需要。有时，将报纸送到客人的门口，要比花数千美元开办并经营一个健身俱乐部更能吸引顾客。在酒店当中，产品的差异化有时非常简单，只需问顾客到底需要什么就可以了。

3. 留住优秀员工

员工都喜欢在一种运行良好并且能生产高质量产品的环境中工作。接到投诉时，前台服务员决不会感到享受。旷工、跳槽和丧失士气，都可以说是质量低劣所带来的代价。有两位研究人员探讨了最近一些酒店和餐馆管理院校毕业生放弃他们工作的一系列原因。毕业生所列举的原因之一就是企业的质量意识匮乏。如果经营质量优良，就可以留住好的员工，招聘也相对容易，培训成本也能降低。

4. 减少成本

与质量相关的成本包括内部成本和外部成本，以及建立质量体系的成本。内部成本是指企业在产品还没有到达消费者手中之前对所发现的问题加以改正时发生的成本。

应用案例 8-9

酒店某一处的空调由于保养不善而停止工作，客房不得不暂停销售，直到空调修好。一位厨师将客人所要的烤鱼做成了炸鱼，服务员在上菜时发现了这个错误，就让厨师重新烤一条鱼。外部成本是顾客已经体验到的错误所造成的损失。由于一次服务事故而使客人决定不再光顾，这种成本可能是非常昂贵的。一家餐馆的经历，给顾客一瓶免费葡萄酒，原因是他们抱怨服务迟缓。一位顾客由于抱怨客房送餐晚了一个小时而得到一份免费早餐的补偿。一位顾客因住进了未经打扫的客房而得到一个果篮的补偿。一个团队如果遇到酒店的视听设备有问题，就会取消将来的预订。由于在酒店业中生产与消费之间具有不可分割性，想在事故发生前探知它是极困难的。

高质量的服务体系并不是凭空产生的，是需要成本的。不过，这部分成本比起因服务质量低劣而产生的内部和外部成本来说要小得多。这些成本发生在以下方面：对客服务的检查，人员培训、管理人员与员工和顾客的会面及新技术的引进等。这些成本可以看作公司对未来的投资，它们有助于培养回头客。相反，内部成本既不会提高也不会降低顾客的满意程度。这些支出是没有意义的。因服务差错而造成的外部成本往往是很高昂的。一个企业要想维持一位已经得到劣质服务的顾客的好心情，其成本是很高的。有时，这些努力还会失败，企业也永远失去了这位顾客。

8.4.4 提高服务质量的策略

提高服务质量的方法和技巧很多，这里介绍两种常见的方法，即标准跟进（Benchmarking）和蓝图技巧（Blueprinting Technique）。

1. 标准跟进

标准跟进是指将产品、服务和市场营销过程同竞争对手尤其是最具优势的竞争对手进行对比，在比较、检验和学习的过程中逐步提高自身的服务标准和服务质量。

标准跟进法最初主要应用于生产企业，服务企业在运用这一方法时可从策略、经营和业务管理方面着手。

（1）策略。将自身的市场策略同竞争者的成功策略进行比较，寻找它们的相关因素。例如，竞争者主要集中在哪些细分市场，竞争者实施的最低成本策略时的价值附加策略是什么，竞争者的投资水平，以及资源如何分配于产品、设备和市场开发等方面等。通过一系列的比较和分析，企业将会发现以往被忽视的成功的策略因素，从而制定出新的、符合市场和自身资源条件的策略。

（2）经营。主要集中于从降低营销成本和提高竞争差异化的角度了解竞争对手的做法，并制定自己的经营策略。

（3）业务管理。在业务管理方面，根据竞争对手的做法，重新评估某些职能部门对企业的作用。例如，在酒店与顾客相脱离的后勤部门，缺乏适度的灵活性而无法同前台的质量管理相适应。学习竞争对手的经验后，使二者步调一致，协同动作，无疑会有利于提高服务质量。

2. 蓝图技巧

蓝图技巧又被称为服务过程分析，是指通过分解组织系统和架构，鉴别顾客同服务人员的接触点，从这些接触点出发来提高服务质量。酒店要想提高服务质量和顾客满意度，必须理解影响顾客认知服务产品的各种因素，蓝图技巧则为有效地分析和理解这些因素提供了便利。

蓝图技巧借助流程图分析服务传递过程的各个方面，包括从前台到后勤服务的全过程。主要步骤如下。

（1）将服务的各项内容绘入服务作业流程图，使服务过程一目了然地客观地展示出来。

（2）找出容易导致服务失误的接触点。

（3）建立体现企业服务质量水平的执行标准与规范。

（4）找出顾客能看得见的、作为企业与顾客的服务接触点的服务展示。在每一个接触点，服务人员都要向顾客提供不同的功能质量和技术质量，而顾客对服务质量感知的好坏将影响酒店的形象。

【特别提示】

由于服务具有不可感知性，顾客常因担心服务质量难以符合期望水平而在购买时犹豫不决。企业为化解顾客对质量风险的忧虑，可从以下几个方面改进工作：突出质量第一，重视人的因素，强调广告质量。

8.5 生产能力与需求管理

酒店的质量与制造业的质量有不同的侧重点。酒店产品的生产和消费是同时进行的，而制造业产品的生产和消费在时间和空间上却是分离的，这就为制造企业提供了一定的时间，可以在顾客买到产品之前检查产品质量，剔除有瑕疵的产品。瑕疵品虽然耗费了企业的成本，但并不像得罪顾客那样严重。在酒店业的需求高峰期间，质量控制是非常困难的。

应用案例 8－10

在星期一的晚上，一家有 100 张座位的餐馆通常可能会有 30 位顾客。有一位厨师、两位服务员就可以应付这些人的需求了。如果在星期一有 65 位顾客光临，若还按照 30 人的规模配备服务人员，就不能提供适当的服务了。这家餐厅的经理会把部分顾客劝走。这些顾客会很不高兴，而且会纳闷，既然有空位，为什么还要他们走。经理也可以让客人入座，向他们提供比较差的服务。经理可以告诉客人，需要等一会儿，并分批让顾客进餐馆。许多顾客可能不明白，在有餐位的情况下为什么还要等。最后，经理还可以寻求额外的帮助，或者从酒店的其他地方抽调一些经过交叉培训的员工到餐厅和厨房，以应急需。最后一种办法显然是最好的解决办法。该经理已经为非常时期的过旺需求制订了能够提供生产能力的应急计划。

对于管理人员来说，如果他们想保持始终如一的高质量服务和高顾客满意度，就必须理解需求和生产能力管理的重要性。生产能力和需求管理的一个核心问题是预测。

8.5.1 生产能力管理

管理人员在谋求生产能力与需求之间的平衡方面有两种选择：或者调整生产能力，或者改变需求数量。管理人员在短期内可以采取的行动包括以下几个方面。

1. 将顾客纳入服务提供系统

将顾客纳入到服务作业过程当中，可以增加一个员工所能服务的顾客人数，由此便可以扩充生产能力。从客房的角度，有些酒店利用高技术手段来提高生产能力。管理人员可以利用顾客来提高服务提供系统的生产能力。

应用案例 8－11

通过计算机办理入住手续。有些顾客喜欢用计算机，以避免站在总台前排队等候，也就缓解了排队的压力。有些快餐店让顾客自己取饮料，这也使员工有可能应付更多的顾客。对于餐馆来说，当食物是为顾客定制的，而且顾客需要等待时，这种方法尤其奏效。顾客在等待时通过自我服务而缓解了他们等待的感觉。有些酒店当了解到将有一个不含早餐的大型会议时，他们便提供自助早餐。自助早餐可以使人们在餐馆中有很大的活动余地。

总之，利用顾客作为自助者是酒店企业提高生产能力的一种方式。

2. 对员工进行交叉培训

在酒店里，对各种服务的需求并不均衡。某个营业点可能突然间人满为患，而此时其他营业点却顾客稀少。如果管理人员能对员工采取交叉培训，他们就可以通过调剂员工而提高生产能力。

应用案例 8－12

一家每晚只有30~40位顾客的酒店餐厅，即使有80个座位，也不可能安排两个以上的服务人员。可是，这样少的服务人员，一旦遇到有60位客人的情况，餐厅就穷于应付了，尤其当客人几乎同时到达时，就更是如此。倘若曾对前台和宴会人员进行过点菜服务培训，那就意味着，餐厅经理拥有一个可以在紧急时刻随时调遣的员工队伍。同时，这也为餐厅经理提供了一定数量的替补员工，一旦服务员生病，他们就可派上用场。

对员工进行交叉培训，从而可以通过员工调剂，提高生产能力，使经营过程更有弹性，并可以防止因员工患病而影响企业的生产能力。

3. 使用兼职员工

在特殊繁忙的时间里，管理人员可以利用兼职员工来提高生产能力。一些夏日度假酒店在夏季会雇佣一些兼职人员；而在淡季，他们便辞退一些员工，或者在特别清淡的季节干脆停业。利用兼职员工，酒店或餐馆可以有效地控制生产能力。兼职员工也可以采取随叫随到的方式。兼职员工的使用提高了企业的灵活性，使企业在必要时可调整所需员工的数量。

4. 租用或共享额外的设施和设备

企业不必受空间和设备不足的局限。当一家酒店生产能力不足时，与其他企业联合就对双方都有利。有些餐饮企业通常只购买其常规使用量范围内的设备。当他们应付不开的时候，他们就向别处租用设备。租用、共享或将客人移到别处就餐，可以提高生产能力，满足短期的需求。

应用案例 8－13

一家酒店如果周三晚上的所有设施都已经被预订出去，那么，对于一周从周二到周四3天订座和晚宴机会就只能婉言谢绝。为了不失去这群顾客，一个很有创意的想法是建议这批顾客到别的地方体验一次特殊的就餐经历。有些酒店与餐馆还可以和姊妹店联手，这些酒店在生意上互相关照。

5. 在生产能力较低时期制订停工计划

在一些季节性比较强的度假酒店当中，需求呈明显的高低差异。我们前文所讨论的各种措施主要是在旺季如何提高生产能力以便满足需要的问题。也有这样的情况，企业要通过降低生产能力来尽可能有效地应付淡季期间的需求。降低生产能力的方法之一是在淡季制订维修和保养计划。在淡季，员工可以休假，可以做别的工作。还有一个方法是岗位调换，可以减少淡季的负面影响，还能保证旺季来时的最大生产能力。另外，在淡季也可以安排员工培训。

6. 延长服务时间

有些餐馆和娱乐设施可以通过延长营业时间来提高生产能力。有些快餐经营者已经通过增设早餐而提高了生产能力。

应用案例 8-14

一家酒店的咖啡厅如果上午7:30就已经满员的话，那么，将原来上午7:00开门改在6:30肯定会更有效。如果有5张桌在开始半个小时就坐满，那么，半个小时之后，这些座位就能腾出来，这样，就可以使餐馆在高峰时间有更多的空座位。

7. 运用各种技术

能够提供自动叫醒服务的电话系统可以为很多顾客提供同时的叫醒服务。尽管计算机叫醒有点缺少人情味，但在大酒店里，它可以保证客人能及时准确地被叫醒。随着机器人技术的发展，技术会日益显得重要。技术也使企业可以将顾客纳入到服务提供过程当中。

8. 改变服务设施的配置

可以通过对服务设施重修进行配置来提高生产能力。餐馆经理也通常会通过更有效地以人数分配适当大小的餐桌来提高生产能力。

8.5.2 需求管理

管理人员只需要通过生产能力的扩张来满足需求。可是，如果召开的是一个全城规模的大会，一家酒店是根本无法满足客人对客房的需求的。在圣诞节的前一个周六，餐馆只要有地方，就可以接受很多的预订；而在一个夏季，度假地酒店就可以卖出比较多的客房。所有成功的酒店企业都越来越受到生产能力的局限。生产能力管理允许企业提高其生产能力，但需求超出供给的情况还是时有发生。除了管理生产能力之外，管理人员还必须对需求加以管理。需求管理策略主要有以下八个。

1. 运用价格来创造或抑制需求

价格是管理需求的一种方法。对于大多数产品而言，价格与需求之间是一种负相关关系。通过降价，管理人员可以创造更多的需求。当需求超过了供给时，管理人员可以通过提高价格来减少需求。

应用案例 8－15

为了刺激需求，餐馆在淡季里常常会提供特价菜。在新年的除夕夜，许多餐馆和夜总会都会推出比平时价格高出不少的套餐和组合餐。人们意识到，即使价格提高了，需求仍然足以满足生产能力的需要。

2. 利用预订来调节需求

一些酒店和餐馆常常利用预订手段来控制需求。当可能出现需求超过生产能力的情况时，管理人员可以将生产能力留给最有利可图的细分市场。预订也可以使管理人员在生产能力不足的情况下回绝任何进一步的预订。在需求超过生产能力的情况下，可以要求顾客预付或储蓄一部分费用。

应用案例 8－16

有些酒店和餐馆举办的新年除夕夜宴会，要求顾客提前买票。一些度假酒店常常要求顾客预付一定数额的不退回的订金。通过这种办法，管理人员可以有一定的与生产能力相匹配的收入。如果客人未能到来，则度假酒店也没有太大的损失。

3. 超额预订

并非每一位预订客房或餐位的顾客最终都能前来。计划一旦变动，预订客人就有可能不来了。因此，超额预订就成了一些酒店、餐馆或航空公司用来平衡需求和供给的另一种方法。那些严格按照酒店所拥有的客房数来接受预订的管理人员常常发现自己出现“空房”。

应用案例 8－17

在一家酒店，20%的做了非担保性预订的客人及5%的担保性预订客人通常是不信守诺言的。如果这家酒店有80位客人做了担保性预订，有40位客人做了非担保性预订，那么，一般而言，该酒店就会有12间空房。对于一个平均房价为75美元的酒店来说，这意味着每年在客房、餐饮方面的收入的损失达到50万美元以上。

超额预订必须谨慎控制。当酒店不能兑现其预订时，就很有可能失去该客户未来的生意，甚至会影响到与该客户有关的一些公司和旅行社的生意。通常，让一个房间空着，要比无法兑现预订好一些。管理人员必须明智地运用这种方法。将预订的客人赶走会毁掉与客人、客人所在公司及他们的旅行社的长期关系。

4. 收入管理

管理人员在计算机的协助下，根据价格、预订记录及超额预订情况提出了更为完善的需求管理方法——收入管理。收入管理是将库存配置给最有价值的顾客的管理方法。设计合理的收入管理系统注重交易和回头客。忠诚的老顾客备受关注，有些酒店还给这些不受需求影响的顾客制定了公司价，目的就是想留住他们。正像人们所看到的那样，酒店收入管理十分复杂，它需要对预测模型和酒店的顾客有深入的了解。

5. 利用排队

当需求超过了供给而且顾客情愿等待时，就形成了排队现象。有时，顾客决意要等；在另一种情况下，他们是因为没有更多的选择。自愿排队，如餐馆里的等位，是管理需求的一种常见而有效的方法。管理好排队可以使客人的等待更加容易忍受。服务的水平越高，顾客愿意等待的时间就会越长。

应用案例 8－18

当餐馆老板告诉顾客要等 40 分钟时，顾客可以等，也可以到别处去。在酒店办理入住手续时，客人也许就没有选择。出租车已经把他们拉到了预订的酒店，他们也已经跟业务伙伴交代了住处。所以，如果办理入住手续需要 20 分钟的话，他们是会忍受的。

在餐桌服务的餐馆中，等 20 分钟通常是可以接受的，而在快餐店，等 5 分钟以上就难以接受了。快餐店必须扩大其生产能力以满足需求，否则就要失掉一些顾客。

6. 需求转移

将宴会和会议的需求加以转移通常是可能的。

应用案例 8－19

一位销售经理可能要在 10 月底或 11 月初召开一次销售会议，而且知道，如果要预订酒店，必须提前一天跟酒店打招呼。假设时间定在 10 月 30 日，但实际上选 10 月 24 日或 11 月 7 日也都可以。在开会的前一天晚上，需要 20 间客房，在开会当天，要有一间会议室。酒店预计在 10 月 31 日这一天客房将全部售出，但目前还有空房。这时，精明的经理就会设法将会议时间挪到酒店客房不会全部售出的时间。

7. 调整营销人员的工作

在一些酒店，销售经理会给各细分市场安排营销人员。如果预测到在未来的两个月当中某个市场可能疲软，该销售经理就可能将注意力更集中于近期的经营上，以便弥补萧条时期的损失。将营销人员从相关市场上转移到本市场，就可以达到这一目标。

8. 策划促销

促销的目标之一就是将需求曲线左移。在淡季，有创意的促销是一种很有效的招徕生意的手段。

本章小结

在酒店业，产品线上的每个员工都要承担大部分的营销职能。内部营销涉及对公司内部顾客即员工的营销。顾客价值总和与顾客成本总和之间的差额，就是顾客的“利润”或顾客得到的价值。顾客要对企业所提供的营销组合的价值做出种种判断，并在这些判断的基础上做出购买决策。顾客对于所购买的产品或服务是否满意，要看产品实际提供的价值是否符合购买者的期望。顾客满意度是对顾客期望满足程度的测量。顾客满意是建立顾客忠诚的条件。要想建立顾客忠诚，必须满足或超额满足顾客的期望。一旦管理人员看出谁有可能成为忠诚的顾客，他就必须寻找与这些顾客建立关系——一种可以建立顾客忠诚的关系的途径。通过全面质量管理计划，管理人员要竭尽全力地消除纰漏，增进顾客对产品质量的感受。公司最高管理层的责任就是要在长期内寻求生产能力与需求的平衡，而各作业单位的管理人员的职责则在于寻求短期内生产能力与需求波动的平衡。

关键术语

内部营销、顾客价值、关系营销、质量、标准跟进、蓝图技巧、需求管理。

思考题

（1）内部营销过程是怎样的？
（2）服务质量的效益是什么？
（3）如何进行生产能力管理？
（4）如何进行需求管理？
（5）为什么把员工称为内部顾客？
（6）服务文化是怎样一种文化？为什么它是推行内部营销计划的必要条件？
（7）高质量的产品或服务是如何提高员工的满意度的？

课堂互动

1. 小组讨论

(1) 在广告出现在媒体上之前先向员工做好相关解释，这会对企业有什么好处？

(2) 选择一种你熟悉的酒店产品，解释产品的哪些部分构成其技术质量，哪些部分构成其功能质量，哪些部分构成其社会质量？

2. 讨论发言

设想一下你曾购买了一种酒店产品、一间酒店客房或餐馆的一顿饭，并且遇到了问题。公司是怎样解决你的问题的（如果他们解决了的话）？你对投诉的解决结果满意吗？为什么？

3. 角色扮演

描述一个情境，在这当中你成了一个“流失的顾客”。你的离去是因为产品质量差还是服务质量差，还是二者都有？

4. 课堂辩论

你认为麦当劳或者肯德基的产品质量高吗？解释你的答案并给出你做出评判所依据的标准。

5. 头脑风暴

为了提高生产能力，酒店往往将顾客置于服务过程当中。根据你自己的经验举出这方面的例子。这种做法是否提高了你对所购买的产品的满意度？

营销实战

实训任务一

参观一家企业并询问他们的产品。例如，在餐馆你可以询问开业的时间和菜单上的菜品。你可以告诉他们你正在寻找一家不错的牛排馆并询问他们的牛排如何。在酒店你可以询问客房和餐厅。关键的问题是你要与员工有足够的交流以判断他们的顾客取向如何。记录下员工是怎样展示顾客取向的，以及你认为他们应如何改进。

实训任务二

针对一家企业的产品或服务写一封投诉信。你是收到了退款、更换的产品、回信，还是根本没有回应？不同的反应是如何影响你对这家公司的态度的？

案例分析

曼谷东方酒店探密

服务怎样才算是好？住酒店怎样才叫舒服？让我们揭开举世公认的世界最佳酒店之谜。曼谷东方酒店是举世公认的世界最佳酒店，曾连续10年被纽约《机构投资者》杂志评为“世界最佳酒店”、“最佳商务酒店”、“最佳个人旅馆”等。

东方酒店已有100多年历史，根据《英籍教师在暹罗宫廷》一书的记载，作者安娜在1862年3月15日带着10岁的儿子路易斯搭船抵达曼谷时，在酒店现址看到的洋房就是“东方客栈”。当时，它是“外籍水手的家”，称得上龙蛇混杂。安娜做梦也想不到，日后这里会变成驰名世界的“天堂”。

从一根牙签探寻“东方”不败的秘密

“东方”人认为，历史、传统和注意细节是东方酒店能屹立100多年的原因。先说细节。为了不打扰房客，东方酒店的服务人员就有本事趁房客不在的空当进房去收拾客房。可是，他们又是如何得知房客不在的呢？

这秘诀是一根牙签。当客人离房，顶在房门外底下的牙签应声而倒，巡房员便知道客人出门了，就会通知清洁人员进行整理，出来后再将牙签竖立。当客人回房，牙签又倒了，这时巡房员便知客人进房了，就会悄悄地再将牙签竖立。

这么周到的服务自然要依赖足够的人力。东方酒店就有上千人力照顾着它的396间客房和34间套房。这换算成“服务比”，每间客房平均有2.5个人。

再以早晨叫醒服务为例。在东方酒店称之为“懒人铃”。在第一次电话叫醒之后，隔10分钟会再一次确定你是否起床了。

在东方酒店，这样体贴入微的细节还多着呢。你入住登记后，侍者端着一杯果汁到房间给你解渴；结账离开时在账单信封背后要提醒你“机场税500泰铢是否要先准备呢？”还有，怕心上人来了找不到你吗？没关系，有一张“追踪卡”，可以交代你在旅馆内的行踪，你只要交给总台就行了。

老实说，论房间该有的设备，五星级酒店大同小异，但是否称心如意就要依赖传统了。“东方”传统中最为人称道的是“仆役长”按钮服务。客人靠这按钮，凡扣子掉了要缝，袜子破了要补，内裤皱了要烫，甚至半夜里牙齿坏了要补，宠物饿了要吃等事，都立即有人过来服务。

在一般酒店里，送水果盘这项服务并不稀奇，但东方酒店的就与众不同。因为它的水果盘里还有一张“水果卡”，说明水果的来源、口味和生长环境等，让客人吃了甜在心头，还增长见识。东方酒店的卫浴用品篮盛放的是酒店自己提炼的天然洁身保养用品。

东方SPA：留住你的美丽

东方酒店还有一项特殊服务更让人乐在其中，流连忘返，那就是“东方SPA”。

1999 年，它被旅游权威杂志评为“世界最佳美容健身中心”，这里出入的名流数不胜数。

此外，该中心的“健康”餐的每道菜都会被注明热量含量和肥胖指数，并提醒客人每天摄取量应在 1 400～1 700 卡路里，肥胖指数则须控制在 30～40。

思考题：

（1）根据本案例提供的材料，比较酒店产品与实物性产品的区别。

（2）本案例中酒店产品的服务性体现在哪些方面？东方酒店是如何实施其服务营销战略的？

（3）通过本案例，你觉得酒店顾客的真正需求是什么？东方酒店是如何满足其需求的？

9 酒店产品定价

本章概要

（1）决定酒店产品价格的因素。

（2）酒店常用的定价方法。

（3）酒店定价策略与收益管理。

本章目标

学完本章以后，你应该能够：概括出影响定价决策的主要因素和其他因素；比较一般定价法的差异，能有效区别；识别新产品定价中的撇脂定价策略和渗透定价策略；运用酒店产品现有的定价策略，启动酒店降价决策和提价决策；运用收益管理使酒店的收益或边际收益最大化。

案例导入

酒店的同一产品——酒店房间的定价从未相同。例如，酒店所提出的一个假设性的“折旧率”，或者一周中的不同日子，一年中的不同日期，以及预订房间的不同个人或机构，甚至一天中的不同时间所决定的“特别折扣”，或者由于客人在晚上订房间时就可以由前台的经理来决定他们所能给予的最优惠的房费，而不是让房间空一晚上。特别是在某些酒店进行促销时，房间的报价就更复杂了。一项对于大型连锁酒店网站的研究显示，超过一半的酒店没有标明房间的报价是按人数还是按房间来算的。

案例点评：要了解如何将价格作为营销工具加以应用，我们应该弄清楚消费者是如何看待产品价格的。公平定价的准则是至高无上的。购买者判断一个产品的定价是否公平的标准是衡量产品是否物有所值。但消费者无法在购买前检验产品，要判断产品是否物有所值是非常困难的，绝大多数旅游产品都属于这种情况。定价清晰也是产品定价方法中重要的一环。

价格是影响消费者购买酒店产品的重要因素，企业要想将产品销售出去，必须为这件产品制定合理的价格，因此正确的价格策略是酒店营销策略中的重要一环，它在营销组合中具有重要的，甚至是关键性的地位。

9.1 决定酒店产品价格的因素

价格向消费者传递着信息，产品不能太贵也不可太便宜。如果产品的价格超过消费者可接受的范围，消费者要么会放弃该产品，要么会在决定购买之前寻求更多与该产品有关的信息。如图 9.1 所示，如果酒店产品价格处于 *AB* 或 *CD* 之间，消费者就想要获得更多与产品有关的信息以确定产品是否物有所值。

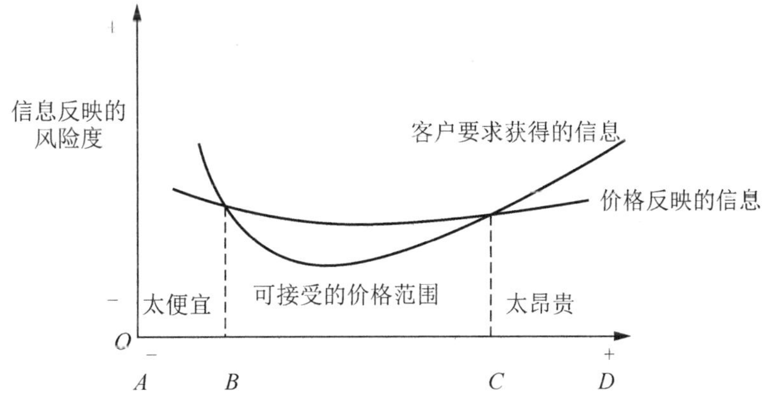

图 9.1 价格传递的信息

影响酒店服务产品定价的因素主要有三个方面，即成本费用、需求和竞争。成本是酒店产品价值的基础部分，它决定着酒店产品价格的最低界限，如果价格低于成本，酒店便无利可图；市场需求影响顾客对酒店产品价值的认识，决定着酒店产品价格的上限；市场竞争状况调节着酒店在上限和下限之间不断波动的幅度，并最终确定酒店产品的市场价格。值得强调的是，在研究酒店服务产品成本、市场供求和竞争状况时，必须同酒店服务的基本特征联系起来进行研究。

【特别提示】

对于营销人员和管理人员而言，懂得定价是非常重要的。要价太高会使顾客数量减少，而索价过低又会使酒店不能获得足够维持业务运转所需要的收入。设备老化，地毯污渍斑斑，油漆脱落，如果没有足够的收入，这些问题就都没办法解决，企业最终只能停业。

在本章中，我们讨论营销人员在定价时必须考虑的一些因素，包括新产品的定价方法、定价策略、产品组合定价、价格变更及为满足顾客需要和应付环境而进行的价格调整。

9.1.1 酒店制定价格策略必须考虑的因素

1. 酒店的成本

成本费用是传统定价的基础。从定价的角度来看，酒店产品的成本费用可分为三种，即固定成本费用、变动成本费用和准变动成本费用。其中，固定成本费用即无论如何都要发生的费用，酒店固定成本费用的分摊对酒店意义不大。由于服务易逝性与不可储存性的存在，在有一定的业务来分担固定成本费用后，就可以按追加的成本(单位追加的成本被称为“边际成本”)来决定价格。变动成本费用属于如果不提供该服务就可以避免的成本。

酒店经营的显著特点是固定成本费用较大，而变动成本费用较小。固定成本费用是指成本总额在一定期间和一定业务范围内，不受业务量增减变动保持正比例关系的成本。这种特点使得酒店在制定门市价格或旺季时期的价格时，必须考虑固定成本费用的摊销。虽说酒店产品的单位变动成本费用小，但其单位售价却相对单位变动成本费用要高出很多，因此许多顾客看到：酒店产品的贡献毛利率较高，可达90%左右甚至更高，之所以如此，是为了弥补部分的固定成本费用，当然这样也为淡季的降价提供了广阔的空间。

2. 市场需求状况

供求关系决定着酒店的销售策略。例如，当供过于求时，酒店的价格体现其生存目标；当供不应求时，或许价格又体现其利润最大化目标。

物以稀为贵，酒店价格也是这样。从需求来看，酒店业的需求主要来自旅游业，而旅游业是一个十分敏感的行业。东南亚金融危机使周边地区的旅游业饱尝苦果，客源减少，酒店价格水平也随之下跌。从供给来看，酒店数量与需求量的匹配程度（是平衡还是过剩）对酒店业的价格水平具有长远的影响。全国酒店市场供过于求引起的酒店价格大战愈演愈烈，造成严重后果。

酒店消费者的需求具有明显的季节波动性，这种波动性会影响酒店产品价格的稳定性，同时也加大了酒店产品定价的难度。酒店经营者会根据近期市场状况进行价格调整，在淡季需求量下降时会打比较大的折扣，而在旺季需求量上升时则会相应地提高门市价。

应用案例 9-1

对个别酒店来说，由于市场定位的不同，市场供求关系会有不同的价格表现。在有的旅游城市里，酒店档次失衡状况也相当严重，高档酒店太多，供过于求的状况更为严重，故价格更加疲软。有的酒店以商务客人为目标市场，商务客人对价格承受力比较强，所以价格受整体供求关系影响较小。还应指出，市场供求关系不是一成不变的，酒店可以供给新的产品，也可以创造新的需求。例如，在客源不足的情况下，有的酒店将目标市场转向会议客人，有的酒店转向旅游团队，建立新的供求关系。

酒店在制定价格策略目标，并考虑续期因素的影响时，通常使用价格需求弹性法来分析。

市场需求也对酒店定价有着重要影响。而需求又受价格和收入变动的影响。因价格或收入等因素而引起的需求的相应的变动率，就叫做需求弹性。如图 9.2 所示，需求的价格弹性反映需求量对价格的敏感程度。在以下条件下，需求可能缺乏弹性：市场上没有替代品或者没有竞争者；购买者对较高价格不在意；购买者改变购买习惯较慢，也不积极寻找较便宜的东西；购买者认为产品质量有所提高，或者认为存在通货膨胀等，价格较高是应该的。

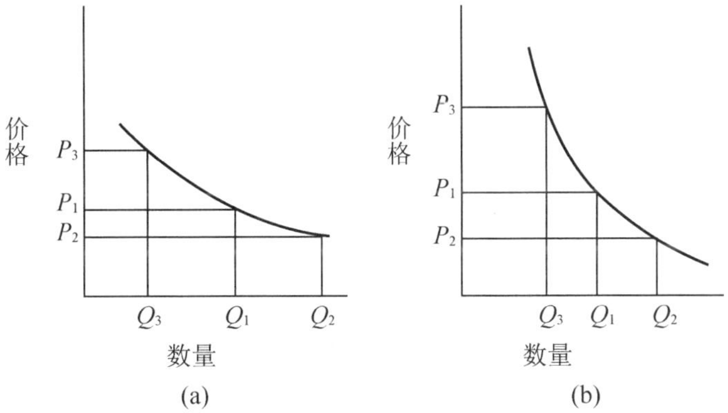

图 9.2 需求的价格弹性

现代市场营销学的寻找理论（search theory）有助于进一步解释服务业需求的价格弹性。该理论认为，顾客对价格的敏感度取决于购买时选择余地的大小。可选择余地越小则需求越缺乏弹性；反之，顾客可选择余地越大，则需求弹性也越大。选择余地的大小来自于顾客对服务产品有关信息和知识的获得特征和可信任特征。如果顾客能够根据可寻找特征评价产品，顾客选择的余地就比较大，产品需求就有较高的弹性。当然，由于无形性的特点，对于大多数服务产品而言，它们更多的是拥有经验特征和信任特征，价格本身就是一种可寻找特征。所以，在缺乏服务产品信息的唯一指标时，此时需求与价格的关系已经改变。

不同的目标市场，需求的价格弹性会有所不同。需求价格弹性大的目标市场，其客人对价格的敏感程度也强。一般而言，经济型酒店的需求弹性会大于高档酒店的需求弹性，因此在经济型酒店市场中采用价格折扣策略可能会更为有效。

3. 酒店市场定位及其产品特点

酒店本身的定位及其产品服务本身的质量特点也决定着酒店产品的价格。一般来说，高星级酒店就意味着高品位、高品质，消费者可以直接依据星级的高低来选择他能够并愿意购买的酒店产品和服务。因此，一些数量较少、品牌声誉极高、具有鲜明特色的高星级酒店可以采用高价位的策略。一方面，在保持高出租率的情况下，可以增加其营业收入和利润；另一方面，也可以防止酒店进入“先降价格，再降服务”的恶性循环中；另外，高价位还可以保持高星级特别是五星级酒店高品位的对外形象与声誉。有时考虑到消费者的心理因素，即便步入淡季时期，一些定位较高的酒店也不会实施降价策略，其目的主要是维系酒店在顾客心目中的形象与定位。相反的，低星级的、无星的或者定位于经济型的酒店则应在定价时体现其“经济型”特点，切实以价格吸引顾客。与之相对应，酒店为顾客提供的产品与服务简单许多，只需满足顾客的基本功能需求即可。总而言之，酒店为自身产品制定的价格一定要与产品本身的质量特点联系起来，只有这样，顾客才会感觉到自己购买的产品“性价比”较为合适。

4. 竞争对手的价格

服务的无形性迫使顾客在消费时采用各种各样的参照系，其中竞争者的同类服务就是最佳参照物之一；服务的同质性使这种参照更加容易导致激烈的价格竞争。对生产相近服务产品的企业来说，谁的价格高，谁就要失去顾客。越是独特的服务卖方越可以自行决定价格，只要顾客愿意支付此价格。因此，服务企业必须在与竞争对手相比较的基础上来制定产品的价格；若自己的产品无差别性或差别不明显，则要考虑采用主导价格，即行业中各服务提供商可接受的共同价格，避免价格战的产生；若服务产品有很高的差异性，则可采用垄断调价下的定价方式，如差别定价法、认知价值定价法等。酒店产品价格与竞争者同类产品价格的比较注意取决于产品质量的对比：当本酒店产品服务质量与竞争者产品的质量大致相仿时，其价格应基本一致；当酒店产品服务质量比竞争者产品服务质量高或低时，则其价格可相应随之调高或降低。酒店应及时掌握竞争者价格变动的相关信息，并做出明智的选择。一般而言，酒店都会参考同档次酒店的价格策略。例如，如果大多数酒店都在打折，则有必要采取跟进策略，否则会失去市场份额。

【特别提示】

对于酒店来说，在市场上除了从竞争对手那里获得价格信息外，还要了解它们的成本状况，分析它们的利润率，这不仅有助于分析评价竞争对手在价格方面的竞争能力，而且还可以帮助预见对手对自己价格策略的反应。

9.1.2 影响酒店产品定价的其他因素

除以上主要因素外，影响酒店市场定价的还有一些其他因素。

1. 质量因素

同其他商品一样，酒店产品也是按质论价的。

从硬件来看，酒店质量首先体现在每间客房的平均造价上。按照国际上的一般标准，中低档酒店每个标准房的投资为3万~5万美元，中档或中档偏上的酒店为5万~7万美元，豪华级酒店在10万美元以上。造价不同，酒店的档次便大相径庭。例如，标准房的建筑面积，中低档酒店为25m^2，中档或中档偏上的酒店为36m^2，豪华级酒店为47m^2；客房设备，从卫生间、家具、地毯、空调系统，到室内装饰，也都有级别分明的标准；酒店功能设施的多少，健身房、商务中心、购物商场、餐厅、娱乐设施、车队等无不显示着酒店的身价和地位；酒店内外的环境也反映着质量，迈进四星级或五星级酒店的大堂，便使人感受到富丽豪华，气度不凡。

在软件上，酒店服务定价是顾客判断酒店服务质量和酒店服务价值的一个主要因素。它包括标准化服务、感情服务和服务的效率。在顾客看来，较高的酒店服务收费，意味着较高的酒店服务质量和水平。在酒店服务市场，顾客往往是按价论质的。尤其在一些专业性比较强、复杂程度和购买风险比较高的酒店产品，顾客常常愿意通过价格来确定购买风险。酒店服务价格具有“精神保险”功能。

酒店服务市场的按价论质使得酒店在定价时必须谨慎。酒店服务定价过低，会损失酒店服务质量吸引力；而酒店服务定价过高，又会误导顾客对酒店服务质量的感知和期望，以及扩大酒店服务质量差距。

2. 营销组合因素

一个产品的定价不仅对于其自身价值是合理的，对于企业经营的其他产品来说也应该是合理的，这一点颇为重要。讲到与价格的关系，酒店产品的内容是一个“量”的概念。酒店产品既要以质论价，也要以量论价，只不过这里所说的“量”是指酒店产品组合中产品的幅度、深度及连贯性。以下是几个有关的概念。

（1）产品线，指同一产品组合下的某一产品群，如客房、餐厅、酒吧、商场等。

（2）产品组合，指酒店向消费者提供的各项产品线和产品项目的总称，如中餐、西餐、快餐构成了餐饮产品组合，客房、餐饮、商场、康乐等构成了酒店服务产品组合。

（3）产品项目，指同一产品线下的个别产品，如炒饭、牛排、猪排等。

产品组合的幅度是指酒店有多少条不同的产品线；深度是指拥有多少产品项目；连贯性则是指各项产品线在最终用途、生产条件、营销渠道或其他因素方面的相互关联程度。

应用案例 9-2

某酒店供应的住宿与餐饮都是日本式的，它的顾客也全是日本人，这些日本人都由专营日本客人的旅行社介绍而来。这种情形就称之为产品连贯性高，反之则低。

一般来说，产品组合的幅度越大，或者说功能越多，酒店价格的等级就越高，产品组合的深度越长，就越能吸引不同口味及不同需要的顾客，而产品组合的连贯性越强，则酒店在某一营销市场层次中优势就越大，酒店的吸引力和优势都会创造需求，直接影响价格。

其实从表面上看，各酒店报价并不能反映产品的内容。例如，同样是 100 美元一天的房价，有的酒店含有一顿早餐，有的甚至还含有一顿晚餐。同样是一顿免费早餐，在餐食的内容上可能差异甚大。至于酒店内陈设的康乐、健身及各种服务设施，如舞厅、游泳池、网球场、桑拿浴池，有的收费、有的免费。但是从本质上来说，酒店价格依然是由其提供服务的内容所决定的。有人把酒店的竞争策略——不改变价格而增设服务项目——称之为非价格竞争。严格地讲，这并不准确，因为每一个产品或服务项目都是有价的，需要成本的，需要支出实物或劳务的，因而这种竞争说到底依然是价格的竞争。

3. 特色

特色是唯我独有的东西，具有稀缺性，甚至还往往有一定的垄断性。特色就是优势，因此具有一定特色的酒店产品价值大大增加。名声越大，需求量越大，价格就越高。有的酒店在介绍自身特色时，认为提出“宾客至上，服务质量第一”是特色，其实“宾客至上，服务质量第一”只能表明酒店的一般性，用人们的市场术语来讲是“大众货”，没有产品吸引力。也有人将酒店的硬件设施如何豪华称作特色，这也不完全准确。酒店设施的豪华只反映了其档次的高低，即质量的高低，倒是设施的风格体现了一种特色。

特色是一种更加稀缺的“产品”。特色的价格并不直接反映在自身价格上，然而特色却实实在在地附加在产品的价格上，因为特色等于产品的附加价值。同酒店产品的质量与内容不同，特色常常是无形的，有的表现为一种气氛或情调，其价格很难衡量，而且各种不同特色之间也没有可比性，因此特色较其他因素对酒店价格的影响具有更大的弹性和潜力。

应用案例9－3

上海和平饭店以有一支老年爵士乐队为一大特色，或许可谓全国仅此一家。和平饭店因此而生意兴隆。在爱尔兰农村有一个仅有40间客房的小酒店，该酒店供应优势的食品和饮料，客房清洁雅致，但没有电话机，没有任何娱乐活动。酒店营销人员通过市场分析，认识到酒店“唯我独有”的东西便是“没有东西”，游客在此不必接电话，不必打网球、高尔夫球，但可以舒适清静地休息。于是针对某些休假旅游者市场大做广告，获得了成功。苏州竹辉酒店，建筑中融入了江南水乡情调——洁白的外墙，交错重叠的黑色飞檐，宽阔的庭院；北京王府酒店外形具有皇家宫苑气派；珠海度假村酒店大花园和别墅群的布局等，都是产品的特色。

【特别提示】

为你的产品创造一种与众不同的形象，能够避免价格竞争。以这种方式，企业就能让顾客知道，它正在向顾客提供比竞争者更多的利益和价值。这种利益和价值或者可以使企业有能力提高价格，或者在同样的价格水平上吸引更多的顾客。

9.1.3 酒店产品定价的目标

任何企业制定价格，都必须按照企业的目标市场战略及市场定位战略的要求来进行。定价所应考虑的因素较多，定价目标也多种多样。不同的酒店可能有不同的定价目标，同一酒店在不同时期也可能有不同的定价目标。酒店应权衡各个目标制定的依据及利弊，慎加选择。酒店定价目标主要有以下几种。

1. 利润最大化

利润最大化包括最大利润、乐观利润、满意利润、最佳资金流动、扩大总利润、目标收益率、快速收回投资。它主要有以下三种。

（1）最大利润目标，指酒店希望获取最大限度的销售利润或投资收益。以追求最高利润为目标的企业有很多。追求最高利润，是指酒店长期目标的总利润，如酒店可以有意识地牺牲一些容易引起人们注意的酒店产品的销路。最大利润目标并不等于最高价格，也并不必然导致高价。产品价格过高，迟早会引起各方面的对抗行为，人们很难找到价格垄断能维持很长时间的例子。

（2）投资回报目标，就是酒店把它的预期收益水平，规定为投资额或销售额的一定百分比，叫投资收益率或投资回报率。定价是在成本的基础上，加入了预期利润水平。采用的这种定价目标的酒店，应具备两个条件：第一，该酒店具有较强的实力，在行业中处于领导地位；第二，采用这种定价目标的多为新产品、独家产品及高质量的标准化产品。

（3）适当利润目标。也有的酒店为保全自己、减少风险，或者由于力量不足，满足于适当利润作为定价目标。例如，按成本加成法决定价格，就可以使酒店投资得到适当的收益。而“适当”的水平，则随着市场可接受程度等因素而有所变化。

2. 产品质量领先

产品质量领先这一目标是建立酒店高质量的领先地位，以高价格导向，将超出其他相同产品的利润用于研究开发提高质量，使品质永远领先。不少高档酒店采取这一目标。1989年以后尽管酒店业削价竞争之风甚浓，但也有一些酒店不肯降档次经营，宁可客房空关也不接待内宾，特别是会议。

应用案例 9-4

到四星级的福州西湖大酒店住店的95%都是海外客人，酒店坚持瞄准高消费市场，房价有最低限度，宁可不住客人也不降酒店身价，最终保持了“四星级”的声誉。经营者认为，如果市场定位转变后，不仅酒店设施会受到一定程度的损坏，而且降档次的名声将很难烟消云散，到那时酒店的档次便要真正下降了。有的酒店以高价格取得利润，而后将一部分利润用于广告宣传，强化酒店高质量的形象，吸引了更多的顾客，如此构成了一种良性循环。

3. 市场占有率最大化

酒店价格是扩大市场占有率的重要手段之一。为达到这一目标，制定价格时应考虑其相对稳定性和连续性，使之为扩大市场服务。价格变化过于频繁或一次变化幅度过大，都会影响市场占有率的稳定性。经常涨价会限制顾客的需求量，经常降价又会使顾客产生预计会降价的心理，从而持币代购，同样会减少市场占有率。此外，持市场份额领先目标的酒店必须谨慎地适度压低价格，扩大市场占有率，使其产品成为市场上的领先者。

9.2 酒店常用的定价方法

在酒店营销组合中，价格是唯一能产生收入的因素，虽然在多数情况下，非价格因素对于购买者选择行为的作用越来越大，但价格依然是顾客做出选择的决定因素之一。对酒店来说，此因素依然决定着酒店的市场占有率、营业额和赢利率的大小。故而价格策略是酒店营销中极为重要的一环，制定价格时必须采取科学的、符合客观经济规模的步骤与措施。

通常影响定价的主要因素包括酒店产品成本、需求及竞争态势等。虽然在定价时这些因素应给予同等重视，但实际定价时往往偏重于某一因素。因此，在定价策略上便出现了歧义，产生所谓成本取向、需求取向或竞争取向的定价方式。

9.2.1 成本取向定价

成本是酒店产品价格的构成部分。制定酒店产品价格，首先要以产品的成本为依据，然后根据酒店经营的利润目标，制定出合理的价格。成本取向定价，一般有成本加成定价法、收支平衡定价法和投资报酬率定价法、千分之一法和赫伯特定价法（Hubbart formula）等。

1. 成本加成定价法

成本加成定价法是一种常规的定价方法，通常的做法是以产品的单位成本加上一个以固定的百分比表示的加成率（或预期利润率）来确定价格。其计算公式为

单位产品成本 = 单位成本×（1+加成率）或 单位成本×（1+预期利润率）

例 9－1 某酒店餐厅一道菜肴的成本为 20 元，加成率确定为 1.5，则该菜肴的价格即为

$$P=20\times(1+1.5)=50\ (\text{元})$$

成本加成定价法的优点在于简便、易行，企业如采用此方法定价则不必根据市场形势及需求的变化频繁调整产品的价格。如果行业内的企业都采取这种定价方法，市场上同种产品的价格不会相差太大，可以避免如价格战之类恶性竞争局面的出现。另外，成本加成定价法对买卖双方都相对公平，即使市场上出现了供不应求的状况，酒店也不会利用这种供求形势去牟取暴利，而是获得相对公平的利润。

但这种定价方法的缺点也显而易见，它只考虑了成本，而忽视了市场需求、竞争状况和消费者心理等因素，是典型的生产导向型观念的产物，在市场环境和生产成本变动较为剧烈的情况下不能使企业获得最佳的经济效益，因而在现实中我们发现很少有酒店完全按照这种定价方法来为自己的产品制定价格。但因为它的简便易行，在通货膨胀率较高时会得到普遍应用，另外它在酒店餐饮部门的应用也比较广泛。

2. 收支平衡定价法

收支平衡定价法是用盈亏平衡点的原理，以产品保本点①为定价依据的定价方法。在酒店投资总成本不变的情况下，产品销售收入的大小取决于产品销售量的多少和价格的高低。而销售量和价格是变动的，这就需要通过调整价格或销售量来求得总投资成本与销售收入的平衡。以酒店客房价格为例，计算公式为

每间客房的价格 = 每间客房的年度固定成本/客房总数×保本点客房利用率×365+每间客房的变动成本

---

① 保本点是酒店的营业收入总额与费用总额相等时的销售量。

保本销售量=年度固定成本/单位边际贡献

其中，单位边际贡献等于单位售价减单位变动成本。

例 9-2 某合资酒店拥有 300 间客房，每间客房平均年度固定成本为 10 000 美元，变动成本为 10 美元，则房价为 90 美元时，保本销售量要达到 200 间；房价为 50 美元时，保本销售量为 290 间，保本点客房利用率分别为 66.7%和 83.3%，显然后一价格就偏低了。

反之，可以利用此公式来推算某一客房利用率下的保本价格。这种定价方法的关键在于正确地预测市场的不同价格下的需求量。

3. 投资报酬率定价法

投资报酬率定价法是根据酒店的总成本和估计的总销售量，确定一个目标收益率。首先以投资额为基础计算加成利润（投资报酬），然后再计算出产品价格。投资报酬是投资额与投资报酬率的乘积。投资报酬率是一个综合性概念，既包括向国家缴纳的各种税金，有包括企业自身赢利，新建酒店还包括本利息，其数值的高低各酒店根据自己的实际情况裁定，一般不低于银行存款利率。其计算公式为

酒店价格=（固定成本+投资报酬/产品销售量×365）+单位产品的变动成本

例 9-3 某酒店有 800 间客房，客房年度固定成本为 400 万美元，单位变动成本为 15 美元/间·天，预测保本点出租率为 40%，欲求投资报酬为 30%时的房价。

酒店房价=（400 万+120 万/320×365）+15=59.52（美元）

这种定价方法的优点是有预期利润目标，属于政策定价，但缺点是必须首先假设某一个销售量，然后由销售量导出销售价格，忽略了价格本身也是影响销售量的函数。

4. 千分之一法

千分之一法也称千分之一规则，属于一种资源报酬率定价法。这是一种传统的客房定价方法，20 世纪初期到中期，这种方法在国际酒店业中应用很广。这种方法以酒店建造总投资额为基础，总投资中包括两大项，一项是建材、设备、内装修及各种用具的成本，一项是建造中耗用的时间、所需的各种技术与人员培训等费用。总投资额除以酒店客房数，即为一间标准客房的平均建造成本，然后再除以 1 000，便得出该店的平均房价。例如，某外资酒店总造价为 4 000 万美元，客房 400 间，故每间客房价格为 100 美元。

千分之一法使酒店营销人员可以迅速地做出价格决策，但是这种方法把房价同过去的建造费用联系在一起，而未考虑当前的各项费用和通货膨胀因素，因此在使用上有很大的局限性。例如，由于建筑材料等价格上涨，建造一家 500 间客房的酒店，如今的造价比 5 年前高了一倍以上，如果机械地套用千分之一法定价，岂不出现同档次酒店价格相差一倍的现象了吗？具体决策中，千分之一法仅作参考。

5. 赫伯特定价法

赫伯特定价法是美国酒店业协会提出的一种类似于目标收益法的定价方法，主要被用来制定酒店的客房价格。它的特点是结合了酒店业的具体情况，计算价格时考虑

了酒店的各种税费开支。其公式为

客房平均价格=客房所得收入/（可供出租的房间数×365×年均客房出租率）

公式中的客房所得收入是由酒店客房销售的目标利润和客房部的各种经营成本费用汇总而得，这些成本费用包括折旧、税金、保险费、管理费用、水电能源费用、维修保养费用等。通过这种方法算出的只是平均的房价，而且还没有将酒店支付给中间商的佣金（如果酒店利用中间商进行销售的话）及给予不同客人的优惠包括在内。在实际操作中，酒店管理层在确定最终房价时应将这两项费用考虑进去，对不同种类的客房（如标准间、套房等）制定不同的价格，并且还要针对不同的目标市场制定不同的价格（如常驻客人、公司客户等需要视情况给予相应的优惠）。

9.2.2 需求取向定价

需求取向定价是以消费者对于产品的认识及需求量的强度为基础，与产品成本关系不大的定价方式。其主要包括三类，即认知价值定价法、反向定价法和需求差别定价法（差别定价）。需求差别定价法既是一种定价方法，又涉及许多灵活多变的定价策略。

1. 认知价值定价法

认知价值定价法是一种建立在消费者认知价值基础上的定价方法。关键在于酒店的产品同竞争者（同行）的产品进行比较，利用营销组合中的非价格变量，建立消费者心目中的认知价值，然后依据认知价值定出酒店产品的价格。

假定有 3 家同星级的酒店 A、B、C，现从客房舒适性、餐饮水平、服务周到程度及其他功能设施的齐全性四个属性指标，请有关人员（如旅行社经营者、酒店宾客等）进行评价，其中每一属性共计 100 分，根据判断者的认知，分配给 A、B、C 这 3 家酒店，同时 4 个属性的重要性权数不等，总权数为 100 分，评价结果见表 9－1。

表 9－1 酒店属性评价表

重要性权数	属性指标	酒店		
		A	B	C
40	客房舒适性	40	40	20
30	餐饮水平	33	33	33
20	服务周到程度	40	30	30
10	其他功能设施	40	25	35
100	（认知价值）	（37.9）	（34.4）	（27.4）

从表 9－1 中可见，A 酒店的认知价值较高（37.9），C 酒店的认知价值较低（27.4），B 酒店居中（34.4）。如果 3 家酒店按照各自的认知价值成比例地定价，三者都能享有一定的市场占有率，因为他们提供的价值对价格之比是一样的。假如 B 酒店房价为 60 美元，则 A 酒店房价应订为 60 美元（60×37.9/34.4），C 酒店的房价应订为 48 美元（60×27.4/34.4）。

如定价低于公众的认知价值，那么酒店将得到一个高于平均数的市场份额。假定A酒店与B酒店房价跌至60美元，则将冲击B酒店的市场份额，因而A与B酒店的认知价值不同，价格却相同了，面临挑战，B酒店要么也降低价格，要么靠增加项目、提高服务质量等办法提高自身的认知价值。

应当指出，许多酒店定价或许并不依从这一办法，然而他们在定价时依然不自觉地多少参照了其他同档次酒店的价格，各酒店的价格无形中存在着一种比价关系，这种比价关系的基础便是认知价值。

运用认知价值定价法的关键是，要将自己的产品同竞争对手的产品相比较，找到比较准确的理解价值。因此，在定价前必须做好营销调研，否则定价过高或过低都会造成损失。定价高于顾客的认知价值，顾客就会另选酒店，销售量就会受到损失；定价低于买方的认知价值，销售额就会减少，同样也会受到损失。

2. 需求差别定价法

需求差别定价法是指酒店对同一种产品或服务报出两种或两种以上的差异价格。这种定价不是根据产品成本费用的高低来制定的，而是主要针对顾客本身，其消费产品的时间、地点等方面的差异来制定的，目的是通过价格的提升或让利来促进消费。

应用案例9-5

杭州华侨酒店有13个档次的客房标准门市价，满足了不同层次的顾客的需求。在不存在竞争的情况下，决定价格差异的原则是能够获得实际利益，而又不至于造成消费者的不满。

国际上大多数酒店都确定了3~5个等级的客房价格，客房在300间以下的酒店常分为3个等级：最低等级（经济级）房价主要是为了竞争的需要，表明这个酒店设施虽然高级，但房价却很便宜，这类客房一般只占客房总数的10%左右；标准间级房价是酒店向客人推销的主体，这类客房约占客房总数的80%；套间和高级套间一般只占客房总数的10%左右，他们代表着酒店的豪华程度，设有这种套间可以吸引更多的商务旅游者。客房在300间以上的酒店常分为5个等级，房价的理想分布为40%的客房取平均房价，最高、最低房价者各占10%，次高、次低房价者各占20%。

在有竞争的情况下，有些酒店运用需求差别定价法，把最低等级价格定得低于竞争对手的价格，这样既能在竞争中处于较有利的地位，又能获得较高的经济收益。

采用需求差别定价法应当注意以下三点。

（1）等级差价是按质论价原则的具体运用。酒店客房的接待对象、面积、位置、朝向、结构、设备、装潢布置等的不同应该反映在价格的级差上。因此，价格分等应体现客房的等级，要使客人相信房价的差别是合理的。酒店产品的不可位移性决定了不同位置的客房所体现的产品价值是不同的，酒店可以利用价格进行调节，把朝向好、窗外景观好的客房适当提价，把朝向及窗外景观稍差的客房适当降价，这样就会平衡顾客的心理，减少抱怨。便利性作为一种评价产品效用的因素得到消费者的认可，因此以地理位置差异为基础的差异定价是合乎情理的。例如，市中心的娱乐产品或酒店产品价格经常高出地理位置不便地区的娱乐产品或酒店客房价格。

（2）等级差价的差价大小要适宜。有的酒店用固定差价法确定不同等级的房价，如3种等级的房价分别为30美元、40美元和50美元，相邻等级固定差价为10美元。还有些酒店采用百分比差价法，如5种等级的单人房房价分别为50美元、60美元、72美元、86美元、104美元，相邻等级差价皆约为20%。这样，较低几种房价间差额较小，欲选择50美元级客房者在不能满足时亦可能接受60美元的房价，而对选择高价客房者来说，又不会过于计较差价。

（3）需求差别定价法要与市场细分相联系。例如，商务客人对价格挑剔较少，零散客人房价比团体房价要高10%~20%，因此旅游酒店、商务酒店应根据各自的接待对象定出合乎实际的差价。需求差异定价主要表现为酒店针对不同的人群提供不同的价格。消费者职业、年龄、阶层的不同，对产品需求紧迫程度不同，以及经济收入水平不等，均导致他们对产品的价格敏感程度大不相同。一般情况下，低收入消费者对市场上商品价格的变动较为敏感，而高收入阶层购买产品注重其品牌、质量，因而对价格变动的敏感程度较低。所以，企业可给予不同细分市场不同的优惠或提价，可使企业获得良好的促销和市场拓展效果。

应用案例9-6

江苏一家以接待国内会议为主的酒店，为了吸引更多客人，曾将最低等级的房价定得很低，实际效果却并不理想，倒是稍高的房价很受会议客人的欢迎。原因大概是与接待对象的心理因素有关，既然住宾馆又是公务会议，就不会安于“享受”招待所的价格所感受到的档次。

9.2.3 竞争取向定价

竞争取向定价在定价时主要以竞争对手的价格为考虑因素，价格与成本高低并无绝对关系。

1. 领头定价法

如果所制定的价格能符合市场的实际要求，采用领头定价法的，即使在竞争激烈的市场环境中，也是可以获得较大的收益的。

2. 随行就市定价法

这种方法是根据同一行业的平均价格或其直接对手的平均价格决定自己的价格。他们认为市价反映了行业集体智慧，因此随行就市定价法能使其获取理想的收益率。

3. 追随核心酒店定价法

在酒店市场上，一些有名望、市场份额占有率高的酒店往往左右着酒店价格水平的波动，在一些存在着酒店集团多少有点垄断性的市场上，它们的价格决策往往影响更大。精明的酒店营销人员在激烈的竞争中时时关注着竞争对手，以及对市场价格起主导作用的酒店动向。

竞争取向定价采用最普遍的是追随核心酒店定价法。之所以普遍，主要是因为许多酒店对于顾客和竞争者的反映难以做出准确的估计，自己也难于制定出合理的价格。于是追随竞争者的价格，你升我也升，你降我也降。在高度竞争的同一产品市场上，消费者，特别是大客户旅行社对酒店的行情了如指掌，价格稍有出入，顾客就会涌向价廉的酒店。因此一家酒店跌价，其他酒店也追随其跌价，否则便要失去一定的市场份额。对于一个产品（客房）不能存储的行业来说，竞争者之间的相互制约关系表现得特别突出。相反，竞争对手提高价格，也会促使酒店做出涨价的决策，以获得较高的经济效益。

竞争取向定价不能违背旅游局的有关政策，酒店与旅行社签订的合同价格不得低于物价，即旅游部门核定的最低限价。

【特别提示】

企业制定的价格可能处于两种极端之间：一种是价格低得没有利润可赚，一种是价格高得没有人买得起。一般地，产品成本构成了价格的底限，而消费者对产品价值的认知构成了价格的上限。企业必须考虑竞争的价格及其他一些外部和内部因素，以便在这两极之间寻找到最适当的价格水平。

9.3 酒店定价策略与收益管理

定价方法侧重于从量的方面对产品的基础价格做出科学的计算，而定价策略则是运用定价艺术和技巧，根据酒店市场的具体情况制定出灵活机动的价格。下面就酒店几种常见的定价策略进行简单介绍。

9.3.1 新产品定价策略

制定新产品的最初价格时常采用的定价策略主要有以下三种。

1. 撇脂定价策略

撇脂定价策略指制定高价，以便在短期内把钱赚回来。在产品投入阶段，市场需求弹性较小，新产品在市场上奇货可居，因此，迫切需要这种新产品的消费者往往愿意高价购买。当产品进入成长阶段或成熟阶段，再降低价格，以便吸引对价格较为敏感的细分市场。

2. 渗透定价策略

更多地从长远利益考虑，把产品价格定得比较低，以便市场渗透，获得较大的市场占有率。采用渗透定价策略，酒店惯用的做法有以下几种。

（1）不急于给市场报价，具体做法往往先出小册子再加插页报价格。

（2）报价的同时，加注有关附加条款，如“旺季”加多少，“机场税”加多少……

（3）解体产品，分项定价。

（4）增加最低订货额度，经常见到的如“不少于……”。

（5）降低质量，降低成本，减少辅助服务。

（6）公开降价，风险太大，保险的办法是回扣和“桌面下”的交易。

采用渗透定价策略，改变价格的余地比较小，而且往往要较长时间本利才能得到回收。

3. 产品介绍阶段暂时降价策略

降低产品价格，能吸引更多顾客，所以，有不少企业常在产品介绍阶段，采取暂时降价的策略，以便加速消费者接受采用新产品的过程。投入阶段一结束，就提高产品的价格。一些酒店在刚开业的几个月，常常采用这种策略，以便吸引客户，争取客源。

9.3.2 心理定价策略

心理定价策略就是运用心理学原理，利用、迎合消费者对酒店产品的情感反应，根据不同类型消费者的购买心理对酒店产品进行定价，使他们在各种心理因素的诱导下完成购买，从而实现酒店的销售目标。

顾客购买行为发生时的心理活动为定价策略的使用提供了许多机会。酒店价格一般有挂牌价格（门市价）、打折价（实际价格）、团体价、会议价、商务价等。采用这么多不同的价格不仅仅是要区别顾客，更重要的是利用顾客性价比计算的心理去促进销售。心理定价常用策略有以下 4 种。

1. 声望定价策略

声望定价策略是一种高价策略，主要针对消费者“价高质必优”的心理，对消费者心目中“上档次”的酒店产品制定较高的价格。这种定价策略适用于名牌酒店产品，或者是产品质量尚不为人所知、购买风险较大的酒店产品，其目的不仅是使酒店获得较高的单位产品利润，而且是以出售高价优质的产品在市场上不断提高酒店的声望，同时也满足了部分消费者希望通过购买这种酒店产品提高自身价值和社会地位的求名心理和炫耀心理。

应用案例 9－7

那些追求豪华和高贵的酒店或餐馆采用高价策略进入市场有助于这种市场定位。一些夜总会为了吸引某一类型的客人并树立一种排他性的形象，可能会收取一定的会员费。在这些场合，降低价格会使其定位发生改变，从而不能吸引目标市场的顾客。

酒店如采取声望定价策略，必须保证产品的高质量，并高度重视消费者对酒店产品需求的变化，最大可能地使产品迎合消费者的消费偏好，以维护和巩固消费者对酒店的信任感。

2. 尾数定价策略

尾数定价策略也被称为非整数定价策略，即给酒店产品制定一个非“整数”价格，从而给消费者留下一个经过精确计算的最低价格的心理。这种定价策略一般适用于经济型的酒店产品和服务。按照心理学的观点，“整数”容易在人的心理上产生递增的效果，而尾数则会产生递减的效果。因为酒店产品不属于日常生活消费品，许多顾客不会因客房价格低几角几分就选择某一家酒店，而且如果酒店采用尾数定价会让人感到酒店显得“小气”和计较，失去亲切感。

应用案例 9－8

某经济型酒店的客房如定价为 196 元，则容易给人留下该客房的价格为 100 多元的印象；而如定价为 204 元，则会给人一种价格为 200 多元的印象。尽管实际上两个价格之间只差了 8 元，但在人们心理上产生的差异却非同寻常。

在中国大陆、港澳台地区及日本，以偶数为尾数定价可以给人一种稳定的感觉。但尾数为 8 的价格已被商家用滥了，在定价时不宜随波逐流。根据中国人的传统观念，数字 6 被认为是与“顺”联系在一起，在定价时可以多使用。

3. 整数定价策略

整数定价策略是指酒店将产品的价格定在整数上的一种策略。这种定价策略比较适合于高档、名牌的酒店产品，容易使消费者产生“一分价钱一分货”的购买意识，有助于企业提高经济效益。例如，将原 998 元房间定价为 1 188 元，以满足消费者借价格显示身份、地位的心理需求。

应用案例 9-9

2009 年年初全球金融危机依然肆虐之际，北京燕莎中心凯宾斯基酒店的高级间（包含自助早餐和晚餐）的价格依然被定为 1 118 元，其 1 000 元以上的房价容易让入住的客人感受到消费的个性与品位。

4. 招徕定价策略

招徕定价策略是一种针对消费者的冲动性购买行为而采取的特殊价格策略。酒店在市场营销过程中，有时会对某些产品制定较低的价格的办法来迎合消费者“求廉的心理”，借机招徕消费者并带动和扩大其他产品的销售。酒店餐饮部门经常采用此策略。

应用案例 9-10

某中档商务酒店的餐厅在淡季时推出“38 元/位”的午餐自助餐，成功地吸引了一批都市白领前来就餐。在这个过程当中，这些人也加深了对该酒店的了解，适当增加了对该酒店其他产品的消费。

招徕定价策略包括以下四种。

1）廉价出售某些产品

吸引顾客在购买这些产品的同时，购买其他产品。采用这种做法的，常把部分产品的价格定得特别低，甚至低于成本费用，以便给消费者一种价格低廉的印象，以此招徕顾客。参观常使用这种定价策略，虽然出售某些廉价菜肴或饮料会无利可获，但是从整体考虑，由于顾客也必须购买其他菜肴或饮料，不仅可收回这些廉价品所失去的利润，还可提高总营业收入数额或总利润数额。

2）特别减价销售

在某些季节或节日，降低价格，招徕生意。采用这种价格策略，需要和广告宣传活动紧密配合，希望通过扩大销售量降低成本。一般来说，在产品滞销时采用这种做法，更为适宜。

3）虚假折扣策略

这是某些商家采用的一种欺骗性宣传。这类策略宣称某种产品或服务的价格已从以前的高价降至目前的低价，借以吸引消费者。而事实上，价格根本没有丝毫变化。显然，我们反对这种做法。

4）特殊事件价格

旅馆在某些季节或节日，或在本地区举行特殊的活动的日子里，降低价格，招徕生意。采用这种方法，需和广告宣传活动紧密配合，掌握好产品和销售的时机。一般来说，在淡季时，采用这种策略更为适宜。

酒店实行招徕定价策略的目的在于，希望通过“特价产品”将消费者吸引到酒店里来，在购买特价产品的同时购买其他产品或服务，从而提高酒店的整体效益；而有时“特价产品”的推出只是为了引起消费者的注意，造成某种“轰动效应”，使企业从众多竞争者中“脱颖而出”。一般情况下，采取招徕定价策略应与相应的广告宣传相配合。

9.3.3　折扣定价策略

酒店为了鼓励消费者及早付清货款、大量购买、淡季购买，可以酌情降低其基本价格。这种价格调整叫做价格折扣。

1. 数量折扣策略

数量折扣策略指对达到一定数量的购买行为给予一定折扣的策略，其目的是刺激消费者或中间商（如旅行社等）购买酒店的产品。酒店为了鼓励买方大批量购买自己的产品，通常会以数量折扣的形式将企业的一部分利润让渡给买方。

数量折扣策略又分为一次性批量折扣和累计批量折扣。一次性批量折扣便于酒店大批量生产和销售产品，有利于其降低成本，加快资金的周转速度。累计批量折扣则是对在一定时期内累计购买酒店产品的数量或金额超过规定数额的购买者的价格折扣。例如，某旅游酒店规定对累计入住6次以上（含6次）的顾客给予房价八折的优惠待遇。实行这种价格策略的目的在于与最终消费者或中间商建立长期友好的合作关系，一批忠诚的消费者和中间商可以帮助企业更好地应对激烈的市场竞争。

应用案例9-11

国家旅游局规定，15人以上全包价标准等旅行团实行第十六人减免的办法就是一种数量折扣。团队、会议价低于散客价亦是一种数量折扣。例如，有的酒店对散客、会议和团队采取不同的折扣率，如分别为10%、20%和40%；有的酒店采取奖励住房的办法，宾客入住满6天便可以获得一晚全免房，或实行一次性优惠卡，逾期退房至下午18:00，免收半天房费等。

2. 现金折扣策略

现金折扣策略是指酒店为鼓励中间商以现金付款或尽早付款而给予的一定的价格折扣的策略。采用这种策略的目的是改善酒店资金的周转状况，减少呆账损失，降低收款费用。

应用案例 9-12

酒店和中间商的交易合同中可以规定付款期限为 60 天，而买方如在 30 天之内付款，则给予 3%的折扣。酒店采用现金折扣策略主要是为了加强企业的收现能力，加快企业的资金周转速度，减少资金被占用所产生的费用，降低产生呆账和坏账的风险。例如，客房在成交后 10 天内付款，就可得到 1%的现金折扣；20 天内付款，就可得到 0.5%的折扣。

3. 季节折扣策略

季节折扣策略是指酒店在销售淡季时，为鼓励消费者购买产品而给予的一种折扣优惠策略。旅游目的地的气候因素、传统节日及客源市场的假期等因素的综合作用，造成了酒店特别是度假型酒店市场季节性强的特点，与此同时也带来了淡季时大量服务设施闲置的问题。为提高服务设施的利用率，酒店可在淡季时进行折价销售，但是前提是必须保证降价后所增加的营业收入高于所增加的变动成本，同时也应考虑企业的形象（特别是豪华酒店），在淡季时不能将价格降得太低。例如，有关部门制定了一个旅游黄金年酒店客房优惠价格，规定旺季标准房房价优惠 10%，平季优惠 25%，淡季优惠 40%，团队价格可在此基础上再优惠至少 10%。

4. 佣金与促销折让

酒店根据各类中间商在销售中所起作用的不同而给予不同的价格折扣。一般来说，大型中间商（如网络中间商、大型旅行社、航空公司等）销售的酒店产品的数量要多于规模较小的中间商（如小型旅行社），因而酒店给予大型中间商的折扣一般要大于其他中间商。酒店实行同业折扣策略的目的在于激励各类中间商的销售积极性，以最大可能地向市场销售酒店的产品。这是针对营销渠道，如旅行社或协作酒店等协助酒店促销工作而给予的一种酬谢。例如，凯悦酒店规定：旅行社每预订 24 间客房，酒店就可以为该旅行社免费提供一间客房。还有一些会员俱乐部替自己的会员向酒店预订也会享受到一定的折扣，如携程贵宾卡的功能就是如此。

应用案例 9-13

上海某酒店给予市中心酒店一种转让，介绍者每介绍一位客人，会被返回 10%的房价。美国国际希尔顿集团向旅行社收取净房价，如果旅行社为团队或零散客人代订房，则向他们收取的价格比规定的团队价、零散客人价低 15%。

9.3.4 组合定价策略

组合定价策略是将客房和酒店其他服务捆绑在一起，为组合产品制定一个统一的价格并统一进行销售的方法，这种方法又称“套票销售”，是被酒店经常采用的方法。采用这一策略时，必须使顾客了解并相信一次购买这些服务比分别购买要便宜得多。实际上，由于酒店提供的单项服务成本，组合定价能降低成本，酒店并不“吃亏”，顾客也能受益，即达到“双赢”，所以在某些条件下大多数酒店和顾客都乐意接受这种销售定价形式。在度假型酒店中，这种做法更为常见。

应用案例 9-14

三亚仙人掌度假酒店在2009年4月1日~9月29日推出了一款家庭套餐“全家福之旅”，3天2晚定价为1 188元，套餐内容包括入住高级山景房（大床或小床）；儿童免费加床一张；赠送每日营养自助西式早餐（2位大人1个小孩）；赠送餐饮代金券100元；赠送3人特色小鱼按摩（30分钟）；免费使用儿童游泳圈一次；免费接送机服务（三亚凤凰机场/市区—酒店）；免费参观国家4A级景区——亚龙湾中心广场、贝壳馆及蝴蝶谷；免费使用酒店私家沙滩、儿童乐园；免费客房内不限时宽带上网（自备电脑）。这一产品组合不仅包括客房住宿，还包括早餐及一些赠送的或免费的娱乐项目，其价格对于度假客人而言，具有较强的吸引力。

以上讨论的酒店定价的目标策略和技巧，大都是属于个别产品定价策略或价格变动。在此还应提出产品线定价的概念。酒店提供的产品和服务往往是一个整体。由于生产线上各产品的需求、成本及竞争程度不同，因此要想定出合适的价格是有困难的。但是，为了使整体产品线获得较大的利益，必须重视所谓的线上定价。例如，餐厅是一条生产线，其主产品为炒菜，副产品为酒水、水果，附属产品为糕点。假如餐厅产品线是以主产品或副产品为利润的主要来源，那么在定价时便可定得比较高，附属产品则可持平价。就酒店产品线而言，餐饮产品价格与客房产品价格的关系问题，似乎历来存在着两种思想：一是将餐厅视为同客房同等重要，强调餐厅本身也要创造利润；二是认为餐厅应服从客房利益，以优质、低价招徕客人。由此可见，各种酒店对其产品都有一个组合定价的问题，酒店营销的目的是推销酒店整体，创造最大的经济效益，这也是酒店定价的一个原则。

针对不同的顾客和环境的变化，有些企业常常要对基础价格进行调整。通常采用的办法有折扣与折让定价、歧视定价、收益管理、心理定价、促销定价和地理定价。

歧视定价指的是对市场进行细分，并根据这些细分市场的价格弹性特点来区别定价。运用歧视定价，酒店对同一产品或服务可以有两种甚至更多的价格水平，尽管这种价格差异并非建立在成本差异的基础之上。歧视定价的作用是使每个顾客的支出最大化。对于大多数企业而言，由于变动成本低，再加上需求的季节性波动大，歧视定价成了平衡需求、增加收入和利润的有利工具。这种形式的定价是通过较低的价格吸引更多的顾客，而不是为所有人降价。

定价方法是实现营销目标的关键因素。如果酒店已经确定了目标市场，也已经决定了产品的定位，确定产品的价格范围就会更容易。定价的目标是使企业整体上获得一定的收益，因此收益管理是市场营销的一个重要方面。

9.3.5 收益管理

歧视定价的一种应用就是收益管理。关于收益管理，虽然有不同的定义，但有一点是一致的，即收益管理可以提高客房的销售额。直观地说，收益管理即通过对出租率及房价的管理以实现收益最大化的酒店管理。

收益管理是信息技术、预测技术、统计技术、管理理论和商业经验的大融合，以达到产品、购买者和价格的优化组合，从而实现酒店收益最大化。有效的收益管理系统通常要建立各种防范措施，防止某个细分市场的顾客得到本来为其他细分市场设计的价格。

应用案例 9－15

出差可以报销单据的商务旅行者，往往对价格很不在意，而休闲旅游者对价格却很敏感。对于休闲度假者来说，一种典型的防范措施是要求在周五和周六两天在外逗留，并且提前 30 天预订。这就有效地将商务旅行者屏蔽在外，他们只好支付较高的价格并几乎不提前预订。

收益管理要求根据需求预测来制订和实施不同的价格等级，这些价格旨在使收益最大化。收益的计算公式为

$$\frac{\text{卖出客户夜数}}{\text{可供出售的客户夜数}}\times\frac{\text{实际平均房价}}{\text{可能房价}}=\text{收益}$$

收益管理系统必须以扎实的营销为基础。开发这些系统时应时刻牢记顾客的长期价值。有一个早期的收益管理系统，曾因为预测某一时期的租出率很高，便取消了旅行社的一些预订。其做法是，只要酒店能卖出客房就取消给旅行社的佣金。这样的制度只是通过节省旅行社佣金而增加了短期收益。但在长期内，酒店就会丢掉一大笔来自旅行社的生意。

有了收益管理系统，对那些逗留时间延长了的顾客可以收取比那些只逗留几个晚上的顾客更高些的费用。通常，人们会觉得逗留时间越长越应该享受较多的折扣，但是有时逗留时间过长可能遇上入住高峰期。这些收益管理系统能将出租率平均化。

应用案例 9-16

根据预测的出租率情况，一位将在5月8日入住而在10日结账的客人可以享受65美元的最低房价。而一位计划在5月8日入住在12日结账的客人只能享受85美元的最低房价，原因是酒店在5月10日和11日两天本可以将客房卖到105美元。在这个系统当中，员工必须得到很好的培训，以便能对顾客解释不同的房价。

尽管收益管理是符合道德规范的，但顾客并不认为它是公平的。一项有关收益管理是否公平的调查显示，“许多被调查者认为，酒店业常见的某些收益管理的做法令人非常难以接受”。

令顾客难以接受的一些做法如下。

（1）用不充分的利益换来的是各种限制。

（2）对折扣的限制过于严格。

（3）对于获得价格折扣条件的各种变动也不通知顾客。

顾客可以接受的一些做法如下。

（1）可以获得有选择的价格信息。

（2）对取消预订的各种限制提供大量折扣。

（3）对折扣价进行合理的限制。

（4）顾客感受到的产品价值与不同的价格相称。

本章小结

决定酒店定价决策的重要因素有成本因素、市场需求状况因素、酒店市场市位及产品特点因素和竞争对手的价格因素。影响酒店产品价格的其他因素有质量因素、营销组合因素和特色等。不同的酒店目标在酒店定价中所起的作用不同，包括利润最大化目标、产品质量领先目标和市场占有率最大化目标。酒店的一般定价法有成本取向定价、需求取向定价和竞争取向定价，它们之间有所差异。新产品定价中的撇脂定价策略、渗透定价策略和产品介绍阶段暂时降价策略。酒店产品现有的定价策略有心理定价策略、折扣定价策略和组合定价策略，有时酒店会启动削价决策和提价决策。收益管理即是通过对出租率及房价的管理以实现收益最大化的酒店管理。酒店的收益受多种因素影响，还有一些具体做法。

关键术语

千分之一法、赫伯特定价法、撇脂定价策略、渗透定价策略、心理定价策略、尾数定价策略、整数定价策略、招徕定价策略、折扣定价策略、收益管理。

思　考　题

（1）酒店产品的价格是由哪些因素决定的？

（2）如何看待酒店之间的价格战？

（3）酒店新产品上市最适宜采用哪种定价方法，为什么？

（4）定价策略如何与其他营销组合策略协调配合？

（5）酒店如何进行收益管理？

课堂互动

1. 头脑风暴

请举例说明能影响价格敏感性的若干因素及这些因素在酒店业中的应用。

2. 小组讨论

（1）收益管理能创造和维持顾客吗？或者，它是一种增加收益的短期方法吗？

（2）请你分别举出一种价格弹性较大的酒店产品和一种价格弹性较小的酒店产品，并简单陈述一下为什么该产品的价格弹性大或者弹性小。

3. 课堂辩论

关于酒店清晰定价原则的辩论。

1）任务描述

全班将参加一场关于下述命题的辩论：清晰定价原则对酒店来说是一种增加收益的很好的管理办法。

2）实施步骤

（1）每个坐在教室左侧的学生作为“赞成”方，每个坐在教室右侧的学生作为“反对”方。

（2）5~6 名学生分成一组并制订一份支持你们立场的论点清单。

（3）然后赞成和反对方制订论点清单，由各组选派代表制订，代表们彼此会见并比较清单，这样就有了两份清单。

（4）来自各方的小组代表将组成辩论团队。

（5）辩论将按下列程序进行。

① 第一回合：每个团队用 5 分钟介绍观点和案例，所有辩论成员参加，赞成方首先介绍。

② 第二回合：10 分钟辩论。

③ 第三回合：班级其他成员（听众）交叉考察每个团队成员的观点，然后全班投票表明他们支持何种观点。

营销实战

实训任务一

登录携程网（www.ctrip.com），查阅你所在的城市的五星级酒店的门市价和网上售价，比较一下价格之间的差异。然后查阅北京、上海、广州和青岛的五星级酒店，比较一下价格之间的差异。思考：酒店价格为什么存在差异？这种差异是由什么决定的？

实训任务二

找当地几家隶属于不同管理公司管理的经济型酒店，比较一下他们的门市价和前台售价，通过调研，指出定价策略是如何与其营销组合策略协调配合的。

案例分析

决不降价——五星酒店五星价

北京凯宾斯基酒店，五星级，系燕莎实业集团的核心企业。它于1992年开业，在北京五星级酒店群体中属于典型的“后来居上者”。但即使是后来者，即使面对日甚一日的白热化竞争，凯宾斯基人也从来没有放弃过对五星级形象的执著追求。在众多知名酒店纷纷通过“降价”手段来寻求生存空间的大环境下，他们始终保持着稳定的价格政策，而没有一头扎进这“先降价格，再降服务”的恶性循环中去。卓越准确的战略定位确保了酒店的双重效益，1994年该酒店被评为“全国最佳外商投资企业第二名”，1995年获“全国五十家最佳星级酒店”称号，1996年被接纳为“世界一流酒店组织”成员。下面让我们一起来看看凯宾斯基人是怎样面对“降价风”盛行的现实的。

1992年，由德国、中国、韩国3国合资兴建的北京凯宾斯基酒店正式开业了。开业初始，正值北京的高星级酒店群体形成之际。京广中心酒店、港澳中心酒店、中国大酒店等现代化酒店相继落成，而王府酒店、北京酒店等老牌名店也完成了硬件的改造，重新加入到大竞争圈中，高档次酒店的队伍迅速得以壮大。

有限的客源总量面临着陡然间猛增的接待规模顿显匮乏，长期以来一直处于供不应求地位的京城酒店界终于也到了“皇帝女儿也愁嫁”的时候。众酒店一时间难以适应，尤其是对新近开业的酒店来说，更是别无选择，只能仓促应战。这就是市场的真实面貌。“沧海横流，方显英雄本色”，残酷的客源战终于打响了。各大酒店纷纷施展出自己的看家本领，对准自己的优势客源区域猛下工夫。有以行业背景为依托的，则通过行政手段来确保“肥水不流外人田”，如一些中央机关部门办的宾馆；有背靠国际连锁集团的，则大打集团预订网络的主意，如香格里拉酒店、凯悦酒店等；也有一些百年老店，如北京酒店，则把营销重点放在过去的“回头客”身上，留住一个算一个……实在是既无行业优势，又无历史积累的酒店就只有降价让利，通过拼设备、拼硬件来维持运营。对于1992年前后的北京市场来说，这种不得已而为之的“下下策”竟然成了相当多酒店的选择。凯宾斯基酒店则避实击虚，绕过大家都咬住不松口的国内旅游市场，先行一步进军商务客源市场，率先确定以接待商务客人和国际会议为主、辅以境外旅游客源的营销体系。同时大量优价出租公寓写字楼，以此来带动客房的出租，并明确以高支付、高消费型客源为主攻方向，及时退出对中低档客源的争夺。这一点在当时的大气候下，的确是未雨绸缪，也需要足够的勇气和实力。在商务客源市场上的不懈努力终于得到了丰厚的回报。开业第二年也就是1993年，酒店全年客房出租率就已达58.31%，营业收入总额高达1.9亿元人民币，经营利润达7 970万元人民币，位列全国行业50强，并成功地接待了德国前总理赫尔穆特·科尔一行，开创了民间酒店接待国宾之先河。

酒店领导层并未因此而停止其对营销的更高追求，考虑到当时固定客源主要局限于欧洲市场，较容易受到政治、经济或外交因素的影响，客源基础相对脆弱，经营风险较大，酒店高层领导又提出了树立国际性大酒店形象的经营思路，放弃“单条腿走路”的老路子。在新思路的指引下，1993年后，酒店主动参与国际国内的多种旅游促销展览，招聘专人负责对政府部门和国外驻华使馆的销售，组成了一支中外合作、各显神通的销售队伍。迅速开辟了除欧洲外的美洲、东南亚、日韩、中东和中国港澳等新的地区市场，形成了自己的多元营销网络，彻底扭转了“单条腿走路”的被动局面，这一点在日后的竞争中作用越发突出。

1995年年底，由于北京地区高星级酒店总量的持续扩容，市场竞争日趋白热化，并再度引发了商家们最敏感的“价格战”。少数急功近利的酒店为了眼前的利益而不惜牺牲同行们的利益，又一次扛起了“降价竞争”的大旗，而且来势汹汹。一时间酒店价格开始超大幅度下滑，严重危及酒店的正常经营利润，也不可避免地造成了服务管理水平的整体跌落。凯宾斯基酒店作为当时经营效益最卓著的排头兵，自然也受到了“降价风潮”的波及。由于一些酒店“自杀式”的不正当竞争的影响，酒店客源组织遇到了前所未有的困难，在跌破成本的低价诱惑下，一些常年客源流失了。但成熟的经营者们处变不惊，在反复分析形势、仔细斟酌研究后，他们甩出了“杀手锏”——同档酒店同价位“战术”，即任何同档次酒店的价格这里都接受。而这一战术的根据就是——五星级酒店就应该理直气壮地卖五星级的价格。

凯宾斯基人对自己的软硬件优势充满信心，同时也深信明智的客人们在价格相同的同档次酒店中只会选择服务管理更优秀者，与其屈尊去斗价格，损人不利己，不如理直气壮比服务，将行业竞争引入健康合理的轨道。在这样的思想指导下，凯宾斯基酒店不但没有在淡季陷入无休无止的价格战，反而保住了平均房价水平，并进一步在顾客心中巩固了自己的形象，脱颖而出，凸显了自己的至尊地位，同时又以现身说法赢得了同行们的称道和认同，客观上制止了“降价风潮”的进一步蔓延。这就是凯宾斯基人的经营之道，既充分满足了顾客们的愿望，又不牺牲自己的利益，同时也兼顾到整个旅游酒店市场的稳定和发展，正所谓“利人，利己，利社会”。

思考题：

（1）凯宾斯基酒店在面临价格战的情况下采取了什么样的价格策略？它是如何综合应用营销组合策略的？

（2）凯宾斯基酒店的价格策略给我们带来了哪些启示？

10

酒店营销渠道的选择与管理

本章概要

（1）酒店分销渠道的本质和类型。
（2）酒店营销的中介机构。
（3）网络营销渠道。
（4）酒店分销渠道的选择。

本章目标

学完本章以后，你应该能够：描述分销渠道的本质，理解为什么要利用营销中介机构；为酒店寻找适合的分销渠道，能够分析它们所能带来的利益；利用互联网作为一种分销渠道；掌握选择、激励和评价渠道成员的渠道管理决策；确定企业选择经营位置时的影响因素。

案例导入

华人杨先生在美国一个人口密集的城镇上开了一家中餐厅，开业一个月来餐厅生意一直很冷清，这让杨先生伤透了脑筋。他进行市场调查后，发现当地人并不是对中餐不感兴趣，而是因为大部分人不了解中餐，还有一部分人不喜欢中餐厅喧闹的环境而喜欢在家里或西餐厅用餐。据此，杨先生瞄准了网络销售渠道，让顾客可以在家里通过互联网登录他的餐厅网站，了解餐厅提供的菜肴，并介绍一些菜肴的制作方法和相关的餐饮文化。顾客可以根据需要在网上点菜、付费，最多半个小时餐厅员工就把所点的菜肴送到顾客家。此举推出后很受大家的欢迎，还因此带动了餐厅现场的消费。

案例点评： 餐厅生意由冷转旺，网络销售渠道功不可没。许多酒店都充分利用所拥有的营销渠道。竞争、全球市场、电子分销技术及产品的不可存储性使得分销变得越来越重要。抢夺新市场和现存市场需要有创新的方法。全球化意味着许多酒店必须选择外国合作伙伴帮助它们营销和分销产品。新的电子分销方法带动了国际预定系统的发展。

酒店经营过程中，有的顾客是不经任何中间机构介绍直接到店投宿，这些散客与酒店之间没有任何的分销渠道存在；但有些顾客可能是通过旅行社或是某家中介机构预订进入酒店的，这时在酒店与顾客之间有一条联结的纽带，即分销渠道。

10.1 酒店分销渠道的本质及其类型

酒店的分销渠道，是指酒店为了向消费者提供便利的购买服务或进入路径而在酒店之外所开设或使用的组织和服务系统，是商品由生产领域向消费领域运动过程中所经历的线路和线路上一切活动的总和。酒店营销渠道是指酒店产品由卖方流向买方的过程与中介者。但是，同一般商品营销渠道相比，酒店营销渠道不仅有实体物质的分配，而且更主要的是使产品到达消费者并让他们使用的问题。营销渠道选择是酒店经营管理者所面临的重要决策之一。

如果把酒店的建筑物视为酒店企业的心脏，那么，分销系统可以被看做它的循环系统。分销系统为顾客提供稳定的物流。管理完善的分销系统可能是市场份额领头企业与勉强维持生计的企业之间差别的根源。

10.1.1 酒店分销渠道的本质

分销渠道是将产品或服务提供给消费者和商业客户过程中的各种独立组织的集合。分销渠道的建立始于渠道成员的选择。一旦渠道成员被确定，重点就转移到渠道的管理上来。在市场营销中，分销渠道通常被用来将商品（有形产品）从生产者转移到消费者。

1. 酒店销售渠道的概念

酒店销售渠道是促进将酒店服务产品交付给顾客的一整套相互依存、相互协调的有机性系统组织。在酒店营销中，为了获得竞争优势，应该寻找酒店产品分销商，扩大和方便顾客对酒店服务产品的购买。这个过程涉及从起点到终点之间参与流通活动的个人和机构。

酒店销售渠道按照其到顾客手中是否经过中间商可分为直销服务渠道和经过中间商的服务渠道。

2. 酒店销售渠道模式

在产品和服务从酒店转移到顾客使用的过程中，任何一个对产品和服务拥有所有权（使用权），或负有推销责任的机构和个人，就称一个渠道层次，渠道层次的构成即销售渠道模式。酒店销售渠道模式如图 10.1 所示。

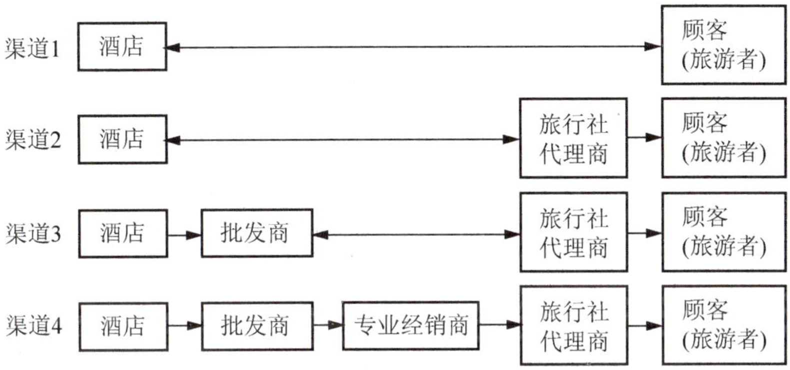

图 10.1　酒店销售渠道模式

（1）渠道 1 被称为直接销售渠道，没有销售中间机构。它在此是指酒店直接将产品出售给顾客（旅游者）。例如，餐馆经营者直接从农贸市场的农民手中购买农产品。

（2）渠道 2 包括一个销售中间机构。在酒店业中，这个中间机构通常是旅行社代理商。

（3）渠道 3 包括两个中间机构，通常是一个批发商和一个旅行社代理商。较小的生产商一般使用这种渠道类型。

（4）渠道 4 包括三个中间机构。专业经销商从批发商那里采购，再将商品出售给那些批发商不直接为之服务的旅行社代理商。

在生产者看来，销售级数越多，意味着控制越困难，销售情况越复杂。

酒店也经常通过中介机构来销售酒店服务产品，这些中介机构便是中间商。酒店市场中中间商将酒店与酒店顾客连接起来，他们介入酒店的销售工作，同时很大程度上影响着酒店的产品销售。

10.1.2　酒店分销渠道的类型

1. 团队渠道

团队旅游一般由海外旅游批发商组成旅游团后交给国内的外联旅行社接待，外联旅行社又分段委托给各地的旅行社。旅客所需的酒店、餐食、服务都是由旅行社预订的，所需费用是由旅行社逐级下拨的。典型的团队渠道是一种三环节间接渠道。除了旅行社之外，一些政府部门，文化、体育、科学等部门也组成一些团队。会议客人也可作为团队。

现阶段，酒店的团队渠道形式主要是以旅行社为主体，以政府部门等为辅的营销体系。应当注意的是目前非旅游部门引进的客源比例正在迅速上升，故在团队营销渠道方面要充分重视非旅游部门的作用。

2. 零散客人渠道

零散客人旅游已成为国际旅游的重要方面，即便在观光旅游者中也已有很大一部分属于散客。零散客人的消费水平一般比团队高，特别是零散客人中的商务旅游者。酒店招徕商务零散客人的最佳渠道是与一些国外大公司建立业务关系，跨国公司如IBM、三菱等每年的差旅费预算达1亿美元之多。现在越来越多的公司直接与酒店签订长期包价合同，除非是高层管理人员，一般的商务旅游者自行选择酒店的已越来越少。

零散客人渠道同团队渠道有很大的区别。零散客人一般不通过旅行社，而是直接同酒店发生关系，或者其中只经过一个环节，如预订网络系统等。因此，零散客人渠道策略具有分散、多样、数量大的特点。酒店利用零散客人渠道，较好的办法是加入酒店预订系统，如广州白天鹅宾馆、北京贵宾楼饭店等世界一流酒店组织成员的酒店预订系统；也可以委托旅行社，主要是国外旅行社代为预订酒店，同外商机构、外航机构建立合作关系，同其他酒店建立互相介绍客源的业务关系，在市中心建立外国游客接待处，在车站机场设立零散客人接待点等。目前国内民航航班的准点率较低，误点班机的零散客人也成为酒店间的生意争夺对象。

一般来说，口碑的作用比其他的销售手段效果更佳、成本更低。

应用案例 10－1

广州市三寓宾馆逢年过节便向新老顾客发出慰问函。一张小小的贺卡，使人暖意油然而生。每逢广交会，广州房价都会上升约30%。此时三寓宾馆若退掉一大批长住客，可增加数十万元的收入，然而宾馆着眼于长远利益没有这样做，从而赢得了顾客的信任，回头客占七成以上。上海虹桥宾馆在接待全国煤炭会议参与人员期间，700间客房爆满，不得已退掉了长住客，但宾馆并没有将客人打发走后就此了事，而是派车将客人送到档次更高的酒店，并且补贴食宿差价，会议一结束，立即派车将他们接了回来。这样，尽管搬迁使客人感到不便，但宾馆的诚意却令客人大为感动，并且经由他们的宣传，引来了更多的散客。

酒店零散客人中有相当多是通过直接营销渠道而来的，客人直接找到酒店，在前台登记入住。因此酒店前台要有服务意识，做好直接销售工作。

10.2 酒店营销的中介机构

旅游业中有许多可供选择的专业化营销渠道。旅游业分销体系中的组成部分包括旅游代理商、旅游批发商、专营机构、酒店销售代表、政府旅游协会、预订系统、全球分销系统、互联网、导引人员（Concierge）等。管理人员必须选择构成分销系统的中介机构，并确定分销系统的级数。

10.2.1 旅行社

酒店达到地理多元化市场的方法之一就是利用旅行代理商。寻求与旅行代理商合作的酒店必须为代理商的酒店预订创造便捷的条件。而且，酒店应有代理商是把它们的顾客委托给自己的意识。调查发现，代理商把酒店能够遵守预订的信誉列为选择酒店的最重要因素。酒店须尽量给代理商介绍来的客人留下良好的印象，以便日后还能与该代理商继续创作。酒店一旦通过中间机构达成一项业务，酒店就有了两个客户：客人与中间机构。

1. 旅行社分类

国外将旅行社分为旅游代理商（Tour Agency）、旅游经销商（Tour Operator）、旅游批发商（Tour Wholesaler）。

1）旅游代理商

旅游代理商又称旅游零售商，它通过自己的销售网点，将整合后的旅游产品直接销售给旅游者。旅游代理商可以是独立经营者，也可以是某个旅游批发商的下属机构，代为出售其旅游线路和旅游项目，构成酒店销售网的一环。旅游代理商受酒店委托，按合同规定的价格将酒店房间出售给旅游者，并按销售额的一定比例提取佣金，通常为销售额的10%～20%。寻求与旅游代理商合作的酒店必须为旅游代理商的预订创造便捷的条件。为旅游代理商提供免费预订电话是很必要的。那些从旅游代理商处得到大量预订的酒店一般都设有一个专门为旅游代理商服务的电话。旅游代理商希望很快得到付款，希望与其开展业务的酒店迅速支付佣金。酒店应尽量满足其要求。

2）旅游经销商

旅游经销商一方面将单项旅游产品组合成旅游线路（整合旅游产品）销售给旅游代理商，另一方面也由自己的销售点面向公众直接销售，兼有旅游批发商与旅游代理商的双重身份。

3）旅游批发商

旅游批发商只组合旅游产品销售给旅游经销商和旅游代理商，不直接面对公众销售。旅游批发商一般是实力非常雄厚的大型旅游中间商，通过与交通部门（航空公司、铁路及旅游车船公司等）、酒店、旅游景点及其他餐饮娱乐设施直接谈判，将这些单项旅游产品组合成旅游线路，确定一个包价（有大包价、小包价）。当旅游团的活动及日程安排好后，旅游批发商向这些单位发出日程安排表并做出预订，然后交由旅游经销商或旅游代理商将包价旅游项目出售给团队或散客旅游者。其营业收入主要包括从各交通部门的代理佣金和酒店订房差价中获得的收益。如果包价中含餐饮，旅游批发商还可以从酒店中得到整个包价10%左右的佣金。

我国现行旅行社与酒店的取酬关系和国际通行的做法不同：旅行社能获得远低于门市价的批发价，很少采用佣金制。其实这就是酒店与渠道之间、各渠道之间产生矛盾的一个重要原因。首先，这种方式使得酒店与旅行社利益对立。旅行社拼命压价，因为差价越大，其利润越高，但酒店又极不情愿自己的利益受损。其次，酒店给各渠道成员的“旅行社价格”高低不一，这样也不利于渠道成员间的融洽关系，旅游行的很多精力都用在了跟酒店讨价还价上。因此，在国内实行佣金制，与国际旅游运作标准接轨，已成为一种需要和趋势，这样才能促使旅行社积极开拓市场，因为在佣金制下，销售额越大，利润越高，也能使酒店与渠道成员精诚合作，共同推出具有竞争力的价格，使双方达到“共赢”。

2. 旅行社订房的特点

旅行社在业务经营中存在风险大、批量大、季节性强等特点，酒店的预订也会受上诉因素的影响。旅行社订房主要有以下几个特点。

1）订房数量大

通常旅行社的年接待量都在万人以上，大型旅行社其组团（或接团）人数甚至达几十万人，如中国国际旅行社总社2013年接待外联游客超过100万人次。因此，旅行社的订房对旅游酒店尤其是旅游城市和风景区的酒店而言是最主要的生意来源。

2）订房价格低

旅行社为了尽可能提高经营利润及降低直观报价，增强旅行社价格竞争力，通常会向酒店争取较低的团队价格。加上付给旅行社佣金，旅行社的实际价格往往比门市低四成或者更低。

3）订房时间集中

旅行社订房季节性强，通常都集中在旅游旺季，而淡季则订房量极少。这样便使酒店在旅游旺季客源激增，形成营业高峰期，淡季时则处于低谷，给酒店的经营管理带来一定的困难。为了避免订房过于集中，酒店应采取相应的措施，如采取淡旺季订房价格不同的措施，与旅行社合作开展冬季包价或在淡季推出特殊旅游活动项目，尽可能做到淡旺季订房量的均匀分布。

4）订房取消率高

酒店大量接受旅行社订房，具有很大的风险。旅游业是一项较为敏感和脆弱的行业，尤其是组团旅游，极容易受政治、经济和突发事件的影响而出现大幅度波动，团队取消在有的地方十分普遍。鉴于团队旅游容易出现的高取消率，酒店在确定自己的目标市场时，应合理地安排各细分市场比例，以期实现市场细分配置的最优化，尽可能降低风险，正如西方谚语所说的“不把所有的鸡蛋放于同一个篮子中”。

5）订房连续性强

酒店通常与旅行社保持密切的业务联系，因而旅行社的订房也能够连续持久。旅行社一般都将自己的团队安排在有主要业务往来的酒店，而不会随意在其他酒店订房，因为基于双方的了解，合作较容易，且能够达成有利的价格协定。如果酒店能够保持与旅行社的密切合作，对于酒店的客源预测也十分有利。

3. 酒店与旅行社的运作规范

目前，我国的酒店与旅行社之间尚无运作标准，但为保证双方为共同的利益而合作，便于进行监管，酒店与旅行社的运作规范化已成趋势。美国旅行社协会为建立一套理想的酒店营业关系与运作标准，提出了一些原则，也为我国制定类似制度提供了有益参考。

1）收费标准与预订

酒店应随时制订并发布收费标准一览表，列出各种房间及其他服务的最高和最低收费额。该一览表的收费标准应适用于不管是直接订房还是通过旅行社代订的所有顾客。

旅行社或代理人仅可以根据酒店规定的收费标准提出报价与推销，但如果有实际的需要或顾客要求时，他们可不受这种标准限制而接受订房。

代理人接受订房要求时，应直接与酒店代表或其授权代表联系处理。有关订房所需的通信费用，如邮资、电报电话费等均由代理人负担。酒店对于订房的要求应当尽量满足，最好在 24 小时内予以答复。

2）佣金

代理人收取的佣金，是依酒店规定的收费标准而获得的销售额的 10%。

对于代理人是否应当提取某项销售额的佣金存在疑问时，代理人应当提出确实证据，证明其在该销售过程中所具有的影响力。有关此次销售所做的通信、电话或电报的记录均可作为具体证据。

代理人代表酒店所收的一切款项，均应该在扣除其应得的佣金后立即汇交酒店。如果酒店已经同意代理人代收账款可暂时实行收费收据联单记账，实际汇款则可依协议的时间稍后寄出。

若代理人提供服务后，一切账款经酒店自行收取，则酒店应在收账后 30 天内将代理佣金结算付给代理人。

3）广告

酒店与代理人双方所做的广告均应切合实际。广告中如果涉及最低收费标准，应该肯定而明确地指出最低标准，不可含混其词；代理人为其酒店服务时，不可在言词上明示或暗示各家酒店相互比较的情况；代理人与顾客之间的往来关系，酒店应当予以尊重，即使酒店日后可以直接招徕此顾客，仍应当通过代理人处理；代理人有义务展示或分发酒店提供的宣传册或其他广告宣传品。

4. 酒店如何与旅行社建立良好关系

酒店与旅行社之间要建立良好和谐的关系，做到精诚合作、利益共享、风险共担，需要付出很多努力。酒店应从以下几个方面着手。

1）做好接待工作

酒店提供优质的产品服务是保证与旅行社良好关系的最实质性内容。如果酒店没有意识到这点，在具体工作中势必会舍本逐末。

2）加强沟通

酒店应让旅行社充分了解自己的产品与服务，可以通过组织旅行社人员参观酒店、体验服务，并提供各种宣传资料，如小册子、广告招贴画、促销录像带、幻灯片等，还可经常通过函件、面谈访问等形式及时向旅行社通报酒店各新产品与服务、新项目、新计划等，以协助旅行社的销售，并争取在旅行社旅游线路促销宣传中取得理想的位置。对于旅游批发商而言，一般是提前一年或更长的时间印刷宣传手册和报价单，酒店应提早与之协商房价。如因经营需要必须提价，酒店应尽早通知旅行社，并求得谅解。否则由于两者沟通不足，临时提价（尤其是在旺季）会使旅行社陷入尴尬，从而造成旅客大批退房的结果，酒店与旅行社在经济利益、公众形象上都会受极大损失。

3）积极激励

酒店可采用多种激励措施提高旅行社代理销售的积极性。如提高佣金比率，对淡季销售付给奖励佣金并即时支付；对通过旅行社预订酒店的公司和机构给予更大折扣；免费为旅行社人员提供膳宿服务；开展销售竞赛，对销售业绩好的旅行社给予奖励。

4）加强预订受理工作

酒店应根据旅行社订房的特点，设计专门的预订受理程序，方便旅行社订房。酒店应主动提供房价、订金政策及其他服务项目（如行李托运费）的付费说明，并以书面形式（一般是客房销售合同）向旅行社明确房价（是否含早餐）、订金、预定截止时间、付款方式等内容。同时，酒店还应积极采用先进的电子网络系统以顺应网络预定的新趋势。

5）加强售后工作

旅行团离开酒店并不等于销售工作的结束，应与旅行社保持密切联系，征询其建议与意见，以便改进提高。

6）重视账款清算

只有收回账款，酒店才能真正取得经济效益。有些酒因担心与旅行社的关系受到影响，从而不能及时收回账款，降低了酒店资金周转率，有时还会影响酒店的正常运转。有时甚至根本无法收回账款，造成了酒店的损失。

10.2.2 酒店代表

酒店代表在特定的地区推销酒店的客房和服务。对酒店来说，雇佣销售代表往往比使用自己的营销人员更有效，当目标市场距离酒店很远或者文化差异使得外界力量很难渗入该市场时更是如此。例如，北京的一家酒店可能在日本雇佣一个销售代表比派驻一个销售经理效果更好。某一家酒店的销售代表不可以为酒店竞争对手服务。他们可以领取佣金或工资，或两者兼得。销售代表熟悉酒店的产品并将其介绍给目标市场是需要花费时间的，因此酒店选择销售代表一定要慎重，频繁更换销售代表会造成损失。

10.2.3 客房销售代理商

客房销售代理商是指进行酒店宣传并接受客人预订的组织和个人。酒店客房销售代理商一般要在每次推销中收取一定的手续费，约占每次销售额的15%。例如，某家酒店的客源主要来自欧洲和美洲，酒店就可以在这些地区建立酒店代理机构进行销售。

10.2.4 专门的酒店预订组织

专门的酒店预订组织是一种单纯的酒店预订组织，除代理客房销售外，有些酒店订房及销售组织还通过本系统的传播媒体（如年鉴、成员酒店宣传册等）为成员酒店做促销。世界上较著名的有尤特尔国际有限公司（Utell International LTD）、最受欢迎酒店组织（Preferred Hotels）、世界一流酒店组织（Leading Hotels of the World）、旅行信息公司（Travel Resource）、德尔顿全球预订公司（Delton Global Reservations）等。

10.2.5 奖励旅游经销商

企业为奖励客户和完成销售指标的营销人员、中间商、渠道成员等，常常会安排他们去旅游，因此，奖励旅游发展很快，职业奖励旅游经营商就应运而生了。

目前奖励旅游组织者主要有奖励旅游经销商、旅行社、奖励旅游计划组织人员等。职业奖励旅游经销商除了向参加奖励旅游的人员介绍旅游目的地的详细情况和活动内容以外，还协助企业制定奖励旅游方案，并协助搞好营业推广工作。由于他们专门从事奖励旅游的组织、咨询工作，因此，他们比旅行社更了解目前奖励旅游的价格、旅游目的地、酒店、地面交通等方面的情况。

奖励旅游经营商的主要工作包括以下五个方面。

（1）收集有关旅游目的地和酒店的信息。

（2）向旅客介绍酒店前参观酒店。

（3）向旅客介绍酒店后、在确定旅游计划前再次参观酒店。

（4）向旅客介绍旅游目的地。

（5）再次向旅客介绍酒店。

旅游经销商对最终确定包价旅游的方式有极大的影响。但在规划奖励旅游时，各旅游经销商有其独特的标准和计划方法。一般在收集信息、向顾客介绍旅行目的地和酒店、进行决策等工作中，缺乏经验的旅游经销商比较注重从酒店获取有关信息，更重视与酒店和顾客交换意见；而经验比较丰富的旅游经销商则更加注重自己的经验和判断。

大多数奖励旅游公司希望酒店和旅游目的地提供有关奖励包价旅游的信息，特别是有关包价旅游所包含的内容、目的地地区情况、酒店周围的环境、酒店设备、休闲娱乐、特殊活动内容、附带的旅行活动等方面的信息。他们希望具体了解关于宴会、难忘的经历、特别服务和价格等方面的情况。另外，他们要求酒店营销人员能对他们的需求做出迅速的反应，并能为他们组织的团体做出灵活的安排。

10.2.6 航空公司的全球预订系统

全球分销系统（Global Distribution System，GDS）是一种计算机化的预订系统，其被旅游代理商和其他酒店业产品的分销商用作产品目录。这套系统最初是航空公司为了扩大销售量而开发的。目前世界上四大 GDS 公司分别是 Amadeus、Apollo、Sabre 及 Worldspan。其中美国航空公司的 Sabre 系统，该系统在澳大利亚被称为 Eantasia；美国联合航空公司采用的 Apollo 系统在欧洲、澳大利亚、新西兰等地使用时名为伽利略（Galileo），在加拿大使用时名为美国达美、TWA 和西北三家航空公司共有的 Pars/DatasⅡ（Worldspan）；法国航空公司、德国汉莎航空公司、西班牙伊比利亚航空公司和斯堪的纳维亚航空公司联合创立和经营的 Amadeus 系统占据了 2/3 的欧洲市场，航班售票点遍布世界各地，它可以向包括中国国际航空公司在内的 700 多家航空公司提供信息，还包括上万家旅行社、酒店及一些汽车出租公司。

10.2.7 会议策划部门

一些大型组织机构，如大公司和行会，都设有自己专门负责会议和旅行策划的部门或个人，这些人负责与酒店和其他旅游企业进行接触、洽谈，因此，会议策划部门构成了酒店的中介机构之一。

10.2.8 在线直销模式

众多酒店开始在直销和分销中寻找平衡点。格林豪泰、7 天连锁、城市便捷等酒店先后走上直销之路。

应用案例 10－2

2010 年，7 天连锁酒店集团（以下简称 7 天酒店）对外宣布正式走上了 100% 直销之路。据了解，该酒店集团一直以会员直销为主，经过数年时间发展，目前已经拥有会员近 7 000 万。用户可以通过 7 天酒店预订系统直接预订，不仅省去了 OTA 中间商烦琐的呼叫中心环节，还有效地节约了成本，更重要的是给会员提供了更精准的服务和更优惠的价格。

业内人士分析，对于酒店连锁集团，7 天酒店的直销模式势在必行。但是对于国内众多单体酒店而言，7 天酒店的在线直销模式需要投入大量人力、物力，这是一个重大难题。

近年来，旅游在线直销平台的市场在业内逐步被重视，相继出现以淘宝旅行、爱 GO 网等为代表的旅游在线直销平台。直销平台成本低，商家直接面向客户提供个性化服务，营销效果显而易见，旅游在线直销平台的出现为众多酒店带来了发展机会。

据行业资深人士分析，从销售模式上来说，旅游在线直销成本低，服务精准，具有个性化，即便在价格上也与分销渠道无异，但从长远来看则利于酒店树立品牌个性，有利于酒店发展，因此在线直销模式已是酒店营销渠道的大势所趋。

10.2.9 导引人员和酒店内部推销资料

各种导引人员也是为酒店带来客源的良好渠道。对于一家有独特的菜单、迷人的环境和精美的食物的餐馆来说，各种导引人员可能会带来更多的客源。希望与各种导引人员建立业务关系的餐馆经常会免费宴请他们，请他们亲自感受餐馆的氛围。除了导引人员之外，酒店内部推销资料的设计和摆放对于分销也起到重要的作用。

10.3 网络营销

随着信息技术的不断发展，互联网将各类企业、组织和个人紧密地联接起来，人们之间的信息交换变得越来越容易。在这种背景条件下，网络营销逐渐兴起。

10.3.1 网络营销及其功能

互联网的出现与发展，使人们的生活方式发生了巨大改变，在酒店业领域，信息网络也为顾客及企业带来了革命性的重大影响。

1. 网络营销

网络营销是以互联网为媒体，以新的方式、方法和理念实施营销活动，利用信息技术去创造、宣传、传递客户价值，并针对客户关系进行管理，目的是为企业和各种相关利益者创造收益。简单来说，网络营销就是将信息技术和互联网络应用到企业的营销活动中。网络营销为顾客提供了更多产品、服务和价格上的选择，他们能够以边界的方式了解、挑选、预订和购买酒店的客房及餐饮产品。酒店克服了产品不可运输带来的各项困难，使客房的销售变得更加容易。

2. 酒店网络营销的功能

通过网络营销，酒店可以更有效地促成与消费者之间交易活动的实现。具体而言，酒店网络营销的功能主要有以下三点。

1）宣传功能

酒店一般都会通过网络宣传介绍与酒店经营密切相关的、可以强化酒店企业形象的信息。由于互联网突破了时空对于传播的限制，客人可以通过网络即时地了解酒店的相关信息。酒店可以利用多媒体技术，将酒店整体设施设备、内部环境装饰等在互联网上以图片形式形象地展现出来，客人可以更快、更便捷地了解酒店，他们足不出户便可以得到视觉上的、形象化的享受，获得身临其境的感觉，从而据此做出预订决策。注重长远发展的酒店或者酒店集团不仅应注意向客人宣传自己的基本信息和产品的服务信息，还应在网站中向客人强调自己的文化价值观与经营理念，以及在此经营理念的指导下，酒店或者酒店集团未来的发展方向与近期规划，这是向外界展现自身实力、增强顾客消费信心的重要举措。

2）销售功能

网站已经成为酒店最重要的分销渠道。借助网络，酒店可以实现客房预订与销售，提高客房出租率，这是酒店实施网络营销最主要的目的。通过网络，酒店可以及时向客人提供近期客房的出租情况及房价水平等信息。客人则可以根据自己的出行计划和预算安排，结合通过网络所查阅到的有关酒店产品与服务介绍及酒店的预订状况信息，预订需要入住的酒店与客房类型。如果酒店的信息技术能力较强，客人甚至可以根据网站中提供的图片和信息，选择具体的房号，并可以提前在网络上办理入住登记手续。

在互联网出现之前，连锁酒店或者大型酒店集团有分布于全球各地的营销网络，有其独立的订房系统，在客源上有一定的垄断优势，在当时的情况下，单体酒店缺乏预订方面的竞争力。但在互联网出现之后，单体酒店通过与订房网的合作，实现了资源共享、利益共享，同样能够实现客房预订与销售的网络化，提高了客房出租率。

网络不仅是酒店宣传自身的绝佳阵地，同时也是一个比传统的杂志、电视、报纸等广告方式更有成本效益的广告方式。知名酒店集团的网站中，发布着各种各样的优惠活动的消息，促销信息可以说是无处不在。有些酒店或者酒店集团甚至会给自己的促销活动设置一个专门的网页，并且通过首页的“促销信息”栏目链接或者外部的搜索引擎直接引导客人进入该页面。

3）沟通功能

借助网络，酒店可以促进自身与客人之间的沟通，同时实现品牌在公众之间的快速传播。许多酒店在自建的网站中都会设置“联系我们（Contact Us）”或者“顾客服务（Customer Service）”栏目，通过这些栏目，酒店可以向公众公布其各种联系方式（包括电话、邮箱等），这样的酒能够在第一时间了解客人所需要的信息，并且细致、周到地帮助其解决问题；对于客人提出的意见或者建议，酒店或者酒店集团可以快速应答回复，从而实现双方互动。除此之外，有些酒店会在网站中设置博客或者社区讨论的功能，以此吸引曾入住过本酒店或者酒店集团旗下酒店的客人在这里发布自己对于酒店产品与服务的看法等信息，通过公众之间的讨论，提高酒店自身品牌的美誉度，以及增强酒店对客人的吸引力。

应用案例 10－3

凯悦酒店集团官方网站首页最上端就有一个栏目“Customer Service”，点击进入该页面，共有三大板块，可以尽快地解决客人的各种问题。其中，“FAQs（常见问题）”以问题加答案的形式解答了一些客人常见的疑问。只要属于这个范围内的问题，客人可以直接浏览该板块中的相应链接，即可获得解答。“SHARE FEEDBACK（分享与反馈意见）”栏目则可以帮助客人就其住宿历程的体验感受或者不满做出评价，并且提出建议。当然，凯悦酒店集团会要求客人留下联系方式，以便客户代表与客人联系沟通。“CONTACT HYATT（联系凯悦）”栏目为客人提供了各种联系方式，以方便其联系到自己期望接触的任何一个地区的酒店；同时，该栏目还向预订的客人、凯悦“金护照”客人及一些想选择凯悦集团旗下的度假俱乐部的客人提供了快速的联系方式。酒店在推行网络营销时，必须确保客人数据库与 CRM 系统的建设，只有这样，客人的消费习惯与喜好才能在酒店内部各部门及集团内酒店间被快速传递，为下次客人入店后提供优质服务打下良好的基础。

10.3.2 酒店网络营销的举措

酒店开展网络营销目前有两种模式，一种是自建网站，一种是借助外部力量。对于资金和技术实力较强的酒店或酒店集团，通常以自建网站的模式实现网络营销。当然对于一些实力相对较弱的中小酒店而言，没有足够的能力建设自己的网站，又不想借助外部的网络力量推行网络营销，也可以采用租用、共建等方式开发自己的网络营销平台。

1. 酒店自建网站

与使用外部的专业订房网站实施网络营销相比，酒店拥有自己的网络平台，不仅可以通过网络广泛地开展广告、宣传、预订、销售、促销等方面的业务，还可以为客人提供在线咨询、解决投诉等方面的服务，甚至还可以开展员工招募方面的工作。此外，由于对自身情况极为了解，因此在为客人提供预订服务时，酒店可以使客人直接确认最终信息，省去了第三方的服务与费用。如今，诸如 7 天连锁酒店、如家快捷酒店、锦江之星酒店、格林豪泰酒店等均已做到实时房价与实时房态，用户在预订后即可知道预订是否成功。

2. 酒店借助外部力量

一些单体酒店受资金、技术等条件的限制，会借助一些外部力量实现网络营销。即便是一些拥有自己网站的单体酒店，或者实力强大的酒店集团，为了扩大自己在社会中的影响力，有时也会使用外部力量进行网络营销。根据《2010 中国饭店业务统计》数据资料显示：2008 年度，通过酒店自有订房系统/网站和酒店总部网站预订酒店的客人数量占各类订房渠道预订总量的百分比例分别为五星 7.4%，四星 8.2%，三星 8.10%；而通过其他网络订房系统（如携程网、艺龙网等）预订酒店的客人数量占各类订房渠道预定总量的百分比例分别为五星 14.2%，四星 110.8%，三星 17%。由此可以看出第三方网络平台是酒店进行网络营销的主营阵地。

（1）在线预订网站是酒店最为倚重的外部网络营销力量，其实质上是酒店的分销商，其合作模式为酒店与分销商合作，分销商帮助酒店预订客房，酒店为此需向分销商支付佣金。当前在中国酒店市场中，最大的在线预订网站当属携程网和艺龙网，其中携程网占中国网络旅游服务市场的很大份额，它每月酒店的预订量都超过 100 万间每夜。

(2) 即时预订网站是一种独特的开放式在线旅游及酒店预订服务网站。此类网站是酒店客房在线直销、会员在线时预订酒店的电子商务平台。

虽说在页面设计和功能设置上即时预订网站与在线预订网站分销商极为相似，用户单从表现上很难分辨出这两类网站的差异，但实际上，这两类网站的性质和经营模式截然不同。即时预订网站并不是酒店的分销商，而是酒店网络直销的技术支持者，它们会向合作酒店提供一个开放的、界面统一的互联网酒店预订平台，并为酒店提供订房引擎。酒店可以根据自身的订房情况，在网上直接确认预订并调整相关的预订信息，这种模式变分销为酒店直销，酒店是通过网站提供的即时预订系统直接开拓自己的网上销售渠道和窗口的。即时预订网站一改在线预订网站“佣金返还”的赢利模式，通过向各酒店收取年费的商业模式来运作。当前，作为酒店直销平台存在的即时预订网站代表有易休旅行网、上海红泰及时酒店预订网、旅之窗等。

(3) 作为搜索引擎和内容发现的平台，订房及旅行产品的搜索引擎网站并不提供酒店预订服务，它们只是通过定向采集经过人工筛选的目标网站的产品数据，经过程序设定的规则对采集的信息进行归类整理，再按照用户指定的搜索条件和排列方式将相关信息呈现给搜索用户，并提供直达这些具体信息页面的链接。用户可以通过打开搜索结果中的链接直接在相应页面进行预订操作。简而言之，这些搜索引擎网站主要提供机票和酒店的价格对比和查询搜索，它们根据用户的需求，讲究点的最低价格和又会直接显示给客人，然后把用户直接引导至酒店自身的预订网站、该酒店使用的第三方预订网站或者即时预订网站。当前这类网站的代表企业是去哪儿网、搜比网。

今天，3/10 的旅游交易是通过网络预订的。网上预订创造了 650 多亿美元的收入。大型酒店联号，如希尔顿酒店和马里奥特酒店，平均每年网上客房预订额达到 5 亿美元。互联网已发展成为一个重要的销售渠道，像凯悦酒店一样，有些酒店还设置了电子分销副总裁这个职位。

互联网有许多优点。例如，它可以一天 24 小时、一周 7 天营业，可以覆盖全球，也可以传送彩色图片。它的将彩色图片传送给全球数百万人的能力使互联网成为一种很有潜力的分销渠道。使用者可以通过菜单快速链接他们感兴趣的内容，获取大量的信息，也可以复印网页上的硬拷贝。希尔顿酒店充分地利用了这一点，它为每个链接到它主页上的酒店提供一张互动地图，地图可以按照潜在客户的需要放大或缩小，直到提供足够详尽的信息。

网络的主要优点之一就是节省劳动力。网络很好地例证了服务企业如何使顾客成为它们的员工。当顾客进行网上预订货购物时，它就像是一名预订代理商。马里奥特酒店的网站取代了 100 名全日制雇员、他们的办公大楼及所需设备。

互联网正成为一种重要的分销渠道。这种分销渠道成本低，为独立的经销商进入世界市场开辟了道路。它使经营多个景点的经销商能够提供所代理景点的信息，如彩色宣传册和有指导的景点游览展示，这项信息对于零散客人旅游者和旅行代理商都非常有价值。

网络的普及使得酒店竞争的战场发生了转移，即从现实世界的竞争转移到虚拟世界的竞争。在这个虚拟的世界中，酒店之间的竞争更加透明、更加激烈。酒店必须借助于网络进行营销，这是信息竞争时代对酒店提出的新要求。

10.4 酒店分销渠道的选择

分销渠道不仅仅是由各种流程联结起来的公司集合，它们是复杂的行为系统，在这套系统中，人与公司相互作用完成任务。一些渠道系统由松散组织起来的企业之间的正式联系组成，其他一些渠道系统则由具有很完善的组织结构的正式联系组成。渠道系统并不是静态的，许多新类型渠道系统不断涌现，又不断演化出新的渠道系统。

10.4.1 渠道行为与组织

分销系统由不同性质的公司组成，这些公司为了其共同的利益而结合在一起。每一个渠道成员依赖其他成员，都在渠道中扮演一个角色并执行一种或多种专门职能。

因为单个渠道成员的成功依赖于整体渠道的成功，所以，渠道中所有的公司应共同协作。它们应当清楚并接受它们的角色，协调目标和行动，并通力合作达到整体渠道目标。通过协作，它们能更有效地理解并服务于目标市场。

1. 渠道冲突

某些渠道成员通常更关心自己的短期目标，并只关心与渠道中离它们最近的公司的交易。通过协作达到整体渠道目标有时意味着放弃单个公司的目标。尽管渠道成员彼此相互依赖，但它们经常只追求各自的最大短期利益。它们经常因为各自所应担当的角色的不同而产生的矛盾被称为渠道冲突。渠道冲突通常分为以下 3 种类型。

1）水平冲突

水平冲突是指存在于渠道同一层次的成员之间的冲突。例如，某些比萨店的特许经销商可能会抱怨其他经销商在原料上作假，并且服务态度恶劣，因此破坏整个比萨业的形象。

2）垂直冲突

垂直冲突更为常见，它是指同一渠道中不同层次间的冲突。分销体系中存在着微妙的平衡：对销售渠道中的一个成员有益，却未必有益于另一个成员，处理不好，就会导致冲突和权益争斗。

管理人员必须认真考虑分销渠道的选择，因为这会产生长期的影响。当分销渠道内的冲突确实发生时，管理人员也应努力去化解。

3）多渠道的冲突

多渠道的冲突是指一个成员公司建立两条以上的渠道向同一个市场分销产品而产生的冲突。

有些渠道冲突采取的是良性竞争的形式，缺少它，分销渠道会变得缺乏活力和创新精神，但有些冲突会破坏整个渠道。为了使整体渠道能够正常运作，必须限定每个成员的角色，并且对渠道冲突进行管理。合作、角色的分配和冲突管理必须通过强有力的渠道领导才能实现。如果渠道中存在一个颇具实力的公司、代理商或一种机制能够分配任务或管理冲突，渠道就能够平稳地运行。

【特别提示】

如今，渠道的复杂性使得管理渠道成员，使之以全体成员的最大利益为出发点采取行动变得日益困难。有些形式的冲突是由于管理活动没有考虑到市场营销决策对其所有成员带来的影响而引发的。

2. 渠道组织

长期以来，分销渠道一直是独立企业的松散集合，每个个体都很少为整体渠道的运行绩效考虑。这些传统的渠道系统缺乏强有力的领导，经常会受到破坏性的冲突和低效率的困扰。近年来，一些新的渠道组织形式正作为传统营销渠道的挑战而出现，如垂直营销系统、特许经营、联盟、水平营销系统和多渠道营销系统。

1）垂直营销系统

传统营销渠道与垂直营销系统的对比情况如图 10. 2 所示。

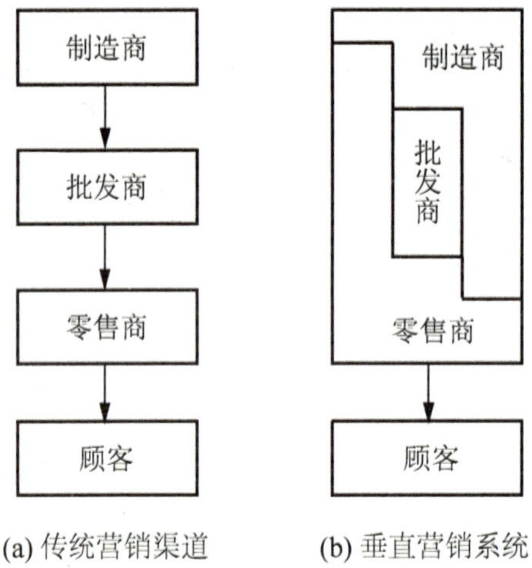

图 10. 2　传统营销渠道与垂直营销系统的对比

传统的营销渠道由一个或多个独立的制造商、批发商和零售商构成。每个成员都是独立的企业实体，追求个体利润最大化，甚至会以牺牲整体利益为代价。每个渠道成员都不对其他成员拥有控制权，也不存在分配任务和解决渠道冲突的正式方法。例如，大部分酒店向旅游代理商支付佣金，它们之间一般不签订正式的合同。酒店只是告知旅游代理商自己的政策，有时可根据临时情况不为其提供客房。

垂直营销系统则不同，它是由制造商、批发商和零售商组成的一种统一的联合体。某个渠道成员拥有其他成员的产权，或者与其他成员建立了合同关系，或者这个渠道成员拥有相当实力，其他成员都愿意与之合作。垂直营销系统可以由制造商支配，也可以由批发商和零售商支配。垂直营销系统最初是以控制渠道行为和管理渠道冲突为目的而发展起来的。它的另一个优点是通过达到一定规模，增强谈判实力，减少重复服务来获得经济收益。

2）特许经营

特许经营是接受特许经营者在让渡特许经营权者所涉及的市场营销模式下从事采购、出售及分销商品和服务的一种经营模式。让渡特许经营权者允许特许经营者使用它的商标、名称和广告。特许经营是近年来发展起来的一种零售模式。

特许经营一直是盛行于酒店和餐馆中的一种分销方式。一些很受欢迎的特许经营酒店有精品国际酒店、假日旅馆集团、喜来登旅馆联号等。特许经营餐馆有麦当劳、肯德基、必胜客。特许经营一直把单独经营的餐馆转为多元化的企业。

为了获得特许经营权带来的使用品牌、经营方法和其他利益的权利，受让企业必须向特许经营组织支付启动费、特许权使用费和营销费用。在酒店业特许经营中，使用中央预订系统也要收费。

对于受让特许经营者（购买特许经营权的人或企业）来说，特许经营有以下优点。

（1）品牌认知度高。

（2）经营失败的可能性小。

（3）全国范围的广告活动，制作好的广告和营销计划。

（4）业务增长率高。

（5）在选址上可以得到帮助。

（6）建筑风格规划。

（7）运营系统、软件及对运营系统的人力支持。

（8）与供应商签订的合同是全国性的。

（9）有利于产品发展。

（10）咨询便利。

（11）融资便利。

特许经营有以下缺点。

（1）需支付启动费和特许权使用费。

（2）它限制你所经营的产品和所使用的收据。

（3）它要求你必须保证一定的营业时间，而且必须提供确定的产品。

（4）让渡经营权者的经营状况会影响到整个连锁店的声誉。

（5）让渡所有权者的经营状况会影响到受让企业的赢利能力。

（6）一些受让企业并不能像其他企业那样，从全国范围的广告中获益——有时广告常常是冲突的源泉。

企业决定采取特许经营的原因在于它为产品提供了广泛的分销渠道。受让企业的资金扩张了业务，与此同时，让渡所有权者得到了启动费和特许权使用费。然而，并不是所有的企业都有能力让渡特许经营权。公司必须能够提供运营系统、管理上的支持和好的经营理念。

3）联盟

合同协议的另一种形式是联盟。所有缔结的联盟都是为了使合作双方能从对方优势中获益。由两个或更多的非竞争性的企业结成的联盟是扩大市场的一种流行和有效的方式。

4）水平营销系统的发展

另外一种渠道拓展方式是水平营销系统。在该系统中，两家或多家处于同一水平的企业为抓住新的市场机遇可将各自的资本、生产能力或营销资源联合起来，从而实现单一企业无法实现的目标。

5）多渠道营销系统的发展

随着顾客细分市场和营销渠道方式的增加，越来越多的公司采用多渠道营销系统。多渠道营销系统是指一个公司建立两条或更多的营销渠道以接触一个或更多的细分市场。例如，麦当劳通过一系列独立的特许经营商进行经营，但其只拥有其零售店总数的1/4。因此，在麦当劳自有的快餐店与特许经营商所建的麦当劳快餐店之间也存在着一定程度的竞争。

采取多渠道营销方式的企业可以通过新增的渠道扩大销售量，但同时也会影响已有的分销渠道成员的利益。已有成员可能认为这是“不公平的竞争”，可能会以放弃合作进行威胁，除非该企业事先提出能限制竞争或能以某种方式补偿它们。

10.4.2 酒店分销渠道的选择策略

选择高效的旅游酒店销售渠道之前，先要确定渠道计划工作的目标。酒店吸引合格的渠道成员的能力是有差别的。一些知名的酒店付款及时，并且能够保证预订，其获得旅游代理商的支持相对较容易。新开业的酒店联号就很难获得大型旅游代理商的支持。因此，对于新开业的酒店联号来说，只选择一家代理商或将酒店建在业务较多的大城市是比较明智的。在渠道目标确定之后，酒店就要开始制定选择销售渠道的策略，选择方案有以下几种。

1. 直接销售渠道和间接销售渠道策略

当酒店产品的消费者购买频率低，但购买量大时，酒店往往采用直接销售渠道策略，因为消费者为了谋求供应关系相对稳定，加上具体交易时往往需双方较长时间的协商谈判才能达成协议，因此直接销售渠道比较适宜。

2. 长渠道和短渠道策略

渠道的长短即经销旅游产品时通过中间商的个数，选择中间商的环节多的营销渠道被称为长渠道，环节少的渠道被称为短渠道。长短渠道的选择，主要看中间商的销售能力，包括其推销速度、经济效益、市场信息等。中间商的销售能力大，需配置的中间商的环节就可减少。反之，为保证产品的市场覆盖面，就要加长营销渠道。

3. 宽渠道和窄渠道策略

渠道的宽窄，取决于每个渠道层次使用中间商的个数。在客源不太丰富而且十分分散的地方，渠道宽能保证一定客源；在客源丰富且相对集中的地区，自然要选择窄渠道。在决定渠道的宽窄时，有以下 3 种方案可供选择。

（1）独家销售渠道。这种销售渠道即在优先的几家中间商中，挑选一家作为销售代理，对于旅游产品具有某种特殊性的，他们往往采用这种模式，并希望经销商能因此更积极地推销，提高产品声誉和利润率。

（2）密集型销售渠道。这种销售渠道即为方便旅游购买，选择尽可能多的中间商推销自己的产品。

（3）择优型销售渠道。这种销售渠道即选择少量优秀的中间商来推销酒店产品，它能稳固市场的竞争地位，并促进与挑选出来的中间商建立良好的关系，获得足够的市场覆盖面。

酒店市场销售渠道策略有很多种，具体选择哪一种要根据不同酒店的市场重点而定，而且渠道策略一经选定并不是一成不变的。由于酒店市场会随政治、经济、科技等因素不断地发生变化，所以为适应市场，酒店必须具备灵活的头脑，在不同时刻选择不同的最佳销售渠道。

【特别提示】

每种渠道方案都将产生不同水平的销售量和成本。渠道成员的业务量必须能够抵消制度和支持渠道成员的支出。这些成本包括直接成本和机会成本。企业应该把营销系统的规模限制在一个它们能够维持的水平上。而且企业还要定期评价其渠道成员的绩效。

10.4.3 酒店位置

对于酒店来说，分销的一个重要方面是企业的位置。边界的地理位置对企业吸引顾客十分关键。

应用案例 10-3

荷兰弗里斯兰省北方的哈林根市有一处灯塔，在灯塔的最高处，有两间套房提供住宿。这家灯塔旅馆由石头、钢铁堆砌而成，虽说内部设施极其简单，但由于这座灯塔高 21 米，又居于哈林根市中心，全城景观尽收眼底，视野极佳；旅馆前有火车站、后有渡轮站，占尽地利之便，且仅有两间套房，因此预订者都要排队，生意极好。这家旅馆最大的特点就在于其所处位置，由此可以看出，有时酒店地理位置的选择具有明显的差异性，也能为酒店经营带来一定的竞争优势。

选址并没有统一的标准。总体而言，企业选址有 4 个步骤。第一，了解公司的市场营销战略和目标市场。第二，进行区域分析，其中包括选择地理市场区域。如果酒店计划要在新的大都市扩张，那么它们要寻找一个至少能够保证 5 家酒店运营的区域。一个想进军东南亚的商业酒店应该瞄准新加坡、曼谷、吉隆坡和雅加达等城市。连锁店应该在这个区域的主要城市内开设新店，这样才能保证商务旅行者在这一区域旅行时可能能入住该连锁店。第三，在既定的区域内选择一个地区。如果一家酒店连锁店想在一个大都市内发展 5 家酒店，它必须选择合适的位置。要调查该地区的人口统计特征和心理特征，以此来衡量不同地区的竞争情况和市场发展潜力，最终是在该区域中选出 5 个最有潜力的地区。第四，企业要选择具体的位置。分析位置时一个重要的影响因素是该地址的业务兼容性。餐馆或酒店要寻找潜在需求者。对于酒店来说，其附近应该有办公区、机场、综合性零售店、住宅区和商业中心。根据企业目标市场的不同，潜在需求者也不同。当企业在选定地区寻求顾客资源时，仔细调查顾客的特征很重要。除了了解需求者的情况外，企业还要了解当地竞争者的状况。如果当地酒店市场已经饱和，那么此选址方案就应否决，当然，竞争并不总是消极因素，酒店聚集在一起形成酒店聚集地，这也是很有益处的，因为到一家酒店就餐的客人就有机会选择同一地段的其他酒店。

选址评价标准中包括可进入性，如选定的位置是否四通八达，是否有中间物制造了障碍等。交通速度也是一个因素，速度越慢，可视性就越强，如处在交通路口的酒店容易吸引驾车者的注意。周围环境也是一个影响因素，其是否有吸引力，例如，周围是购物中心，其维持时间是否长久等。其他影响因素包括排水装置、排污管道、公共设施和规模等。

【特别提示】

地理位置是酒店能够成功的关键因素。企业的位置不仅在当前是有利的，而且必须在企业整个生命周期中都是有利的。

本章小结

分销渠道是将产品或服务提供给消费者和商业客户过程中的各种独立组织的集合。分销渠道具有多种功能，营销中介机构在酒店分销中扮演重要的角色。尽管渠道成员共同协作，但他们也常常为了各自的短期利益而单独行动，因此产生渠道冲突。酒店在选择渠道成员时，管理层要对被选成员的业绩增长和利润纪录、获利能力、合作性和声誉进行评估，不断地激励渠道成员。酒店选址有 4 个步骤：了解酒店的市场营销战略、区域分析、在既定区域内选择地区、选定具体位置。

关键术语

分销渠道、营销中介机构、渠道冲突、渠道组织、垂直营销系统、特许经营。

思考题

(1) 分销渠道的本质是什么?
(2) 酒店利用营销中介机构的原因是什么?
(3) 分销渠道有哪些功能?
(4) 渠道行为有哪些?
(5) 渠道组织有哪些?
(6) 如何进行渠道管理决策?
(7) 阐述旅游代理商与旅游经销商的区别。

课堂互动

1. 小组讨论

(1) 生产有形产品的企业与生产服务和旅游产品的企业的营销渠道有什么不同?
(2) 为什么特许经营成为零售业快速发展的一种形式?

2. 头脑风暴

一个企业是否应该拥有过多的营销渠道成员?说明原因。

营销实战

实训任务一

参观一家提供外卖的餐馆，了解它采取了哪些措施推进外卖服务。例如，是否有特别的点菜和取菜区域，是否提供可以拿回家的菜单，是否可以通过电话、传真或网络订餐，是否有外卖专用包装等。记录下你的发现和建议。

实训任务二

查找旅游和接待业特许经营店。根据特许经营的产品及特许经营费用，选择一家你认为投资策略最好的特许经营店，写一篇2~3页的报告并阐明理由。

案例分析

移动互联网重构酒店营销模式

彭 涵

2013年2月26日，布丁酒店发布了其首份《微信运营白皮书》：截止到2013年2月1日，布丁酒店微信会员总数已达42万人、日均增长量为5 269人，通过微信达成的订单日均204份；微信所带来的新会员所占比例已经达到60.56%。“这不科学吧?”有酒店业内人士语气复杂地评论道。

2012年11月，布丁酒店的微信客户端订房功能上线，成为国内第一家与微信系统直连的酒店。截至目前，已有开元酒店、汉庭酒店、锦江国际酒店集团等多家酒店在这一新兴营销渠道上走得越发坚定，一个让酒店人再也无法回避的问题是，移动互联网改写酒店业的时代是否已经到来了?

现在or未来：微信带来了什么?

布丁酒店《微信运营白皮书》发布之后，多数人关心的问题逐渐聚焦在了一个点上：微信会员的到店率如何?这凸显了酒店经营者最实际的评判标准——无论“微信订房”听起来有多时尚，客人入住才算是胜利。对于这个数据，布丁酒店市场部总监章蔚告诉记者的是“五成”。

“目前，在微信上我们的发展还是粗犷型的，未来我想做得更精准，因为这是一个很好的客户关系管理会员管理及营销的平台。”章蔚表示，“我们有42万多的用户，他们在微信上很活跃，也丝毫不抗拒与品牌方之间的互动，这是非常有价值的。”

腾讯公布的数据显示，自2011年1月微信发布以来，其注册用户已超3亿，占中国11亿手机用户的27.3%，几乎接近美国人口数量。“我们的目标用户群体是18~35岁的年轻人，他们年轻时尚，喜欢创新的体验，乐于分享。”章蔚分析道，从酒店整体的设计上来看，布丁酒店与微信的用户具有很高重合度。

一个新的问题诞生了：微信用户的特质，是否也决定了顾客群定位不同的酒店对此将“无处着力”?开元酒店集团解释了这个疑问。

“以前我们的主流用户在高端市场，他们有自己的预订习惯，也有自己对应的消费能力，因此在业务初始阶段，我们发现微信用户与酒店目标用户存在差距。”开元酒店集团品牌经理高亚楠表示，开元是一家高星级连锁酒店集团，“商务型”的气质迥异于“时尚”的布丁酒店。

“但开元酒店一直觉得这是个调整客源结构、改善服务架构的契机，“80后、90后”必然是未来主流消费群体。这就需要从他们乐于使用的移动互联网开始培养市场。”高亚楠表示，“我们正在筹备微信推广，相信之后的数据会大不一样。”开元酒店将会保持“改变自己”的战略，但还需要时间。

APP的力量：重构生产与营销模式?

也许，微信只是移动互联网改写酒店业的力量之一。

王成业最近正穿梭于北京的各类旅游酒店业论坛，希望找到自己的“客户”。他是北京安卓越科技有限公司的销售经理，这家公司的主要业务是为企业开发 Android、iOS 等智能手机应用软件。“经济型连锁酒店基本都有自己的 APP（应用商店）了。”他拿出自己的手机，熟练地展示着里面的各种“案例”：“但我想，做综合性酒店集团应该还有机会。”

锦江国际酒店集团应该是王成业“中意”的客户，但这家企业已经“先知先觉”：截至目前，锦江国际酒店集团已经推出了包括“锦江+”、“锦江旅行+”、“锦江旅行+PRO”在内的 3 款基于 iOS 系统的移动客户端软件。

其中，“锦江旅行+PRO”拥有地图预订、会员快速注册、智能订单中心、语音支付等功能，用户可以实时预订集团旗下多个品牌的千余家酒店——这基本也是国内酒店自主 APP 的“标配”，无论布丁酒店还是开元酒店集团都有此类应用。

然而从体量上看，锦江国际酒店集团是一个拥有星级酒店营运管理、经济型酒店运营与特许经营、餐厅经营、客运物流和旅行社等多条产品链的集团企业，所以以下情况就可能会发生。“我们把会员卡与移动终端结合在一起，通过消费数据重新设计产品与营销。例如，一个会员入住锦江酒店，根据以往的消费记录，其在入住酒店后经常会选择酒店旋转餐厅用餐，我们将根据客户端 GPS 定位系统，在该会员抵达酒店后即向其推送有关酒店旋转餐厅的促销信息。”锦江国际酒店集团的电商相关人士表示。

对锦江国际酒店集团来说，APP 除了是一个新兴的渠道，也是一个整合集团各产业资源的载体，同时为酒店数据库营销、精准营销、交叉营销提供支撑。“锦江国际酒店集团电商的任务之一是，改变我们的生产与营销模式。”该人士表示。

回归问题的本质

“我把移动端的用户分为两种。一种是浅度用户，他们的核心诉求就是快速订房，微信因为普及率高，所以打开手机就可以订。”布丁市场部总监章蔚说道：“另外一种是深度用户，他们对品牌的认可度和黏性更高，除了订房功能以外还希望有更多的交互，如查询自己的会员卡积分、了解品牌最新的活动，这是 APP 才能提供的辅助功能。”

“我们希望通过微信订房达成两个目标：一是积累用户、成立营销数据库，提高用户黏性；二是通过 APP 应用与自身订房 HTML5（标准通用标记语言下的一个标准版本）的结合，将访问用户引导成为消费用户。”高亚楠表示。

在酒店业，移动互联网营销的探路者们已经拨开了最初的雾霭，无论是特色酒店布丁酒店还是商务酒店开元酒店，抑或囊括低、中、高端酒店品牌的锦江国际酒店集团，都在以自己的理解在这条路上前进；但他们共同的目标在于，以全新的技术手段接触客户、了解客户，最终引导消费。

“目前新网络技术在酒店行业的应用，率先和有成效的基本是两种：最高端的连锁国际品牌酒店和连锁经济型酒店。”上海星硕酒店管理咨询有限公司首席咨询官袁学娅表示，“因为这两种酒店的顾客群，对于新的网络技术接受度较高。”但她同时指出，如果酒店的产品和服务不足以吸引这些人，只靠“APP”“微信”技术的应用推广来改变客源是不现实的，所以问题的本质是酒店依然是个卖体验的地方，吸引客户很重要，但更重要的是留住他们。

没有人会质疑袁学娅的这一观点，但同时，他们也将继续对新技术带来的想象空间满怀憧憬。“我有一个设想：APP还是一个智能的终端，通过APP可以自主办理酒店的入住和离店手续，可以控制房间内的设施设备，如电视、空调等。拿手机当房卡，一刷门就开了，这真的很酷！”章蔚表示。

思考题：

（1）移动互联网营销与传统营销渠道相比，前者具有什么特点？

（2）为什么说移动互联网改变了酒店的营销模式？关于移动互联网营销，你可以对酒店提出哪些建议？

11

酒店产品促销

本章概要

（1）酒店可以选择的促销策略工具。
（2）酒店广告促销。
（3）酒店公共关系（Public Relation）。
（4）酒店营业推广（Sales Promotion）。

本章目标

学完本章以后，你应该能够：了解营销沟通组合的含义，掌握营销沟通组合的具体要素和沟通系统组成；运用广告工作方针和工作步骤，根据广告的类型与主题，为酒店产品促销设计广告创意；了解公共关系实施的方法，掌握同媒体打交道的策略，为酒店进行公关企划；能够设计酒店营业推广的策划方案，并组织实施。

案例导入

在美国的一家餐厅中有一种抽签的有奖销售办法。当客人结账时，服务员会递上一顶放满小纸条的帽子，请客人抽取纸条中的任一张，看看能抽到什么，有些顾客抽到的可能是“今天的饮料是免费的”，有些可能是“下次带一个客人来，两人只收一份钱”，或者“你今天的甜点是免费的”等，突如其来的奖励往往会使客人欣喜若狂，并且感到非常有趣。

案例点评： 类似案例中的这些活动都是为了调节顾客的消费气氛。在传统的市场营销理论中，往往强调企业信息对消费者的单项传播，它的典型形式是“消费者，请注意”。在这种理论的指导下，企业往往是从企业而不是从消费者的角度出发，把企业各种信息传递给消费者。现代市场营销理念则认为，沟通应从消费者出发，并且进行双向的沟通。因此，酒店管理者越来越重视与消费者的沟通。

酒店需要充分发挥广告促销、营业推广、公共关系、网络、人员营销等沟通和促销手段的作用，在做好酒店与顾客双向沟通的前提下，塑造酒店良好的社会形象，树立极佳的口碑，赢得顾客的认同。本章从营销沟通组合研究入手，主要介绍酒店营销因素组合与沟通系统；酒店广告促销策略；酒店公共关系及酒店营业推广等问题。至于酒店的人员营销的相关内容，在第 12 章进行专门介绍，本章与第 7 章内部营销和建立顾客忠诚的相关内容密切联系。

11.1 酒店可以选择的促销策略工具

“促销”一词来源于拉丁语，原意是“向前行动”，而促进的销售也正是要促使顾客由观望犹豫向前一步采取购买行动。酒店中的促销是指酒店为了培育和强化企业形象、激发顾客的购买欲望、影响顾客的购买行为、扩大产品或服务的销售而与酒店外部环境因素所进行的一系列沟通工作。这种沟通往往采取说明、利诱或鼓动的方式，它是建立酒店与外部环境之间良好关系的重要手段之一，也是酒店使目标市场上的顾客知道他们可以在合适的地点支付合理的价格购买到合适的酒店产品和服务的手段，并促使顾客大量购买或反复购买，或者使顾客再产生购买意愿时选择自己酒店的产品。

11.1.1 酒店沟通与促销组合

对于沟通，人们采取的新的视角是，沟通是酒店与顾客之间的互动对话，这种对话发生在销售之前、销售过程当中、消费过程当中及消费后的各个阶段。酒店不仅要思考“我们怎样才能接触顾客”，还要思考“顾客怎样才能接触我们”这一问题。

由于科学技术突飞猛进的发展，如今人们不仅可以通过传统的媒介（如报纸、广播、电视、电话等）进行沟通，而且可以使用一些比较新的媒介形式（如计算机、传真机、移动电话等）。通过不断降低通信成本，这些新技术已经能够支持越来越多的公司逐渐从传统的大众沟通媒介转向更为目标化的乃至一对一的对话沟通。

营销人员的举止和着装、经营地点的装修情况、酒店所使用的办公用品等都会向顾客传达某些内容，并以此强化或弱化了该顾客对酒店的印象。因此，酒店的整个促销组合必须通过整合以传达出彼此协调的信息，并有利于酒店的战略定位。

酒店可以利用的促销方式与手段并非一种，随着酒店业的发展及市场竞争的激化，酒店已经开发出大量的促销工具。对于一家酒店而言，其整个营销沟通计划就构成了促销组合。

11.1.2 酒店促销工具

促销组合包含着广告促销、营业推广、公共关系和人员营销等工具，酒店借此实现其宣传和营销目标。每一种工具都拥有各自的特点，适合不同的沟通对象，并且能够起到不同的沟通效果。

1. 广告促销

广告从字面上理解即“广而告之”。促销广告是一种单向沟通，旨在把广告主(做广告的企业) 的信息传递给大众，在传播的过程中不借助人员，而是借助于各种媒体，通过媒体传播起到唤起、强化、维系或改变顾客需要的作用。为了达到这一目标，广告主需要向媒体支付一定的费用。

2. 公共关系

公共关系是企业通过各种有利的公开展示，树立良好的企业形象，控制和阻止不利的谣言、传闻和事件等手段来建立与公众之间的良好关系的活动。公共关系的优点很多。首先，公共关系可信度高。新闻故事、特写和新闻事件对读者来说比广告更真实、可信。其次，公共关系有优于广告和营销人员的优势，因为新闻性的信息比消费指导性的沟通更容易让人接受。最后，像广告一样，公共关系也可以比较戏剧性地展示酒店及其产品。

酒店的营销人员很少能充分使用公共关系，有的仅仅把它作为事后补救措施。精心策划的公共关系活动与其他促销工具的结合使用会非常经济有效。

3. 营业推广

营业推广是以促进产品或服务的交易活动为目的的短期激励行为。营业推广有一整套工具，包括优惠券、竞赛、奖励等，这些工具能够吸引消费者的注意力，提供可以诱使消费者购买产品的信息；它们还能通过提供给消费者额外利益来刺激购买，快速地起到促销的作用。

广告的宣传方式是“买我们的产品”，而营业推广则说“现在就买”。企业用营业推广的方法能够引起迅速而强烈的反应。营业推广可以使产品销售更富戏剧性，可以用来扩大对降价产品的销售。营业推广的效果是短暂的，对建立长期的品牌偏好，但效果并不明显。

4. 人员营销

人员营销是指通过酒店的接待人员或专职营销人员直接与顾客见面，向顾客推销介绍酒店的产品与服务，以便增加酒店产品与服务的销售或预订。在人员营销的过程中，有关人员向顾客传递产品和服务信息，介绍有关知识，尽最大可能唤起顾客的关注和兴趣，以促使顾客购买。

由于人员营销传递信息准确、针对性强，能够解决顾客的实际问题，能快速有效地促成交易，而且借助营销人员的个人形象还可以在顾客中树立酒店良好的企业形象，因此人员营销在酒店业中是一种极为有效的促销手段，经常为酒店所采用。但人员营销也存在不足之处，如推销范围不可能太大，往往只能有选择地进行试点性推销，而且人员营销单位费用比较高，最重要的是这种促销方式对从事该项工作的营销人员的素质要求很高，而高素质的营销人员不易培养，以上这些都限制了酒店人员营销策略的有效发挥。

【特别提示】

每一种促销方式（包括广告促销、营业推广、公共关系和人员营销），都有其特点，营销人员必须明确这些特点以正确地选择促销工具。

11.2 酒店广告促销

广告是一种付费式的大众传播方式，其是传播组合中最具可见性的要素。广告在沟通组合的所有构成部分中有着最为宽广的潜在接触范围，即其能接触到最多的人群。同时它也是花费最高的组成部分。

11.2.1 广告及其类型

广告是企业为了某种特定的需要，通过一定形式的媒体，以付费形式公开而广泛地向公众传递企业和产品信息的宣传手段，以此达到影响公众购买的目的。

酒店广告的目的是通知、劝导和提醒顾客，最终产生购买行为。而要达成酒店与顾客沟通的一致性，从酒店业营造主题的角度，广告大体有以下五种类型。

1. 营造声誉型

营造声誉型广告是指通过使用有关的权威证据、自我评价及其他单位的评价，或者引述名人或专业人士的话语去提高所宣传产品或服务的声誉，主要有以下 4 种形式。

（1）名人效应。常见的声誉营造技术就是让某一公认的名人来为产品或服务代言，或者借用该名人的照片或签字去暗示其对产品或服务的认可。许多酒店把一些名人下榻的照片挂在酒店显眼的位置，正是营造声誉型广告的最佳体现。

（2）自我鉴定式广告。自我鉴定式广告即由本公司的首席执行官、董事长或总经理出面，在广告中作为宣传产品或服务的代言人，这一做法有时也称“自我主演”。

应用案例 11－1

马里奥特酒店集团曾发起过一场自我鉴定式广告战役并且获得了极大的成功和美誉。该场广告战役的焦点放在了小比尔·马里奥特身上，广告展现其亲自参与确保马里奥特酒店各项工作到位的活动情况。该广告的真正主题是宣传该公司产品质量的一贯性，与之相配合的则是该公司的老板亲自过问，确定其产品合格。

（3）职业信心式广告。在这种广告中，所选用的广告平台本身便反映了对职业特性的自我暗示。这种广告的特点是展现整体酒店面貌或者员工身着工作制服，以标准的姿势等待着为客人提供专业化的服务。

（4）“像喻”式广告。这种广告中，通常使用一个或多个图像去象征产品或服务，如通过富丽堂皇的大堂、艺术的插花、典雅的客房装饰、门廊处停放着劳斯莱斯轿车等名车、图像去传达酒店的产品或服务的豪华、高档、舒适等。现在许多酒店都设计了具有本酒店标志的客房用品，这也正是“像喻”式广告的最好的体现。

2. 推销型

产品或服务推销型广告可以有多种表现形式。其中，直观式广告的特点是直接表现所推销的产品或服务，并直接陈述其非同一般的原因。另一种形式是比较式广告，这种广告的特点是将自己的产品或服务同某一竞争者的产品或服务进行比较，说明自己的产品或服务所提供的利益胜过竞争者的产品或服务所提供的利益。

推销型广告可重点突出产品或服务中某一非同寻常的内容或特点。例如，某一质量特优的服务设施或服务项目可能是该广告宣传内容的焦点。有时推销型广告会重点表现某一情景作为该产品或服务定位的反映。例如，表现一对情侣在一家豪华餐厅用餐，旁边伴有优雅的钢琴演奏，以此体现的是该餐厅服务的卓尔不凡。

3. 品牌识别型

当今酒店业竞争激烈，新型酒店不断涌现。在同行众多的市场上，使酒店获取品牌知名度实非易事。而有效地传递酒店品牌所代表的含义，即所谓的品牌个性化，则会更加困难。

为了争取品牌知名度和树立品牌个性，应采取的措施包括以文字形式直接陈述该产品的特色；提出该品牌的某一代表性特征——人物、话语、图像、短语等，使人们通过这种代表性象征联想到该品牌；介绍或宣布同该品牌有关的发展。

应用案例 11－2

2008 年 2 月，如家快捷酒店签约第 500 家连锁酒店。同年 4 月，如家快捷酒店在第五届“中国酒店金枕头奖”评选中获得“中国最佳经济型连锁酒店品牌”，首席执行官孙坚先生获得“中国酒店杰出人物”称号。

4. 报价型

报价型广告的一种常见形式是简单报价，如“北京往返双卧 480 元”。报价型广告的特点是将价格作为刺激顾客购买的重点激励因素。因此在报价型广告中，所突出强调的是实际价格，而不一定是产品或服务本身。

简单报价广告的另一种形式是附加报价广告，即在不追加收费的前提下，额外提供某些优惠。例如，酒店在推销产品的基础上，辅以提供如免费早餐、客房升级或客舱升级、以经济车的价格享用豪华车型等优惠条件。

如今，针对性最强的报价型广告之一是集中面向回头客开展促销，以提高回头客的重复入住率。这种广告的特点是向重复使用某一产品或服务的顾客提供某些优惠待遇或利益，如“连续入住本酒店 5 天以上，客房价格享 8 折优惠；入住 20 天以上，客房价格享 5 折优惠”。

5. 人物情景型

人物情景型广告是长期以来酒店业广为使用的广告类型之一。这种广告画面的核心是一个人物或一群人物，既可用直接手法去表现，也可以相关的活动或情境为背景去衬托。广告的画面是某酒店的多名员工站在一起，同时伴有一句提供优惠的话语或宣传口号，或者画面表现的是本酒店的总经理被授予中国某年度优秀酒店管理人才的形象。

另外一种表现手法比较复杂的广告形式是“情境鉴别”，但是这种形式如果运作不好的话，企业的风险会很大。在这种形式下，先是表现某一“反面”场景，然后以文字说明这种情况在本企业不会发生。采用这种广告，必须谨慎考虑可能出现的后果，因为有可能会适得其反。此种广告类型对广告设计有着极高的要求。

应用案例 11－3

多年来，凯悦酒店只是花了很少的钱用于做广告，然而凯悦酒店高档酒店的形象在顾客心目中依然不断得到强化。凯悦酒店广告宣传的中心一直是酒店独特的设计风格，利用砖石、玻璃和灰浆成功做到了与其他酒店不同。凭着产品设计的特点，凯悦公司便在追求第一流住宿经历的顾客心目中占有了突出的地位。

11.2.2 广告决策

成功的广告要能够诠释产品的优势并达到“4Cs”，即醒目（Compelling）、清晰（Clear）、简洁（Concise）、可信可靠（Credible and Consistent）。完美沟通的基本精髓应该是吸引注意力、引发兴趣和欲望，最终激发购买行为。

在制订广告计划时，管理人员必须遵循五个重要决策步骤。

1. 确定目标

制订广告计划的第一步是确定广告目标。各种目标应该以目标市场、市场定位和营销组合的有关信息为基础加以确定。由于酒店消费属异地消费，顾客消费地点往往远离其长期居住地，将酒店信息传递给远离本酒店另一地区市场中的顾客成为一种必要，因此广告在酒店行业中的应用显得很有价值。通常酒店广告的目标主要有以下 3 个。

(1) 覆盖面目标。在这一目标的指导下，酒店比较重视广告的覆盖范围，因此会追求广告的影响，期望能让更多的人接触到自己的产品广告。有些酒店认为，越多的人接触到自己的产品广告，就会有更多的人知晓并购买自己的产品。为了达到这一目标，酒店会非常关注媒体的选择，一般会选择全国性乃至世界性的媒介传播广告信息，而在测量这一目标是否达成时，会测定目标受众的总体规模、每个受众在单位时间内接触到该广告的次数等。一般情况下，酒店在宣传自身的品牌时，会追求这类目标。

(2) 知晓度目标。这一目标重视广告在受众中形成的初步印象，广告主以此为目标时会认为，只有受众记得这一广告，才说明这一广告实施成功了，否则接触到的人再广，但没有人记得，同样是白费力气。为了达到这一目标，酒店会比较重视广告的设计工作，在考核测量环节，酒店会用调查的方式了解有多少受众记得自己所作的广告。酒店多在进行营业推广活动前投入一定的精力策划以知晓度为目标的广告活动。

(3) 理解度目标。这一目标注重使受众能够用自己的日常语言解释广告的内容，这是更深层次的目标。只有达到理解度这一目标，才能说明广告真正为受众所接受，并且日后才有可能受广告的影响而采取购买行动，否则，让人看不明白的广告也是无效的广告。一般酒店在针对某些特定群体的顾客推出广告时会为自己的广告确定此类目标，以希望顾客产生如身临其境的感觉，在深刻理解的基础上采取购买行动。

应用案例 11-4

四季酒店在一本杂志上所作的平面广告是令一些环球旅行者如身临其境般体会到在远航之后能够在温馨的环境中沐浴，能够睡在一张舒适的床上，是多么幸福。而四季酒店的工作人员为他们提供了这样的环境，这则广告的效果不言而喻。

当广告的目标有所不同时，广告选择的策划及其他决策也就有所不同。

【特别提示】

对于一些质量低劣的产品而言，即使做广告也是于事无补的。因为，销售业绩的创造离不开产品质量给顾客提供的满足。

2. 编制广告预算

广告目标确定之后，企业应该为每一种产品编制出广告预算。广告的作用在于影响产品需求。企业需要支付的广告费数额取决于要达到的销售量目标。编制促销预算的方法，即量力而行法、销售百分比法、竞争均势法和目标任务法，通常也用于广告预算的编制。在编制广告预算时，还要考虑一些影响因素，主要有以下五种。

（1）产品所处的生命周期阶段。新产品需要大量的广告预算来唤起消费者的注意和购买。成熟期产品的广告预算通常占销售额的比率很小。

（2）竞争与干扰。在一个竞争者如林、广告如海的市场上，要想让本企业的产品脱颖而出，就必须更频繁地做广告。

（3）市场份额。占市场份额高的品牌的广告支出（占销售额的比率）比市场份额低的品牌要高。新建一个市场或从竞争对手那里夺取市场份额比保持现有份额通常要支出更多广告费用。

（4）广告频率。当需要频繁地传递有关产品的信息时，广告预算就要多一些。

（5）产品差异。如果一种产品在所属产品类别中与其他产品非常接近，就需要靠大量做广告以便突出自己；当一种产品与竞争者的差别很大时，广告就可以用来同消费者传达这些差异。

以上有关广告预算的问题主要涉及广告战略问题、培育品牌意识和建立品牌形象 3 个领域。还有一项预算决策则在于确定多少预算作战略性广告，确定多少预算做战术性广告。战术性广告主要涉及包括价格折扣在内的营销推广活动。酒店常常会有一些机会来增加广告预算，其中一个途径就是交换。交换是用媒体企业可能使用的一些产品（如客房、食品）来换取广告。交换可能是一种不需要动用现金就能做广告的很好的方式。要想使这种交换成为一次合适的交易，则与之合作的媒体能够覆盖的目标市场必须与餐馆、酒店的目标市场相吻合。另外，广告的播出时间一定要在目标市场能够收听或收看到的时间。另一种增加预算的方法是联合广告，即两家或多家酒店共同支付广告费用。

最终的广告预算将使所配给的广告资金得到最有效的使用，它会把促销组合中其他领域所需要的资金一并考虑在内。最后，它会提供全年用于促销的活动资金。

3. 广告信息决策

一些研究已经表明，有创意的广告信息可能比广告经费的多少更为重要。不管预算多么庞大，只有当广告信息引起人们注意并形成良好的沟通效果时，广告才能成功。无论酒店的广告目的是什么，在为酒店服务或是产品进行广告宣传时，承诺不能高于产品或服务能达到的实际水平，这是一条最关键的原则。

4. 媒体决策

广告管理过程的第 4 步是选择承载信息的媒体。选择媒体主要有以下 4 个步骤。

（1）确定广告的覆盖面、播出频率和效应。为了选择媒体，广告主必须决定用什么样的广告覆盖面和播出频率来达到广告的目标。覆盖面是指在特定时间内目标市场人口中接触到该广告宣传的人口相对比率。

（2）在主要的媒体类型中进行选择。媒体策划人员必须了解每一种主要广告媒体的覆盖面、频率和效应的大小。根据广告量大小的排列，主要的广告媒体是报纸、电视、直接邮寄、广播、杂志和户外广告。每一种媒体都有各自的优势和局限。例如，快捷假日酒店有75%以上的客人是乘坐轿车到达酒店的。酒店营销总监说："广告板能够起到强化的作用。在人们决定住在哪里的最后一刻，它们就在脑海中浮现出来。"

（3）选择具体的媒体工具。媒体策划人员还需要在每一类一般性的广告媒体当中选择具体的最佳媒体工具。如果在杂志中做广告，广告策划人必须注意杂志的发行量及不同版面、色彩、位置的广告的价格，还要注意各种不同杂志的发行周期。然后，广告策划人员再根据杂志的信誉度、地位、制作质量、编辑重点和广告截止期限等因素对杂志进行评估，从而确定哪一种广告工具在覆盖面、频率和效应方面最合算。媒体策划人员还要计算广告载体每覆盖1 000人的成本，往往会选择那些覆盖目标市场的每千人成本比较低的媒介工具。媒体策划人员还必须考虑不同的广告媒体的成本，必须在媒介费用与各种媒介工具所能产生的效应之间谋求平衡。

在某些情况下，目标消费者可能需要的是电视广告、广播广告或杂志广告，在另外一些情况下，可能是直接邮寄广告、旅游服务企业目录广告、户外广告或电话簿广告。在选择媒体之前，应首先对各种媒体作认真的分析，以便确定它们所能影响的潜在顾客人数、期望的投资报酬率及进行广告创作的最佳方法等。对媒体的选择还取决于公司的广告预算和广告在整个营销计划中扮演的角色。

在现代旅游业尤其是在口碑起很大作用的酒店业中，非常重视广告的作用。只要媒体有特定的赞助者负担费用，所有这些大众媒体的组成部分都可以做广告，如报纸和杂志广告，电视和电台广告，网站广告，户外广告等。另外，酒店手册、传单、赠品等的直接邮寄也包含在广告中，确切地说这些不是大众媒体，但是仍然属于广告的范畴。不同的媒体广告，具有不同的优缺点，而且酒店在应用它们的方式上也有所不同，具体内容见表11－1。

表11－1 酒店广告媒体类型的优缺点及适用情况

广告媒体类型	优点	缺点	适用情况
电视	• 受众数量大，传播面广； • 信息影响力大； • 传播速度快，效率高； • 有纪实性和艺术性连续画面； • 声情并茂，极富感染力	• 费用高； • 播放时间短、转瞬即逝； • 观众选择性差； • 设计制作要求高； • 容易分散受众的注意力	酒店较少采取这一媒体类型，如果播出，仅适合一些实力较强的酒店集团用于品牌传播
电台	• 传播迅速及时； • 成本较电视广告低； • 制作简便，通俗易懂	• 有声无形，缺乏视觉吸引力； • 内容难以记住，无法查存	一般针对交通工具上的乘客采取这一广告形式

续表

广告媒体类型	优　　点	缺　　点	适用情况
户外	• 位置醒目，地理选择性好； • 展示时间长，路人可以反复接触广告内容； • 成本较低	• 广告对象选择性差； • 内容少且局限性大； • 路人注目时间短	需要创意设计，适合在交通口岸或要道作指引性广告
直接邮寄	• 目标顾客针对性强； • 灵活，受时空限制少； • 人情味重，信息含量大； • 周期较短，易评估效果	• 精力、时间和经济投入成本相对较高； • 若使用不当易引起收信人反感	适于与一些旅行商联系起来，针对一些对旅游、度假有兴趣的会员顾客作直邮广告
网站	• 范围广，不受地域限制； • 信息量可大可小； • 传播速度快，画面、图片、文字、声音等要素均可具备； • 顾客寻找相关信息容易	• 受众对象接受广告需具备网络条件； • 受众人群有限； • 网页上可以提供的广告位置有限	适于商务人群及青年群体，可以与营业推广活动结合，也可与酒店的预订服务相结合
报纸	• 宣传面广，读者众多且读者层稳定； • 本地市场覆盖面大、周期短、传播速度快、时效性强； • 成本费用低，便于剪贴存查，刊载信息量大	• 印刷不够精美，表现力弱； • 内容多，容易分散受众的注意力； • 接触时间短，需连续刊登	适合于在一些报纸的旅游专栏中刊登酒店概况的广告，针对酒店所在地的消费者推出餐饮方面的营业推广活动时可在地方性报纸中做广告
杂志	• 受众类别可选性较强，容易对准目标市场； • 印刷精美，图文并茂； • 阅读率高，保存期长，专业性行业性杂志有利于细选读者	• 广告周期长，版面受限制； • 专业性杂志读者面较窄，不适合以覆盖面为目标的广告	可将读者群体对象与酒店的目标市场相结合，有选择性地选取杂志，适合针对某一类群体顾客作酒店的形象广告

广告媒体的决策直接决定着广告的受众范围及广告本身的影响力。因此，酒店应当综合评价媒体本身的特性、酒店的市场定位、广告或促销活动、酒店本身的目标，最终选择适当的媒体。

（4）确定媒体的播出时间。媒体策划人员还需要对一年当中的广告时间进行决策。对一个酒店来说，广告的有效性取决于你对客人提前多长时间进行预订的充分了解。最后，广告策划人员还必须选择广告的播出模式。

恰当地选择广告推出的地点和广告播出/刊出的时间对于广告战略是至关重要的环节。当选择广告的推出地点时，需要考虑以下三个问题。

(1) 目标人群。

(2) 广告媒体的选择，如机场附近的户外广告牌，电台的新闻专题，有线电视，网络链接，还是娱乐画报杂志。

(3) 版面和版面中的位置。

在具体决定广告播出/刊出的时间安排时，需要考虑以下四个问题。

(1) 广告播出/刊出的年份、月份、周份。

(2) 广告播出/刊出的日期（星期几）。

(3) 在一天中的哪一小时播出。

(4) 播出的具体时间（分钟）。例如，在晚上 19:35 中央电视台新闻联播节目之后插播。

如果广告获得了理想的效果，在恰当的时间和地点作完广告后，会不断地有顾客打来电话询问广告相关事宜，这时就需要酒店做好应答服务。例如网络插播式广告，当酒店总机接线的电话响起时，有没有人接电话，多长时间才会接电话，服务人员的热情度如何。

尤其值得注意的问题是，当激发起顾客的购买兴趣后，一定要确保履行广告中的约定事项，使得产品的形象和顾客的感知一致，从而形成完美的沟通。

11.3 酒店公共关系概述

公共关系作为一种社会现象历史悠久，早在古代客栈时期人们就知道“君子谋财，取之有道”，以“童叟无欺”的招牌招徕顾客。现代旅游业的发展，使得酒店更加懂得借助公共关系树立酒店形象的重要性。20 世纪 80 年代末以来，国内酒店企业纷纷借鉴国外成功酒店集团的经验，相继在酒店内部设立公关部门，专门执行公共关系职能。

11.3.1 公共关系

公共关系是一种“柔性化”的促销组合工具，其主要目的不是销售产品，而是通过与社会和酒店内部的“对话”来提升酒店形象，内求团结和协调、外求理解和支持，为酒店发展赢得良好的内外部环境。

1. 公共关系的概念

公共关系，P. R.，简称“公关”是指某一组织为改善与社会公众的关系，促进公众对组织的认识、理解及支持，达到树立良好组织形象、促进商品销售为目的的一系列促销活动。公共关系是一种营销工具，是连接企业和各种对象人群的一种沟通手段。公共关系的对象范围应包括全体受众，其中包括投资团体、股东、特许权受让者、旅游中间商及旅游酒店服务产品的消费者个人。公共关系能有效地影响这一庞大外部受众中的每一个人。此外，公共关系也被证明是一种非常有效的公共内部营销方法，用以同员工进行沟通和激励员工。

公共关系是一项能触及所有营销受众的强大营销工具。在有利的情况下，公共关系是一种主动进取的手段；在不利的情况下，公共关系则是一种有力的防御策略。公关工作涉及同所有的公众打交道，其中包括现有和潜在的顾客、金融界、当地政府、传媒界、酒店员工，有效的公关工作可以为酒店提供在本行业领域的某一竞争优势，无论你是大酒店还是小餐馆。

2. 公关部门的主要活动

公关工作的开展可为本酒店及其产品或服务创造一个有利的环境。创造这种有利环境的最有效的做法，则是由受过训练的专业人士负责制订和实施正式的公关工作计划并把它作为本企业整体营销计划的一部分进行开展。公关部门所从事的活动主要有以下5种，但它们并不都直接为产品提供支持。

（1）与新闻界交往。与新闻界交往的目的是让新闻媒体报道那些有新闻价值的信息，吸引公众对某个人、某种产品或服务的注意。在酒店公关活动中，与新闻界沟通得到了很大的发展，其中一个原因就是它的可信度，因为很多这样的宣传都被消费者视为来自第三方的客观信息。

（2）产品宣传。它是指为宣传某些特定产品所进行的各种活动。这些产品包括新产品、特别活动事项（如美食节）、重新设计的产品（如新装修的酒店），以及由于当前潮流而流行起来的产品（如不含油脂的甜食）。

（3）公司的内外沟通。公司的内外沟通就是对公司内部和外部所进行的宣传，它能促进受众对该组织的了解。这种宣传所具有的一个重要的市场营销特征就是对雇员的宣传，如发行公司简报。另外，公司也需要与它的各个利益集团进行沟通，以便让它们了解公司的经营目的和发展目标。

（4）游说。它包括与政府官员打交道以促进或阻止某种立法及其他法规的制定。通常，大公司自己雇佣说客，较小的公司则通过它们本地的一些行业协会。

（5）咨询。它包括就公共话题、公司定位及形象等问题向管理层提出建议。当经营中碰到敏感问题时，专家的建议非常重要。例如，一些有水上表演的酒店的经理们就被建议在景点的水资源保护方面做些努力，如把酒店的废水回收利用于该酒店的喷泉。

3. 公共关系的作用

公共关系是对大众媒体和社区感知的计划管理。尽管我们不能明确地告诉新闻界出版什么，但是公共关系能努力将其引向关于产品最好特征的叙述并避免负面效应。酒店公共关系的努力主要用于创造那些引起顾客注意的事，并希望顾客会依次把“好的新闻”传递给企业期望的目标市场。

应用实例 11-5

在美国，一场较大的飓风袭击了佛罗里达州之后，酒店营销人员面临着一次实践的考验。双树酒店（Doubletree Hotel）在飓风发生11天后重新开始营业，并对外宣布了它的一个决定，即留出它11%的可用客房作为免费住房提供给那些无家可归的家庭。梅费尔之家（Mayfair House）酒店在灾后迅速免费接收了300个失去生活依靠的人，从而创造了正面的新闻效应。当灾难降临到麦当劳餐厅附近时，出现在灾难现场的第一批人中就有麦当劳的雇员，他们为不幸者及现场的工作人员提供咖啡和汉堡包。2008年5月12日，中国四川汶川地震发生后，锦江国际酒店集团迅速做出反应，捐款729万元用于灾区重建，从而树立了锦江国际酒店集团在顾客心中的良好形象。

公共关系也为地方、公众、金融团体及公司的雇员树立形象，使外界对公司及其产品和努力形成积极的态度。

4. 宣传

宣传是公关活动的一项直接功能。它在出版物和广播媒体上推销产品和服务时，占用的是新闻版面而不是花钱买来的广告版面。在宣传的各项功能当中，推出新产品是其中的一项。宣传也用于对特殊事件的报道。企业可以利用宣传手段在目标市场群体中建立一种正面的企业形象。有时，宣传也对一些遭遇公共关系难题的产品提供保护。通常酒店的公关活动以有利于产品销售的方式培育企业的形象。华美达酒店作为圣达特酒店集团的一个国际酒店品牌，是国际儿童救助机构的一个赞助商。华美达酒店的总裁是该机构董事会的名誉主席，也是它的电视发言人，这使得华美达酒店的首席执行官及其所赞助的各种项目有了经常被媒体宣传的机会。

11.3.2 公共关系的过程

公关工作作为企业整体营销计划的一部分，要想顺利地开展工作，同样需要专业人员的筹划，也就是说要确定思路和目标，进行公共关系的具体策划。

根据加拿大学者罗伯特·C. 刘易斯及美国学者理查德·E. 钱伯斯的观点，策划公共关系包括目的、目标市场、战略安排、产品和服务的整合及公司整体的营销努力。

【特别提示】

有效的公共关系是一个过程的结果。这一过程必须与公司的营销策略相结合。对公共关系，特别是对宣传的一个普通误解就是数量比质量更重要，如一些公关公司以媒体采发的相关文章数量来衡量成功与否。就像其他市场营销活动一样，公共关系也应该是针对目标市场而展开的。

公共关系的过程包括以下6个步骤。

1. 调研

酒店在制定公关方案之前，必须理解本公司的使命、目标、战略和文化。还应该了解哪些工具能有效地把信息传递给目标受众。公关经理需要的所有信息都必须包含在一份制订得很完善的营销计划书中。酒店的环境分析系统是公关经理的另一个重要信息来源，对这些信息进行分析后应能看出环境发展趋势，并使公司理解如何对这一发展趋势做出反应。例如，现在许多酒店和餐馆都在展示它们拯救和保护自然环境的工作。

2. 建立沟通目标

营销性公关活动可以促成以下四个目标。

（1）培育知晓度。公关活动可以通过媒体的新闻报道引起人们对产品、服务、个人、组织或创意的关注。

（2）建立信誉。通过媒体报道来传播信息，公关活动可以增强企业信誉。

（3）激励营销队伍和渠道中间商。公关活动有助于提高营销队伍、渠道中间商的热情。对新产品/服务的积极新闻报道会给顾客、雇员、餐馆连锁店和特许经营商等留下深刻的印象。著名的里兹—卡尔顿公司在赢得鲍德里奇国家质量奖后，其营销人员进行推销访问时也信心十足。

（4）降低促销成本。公关活动比直接邮寄和媒体广告花费更少。公司的促销预算越少，就越需要利用公关活动来赢得人们的关注。

【特别提示】

一般而言，市场上都会形成这样一个印象：对于本地顾客而言，酒店价格太高，因此本地居民很少利用酒店的设施。公共关系努力的目的是通过改善酒店的价格或价值关系来消除本地市场对酒店形象的不良感知。这个计划的成功可以用地方顾客对酒店使用的增加量来衡量，或者用餐馆和住宿业的业务增长量来衡量。

3. 选定目标受众

公共关系策划人主要考虑的是公司的公共关系计划可以为顾客带来哪些利益。应选定与酒店有特定关系的公众和与本次公关活动有联系的公众。你必然要问的问题是“目标市场对产品的感知会受到怎样的影响?”这不仅包含短期利益，也包括长期利益，因为酒店和餐馆是它们所在社区的重要组成部分，它们是所有商业性企业中公众化程度最强的企业类型，以至于它们经常成为人们见面的“公共场所”。同样，正是这些人回答了外来游客的一些问题，如“来深圳应该住在哪里”等问题。公共关系将影响当地人们的反应，即使他们自己从未在这家酒店住过。公共关系在顾客心目中创造了一种形象，并通过多种途径强化了这一形象。

4. 选择公关信息和工具

在了解顾客需求的地理位置的同时，酒店也必须正确分析能够接触到这些地理区域的媒介。虽然计算机期刊看来好像是为社团会议做广告的最好地方，但一个潜在的度假者不大可能会为住在一家酒店而来阅读这个期刊上的文章。

出色的公关专家都会有一个自己的编辑网络，他们只需亲自拜访这些编辑，就可以让他们写出动人的销售故事来。由于这个原因，公共关系更多地成为一门科学，而不是漫无目的地共同努力。公共关系专家将讲述一个故事比作营销人员销售一种产品。他们邀请编辑出来吃饭，给编辑送花、送礼品，写感谢信来感激他们为刊登这个故事或新闻所做的帮助。一个新闻是一个评述，以一个通用的行业模式给出故事的重点。这其中包括了专家的联络方式、企业的背景和故事主体，然后这条新闻就被推销或是出售给媒体。在这里很重要的是公共关系专家和新闻媒体的私人关系。真正的专家会尽全力追踪下去，直到文章或新闻发表出来为止。

创造事件是为非营利性组织进行筹资宣传所应具备的特别重要的技能。筹资者已经开发出大量常备的特别事件，如周年庆典、艺术展览、拍卖会、义演晚会、博彩游戏、图书销售、糕点销售、竞赛、舞会、晚宴、商品交易会、时装表演、特别场合的社交集会、旧物义卖、参观旅游、电话募捐、步行募捐等。如果竞争对手想出新的形式，如读书募捐、骑自行车募捐和慢跑募捐等，此时就需要制造出其他形式，如步行募捐。

应用案例 11-6

酒店提供给新闻媒体的素材非常广泛，如有关酒店管理人员或员工富有人情味或高品质服务的优秀事迹；酒店经营管理方面的成就与管理经验；名人下榻和回顾酒店的事件；来自知名人物或者知名机关团体的表扬和赞誉；酒店在业界内外获得的各种嘉奖；酒店举行的或参与的各种活动或者其他一些知名单位在本酒店举办的各种活动。在新闻公关活动中，酒店应该善于采取“搭便车”的手法达到宣传酒店的目的，即通过一些知名人物下榻本酒店，或者一些在本酒店举办的重要活动，在新闻媒体关注这些知名人物或重要活动的同时，顺便提及酒店，以期达到宣传酒店的作用。在这方面，北京香格里拉饭店先后接待了一系列外国元首及政要，借这些贵宾在酒店召开新闻发布会之际，香格里拉饭店搭乘新闻便车，有效地宣传了酒店，并最终在公众心目中形成了“香格里拉饭店是新闻发布会的举办中心”这一形象。

5. 实施公共关系计划

宣传活动要求谨慎地进行。通过媒体传播信息时，激动人心的消息很容易得到报道，但是，大多数新闻发布会都可能缺乏吸引力，难以引起记者们的注意。公关人员的一个主要的财富就是他们与媒体记者们的私人交情。从事公关活动的人常常都是一些刊物的外稿记者，他们认识许多媒体的编辑并了解其需要。公关人员把媒体编辑看作一个必须满足需要的市场，以便于他们不断地采用公司发布的新闻。

6. 评价公共关系效果

由于公关活动是与其他促销工具配合使用的，所以很难衡量出它的绩效。但是，如果它是在其他工具使用之前进行的，则评价工作就较容易些。最容易衡量公关活动效果的方法是统计委托用户在媒体上的曝光次数，如公关人员向委托客户提供一本简报集，展示所有的媒体报道和总结。一种更好的衡量方法是调查了解公关活动所引起的产品知晓度、理解度和受众态度的变化。例如，有多少人记得新闻内容？有多少人把它告知别人？有多少人在听说这一消息后改变了想法？如果有方法能衡量公关活动对销售和利润的影响程度，这将是最理想的评价方法。

11.3.3 公关营销活动的主要工具

1. 出版物

各个酒店都广泛地利用各种沟通性材料来对目标市场进行宣传和影响。这些材料包括年度报告、小册子、卡片、文章、音像制品，以及公司简报和杂志等。例如，麦当劳公司以录像带的形式为股东们制作了一份富有创意、并可能成为潮流的年度报告，里面包含高层管理人员的讲话和广告节目。那些拥有数千名股东和业务广泛的接待业公司也可以把年度报告和其他与股东的交流方式看作促销公司产品和服务的机会，而不仅仅提供法律所要求的有关信息。

2. 事件

酒店可以通过安排一些特别的事件来吸引人们对新产品及公司其他活动的注意。通常，事件包括新闻发布会、研讨会、户外活动、展览会、比赛和竞赛、周年庆祝、体育运动项目及向目标受众宣传的各种活动项目。

3. 新闻

公关专家的一个主要任务就是发现和制造对公司、产品及其成员有利的新闻。新闻的产生需要具有构思新闻主题、调研并撰写新闻稿的技能。公关人员不仅要能够准备新闻报道，还要能使媒体采纳新闻稿及出席记者招待会。而做到这些需要公关人员具有市场营销的技能和处理人际关系的技巧。

4. 演讲

演讲是进行产品和公司宣传的另一种工具。不过，这种形式既可能改善公司形象，也可能损害公司形象。因此，公司都会比较谨慎地挑选它们的发言人，并会邀请演讲撰稿人和培训员帮助这些选定的发言人提高口才。

5. 公共服务活动

通过适当地捐献金钱和时间，公司能够改善其公共形象。大公司一般会要求其管理人员向公司所在地和社区给予支持，也有的公司会从顾客购买额中抽出部分收入捐献给某项特定的事业。这种被称为“善因营销”的公共关系活动正被越来越多的公司用于树立良好的公众形象。

6. 标志性媒介

有些酒店的各种公关努力看起来彼此不相关，从而导致人们印象上的混乱，影响人们对公司完整形象的感受。在当今社会，公司要想赢得公众的注意，就必须努力创造一种能使公众一眼就认出的视觉标志。这种视觉标志体现在很多方面，包括公司的商标、宣传手册、招牌、名片、建筑物及制服等。

11.3.4 危机管理

公共关系的一个重要工作就是进行危机管理。并非所有的公关宣传都是成功的。危机管理的第一步是采取各种预防措施阻止负面事件的发生。危机可以分为突发性危机和隐患性危机两种。突发性危机是指那些毫无警示而突然降临的危机，如自然灾害、经营场所内的暴力事件、食物中毒及火灾等。隐患性危机包括违反安全规定导致罚款或法律诉讼、违反健康法规及违反防火条例。对于突发性危机，公司应该能够有所预测；隐患性危机常常可以通过良好的管理来消除。

互联网是一个能产生重大危机的地方。一条对本企业具有破坏性的信息（不论真假）会通过互联网传播给成千上万个人。这对管理者有两点启发：第一，危机管理更加重要了。采取降低危机发生的措施非常重要。第二，管理者应该留意那些网上聊天的人们，了解他们说了哪些有关本企业的话。例如，地处迈阿密的酒店应该不断地关注网上关于迈阿密旅游的话题。

要想做好危机管理，首先，公司应指定一名发言人，这样就能确保公司发布基于事实的、前后一致的事件情况。其次，这位发言人必须搜集事实并根据事实说话。史蒂芬·巴斯指出，该发言人必须及时地发表谈话，以便使舆论报道保持及时性。如果媒体从这位发言人那里定时地得到事情进展的消息，他们就不必费尽心思从其他员工处获得信息。巴斯同时建议发言人不要用“无可奉告”之类的话。因为这句话容易引起怀疑，使用“我们目前还不清楚”之类的话是较好的回答。再次，如果酒店内设有公关机构，就应让它与外部人士打交道。身处一场大危机时，向公关公司寻求帮助是个好主意。最后，公司应该在危机发生时通知媒体并且保证其不断收到事件进展的消息。媒体将能了解事件，这样，通过来自公司的信息查明事件的整个过程是最好的方式。每个公司都应有危机管理计划，并在危机管理中指示雇员像之前训练的那样行动。正如米特洛夫所说：“现在的问题不再是某组织是否会受到大规模危机的冲击，而是它何时发生。”

11.4 酒店营业推广

营业推广也称销售促进，它是企业用来刺激早期需求或强烈的市场反应而采取的各种短期性促销方式的总称。实际上，很多时候可以这样认为，营业推广是企业采取的除广告促销、公共关系和人员营销之外的所有企业营销沟通活动的总称。酒店营业推广是酒店业对目标市场进行营销沟通的一种有效手段。

11.4.1 酒店营业推广的类型

长期以来，营业推广应用于很多产业。对于酒店业来说，营业推广是一种十分强大而有效的市场营销工具。酒店业中使用较早的一种营业推广形式就是向顾客提供免费早点或一杯免费的热咖啡。

酒店营业推广是指酒店业在特定时间、特定地点和一定的预算内，对某一目标顾客群体所采取的能够迅速刺激其购买欲望以达成交易的临时性促销措施。与广告、公共关系等沟通方式不同的是，酒店营业推广限定具体的时间和地点，以对顾客提供一定奖励的形式促使其进行购买。这些奖励的形式多种多样，或是金钱或是实物，或是一种附加价值的体现，但大多是短期或是临时的，带有馈赠性质或奖励性质，以这种方式快速激发顾客需求。

酒店营业推广的对象有 3 种，一是顾客，二是中间商，三是营销人员。如果对象不同，采取的营业推广方式也会不同。

1）针对顾客的营业推广类型

针对顾客的营业推广常见的有以下 7 种类型。

（1）赠品或是礼物。酒店通过赠送纪念品或是礼物的方法进行营业推广，如向客人赠送带有酒店标志的小礼物、卡片等。

（2）抽奖。顾客只要购买酒店的产品或是服务就可以参加抽奖，如每年圣诞期间一些酒店就会举办大型现场抽奖活动，中奖的顾客就可以获得酒店赠送的高档礼物，或是入住酒店总统套房一天等。

（3）赠折价券。赠送折价券是吸引回头客的一种做法。折价券不可兑付现金，但可以在下次消费中抵用相同金额的现金。这是营造回头业务的一种有效形式。

（4）免费试用。这种做法一般被某些餐厅或是酒店的娱乐场所采用，通过免费让顾客品尝新菜或是试用新的娱乐设施进行营业推广。

（5）会员卡。顾客缴纳一定的会费或是消费金额到一定数额以后即成为会员，会员可以享受一些异于普通顾客的待遇。这是营造回头业务的另一种有效方法。

（6）优惠券。酒店业以一定的优惠价提供产品或是服务。

（7）联合促销。这类促销是指将某一产品或服务拴系于另一公司的产品或服务进行促销。一般而言，可以是酒店和知名餐厅、旅行社、景区景点、航空公司等单位联合促销，从而提高酒店和联合单位的知名度，也降低促销成本。

2）针对旅游中间商的营业推广类型

针对旅游中间商的营业推广常见的有以下四种类型。

（1）现金折扣/折让。根据酒店和旅游中间商的协议，在房费、餐饮、娱乐等方面对客人予以一定的减免。例如，酒店给旅行社组团的客人房价一般都是 5 折或是 6 折。

（2）广告津贴。酒店通过与旅游中间商联合发布广告的形式促销产品，并以广告津贴的形式对旅游中间商进行补贴。

(3) 赠品。酒店给旅游中间商一定的赠品予以奖励，一般采用赠品印花形式，达到一定销售量即可兑付赠品。

(4) 旅游交易会、展览。某些酒店通过送旅游中间商参加一些旅游交易会或是展览，帮助中间商进行销售促进。

3) 针对内部营销人员的营业推广类型

针对内部营销人员的营业推广，常见的方式主要有两大类。

(1) 销售竞赛。组织营销人员之间或是小组间的销售竞赛，对达到一定目标的个人或小组予以物质或精神奖励，如许多酒店评选月度、季度和年度最佳营销人员，并给他们发证书和奖金；或是年终奖和日常的销售额挂钩等。

(2) 销售奖励。奖励的形式有奖金、奖品、免费旅行等，酒店按照事先的约定执行。现在许多酒店每年都会组织优秀营销人员进行免费出国游或是免费港澳台酒店考察等。

11.4.2 酒店营业推广的设计实施

酒店营业推广的具体实施由如下五个方面的工作组成。

1. 制定营业推广目标

营业推广目标的确定，就是要明确推广的对象是谁，要达到的目的是什么。只有知道推广的对象是谁，才能有针对性地制定具体的推广方案。例如，是为达到培育忠诚度的目的，还是达到鼓励大批量购买为目的。

营业推广应该能够建立顾客的品牌忠诚，换言之，营销推广应该重视对产品定位的促销，并提供一定的销售信息。理想的情况是，营业推广的目标是培育顾客的长期需求而不是加快顾客的品牌转换频率。经过精心设计的每一种营业推广工具都具有培育顾客品牌忠诚的潜力。

2. 选择营业推广工具

营业推广的方式方法很多，但如果使用不当，则适得其反。因此，选择合适的推广工具是取得营业推广效果的关键因素。企业一般要根据目标对象的接受习惯、产品特点和目标市场状况等来综合分析选择推广工具，主要有以下 7 种类型。

(1) 样品。它是提供给顾客试用的商品。有些样品是免费的，有些则由公司收取少量的费用以抵补生产费用。例如，麦当劳提供一杯咖啡时外加一份苹果麸饼，但有些人平常不吃麸饼，麦当劳就对麸饼索价 5 美分，这就避免了平常不吃麸饼的顾客的心理不平衡。

(2) 赠券。这是提供给购买某种特殊产品的顾客的一种优惠凭证。每年，在美国分发的赠券就不下 2 200 亿张，总价值在 550 亿美元以上。赠券可以连同其他产品一起邮寄，也可以置于广告当中。在餐馆业，赠券十分流行，而在酒店、出租车公司、旅游目的地及游船公司也都使用赠券。美国通运公司的持卡人曾接到一些中档和高档餐馆的赠券包。美国通运公司的良好声望使这些餐馆能够在不降低形象的情况下使用赠券。

（3）组合产品。促销总是包括一系列产品的组合。那些拥有众多产品的酒店及度假地普遍采用组合产品这一工具。组合产品还可以围绕着当地的事件活动进行开发。

应用案例 11－7

美国佛罗里达州的最佳西部棕榈海滩酒店推出了为期 3 天的组合产品，其中包括 3 天的客房、两场棒球比赛门票、一份大陆式早餐及在赌船上游玩一个晚上，它的售价是 256 美元。这样的促销活动会给淡季的酒店带来生机，也会给客人留下难以忘怀的记忆。

（4）赠品。它是以较低的价格出售或免费提供的物品，来刺激人们购买某一种产品。例如，有些快餐馆常常将一种免费的玻璃杯而不是通常的纸杯作为营业推广的工具。向顾客销售那些他们所喜爱的赠品，还能够赚取一定的收益。例如，在澳大利亚的麦当劳，凡购买一个汉堡包的顾客，都可以花 95 美分买几个小兵玩偶。

（5）顾客酬谢。它是指对经常购买公司产品或服务的顾客给予现金或其他形式的酬报。例如，大多数航空公司都提供常飞旅客计划，对乘机旅行的里程进行点数奖励。大多数酒店联号都实施常客计划，许多餐馆也有自己的常客计划。这些措施不仅旨在答谢当地人，而且还能收集信息，并对顾客的购买行为产生积极的影响，导致顾客更经常、更大量地购买，创造积极的口碑效应。

（6）售点陈列。售点陈列是指在买卖现场所进行的各种陈列和演示。例如，里士满的葡萄酒业公司的销售代表就可以在罗宾纳客栈的商店中设点让顾客品尝他们的葡萄酒。

（7）竞赛、抽奖和游戏。竞赛、抽奖和游戏可以给消费者一个赢得某种东西（一笔现金或一次旅行）的机会。

应用案例 11－8

美国的一家餐厅有一种猜体重的游戏。在结账时，服务人员会让顾客猜自己的体重，每个服务人员身上都有一块小牌子，上面有这个服务人员的体重，如果顾客猜对了，就可以享受特别折扣的优惠。有时可以几位或几拨不同的顾客一起猜，谁猜得最接近正确的体重就有一定的优惠。在活动推出一段时间后，这家餐厅又将猜服务人员的体重改为抓糖果、估黄瓜的重量、用筷子捡黄豆等。还有些餐厅会在门口设一个简易的小球场，儿童顾客可以给予一次射门的机会，射门成功者有奖……这些活动都是为了调节顾客的消费氛围。

3. 制订营业推广计划

制订营业推广计划要求营销人员做出各种其他决策。首先，他们必须确定激励的规模有多大。要想使推广获得成功，必须有一个最低的激励限度。激励程度越高，反响越大。营销人员还要确定参与的条件，因为有些激励可以人人参加，而有些却只供有限的群体参加。其次，营销人员必须确定如何贯彻和实施这项推广计划。最后，营销人员必须做出营业推广的预算。

4. 营业推广计划的测试与实施

在可能的情况下，企业都应该对营销推广的各种工具进行测试，以便弄清楚它们是否合适，所确定的激励程度是否适中。面向消费者的营业推广计划很容易进行测试。同时，各个公司都应该为每一项营业推广计划制订实施方案。

5. 评估营业推广的效果

尽管对最后效果的评估非常重要，但很多公司都未能真正做到对营业推广效果的评估。有些公司虽然做了评估，但仅涉及皮毛。评估的方法很多，其中最常见的是对营业推广计划推广前、推广中和推广后的销售额进行比较。

【特别提示】

显然，营业推广在整个促销组合中扮演着重要的角色。为了用好这种工具，营销人员必须清晰地界定营业推广的目标，选择最适当的工具，制订营业推广计划，提前进行测试，有效地予以实施，并对效果进行评估。

本章小结

营销沟通包括企业和目标之间的所有沟通，这些沟通用来增强产品/服务组合的有形化，培育并监督顾客期望，或者诱发顾客购买。营销沟通因素的组合，大致来说包括四大策略，即广告促销、公共关系、营业推广、人员营销。广告促销是一种付费式的大众传播方式，它是传播组合中最具可见性的要素。广告不同于一般大众传播和宣传活动，具有自身的特点。广告向广大目标受众传播企业的相关信息，起到提高企业和产品知名度、增强美誉度和促进顾客购买的作用。公关关系是一项营销工具，是连接企业和各种对象人群的一种沟通手段。公共关系可以采取广播媒体（电视、电台和网站）、印刷媒体（报纸、杂志等）、记者招待会、新闻发布、参与市政府活动、社交活动、社区活动、员工交往、发表演说、拜访、会见、照片等手段。营业推广也称销售促进，它是企业用来刺激早期需求或强烈的市场反应而采取的各种短期性促销方式的总称。

关键术语

沟通、营销组合要素、广告、公共关系、人员营销、营业推广。

思 考 题

（1）什么是营销沟通？

（2）营销组合大致包含哪几种策略？

（3）酒店广告的使命有哪些？

（4）广告的类型有哪些？

（5）什么是公共关系？公共关系可采取的手段有哪些？

（6）酒店营业推广有哪些特点？有哪些不足？

（7）酒店针对顾客的营业推广有哪些形式？

（8）解释广告和促销的不同。

（9）将营销组合中的4种主要工具应用于酒店的实践，以了解企业是如何应用这些工具的。

课 堂 互 动

1. 小组讨论

（1）为什么大型酒店集团要将促销预算的主要部分用于人员推销？

（2）公共关系能给餐馆带来什么好处？

（3）在确定广告媒体播出时间计划时，哪些因素影响播出频率、覆盖面？如果想提高这两种因素中的一个，应如何去做？

（4）比较宣传与广告，它们各自的优缺点是什么？

2. 角色扮演

将一家企业营业推广的样本拿到课堂上，并讨论：这项营业推广的目标是什么？目标能够实现吗？你认为最有趣或最有诱惑力的是哪一部分？应该继续这一做法吗？为什么？这项营业推广的消极方面是什么？通常说来，营业推广具有哪些消极因素？

营 销 实 战

实训任务一

给出酒店与特定细分市场进行良好沟通的例子。沟通的形式不限，可以是广告促销、人员营销或营业推广。

实训任务二

找一家酒店及它的竞争对手的广告，拿到班级里。你认为哪幅广告效果更好？最打动你的是什么？每幅广告最令你欣赏的是什么？你对它们有什么改进意见？

实训任务三

举出一个成功的印刷媒体的宣传实例。把它复制下来，说说为什么你认为这一宣传有效。

案例分析

促销周日早午餐

马萨诸塞州的匹兹菲尔德市及其周边地区拥有6万人口。约翰·埃尔德是该市希尔顿酒店的销售总监，他沮丧地看着就餐人数的统计数据。在过去的几年里，酒店内175间客房的顾客中享用周日早午餐的人数不断地下降，从最初的5 012人下降到4 574人，随后又降至3 935人。约翰认为应该采取一些必要措施了。

近来，在匹兹菲尔德市有许多新餐馆开张，它们开始割占利润丰厚的早午餐市场。该市希尔顿酒店的餐饮部总监汤姆·哈丁认为，这些竞争者的出现是导致就餐人数下降的主要原因。在过去，酒店周日的早午餐人数达到150人是很正常的事。但现在，只有在特殊的日子（如在母亲节）里才能达到这个数目。汤姆认为酒店有潜力为250人提供早午餐，这个数目大约是早午餐餐厅的容量。

周日早午餐在希尔顿酒店14层的绿宝石餐厅供应。从现阶段的销售看，利润仅为售价的10%左右。但是酒精类饮料使每单平均消费升至19.50美元，饮料的利润率为65%。汤姆计算过他能够在劳动力及固定成本不变的情况下，使就餐人数增加1倍，并使得增加部分的利润率（包括饮料在内）达到50%。他还计算过如果就餐人数达到最大容量250人的话，那么增加额外劳动力后，包括饮料在内的利润率大约是40%。

周日早午餐将酒店内的顾客及当地的消费者作为目标市场。通过调查发现，那些居住在11千米半径范围内的本地顾客，家庭月收入超过4万美元，平均年龄为45岁。许多年轻的夫妻经常享用早午餐，而餐厅虽注意到了这一点但并未将有孩子的中年消费者作为目标市场。

酒店的执行委员会决定再次向当地的居民宣传推广周日早午餐。他们认为，许多享用过早午餐的顾客只是想尝试一下其他的餐厅。于是酒店决定开展一项历时半年的促销活动以吸引新顾客，留住老顾客。

“希尔顿酒店绿宝石餐厅迅速致富早午餐”是运用头脑风暴法的智慧结晶。每位顾客都将得到一张抽奖券并有机会获得大奖，但设定了顾客每周的最低消费额。酒店还调查了此次促销是否合法，结果证明法律是上允许的。促销活动即将运作，这使得约翰和汤姆感到很宽慰。说服执行委员会采纳促销方案后，他们的任务便是拟订细节问题。

约翰和汤姆决定分发给每位顾客的抽奖券的价值是2美元。那么这2美元是应该在现行价格中呢，还是应该额外收费，或是将现行价格提高2美元呢？如何去促销推广抽奖活动，成本将是多少？能否得到当地的公关及广告宣传？

思考题：

(1) 在这次促销计划中，希尔顿酒店采用了哪些促销方式？

(2) 试用所学知识，评析此次促销活动。

12

酒店营销管理、预算及控制

本章概要

（1）酒店营销管理。

（2）酒店营销预算。

（3）酒店营销控制。

本章目标

学完本章以后，你应该能够：了解酒店营销管理与其他酒店管理的不同之处，明确酒店营销管理有哪些重点内容，运用科学的方法对酒店营销管理目标和过程进行评估和控制。

案例导入

肯德基进入中国20多年，发展非常快，同时也为社会带来了巨大的连锁效应。许多曾经在肯德基打过工的年轻人，当年都还是在校学生，或者刚走出校门。据初步统计，肯德基进入中国15年时，累计培训员工20万人次，基本培训资金投入超过2.4亿。在肯德基在中国开出第700家店的上海庆祝活动中，它们没有打广告也没有搞庆祝仪式，而是把自己的培训课堂搬进了复旦大学校园，让学生体验肯德基的培训。肯德基上海有限公司负责人王奇解释这一现象为"企业大学化"。王奇介绍说，所谓"企业大学化"是指企业除了本身的生产流程外，同时也是创造知识的一环。现代知识型企业不只要靠资本、土地赚钱，企业应该有其独特的知识才能够去竞争，企业在深化知识后，还要经过有效的整理、积蓄，然后传播出去。把企业的培训理念引进校园，一方面高校为企业的培训提供良好的专业背景，同时企业也通过这样的形式将自己对人才素质的需要及来自管理实践的最新经验反映给学校，这是一个互动的过程。

案例点评： 肯德基在创造社会效益的同时，也让其理念获得了更广范围的认可，让品牌的核心竞争力得到了提升。肯德基已经在用行动努力把创造利润和创造知识结合在一起，现在更多的企业也意识到了这一点：未来，创造财富不仅仅是靠资本、资源，更多的是靠知识。酒店业发展的最新趋势既为我国酒店业的发展带来了千载难逢的机遇，可以快速有效地缩短我国酒店业同国际水平的差距；也为新时期酒店业的发展带来了新的挑战，即如何更好地服务于顾客和取得更快的进步，这也成为摆在每一家酒店业企业面前的新课题。酒店必须不断监督、调节和控制各项营销活动，酒店营销管理非常重要。

营销是在一个动态的全球环境中进行的。每一个历史阶段都需要营销管理人员以一种崭新的思路去思考营销的目标和实践。迅速的变化会很快使昨天的制胜战略过时。管理思想的领袖人物彼得·德鲁克曾观察到，10年前使一个公司制胜的公式在下一个10年中就很可能不中用了。

12.1 酒店营销管理

12.1.1 酒店营销管理的基本特征

酒店营销管理是指对酒店立项的经营项目和营销活动进行计划、组织、执行和控制，以便能创造、建立和维持与酒店目标市场的良好交换关系，达到实现酒店总体目标的目的。

1. 酒店营销管理的特点

（1）酒店营销管理是一种包括分析、计划、执行和控制的过程。

（2）酒店营销管理的目的在于使期望中的交易达成。

（3）酒店营销管理的实施可增进酒店和客人双方的利益。

（4）酒店营销管理着重产品、价格、促销和销售渠道的相互协调和适应，以实现有效的营销反应。

2. 酒店营销管理与酒店其他管理的区别

酒店营销管理与目标管理、财务管理、人事管理等的区别主要有以下三点。

（1）酒店营销管理所牵涉的对象不是处于酒店内的，而是处于酒店外的不特定对象，对于顾客消费的了解，不像其他管理信息那样易于获取，而必须投入大量的人力资源管理才能获得。因此，营销管理的效果更需要仔细评估。

（2）酒店营销管理的中心乃是交易的过程。交易的过程是酒店与外在环境最重要的相互作用，它的任何作用或影响都是及时且非常重大的，与财务管理不同。财务管理的影响固然也大，但时间性的要求则不如营销管理的急迫。

（3）由于酒店营销管理与外在环境的密切性，任何修正不仅仅包括酒店内部的行动，并且还要求外在环境的配合。这都使得酒店营销管理的任务执行起来更为艰巨困难，更需要一流的人才来执行。

3. 酒店营销管理的具体内容

我们可以从分析、计划、组织和执行及控制四个方面陈述酒店营销管理的具体内容。

1）分析方面

分析方面包括酒店营销环境分析，酒店消费者购买及消费行为分析，酒店市场分析，酒店产品和服务分析，以及酒店竞争分析。

2）计划方面

计划方面包括酒店营销形势的概括总结，酒店的经营机会、威胁、优势、劣势的确定和评价，酒店营销目标、策略的制定，酒店长期和短期营销计划的制订，以及进行准确的销售预测。

3）组织和执行方面

组织和执行方面包括酒店营销观念在全体员工中的灌输，以营销为导向的酒店组织机构的建立，选择合适的营销人员，对新老营销人员的培训，酒店各种促销活动的开展，酒店营销内部及营销部与其他各部门之间的广泛交流和密切合作，酒店营销信息系统的建立，以及酒店新产品的开发、价格制定及销售渠道的建立。

4）控制方面

控制方面包括酒店营销数据的分析、归纳和总结，用既定的绩效标准来衡量和评价酒店营销活动的实际结果，分析各种促销活动的有效性，评估营销的工作成绩，以及采取必要的纠正措施。

12.1.2 酒店营销组织的运行

酒店营销部，有些酒店也可能称其为“市场与销售部”，主要负责协调和计划酒店的市场营销活动，收集酒店市场营销信息，开发酒店市场，制定酒店的产品价格，并具体负责酒店客房和其他产品的销售。

1. 营销部在酒店中的地位

营销部在酒店经营管理中，通常起到龙头作用。在酒店各部门中，它是总经理经营决策所必需的顾问参谋和信息中心，负责酒店对内和对外形象的创立与维护，同时也是负责酒店市场调查研究和营销的职能部门。

营销部同一线各部门有着直接的联系。在部门之间开展具体的经营活动中，营销部常常是协调关系；在客户接待方面，营销部下达计划指令与执行计划指令。

2. 酒店营销工作的作用

（1）在市场调查的基础上，确定目标市场。根据目标市场的需求，策划与建议酒店各部门推出适应客人需求的产品，包括创新产品。

（2）根据市场细分，选择酒店最佳的产品组合、销售渠道，制定销售目标、阶段性销售计划和具有市场竞争力的房价，追求最大的销售量和最高的平均房价及两者的最佳组合，使酒店获得最佳的经济效益。

（3）及时收集旅游市场信息，注重酒店内部接待和促销过程中的信息反馈，定期向酒店销售会议报告各种发展动态，汇总情况并做好各种市场预测。

3. 酒店营销部的工作范围

酒店营销部也是酒店内信息来源最为广泛的部门，通过搜集从各种渠道传来的信息对酒店经营策略的调整和决策的正确制定也起重要的作用，从而也影响到各部门的工作调整和改善等。酒店营销工作的范围包括以下 6 个方面。

（1）开展市场营销调研工作，重点收集酒店市场及客源动态消息；了解竞争对手销售活动和价格情况，预测和分析酒店客源市场规模和特征，并编制酒店销售趋势报告。

（2）制定市场营销战略和计划，确定酒店的目标市场，并计划组织整个销售活动。其中包括以下内容。

① 有计划、有组织地对潜在客户和重点客户进行销售访问，向客户介绍和推销酒店产品，征询客户对酒店产品和服务的意见，争取与之达成交易，签订销售合同。

② 制订酒店的广告促销计划，包括制作酒店客房、餐饮、会议设施、康乐设施、商务服务设施等的宣传册，制定服务指南、电话使用指南、闭路电视节目单、店内公共区域广告、招牌广告、房价单、明信片、幻灯片、年历及特别促销活动的宣传资料等。

③ 与酒店其他相关部门一起规划特别促销活动，如与餐饮部一道规划推出圣诞新年晚餐及各种食品节，与客房部一道推出特别住房包价项目。

④ 制定酒店客房的标准价格、组合产品价格、长包房价格、淡季客房推销价格、特殊活动的促销价格，以及价格的折扣、价格的调整、预订金及佣金的标准和支付办法等。

（3）开展对外公关活动，负责与新闻界、地方政府及社团组织，以及其他社会公众的联系；组织和安排各种店内外大型活动，与酒店高层管理当局一起处理各种突发性事件，并收集有关酒店形象方面的信息，为管理决策提供咨询，以树立和维护酒店良好的形象，为酒店创造和保持“人和”的经营环境。

(4) 负责日常性的销售工作，如处理业务往来信函、电报、电传、传真，回答客户关于酒店价格、产品和服务等方面的询问，向旅行社报价及自行组团。

(5) 负责安排和处理团队客人，尤其是旅行团和大型会议等的团队预订及与组团单位签订合同。

(6) 该部门管理人员还负责计划、协调编制酒店的市场营销计划，协调全酒店的营销工作，并对本部门的业务营运和人员实施管理。

12.1.3 酒店营销部的规章制度

1. 营销策划制度

营销策划制度可分为常规及非常规的营销策划制度两种。

1）常规的营销策划制度

常规的营销策划制度是根据酒店在日常接待中的规律性而定期制定的，包括市场分析、目标、策略、控制方法四个部分。其中，具体的营销策划内容有酒店在淡、平、旺季分别对不同的市场推出的不同价格，冬季、夏季特别包价（推出的目标、时间、价格、内容等），根据不同月份推出的不同的餐饮促销项目。

2）非常规的营销策划制度

非常规的营销策划制度是指酒店根据市场的变化而及时采取的灵活多样的应变措施。例如，发现某一潜在市场发展很快，或按照原定的价格不适宜当时的市场情况时，立即改变经营策略。

2. 宣传策划制度

宣传策划制度是围绕着营销策划制度进行的，并在实施时间上超前于营销策划制度。因此，它也分为常规和非常规两种。

1）常规的宣传策划制度

常规的宣传策划制度是根据酒店常规的营销策划制度的要求而采取的一系列宣传手段，包括宣传目的、时间、所需宣传费用和具体的做法（如广告、宣传海报、宣传单等）。

2）非常规的宣传策划制度

非常规的宣传策划制度是根据非常规的营销策划制度制定的，内容也包括宣传目的、时间、所需费用和具体做法。形式是销售部经理以书面备忘录的形式报总经理审阅，在通过后再付诸实施。

3. 客户联络和销售报告制度

客户联络情况主要是通过营销人员按时填写有关报告来反映的，如客户资料报告、销售访问计划报告、每日销售访问结果报告、每周销售访问报告、每周宴请计划报告、销售旅行报告等。

除了以上这些日常的报告以外，还可以通过不定期地举行大型的客户答谢宴会等形式来深化与客户的联系。

4. 信息报告制度

信息报告制度是通过对各种信息的收集、汇总、分析和利用，明确酒店在市场中所处的位置并采取相应的策略。

5. 部门办公会议制度

部门办公会议制度是营销部经理进行日常管理的重要手段，是传达上级指令、布置部门工作、听取各方面汇报、检查每人工作及讲评阶段工作和督促检查的必要手段。按常规每周末开一次营销会议，参加对象是营销全体员工及总经理、分管副总经理、餐饮部经理、宴会销售经理、前厅部经理、信贷主任，应每天早晚各进行一次碰头会，了解当天工作计划及检查结果，同时进行必要的指导和协调。会议还可以分成专题促销活动会议、市场销售总结会议等。会议前要做好准备，特别是对比较敏感的问题；同时，要做好记录。每次开会还要检查上次会议中讨论的有关问题的解决情况。

12.1.4 酒店营销信息系统

酒店营销部的组织运行是建立在设置组织机构与岗位的基础上，通过营销信息系统来实现的。营销信息系统是指营销部门内各种酒店营销信息的收集、储存、沟通和传播等应用功能。

1. 销售会议

1）销售晨会

每日上班之前，部门总监召集全体营销人员进行 5 分钟的训话。其主要目标是传达酒店管理层的最新指示，提醒和督促员工完成当日任务，保证当日的工作不偏离计划的轨道。

2）销售总结会

每日下班前 10 分钟，部门员工要聚在一起沟通当日的重要销售信息。销售总监在当日工作的总结中，要及时发现和纠正工作中的不足之处，对特别员工还可以提出表扬或警告。

3）每周销售会议

每周销售会议是关于酒店销售工作的一次战略探讨会，在每周末的下午由销售总监主持召开，必要时也邀请总经理参加。其主要内容包括营销人员汇报本周销售工作，本周内重大活动回顾；公布后 3 个月的酒店预订，竞争酒店经营状况分析，竞争酒店营销活动分析，营销部与酒店其他部门的合作关系。

4）每月销售会议

每月最后一天举行，营销部所有员工参加，并邀请总经理、财务总监、房务总监和餐饮总监等有关人员出席。会议的主要内容是总结和分析本月的总体营销状况，探讨下月的营销策略，主要内容有以下方面：本月指标完成情况分析，实际销售支出报告分析，客户销售指标完成情况，餐饮销售指标完成情况及其他部分指标完成情况，酒店财务盈亏报告分析，下月或下季度酒店预订状况分析，下月或下季度市场状况分析，酒店总体销售指标，市场营销计划讨论。

5）市场分析会议

市场分析会议是市场研究人员和酒店高层管理人员召开的有关市场分析和营销策略的探讨会，其内容包括市场的变化情况，经营中的不利因素分析，探讨提高竞争力的方法，调整市场计划，讨论有关营销人员的人事安排。

6）年度销售会议

年度销售会议，是酒店每年年底举行的全体员工销售总动员大会，基本内容包括总结本年度营销状况，公布本年度营业收入及指标完成情况，表彰本年度营销业绩突出的员工，公布明年市场营销计划的指标，征求员工意见，激励员工的工作热情。

2. 销售记录

营销人员把自己的销售活动按时间顺序所进行的文字整理和数据记录，称为销售记录。详细的销售记录能够使销售工作保持良好的连续性。营销人员所做的各种记录一般被称为销售报告，如每日销售拜访报告、每周销售活动报告、每月客户产量测定报告、团体预订变更或丢失报告、客户信息档案、竞争酒店调查报告、每月细分市场产量分析报告、每月会议销售产量报告等。

此外，还有每月公关活动总结报告、档案存储等资料，如个人客户档案、客户原始档案、预订档案、文件档案和电脑存储系统等。

12.2 酒店营销预算

12.2.1 酒店营销预算的类型

1. 资本预算中的营销预算

资本预算实际上又被称为中长期预算，它主要包括酒店中长期的大型项目，如酒店更新改造、新楼层的开设、商务设施和健身娱乐设施的引进等项目的预算。在这种预算中，营销预算所占的比重较小，许多酒店经常对此忽视。事实上，这些新项目的推出，同样需要做相应的前期营销工作。

2. 总体预算中的营销预算

总体预算指酒店在一定时期内各部门的营业收入和支出计划，通常为年度预算。

3. 连续预算中的营销预算

连续预算又被称为滚动预算，它是酒店根据年度预算的执行情况，对下一预算周期内的经营收入和支出所做的调整性计划。滚动预算周期通常为季度或月度。

12.2.2 酒店营销预算的构成

1. 本部门工作人员的工资福利

工作人员指本部门所有的管理人员、营销人员、公共关系人员、秘书及临时合同工，其工资福利包括工资、奖金、工资税、保险费、养老金及给部门员工提供的福利奖金等。

2. 部门管理和日常费用

部门管理和日常费用指与营销部门有关的费用支出，具体包括：①办公费用，如印刷表格、办公用品、销售手册等的费用；②通信费用，包括电话、传真、信函及其他邮资费用；③国内外销售旅行差旅费用；④汇票和订阅费；⑤酒店订房系统入网费；⑥促销活动费；⑦市场调研费；⑧交际费，包括经理、营销人员和其他员工的交际费；⑨酒店宣传资料小册子和特式菜单等的费用；⑩其他各项支出，如陪同餐费、制服费、培训费等。

3. 广告和促销费用

广告和促销费用指酒店用于广告和促销活动的费用，它包括：①直接邮寄费；②广告费，其中包括广告制作费，以及在报纸、杂志、户外、电视和电台等媒体的广告播出费；③销售点促销用品费，如特别账单、特式菜单补充目录、陈列展示品的制作费用；④杂项，如复印、印刷、交通费用。

12.2.3 酒店营销预算的编制方法

在编制营销预算时，收入预算与费用预算的编制方法各不相同。

1. 收入预算的编制方法

主要是在预测销售数量与制定销售价格的基础上，编制销售收入预算。

2. 费用预算的编制方法

（1）根据同业标准确定营销预算费用。在营销预算总额中，计划人员应根据各个细分市场的重要性确定人员推销与广告预算数额的比率。这个比率一般在40%：60%或者60%：40%之间。例如，某酒店主要吸引会议市场，由于营销人员较容易识别潜在客户，因此，人员营销预算数额所占的比例就比较高；如果某酒店主要吸引暂住宾客或接待通过旅行社订房的零散客人，为了提高本酒店的市场知晓度，广告预算数额就高一些。显然，每个酒店应根据具体情况确定各项营销预算。

（2）目标利润计划法。使用这种方法的企业需要首先预测计划期的营业收入数额，然后从营业收入数额扣减各种变动成本和固定成本，再扣除企业的目标利润数额，求出计划期的营销预算数额。最后，营销计划人员再确定各种营销活动如广告、营业推广、营销调研的预算数额。

（3）零基预算法。它的特点是对于任何一个预算都不以过去和现有的基础为出发点，而是一切从零开始，将下一个预算期作为独立的经营周期，根据各项费用是否有必要、是否能达到最佳的经济效果来决定其预算费用水平。但是，使用零基预算法制定营销预算时，应将各种营销费用项目分为核心成分和其他费用项目两个部分。例如，某酒店主要依靠营销人员和预订体系进行销售，这两方面的费用预算就是预算中的核心成分。核心成分的预算数额不能低于某一最低数额；只有其他费用项目，才根据零基预算法确定预算数额。

采用零基预算法进行预算，大致有三个步骤：首先，酒店营销计划人员根据营销策略计划编制具体的行动方案，以及各种活动需要的费用数额；其次，对每项行动方案进行“成本效益”分析，将其花费与可能所得收益进行比较，评定各项行动方案的优劣，并据此排定优劣顺序；最后，根据排列顺序，结合可动用的资金来分配营销资金。

12.2.4　酒店编制营销预算应考虑的问题

1. 酒店的财务经营状况

营销预算的大小必须在酒店财力所能承担的范围之内，不可无限提高。这就需要酒店营销部门经理同财务部门一起来研究和确定营销预算的额度。

2. 酒店的市场和竞争形势

预算资金的配置必须以市场分布特点和竞争态势为基础。酒店如果以稳定客源和提高收益为目标，则必须将营销预算资金重点分布到主要的客源市场。对于容量和潜力巨大且竞争激烈的市场，酒店应投入较多的预算资金开展重点促销活动，以获得竞争优势。

3. 酒店产品的生命周期

营销预算应根据酒店产品不同的生命周期来确定。

12.3　酒店营销控制

12.3.1　酒店营销控制的基本特征

1. 酒店营销控制的概念

所谓营销控制，就是酒店营销管理部门为实现预期的营销目标，以营销计划和营销预算为依据，而对其市场营销活动实施的监控。它是酒店营销管理的主要职能之一，与营销管理的分析、计划、执行等职能密切结合，形成酒店内部完整的营销管理机制。

营销控制是建立在营销计划基础上的，对营销活动的全过程实施严密监控：一方面，营销控制必须以营销计划为前提。市场营销部门在进行营销绩效考核时，对实际的营销计划执行的结果与之前营销计划所制定的目标进行对比，找出二者的偏差；另一方面，营销控制又为以后营销计划的修正提供依据。从对当期营销绩效的考评中，分析导致出现偏差的原因，及时调整下期的营销计划及营销策略。

2. 酒店营销控制的内容

在奉行市场营销观念的现代企业中，营销部门是酒店管理中的重要部门之一。它一方面要通过酒店的营销工作使酒店能够与外部市场需求相一致，顺利地开展营销工作；另一方面，它也以营销工作为中心，使得企业内部各部门以市场营销工作为中心，积极配合以实现企业的市场营销目标。

营销控制的内容一般包括以下五个方面。

1）营销部门对涉及营销工作的内部营销系统的控制

为了顺利地开展企业的市场营销工作，营销部门一般直接由企业的最高决策层直接负责，企业最高领导通过对营销部门的控制，以营销工作为中心，把这种监督与控制深入到企业的各个不同的职能部门，从而使各部门最大限度地发挥合力，更好地协调一致地完成企业的市场营销工作。企业内部能否实现顺畅的信息沟通、是否把企业的市场营销工作作为其工作的出发点，是营销部门控制的重要工作。

2）营销部门对外部供应商的控制

外部供应商是影响企业市场营销工作的重要利益相关者。外部供应商的自身利益并不一定总是同酒店的利益保持一致。其是否能够积极主动地配合酒店的市场营销工作，使得酒店营销工作顺利开展，也受到酒店营销部门管理监控工作是否到位的影响。定期对供应商进行相应评价，实行优胜劣汰，对表现好的供应商进行相应奖励，对表现差的供应商进行相应处罚，形成一套行之有效的供应商评价与奖惩措施是营销控制工作的重要组成部分。

3）营销部门对营销工作人员的控制

营销部门内部管理是否到位，与有没有良好的薪酬与激励措施和良好的监督紧密相关。对其工作开展过程进行相应控制，工作的效率、结果也要进行相应控制，包括对费用等的控制。

4）营销部门对营销计划执行效果的控制

营销计划并不能总是得到充分的贯彻与落实，并且事实上营销计划的具体实施总会与计划所设定的目标有或多或少的出入。这种偏差有些是由内部因素导致的，有些是由外部客观因素导致的。酒店营销管理者就要及时对营销计划进行相应的调整，以保证其顺利实施。

5）营销部门对营销方案的控制

营销方案是否合理，能否得到有效的实施，如酒店执行的产品定价策略、新产品推广方案等，也需要得到有效的监控。可以采取多种不同的比较分析方法来进行相应的营销控制。

3. 酒店营销控制的过程

营销控制工作是一个连续规范的过程，是一个科学规范的过程。这个过程一般包括以下 5 个步骤。

1）确定营销控制所涉及的内容

营销控制需要评价的内容很多，涉及酒店内部营销系统的评价、营销工作人员的评价、广告与促销效果的评价等。酒店营销管理者可以根据自身的情况，从上述营销评价的几方面内容入手，选择符合自身企业特点的、最重要的内容进行相应监控。

2）确定评价的标准

评价的标准既有定性的也有定量的，为了更好、更客观地评价酒店营销的效果，应该尽量以量化的指标作为评价的标准。数字是最公正的，在限定了标准的情况下，数字能最客观公正地反映酒店的营销工作的绩效情况。

3）确定酒店营销活动的实际结果

营销控制得以顺利实施的一个根本基础，就是是否能够有效地采集到酒店市场营销活动的实际数据，然后再对实际数据进行相应的加工、整理、分析。

4）实际结果与标准相比较

把酒店的实际营销结果与酒店所确定的评价标准进行相应的比较分析，形成对比结果。例如，年初制订营销计划时，我们希望通过营销方案和努力，全年客房入住率达到 80%，而实际上最终却只达到了 75%，这样比较的结果就是-5%。

5）分析差异原因并提出改进措施

得到实际结果与标准的比较数据并不是目的，最终的目的是以一套相对科学、规范、合理的模型为基础，对酒店的市场营销活动做出客观的评价，并找出差距，针对不足之处，提出具体的解决措施，以便及时修正营销计划，提升营销效率。

整个营销控制过程如图 12. 1 所示。

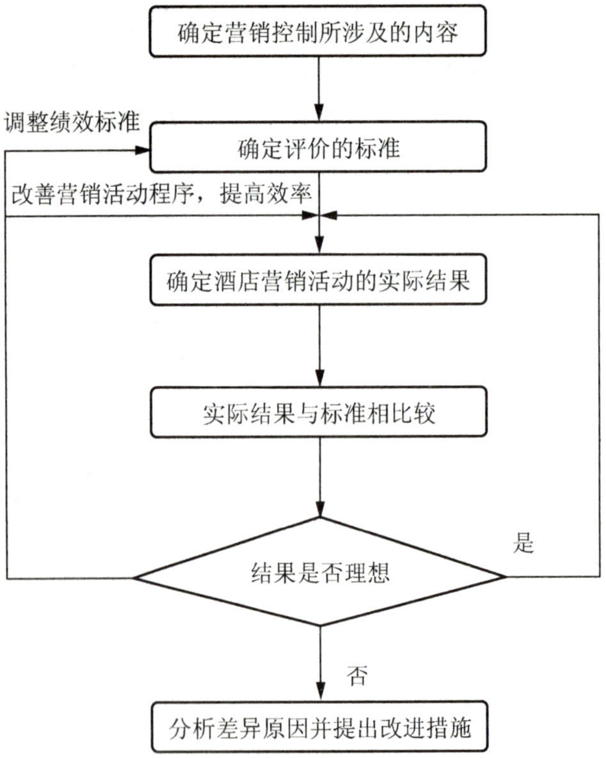

图 12. 1　营销控制过程示意

4. 酒店营销控制的类型

酒店营销控制按照不同的划分方法有多种不同的类型。结合酒店营销的具体情况，我们只讨论 3 种最重要、最常见的类型：年度营销计划控制、营利性控制与战略性控制。

12.3.2 酒店年度营销计划控制

当酒店营销人员制订年度营销计划后，一年中的大部分时间都用在计划的控制上，目的是使营销计划目标（如客房销售量、营业收入、市场占有率等）如期完成。然而，酒店的外部和内部营销环境是一个不断变化的动态环境，其中有些因素的变动常常影响营销计划的执行，因此，为了确保营销计划目标的实现，营销人员必须进行年度营销计划控制。

年度营销计划控制包括销售分析、市场占有率分析、营销费用率分析、财务分析及宾客态度跟踪分析。这一分析适用于高层主管和中层经理对年度营销计划进行控制，以及考核整个酒店或某个部门（或地区）的营销绩效。

1. 销售分析

销售分析是根据销售目标衡量和评价实际销售情况，具体又可分为销售差异分析和分类销售分析两种方法。

1）销售差异分析

销售差异分析通常用于分析各种因素对销售总额的影响，即衡量销售同目标执行中形成缺口的不同要素所起的相应作用，找出主要症结所在。例如，某酒店季度计划要求在第一季度销售 2 万间客房，平均每间 100 美元，总额应当为 200 万美元。可是到季末统计时，实际只销售了 1.5 万间，且每间只为 80 美元，总额为 120 万美元，只完成了计划的 60%。那么，到底是什么原因导致如此大的差距呢？缺口中有多少是因为价格问题，有多少是因为客房销售数量的原因？我们可通过下列简单的计算来分析。

由价格原因造成的缺口：（100−80）×1.5＝30（万美元）

由入住率下降导致的缺口：（2−1.5）×100＝50（万美元）

所以，销售额下降的原因中，价格下降占比 37.5%（130/80＝37.5%），入住率下降占比 62.5%（50/80＝62.5%），后者是主因。我们就要找到其下降的主要原因，是内部的原因造成的，还是外部环境变化导致的，从而有针对性地进行相应改进。

2）分类销售分析

分类可以按地区、客源档次、酒店分类产品、客源类型等分类，具体突出哪一分类，酒店根据实际需要而定。酒店的客源是多种多样的，若以住宿客源分，可有高档、中低档、国内、国外、团队、散客、常住、短暂逗留等多种类型。若酒店从客房数、销售地区来分析，假定某酒店主要在甲、乙、丙 3 个地区销售，预计分别销售客房 1 000 间、500 间和 1 500 间，总计是 3 000 间，结果甲完成了 950 间，乙完成了 525 间，丙完成了 1 050 间。甲完成其计划的 95%，乙完成其计划的 105%，而丙只完成其计划的70%。综上分析，丙地区大约只完成了其任务的2/3，未完成区是造成酒店销售不景气的主要原因，其中主要是丙地区造成的，进而就对其进行分析。原因可能是在丙地区推广不力，可能是丙地区经济水平下降，也可能在丙地区出现了新的有力竞争者。调整的策略需要通盘考虑，如果原因是丙地区新对手太强，而乙地区又有潜力，那么建议放弃丙地区全力开发乙地区。所以需要根据分析的结果对总的营销战略进行及时有效的修正。

2. 市场占有率分析

酒店营业额和利润上升总是好事，但居安必须思危。酒店在市场中竞争，经济效益的绝对额上升并不一定代表本酒店在市场竞争中居优势地位。评价的标准就是市场占有率。

假设甲酒店在过去的一年中营业额和利润分别上升了10%和20%，但是其主要竞争对手乙酒店则在过去的一年中上升了100%和200%，同时当地的市场规模与去年相比扩大了50%，酒店业的平均赢利水平也提高了50%。那么，显然酒店甲还是不成功的。为什么呢？又如何能够客观评价酒店甲的情况呢？就是用市场占有率指标作为主要指标去衡量。

3. 营销费用率分析

年度计划控制要求酒店在实现其销售目标时，没有过多的支出。这里关键的百分比是营销费用与销售费用之比。在某酒店，若该比为20%，则它由5种费用与销售费用之比构成。营销人员费用与销售费用之比为15%，广告费用与销售费用之比为10%，促销费用与销售费用之比为5%，营销调研费用与销售费用之比为1%，销售管理费用与销售费用之比为2%。

酒店要控制这些营销开支的比例。实施过程费用当然会有波动，不可能像数学公式那样精确，但这个波动不能太大。具体把握标准，可以通过近年企业的数据积累制作标准，也可采用行业内的平均标准作为参照的指标，设定相应的弹性范围。超出范围则不合理，需要及时调整。

4. 财务分析

营销费用—销售费用之比，应该放在酒店财务的总体框架中进行分析，以便决定酒店如何花钱，花在什么地方。在国际酒店业有代表性的大企业中，经营者越来越倾向于利用财务分析来控制费用、提高获利水平，而不是仅仅限于以扩大销售的方式来提高利润。

5. 宾客态度跟踪分析

以上4种分析方法均为定量分析。定量分析十分重要，并且可以相对直观准确地反映酒店的实际经营情况，但还不够全面。酒店还需要通过客人进行一些定性分析。有些酒店会在使用上述定量方法进行分析的同时，建立专门的部门或至少落实专门的人员去追踪客人、旅行社、供应商及营销系统的其他参与者的态度。追踪形式主要有以下3种。

(1) 意见和建议制度。分析来自客人（客户）的各种口头和书面意见，将这些意见记录在案。经营者要尽量在意见最集中的地方寻找产生这种意见的原因，并立即整改。国外许多酒店和餐厅设立顾客意见卡，鼓励客人提出意见。酒店要为客人的投诉提供最便捷、最通畅的通道。

(2) 客户固定样本调查小组。有些酒店将部分客户设为固定样本调查小组。经过这些客户首肯后，定期通过电话访问或直接邮寄等方式将对酒店的看法和意见告知酒店。这种调查得到的结果真实性较高，更有代表性。

(3) 客户调查。酒店定期向随机抽取的宾客寄送调查表，请他们对酒店的服务内容和质量、客房和餐饮质量等做出评价。一般划分为很不满意、不满意、一般、满意、很满意5个等级。然后将意见分类汇总后递交酒店高层管理人员。

6. 调整措施

酒店根据上述分析，研究调整措施，如降价，加强营销队伍建设，节约附加性开支，减少雇佣临时工，延缓更新改造，增加服务项目，提高服务质量，出让或出租部分场地设施，实行兼并，聘请专家或合作等多种措施。任何措施的落实都必须以实事求是的分析为前提。

12.3.3 酒店营销审计

酒店营销审计是指通过定期、广泛、系统和独立的检查方式，对酒店的营销环境、内部营销系统、特殊营销活动等进行审核，以便发现存在的问题，采取纠正措施，从而改善酒店整体营销活动的有效性。

营销审计的内容由检查评价公司营销形势的六个方面组成：①营销环境审计；②营销策略审计；③营销组织审计；④营销系统审计；⑤营销效率审计；⑥营销功能审计。

酒店通过以上六个方面的审计，总结经验，并提出改进的设想、方法和步骤，从而进一步满足并扩大市场需求，提高酒店营销效益。

酒店营销审计由三个诊断步骤组成。第一步是酒店营销环境回顾，即分析目前及将来的营销环境，包括对客源市场、顾客、竞争对手及宏观环境等内容的检查；第二步是酒店营销计划系统回顾，即分析酒店内部营销系统对营销环境的适应性，包括对酒店目标、策略、执行情况、组织等内容的检查；第三步是酒店具体的营销活动回顾，即分析酒店营销组合的构成，特别是要对酒店产品、价格、销售渠道、人员营销及各种促销活动进行检查。

1. 酒店营销环境回顾

1) 客源市场

(1) 什么是酒店的主要市场和公众？

(2) 每一主要市场还包括哪些重要亚市场？

(3) 每一亚市场现在和将来的规律及特征是什么？

2）顾客

（1）什么是顾客和公众对酒店的感觉和态度？

（2）顾客是怎样做出购买或选择决策的？

（3）顾客现在和将来的需求和满意程度处于何种状态？

3）竞争对手

（1）谁是本酒店的主要竞争对手？

（2）竞争的发展趋势如何？

4）宏观环境

当地的人口、经济、技术、政治和文化等的情况有哪些主要的发展？这些发展是否会影响酒店营销？如何影响？

2. 酒店营销计划系统回顾

1）目标

（1）酒店长期和短期的整体目标和营销目标分别是什么？

（2）这些目标是否被清楚确切地表达出来？是否有一个明确的评估标准？

（3）营销目标是否合理？是否充分利用酒店资源和营销机会？是否具有竞争力？

2）策略

（1）酒店实现目标的核心策略是什么？这种策略是否有较大的成功可能性？

（2）为了实现营销目标，酒店是否已分配了足够的营销资源，太多了还是太少了？

（3）这些营销资源是否已按产品、销售区及市场等进行了合理的分配？

（4）这些营销资源是否已被比较合理地分配到酒店主要的营销组合因素（如酒店产品、促销、销售渠道等）中？

3）执行情况

（1）酒店是否制订年度营销计划？

（2）酒店是否使用标准控制程序？

（3）为了掌握各种营销活动的有效性，酒店是否进行定期的分析研究？

（4）酒店是否有完善的信息系统为决策人员在进行计划和控制工作时提供各种有用的信息？

4）组织

（1）是否安排高层管理人员参与营销部门的分析、计划、执行等工作？

（2）营销部门的工作人员是否能胜任工作？酒店是否需要对他们进行培训、激励或提升？

（3）营销人员和执行人员的职责是否明确？

（4）酒店全体员工是否充分理解营销观念？他们在实际工作中是否以此作为指导思想？

3. 酒店具体的营销活动回顾

1）酒店产品

（1）酒店的主要产品是什么？一般产品是什么？

（2）酒店是否要淘汰某种产品？

（3）酒店产品现状如何？酒店产品整体组合情况又如何？

2）价格

（1）酒店价格是根据成本、市场需求，还是竞争因素来制定的？

（2）酒店若提价或降价会使市场需求发生何种变化？

（3）酒店客人是怎样理解酒店价格水平的？

（4）酒店是否要对临时价格进行宣传？假如这样做，效果会如何？

3）销售渠道

（1）酒店销售渠道是否为酒店带来更多利益？

（2）酒店销售渠道是否要增加或减少？

4）人员营销

（1）酒店销售队伍的规模是否足以完成营销目标？

（2）销售队伍是按何种形式组织的？是否合理？

（3）销售队伍是否具有很高的士气和效率？营销人员的能力如何？

（4）在制定销售指标和评估实际成绩时，是否有一套正规的程序？

5）广告、公关宣传及特殊促销

（1）酒店进行广告活动的目标是什么？是否健全？

（2）广告活动所使用的费用是否适当？广告预算如何拟定？

（3）广告的主题与文稿是否有效？顾客对酒店广告的看法如何？

（4）广告媒介是否选择恰当？

（5）酒店特殊促销是否有效？

（6）有无良好的公关宣传计划？

本章小结

酒店业发展的最新趋势既为我国酒店业的发展带来了千载难逢的机遇，又为新时期酒店业的发展带来了新的挑战。酒店必须不断监督、调节和控制各项营销活动，做好酒店管理工作。

关键术语

酒店营销管理、酒店营销部、总体预算、连续预算、资本预算、目标利润计划法、同业标准法、零基预算法、营销控制、酒店营销审计。

思 考 题

（1）酒店营销管理与酒店其他管理有什么区别？
（2）酒店营销预算构成与预算编制方法有哪些？
（3）酒店编制营销预算应考虑的问题有哪些？
（4）酒店年度营销计划控制包括哪些方面？
（5）酒店营销审计的步骤有哪些？

课 堂 互 动

小组讨论

（1）为什么说在新的市场环境下，中国的酒店业机遇与挑战并存？
（2）年度营销计划控制为什么在酒店经营管理中十分重要？
（3）如何正确理解和运用酒店营销审计的步骤和审计的内容？

营 销 实 战

实训任务一

通过实地调研或网络搜集，通过两家或三家酒店企业的案例，论述中国酒店行业面临的新机遇与新挑战。

实训任务二

访问一家酒店的销售主管，一名销售经理，按照营销审计的步骤和内容对他们进行详细的访谈，并让他们讲解营销管理的过程和内容。

案 例 分 析

假日酒店——世界酒店业的神话

假日酒店网的创始人凯蒙斯·威尔逊在1951年携全家到华盛顿旅游。这次旅游使他吃尽了苦头：吃得次、住得差、价格高。由此，他产生了自己建造旅馆的想法。

他分析了当时的形势：动荡不安的年代随着战争的结束而成为过去，经济即将恢复和发展起来。随着世界和平的实现和人民生活水平的提高，旅游者必然多起来，旅游者对吃住条件和要求也会提高，不会像战争时期那样，外出的人有个地方就行了。于是他决定创办适合于家庭旅游者消费的舒适而价格合适的旅馆。1952年8月，他从当地银行贷款30万美元，在通向美国田纳西州孟菲斯市的主要通道——夏日大道旁建成了拥有120个单元房的汽车旅馆，定名为“假日酒店”。随后20个月内，他又建成了3个同样的汽车旅馆。由于凯蒙斯的假日酒店适应了市场的需要，因而获得了成功。有一次，一位住在假日酒店的客人说他希望在整个旅行过程中都住这样的旅馆。说者无心，听者有意，这位顾客的一句话启发了凯蒙斯，激起了他建立连锁汽车旅馆的兴趣。这种连锁旅馆标准相同，价格一样，可以预订，对同一消费水平的客人既合适又方便。于是，他又同华莱士、约翰逊一起创建了“美利坚假日公司”，靠出卖特许经营权和向公众出售股票，获得了巨大利润。

1956年，美国政府大规模修造州际高速公路。凯蒙斯认为这又是一个机遇，又筹集了70万美元建造了3家旅馆。20世纪60年代以后，凯蒙斯又与石油公司联合，假日酒店网的酒店发展到上千个，几乎每两三天就有家新的假日酒店开业，假日酒店在美国50个州已遍地开花。国内市场进入饱和，于是又向国外扩展。到目前，假日酒店网在美国及世界各地拥有和经营的酒店2 700多家，其地点也由公路干线附近进入到城市，有的还深入到海滨或休养地，建筑也由一层或二层的矮房发展到高层。国际假日酒店网成为在全球90个国家和地区拥有旅馆的世界最大的酒店连锁企业。

假日酒店连锁集团的产品构成，从低到高依标准可分为6个层次，分别是假日快线，主要设在美洲，提供较简单的客房和有限餐饮及健身设施，其产品在中档偏低的层面上有极大的竞争力；假日花园，主要设在欧洲、中东和非洲，提供标准的假日客房，较少的餐饮服务、小型会议服务、娱乐和健身设施；假日酒店，是假日酒店网的中档市场核心产品，提供全面的各种设施和服务；假日阳光狂欢度假村，主要设在美洲，是假日酒店网度假村市场为休闲客人提供的，设有全面的休闲和娱乐设施；皇冠假日酒店，提供更高水准、更合适的设施和服务，是假日酒店中高档次的酒店；皇冠假日度假村，档次与皇冠假日相同，但主要目标是休闲的客人和团队。

在中国，随着1984年北京丽都假日酒店首先投入运营，第一家国际酒店集团在中国的运营从此拉开了序幕，也为后来者树立了榜样。假日酒店网还大胆地将其触角伸到了拉萨。1986年拉萨假日酒店开业，这标志着全球海拔最高的酒店从此投入运营。随后，又相继建成了桂林假日酒店、大连九州假日酒店、西安钟楼饭店、重庆扬子江假日酒店、北京金都假日酒店、北京国际艺苑皇冠假日酒店等11家酒店，覆盖了中国11个省市。

思考题：

假日酒店集团的发展给中国酒店带来了哪些启示？

13

制订下一年度营销计划

本章概要

（1）营销计划目的及与酒店其他计划的联系。

（2）制订营销计划。

（3）为未来做准备。

本章目标

学完本章以后，你应该能够：理解营销计划的重要性，并能解释制订营销计划的目的；按照本章所描述的程序编制一份营销计划。

案例导入

在网上看到这样一则新闻：浙江某投资（控股）公司旅业部组织酒店销售经理进行“如何编制好年度营销计划”的专题培训，旅业酒店销售经理等20余人参加了培训。杭州某酒店销售经理结合旅业旗舰酒店营销工作的操作实际，就如何根据市场形势编制年度营销预算和年度营销计划，进行了专题培训。从预算编制、预算控制、定价方法、预算表制作等方面系统讲解了规范预算编制的方法，从市场形势分析预判、目标市场细分、经营目标、价格政策、营销攻略等方面阐述了年度营销计划编制的重点和要点。为帮助各酒店做好销售基础工作，提升销售业务水平，做了经验传送。此次培训具有较强的针对性，收到了较好的实效。同时按照行业多元化，对酒店业要以优势企业为核心推进整合，实现规模效益的要求，该旅业将发挥好旗舰酒店和单项工作的样板标杆酒店在营销等方面的示范带动作用，不断完善提升营销等整体业务的工作水平。

案例点评：编制营销计划是酒店营销经理的一项能力。许多经理确信计划制订过程是极为宝贵的，因为它迫使计划制订者提出问题、思考问题和形成策略。计划的制订应该有来自营销部关键人物的参与和帮助。制订计划所需要进行的讨论与思考的过程对酒店营销工作很有促进作用，并有助于团队建设。它对那些有志于成为经理的年轻员工来说，还是很好的培训手段。

杰克·韦尔奇说过：“如果你没有竞争优势，就不要去竞争”。理解营销概念和战略并不能保证在市场上的成功。成功的营销还要求制订计划并谨慎地予以实施。人们很容易陷于营销部门的日常工作而无暇去制订计划。一旦如此，营销部门的工作就很可能失去了目的和方向，变得消极被动而不是积极主动。

13.1 营销计划的目的及与酒店其他计划的联系

有效的营销计划必须每年都更新，超过一年以上的营销计划一般效果不佳。但同时，营销年度计划必须与长期战略性营销计划相符合，后者指出了3~5年公司期望达到的目标。

13.1.1 营销计划的目的

任何酒店企业的营销计划都要服务于以下五个目的。

①向本企业所有的营销活动提供下一年的工作安排。②确保营销活动与公司的战略计划一致。③使营销经理审视和全面客观地考虑营销过程的每一个步骤。④有助于预算编制过程，使营销目标与资源使用相匹配。⑤创造一个可以监控实际结果而不是预期结果的程序。

营销计划的制订过程是严密周到的，不能在几个小时之内便完成。最好能留出一天或更多时间来做下一年计划的制订工作。许多营销经理发现，写计划书时最好带上其他同事和所有必要的材料离开办公室，因为办公室不断出现的打扰不利于制订计划工作。

营销计划应当包括以下十二个部分。

①经营管理概述；②公司联系；③定位陈述；④环境分析与预测；⑤市场细分与选择目标市场；⑥下一年的目标；⑦实施计划、战略与战术；⑧支持战略和达到目标所需要的资源；⑨营销控制；⑩展示和推销计划；⑪为未来做准备；⑫考察营销计划中每一部分所扮演的角色。

酒店管理高层可能仅仅阅读营销计划的经营管理概述部分和一小部分的图表，因此认真地写出这一部分极其重要。

下面是关于经营管理概述的写作提示。

（1）写给管理高层看。

（2）篇幅限制在2~4页。

（3）利用短句和简表，避免使用令人费解的词语。

（4）用以下方法组织经营管理概述部分的写作：量化下一年的计划指标；简要描述达到计划指标的营销策略，包括目标市场描述，描述地区性、季节性预期目标，标明所需的费用和关键资源。

（5）绝不要仅写一遍就放进计划书里。要反复阅读、仔细修改，直至通顺、易于理解，并保证有效地传递了营销计划的中心思想。

13.1.2 营销计划与酒店其他计划的联系

营销计划不能独来独往，它必须支持酒店其他计划，如企业战略计划。只要有可能，销售经理就应当参与制订战略计划或提供建议。如果没有这样做，那么在制订下一年计划之前，紧要的是先理解战略计划的内容。

营销计划在多方面支持酒店战略计划，下一年营销策略与战术必须支持如下战略决定：

公司利润、成长等方面的目标；期望的市场份额；公司定位或各类产品定位；垂直或水平一体化；战略联盟；产品线宽度与深度；顾客关系管理。

独立于营销部制订计划的营销相关领域包括销售、广告和促销、公关与宣传、营销调研、定价和顾客服务。

如果这些计划的制订独立于营销计划，并没有考虑到如何将它们联系起来，那么，通常就会导致这些部门之间的混乱、效率不高及纠纷不断。

如果酒店的组织构造中没有将主要营销活动放在营销部，那么营销计划编制与其实施的任务就变得更复杂了。在这些情况下，营销部经理有必要将其他相关部门经理邀请到营销计划的制订过程中来，这种相互往来的行为应当得到经常利用。

营销部门的活动与公司内其他许多部门的活动相互联系紧密。经营、财政、营销等部门相互影响，如果顾客对产品等经营部门的服务不满意，那么营销部就会受到不利影响。相似地，如果某个月或某种产品的财政预测不现实，那么营销部就会被要求加强工作，以达到预期的财政目标。

期待营销部门和酒店其他部门的完美协调是不现实的。但是，它们之间的关系却可以取得很大的进展，这首先就从交换数据、建议及其他部门在制订计划时所给予的协助开始。

营销计划的唯一目标是支持本企业，这是一个好的营销计划的出发点。开始制订下一年计划时就认识到并重新阐述酒店的这些基本要点，是具有很高的政治观和领悟能力的表现。让高层管理者知道酒店使命、酒店哲学和酒店目标这些要点有助于指导下一年计划的制订。

酒店业对社会、政治、经济环境的变化高度敏感。一个食品及卫生制造商也许不会立即感到这些变化，但酒店业会立即做出反应。

13.2 制订营销计划

营销计划并非政治或经济方面的专题论文，酒店业的营销人员也不必成为这些领域的专家。但他们应该注意有可能影响本行业和本企业的环境因素，考虑它们对营销可能产生的冲击，并对新事件和发展趋势做出快速而明智的反应。

13.2.1 环境分析

1. 定位陈述

营销计划中应该包括定位陈述部分，用来说明企业如何在市场中进行差异化定位。定位陈述为营销计划中的其他部分提供了必不可少的指导。

小型的度假区酒店通常定位为面向个人、夫妇及小规模团体提供节假/休假服务的供应商。较大的度假区酒店也定位于这一市场，但同时还针对公司研讨会、日常会议及年会。

营销部门的所有成员及他们的服务供应商，如广告商、公关公司、营销调研公司等，必须清楚该企业想要的定位是什么。否则他们努力工作的结果可能并不适用于该企业，或者制定出一系列令人困惑的战略、战术。

2. 主要环境因素

酒店企业需要预料到以下 3 种环境因素对其业务的影响。

（1）社会因素。思考如犯罪和人口变化这些重要的社会因素可能带来的影响。这些因素强烈程度不一，可能在不同地区发生。那些对拉斯维加斯或澳大利亚的悉尼有影响的社会因素，可能对中国上海的影响很小。

有时社会条件的快速变化会使那些警觉的营销人员受益。对许多酒店联号来说，印度酒店市场长时间被认为是无关紧要的，但自 20 世纪 90 年代以来，印度的社会经济结构突然非常适合中档酒店的发展。

（2）政治因素。那些能营销税收、退休金收益和赌场酒店的立法行为仅仅是一些可能直接影响旅游营销的政治决定的例子。

（3）经济因素。应当注意就业、收入、储蓄及利率等经济变量的变化。接待业特别是公寓、游船等对经济周期的波动高度敏感。

3. 竞争分析

进行竞争分析是酒店企业的普遍行为。在一些情况下，这一分析通常是从竞争对手的可观察到的实际酒店各类房间的数值开始的。例如，某酒店通过观察得到一组与竞争酒店各类房间数量的对比数据，具体见表 13－1。

表 13－1 某酒店与竞争酒店各类房间数值对比

项目	某酒店	竞争对手酒店
客房/间	500	600
多功能厅/个	1	2
行政楼层	有	没有

仅仅分析酒店各类房间的数值上的差别通常会漏掉主要的竞争优势与劣势。大多数顾客是否知道或在意竞争酒店的房间总数值得怀疑，但他们的确在意服务水平、整洁程度、员工素质和营销部门的反应灵敏程度等方面的差别。竞争分析应当在存货清单进行比较的基础上扩展开来。真正的竞争优势是那些为顾客所感知并影响其购买决策的因素。一个有创造性并警觉的销售经理将会认识到那些对顾客真正重要的和可控制的竞争变量。这样的经理将会制定战略、战术来改善薄弱之处，同时加强本来已经强有力的竞争力。

进行竞争分析最好的方式是邀请营销部门的成员加入，如营销人员。尽管这些人对汇率等环境因素的认识不深，但对竞争状况和顾客行为却了如指掌。

4. 市场动态分析

市场动态是环境与竞争变化的一种反映。酒店业的市场动态信息常常来自外部的免费组织。一般的来源包括商会、旅游局、大学、政府机构、银行和贸易协会等，这些商业组织印制出版物为公众提供各种信息。

对制订酒店营销计划有用的市场动态信息包括以下 3 种。

（1）游客动态。它包括客源地、中转站、人口统计特征、消费习惯、顾客停留时间等。

（2）竞争动态。它包括酒店数量、位置、提供产品的类型（如全公寓酒店）、出租率、平均房价等。

（3）相关产业动态。旅游业各成员在航线预订、会议中心预订、新机场建设、新公路建设等方面相互依赖，因此研究支持本行业、相关行业的动态是重要的。

5. 市场潜力分析

那些编制酒店营销计划的人们似乎经常忽略了对市场进行潜力分析。销售经理有时感觉市场潜力这一概念并不适用于他们。“我们视所有的旅行者为潜在顾客”是一句耳熟能详的话，但其他人则回答说，这对于酒店业仅仅是个理论上的概念，它基本上只与组合式消费品有关。

这个观点是错误的。尽管确实很难对潜在市场进行量化测定，但对潜在市场可以而且应该进行评估。酒店不屑一顾和错误地理解市场潜力的评估活动，因而导致过度的建设、生产能力过剩、削价、恐慌性大做广告和促销以试图招徕顾客，这些都可能使酒店声名狼藉。

市场潜力应该被看作在给定价格条件下，一个特定地区市场内对某接待产品可获得的总的需求量。需要注意的是，不要把不同的接待产品混合进对某个市场潜力的评估中。

人们经常用间夜数表示某地区酒店客房市场。就营销计划制订的目标而言，这些数据是令人感兴趣的，但它们并不就是产品的市场潜力。大多数市场都混合了各种酒店所提供的服务，从奢华的到廉价的，还有特别提供的住宿形式，如全套房式、分时度假式。

除非当某一活动使全城的酒店爆满的时候，否则每一家酒店都将面对其自己独特的市场潜力。市场潜力评估通常从考察各种各样的酒店市场开始，然后考察本酒店及具有直接竞争力的酒店所面对的市场。为了精确起见，市场潜力评估应被表示成为在不同价格约束下的需求估计。然而，对大多数营销计划而言，这通常是不必要的，因为负责某一酒店的一般的销售经理会发现以间夜数或价格表示的市场潜力估计，是不可能较准确地量化的。这些人缺乏营销调研方面的知识，大多数没有受到过数量分析的训练。因此，市场潜力评估经常被表示为“猜算”，如“市场每年好像会增加或减少5%”。

【特别提示】

尽管对许多酒店业的营销经理来说，做准确的估计也许是不可实现的，但他们应该认识到详细讨论和考察市场潜力的程序的重要性，绝不要假想市场潜力是固定的，或者认为它对营销成功不重要。

通过致力于“猜算”或估算市场潜力的过程，那些制订营销计划的人将关注潜在的重要市场的环境并随后正确调整营销战略。记住，营销计划的编制程序不是一门精确的工程或化学学科。编制计划的过程就像计划本身一样，对成功的营销非常重要。

6. 营销调研

对营销情报的需要正与日俱增。在当前日历或会计年度进行的营销调研所获得的大部分信息，将是编制下一年营销计划的基础。不同类型和规模的接待业企业对营销调研的要求差别很大。像里兹—卡尔顿酒店和希尔顿酒店这样的酒店就设有公司级营销调研部。单个酒店或汽车租赁点也许有对额外营销信息的需要，在这种情况下，每个酒店或营业点全面负责获取这些资料。

营销调研的需要通常可分为宏观市场信息和微观市场信息。宏观市场信息包括（但不限于）如下四个方面。

①产业动态；②社会、经济、政治形势；③竞争信息；④产业范围内的顾客资料。

微观市场信息则包括（不是严格地）如下 7 个方面。①顾客信息；②产品服务信息；③新产品分析与试验；④中间商资料；⑤定价研究；⑥关键报告信息；⑦广告/促销的实效。

营销调研有一个大有可为的领域，即收益营销。广告经营者洞察到酒店广告和促销活动与顾客反应之间存在着某种关系，这种关系可以通过使用功能强大的计算机将销售、营销、预订系统跟酒店管理系统连接而建立起来。此举可使酒店对过去的营销投资的效果和效率做出精确快速的衡量，还允许它们对未来投资的价值做更好的估计。

广告调研通常是广告代理商的职责，但某些时候它也是酒店或总公司广告部和营销部的职责。这类调研应得到适当的预算支持。

营销、广告和营销部经理需要连续不断地获得可靠的信息流，这只有经过计划才能实现。对下一年非常重要的营销调研报告必须成为营销计划的组成部分。

13.2.2 市场细分与目标市场的选择

1. 分析细分市场

任何营销计划的核心部分都是对可进入的细分市场进行分析，并选择正确的目标市场。并非所有的细分市场对酒店都是合适的。对细分市场的选择应基于两点：①理解酒店现状及酒店目标；②研究现有的细分市场，并确认以酒店的能力和期望是否适合占领并保持这些市场。

【特别提示】

在酒店业中，一个常见的错误就是选择了不正确的细分市场。销售经理为了保持客房出租率而允许或鼓励争取那些带来低收益的市场份额，这是错误的。另一个极端是，有些酒店感觉自己在为“低档”顾客服务，因此试图吸引那些与此截然相反的细分市场。如果没有名副其实的产品或服务的改进就贸然行事，成功的机率微乎其微。

在制订营销计划时，计划制订者必须在内部和外部寻找关于细分市场信息的资料来源，具体见表 13－2。

表 13－2 细分市场信息的资料来源

内部资料分析	外部资料分析
客户登记； 信用卡款项收入； 顾客调查； 顾客数据库	公开出版的行业信息； 营销调研； 与竞争者、供应商及本行业其他人交流后的“猜算”

2. 目标市场的选择

营销计划中没有任何其他部分比目标市场的选择更重要了。如果选择了不适当的市场，将是对营销资源的一种浪费。在广告与营销促进上的高支出将无法从错误指导的营销努力中得到弥补。

目标市场应从现有的细分市场中选择，包括酒店当前服务的细分市场和新发现的细分市场。目标市场的选择是营销管理的基本职责。这需要对那些在制订营销计划时已经讨论过的现有细分市场进行认真考虑。在酒店业中，大多数的销售经理仅仅选择上一年的目标市场。尽管说大部分目标市场将不会变化，但年复一年，新的目标市场将会出现，现在目标市场的相对重要性也会变化。

女性旅游市场不再是那种可有可无的边缘市场了。这一市场较为稳定而且在旅游市场中所占的比例不断增大。观察酒店的广告就可以看出，酒店的营销人员已经意识到这一市场的重要性。

营销策划者应将这些偏好放在同等重要的位置上，将它们转发给酒店内其他部门，并利用这些信息对目标市场进行选择。

13.2.3 下一年目标的确定

目标的确定为营销计划的其他部分指明了方向。营销策略与营销战术的目的是达到这些目标。营销预算必须充足，以确保实现目标所需的资源，以及使预期的销售结果会在计划规定的时间内实现。

有时，对于目标由哪些部分组成这一问题，还存在认识上的不统一。有人把类似于“成为我们行业中最好的”或“为顾客提供最棒的服务”等描述作为目标，这常常是个错误，因为这些类型的描述只是标语或口号，它们不是目标。目标具体是指以下内容。

(1) 定量化的（以货币的方式表示，如美元、人民币等）或计量单位（如间夜数、人/公里、出租的汽车数量或出租率）。

(2) 特定的时间（如 1 年、6 个月等）。

(3) 具体利润指标（如 22%的平均利润率）。

建立目标的过程并不轻松，仅仅在上一年的目标之上加几个百分点，算不上是制定目标。目标应当在仔细考虑了各个方面后加以确定，如在本章已经讨论过的酒店目标、酒店资源、环境因素、竞争状况、市场动态、市场潜力和现有细分市场及可能的目标市场这些方面。

为了在今天的市场上确保有利可图和保持竞争力，建立数个目标已经变得非常必要。例如，一个拥有 1 000 间客房的酒店毫无疑问要有两大目标：平均出租率和平均房价。然而，这两个目标本身并不足以指导制定营销策略，必须设立一组体系。

其他子目标可以由营销部建立。需要强调的是这些子目标都应当支持酒店目标及下一年的基本目标，它们绝不是与营销部基本功能无关的孤立的目标。

酒店业的通用目标一般包括平均使用率、平均客房价格、年度销售额等。

在营销部门里配额非常重要，没有配额制度，想完成任务的可能性很小。为了富有成效，配额必须做到以下 5 个方面。

（1）以下一年目标为基础。

（2）个别处理。

（3）现实性与可获得性。

（4）分解成小单元，如每个人每周的配额。

（5）可理解性和可衡量性，如一个月内某产品的销售额为10 000元；一个不可理解和难以衡量的配额例子是“年初使市场份额上升10%”。

13.2.4 营销计划的沟通

如果不被理解、信任和采用，即使计划编制得再好也毫无用处。“一个营销计划不应当仅作为一个行动的号令或判断、确定效率和效果所依赖的基准。这个计划也应担当这样的角色：作为将营销策略信息传达给那些职责是实施或批准公司营销策略的人们的手段”。营销计划应当和如下群体沟通。

1. 酒店管理高层

必须使酒店管理高层相信营销计划将会完成其所宣称的目标。高层管理者根据其资金情况做出采纳或否决的决定。

营销部经理应当竭力争取更多的财务支持。如果高层管理者对营销计划“买账”并提供公开的支持，营销部的人员就会士气大振，其他部门也会乐意提供帮助。相反，如果营销部仅得到高层管理者微弱的支持，其他部门看到这种情况，他们最多只会提供微弱的支持。

2. 董事会及股东

董事会或股东偶尔会要求将下一年的营销计划报送上来。这一群体一般不会看计划的细节，而只想了解以下六点。

（1）该计划支持酒店的目标吗？

（2）以货币或单位表示的目标是什么？

（3）达到这些目标的主要策略是什么？

（4）成本包括哪些方面？

（5）我们可以期待什么时候看到结果？

（6）营销计划支持收入管理的目标吗？

3. 下属员工

营销部的成员必须理解和支持营销计划，将下一年计划的现实性和重要的行动安排形成群体的思想，这是很重要的。然而，非常多的酒店人士认为，制订营销计划是浪费时间，因为很少有人留意过它。

4. 相关机构

要重视将营销计划的某些方面转达给某些特殊的机构。当发展战略联盟时，这更是应该做到的。广告代理商、营销调研公司、计算机软件供应商、公关公司、咨询顾问及有关机构都需要知道和理解营销计划。

5. 其他部门

客房部、前台、顾客服务、维护等其他部门，将受到下一年营销计划的影响，它们有权知道计划的关键部分。

在每月的经理会议上，营销部经理通常会被要求简略地概述营销计划并回答提问。如果有机会，在得到总经理或董事长的许可后，营销部经理应该与其他部门经理着手对下一年的营销计划进行讨论。

13.2.5 实施计划：战略与战术

1. 战略、战术概述

制定营销战略的目的就是为营销目标提供实现的工具。反过来，营销战术是支持营销战略的工具。很多时候，人们所使用的战略和战术与目标的关系不大，这永远是个错误。

营销战略与战术的实施要借助广告与促销、人员营销与分销、定价与产品。每一个战略或战术都必须因地制宜地制定满足某个公司的特别需要。在广告、新产品开发和其他战略领域，跟着别人亦步亦趋、不敢越雷池一步的行事原则是不明智的。许多管理人员认为，如果他们扩张到本行业其他竞争对手的市场中，他们就沿着可靠的方向前进。然而，这种观点是错误的。

战略与战术必须始终因地制宜地制定以适应酒店的需要和文化，并使得酒店达到和超越目标。有一份关于餐馆业制定营销战略与战术的研究发现，许多餐馆采用跟随领导企业这一软弱无力的战略，而不是制定个性化的、独特的战略与战术。研究者的结论说："看上去似乎没有战略的企业，不能期望享受到长期成功的业绩。它们也许会在数年内享受到丰厚的回报，但在某个时候，缺乏战略将会导致业务下滑。当它们开始承受到这种缺乏战略方向而导致的后果时，再去制定一个有效的战略已经太晚了。特别是在当它们经营了很多业务单位的时候，情况更是如此。"

2. 人员营销战略

人员营销队伍必须制定和使用支持目标实现的人员营销战略。各种人员营销战略举例如下。

①防止丧失关键客户；②增加与关键客户的交易；③发展某些边际客户；④排除某些边际客户；⑤保留选定的边际客户，但提供更低成本的营销支持；⑥从选定的潜在客户中获得新业务。

人员营销战略的制定应该从六个总体战略开始，并指出营销部将如何去实施每一个总体战略。每一个总体战略都由具体人员营销战术支持。

1）酒店外部

（1）对所有目标客户与潜在客户进行营销突击行动。

（2）对选定的购买决策者和决策影响者进行直接邮寄、电话访问和面谈访问。

（3）在选定的旅游展览会上设立展台。

（4）推销访问，与旅游中间商、旅行社、国际销售代表等打交道。

（5）跟关键客户、潜在客户、购买决策影响者等共进午餐。

（6）特殊旅行任务及其他战术。

2）酒店内部

（1）全体营销人员的培训。

（2）非营销人员的参与和支持。

（3）激励和控制计划。

（4）管理层的参与和支持。

3. 分销战略

选择适当的分销渠道是成功地开展营销战略的根本。酒店必须时刻关注不变化的分销渠道及势在必行的变化。

互联网预订系统的出现及旅行社数目的减少是分销系统的两大重要变化。酒店期望通过主要的分销渠道创造销售佳绩，并按照星期、月份和季度预测销售额。营销计划要确定出每个主要分销渠道的预期销售量，这一点是至关重要的。

分销系统中各分销渠道创造的销售量不尽相同，它们各自创造的利润率也不同。以下是酒店普遍使用的分销渠道。

1）直接渠道

上门顾客、直拨电话、酒店网站、直接邮寄和重复预订。

2）间接渠道

航空公司——团队、零散客人及航空服务人员；汽车租赁公司——零散客人；游船公司和铁路运输公司——团队及零散客人；独立网络公司；分时度假公司；会议策划人员；为员工提供奖励旅游的公司；公共汽车——团队旅游；酒店联号；秘书——行政助理；旅游团队的组织者——专业人士和团体；旅行社；机场—火车站—汽车站旅游服务台；旅游批发商；旅游机构的旅游中心。

除了以上分销渠道外，还存在其他的分销渠道。如果重要的话，酒店也应该将它们添加到营销计划中。

4. 广告与促销战略

广告与促销战略应当由酒店内负责这些战略的人制定，如广告部经理或营销部经理。让专业广告代理商、促销公司或咨询顾问等支持性群体直接参与到广告与促销战略的制定和实施中，使酒店相关负责人能与他们共同开展工作，这是很重要的。

负责广告与促销战略的人员负有以下职责。

（1）选择各种媒体，包括大众媒体、直接邮寄、行业展览会广告牌、专业广告及更多的其他媒体。

（2）选择或批准广告信息，包括图形、色彩、规格、拷贝及其他形式方面的决策。

（3）制定一个媒体目录表，指出每种媒体（包括那些不需要付费的媒体）何时被采用。

（4）设计一份活动事项目录表，如公关活动事项及为游记作家提供的熟识旅行。

（5）详细地把这些信息传达给管理层。

（6）监督广告/促销方案的制订与实施，特别关注计划表和预算约束。

（7）承担结果的责任。高层管理者日益要求负责广告和促销的人员富有成效，并对结果负责。

【特别提示】

许多接待业经理仍然将营销与广告等同起来。他们没有认识到广告仅仅是营销的一部分。餐馆战略研究者引述了早期的论述："许多企业（餐馆）试图通过增加广告出支来保持市场份额，但仅仅做广告并不能确保成功。"

在营销计划的制订过程中，广告/促销组合需要充分考虑的另一个方面是广告/促销合作。这要求团队及预算支持。以度假地为例，合作的机会存在于以下群体之间。

（1）度假地与度假地所在社区。

（2）度假地与旅游促进组织。

（3）度假地与供应商。

（4）度假地与运输公司。

（5）度假地与友好酒店或友好度假地。

5. 定价策略

定价仍然是营销的一项职能。如果营销部经理在这一方面得不到控制权，他们必须与内部定价部门联系。如果定价策略得不到营销计划的理解与充分考虑，那么营销部与定价部将会在定价上冲突不断。

销售部有责任去跟旅游批发商和关键客户等中间商打交道，这两部分顾客都会要求价格折扣。对客房、机票、出租车和客船卧铺的大订单的成交不可避免地与收入或产量管理部门产生矛盾。如果没有对主要细分市场的销售量进行预测与推断就制订促销与销售计划，那么它不可能富有成效。如果预测和收入计划都没有收入或产出管理部门的参与，那么冲突将会产生。

定价目标与策略影响营销的每一个方面。促销和广告必须支持定价决策。此外，适当的目标市场选择及重点市场的确定也视定价而定。

定价策略对餐馆连锁店来说非常重要，需要得到经常的关注。例如，家庭餐馆、牛排馆和正餐餐馆的食品服务质量都是顾客评价的重要因素。家庭餐的价格吸引力能提高顾客对家庭餐馆连锁店的评价，但对于牛排馆和正餐餐馆，却未必如此。

6. 产品策略

营销要扮演一个重要的角色，那就是对现有产品的改进和开发新产品。在有些酒店企业中，营销部被要求全程参与这一过程；在另外一些酒店中，营销仅仅以咨询顾问的形式出现；然而，还有一些酒店竟然完全把营销排斥在这一过程之外。

当计划中的基础产品像度假地产业的产品那样发生戏剧性改变时，营销人员可以运用大规模的投入和战略管理。通过增加当前产品种类，营销也可以有助于从产品变化中大大提高收入。在大多数酒店中存在数百或数千个新产品机会。拉斯维加斯的爱来克斯公园度假地创办了“巡回鸡尾酒会”服务，其中主要是赌桌边的顾客不用劳步就可以在一架由一个雇员开着的车子上得到饮料服务。在纳什维尔的奥普瑞兰酒店，它们用相似的方式推销酒店的纪念品：“只要你想卖出的东西比你的顾客选购的东西多，就不可能实现潜在的利润。对愿意提供吸引游客的设施、服务和活动事项及愿意培训那些直接与顾客打交道的雇员以增加销售量的有创造力的经营者来说，增加收入的机会就在他身边。”

改变产品种类的过程要求许多个人及部门的参与和建议。营销可能发现某个需求，如“邻居面包房”这些用于快餐连锁店的概念，但这一新产品概念直接影响生产、财政及人力资源。当麦当劳、汉堡大王和万代等试验生产新鲜饼干或羊角面包时，它们发现，为生产这些产品，从和面到冷藏揉好的生面，都需要额外的工作间、设备和雇员培训。

然而，大多数酒店的营销计划只是从客房、宴会及餐饮类型的角度对产品加以区分，可能还会加上包罗万象的“其他”项，但却没有列出或是区分出产品的类别。造成这种现象的一个原因是许多酒店业主和管理公司签订的管理合同中强调了客房和餐饮，而不是产品。所以，管理人员很少关注次要的产品类别。结果导致许多营销计划都没有考虑利用现有的产品进行高价推销和交叉推销，而新的产品就更不用说了。

7. 支持战略和达到目标所需要的资源

在制订营销计划时必须考虑到可用资源，或那些可能加以利用的资源。制订营销计划中一个常见的错误是制定的战略可能非常行得通，但没有足够的资源支持。另一个错误是认为尽管计划得非常好但高层管理者将不会给予额外支持。任何有根有据的营销计划，都需要在天上掉馅饼的神话式计划与完全顺从臆想中的高层管理者的固执的计划之间寻求一个平衡。

1）雇员

通常为确保营销战略实施获得成功所需要的最昂贵、最困难的资源就是雇员。而管理层则通常认为雇员的增加无关紧要、不切实际，而且在财务限制的情况下也是不明智的。

明显地，有些时候增加营销人员、秘书、分析员和其他人员是绝对必要的。请为这一要求的名正言顺做准备，并记住许多人特别是营销人员所带来的效率并不一定立竿见影。培训与招聘成本，以及管理者与这些人的面试及共同工作所需要的时间等，都要作为资源要求予以考虑。

在这一过程中，酒店文化的影响也不可忽略。设想一下某个像里兹—卡尔顿酒店这样的具有“我们是为女士和绅士提供服务的女士和绅士”的企业哲学的酒店，要向新员工共同贯彻这样的思想可能是费力又费时的。

2）其他支持

除月薪、周薪和补助支出之外的货币支持必须加以认真考虑并包括在计划中。酒店经常需要外部专业人士帮助进行营销调研、培训或咨询，为实现目标提供外部评估与建议。

应该建立每周、每月、每季度和每年的预算来反映计划成本。

13.2.6 营销控制

关于营销控制的讨论，假定人员营销计划是营销计划的一部分。制定人员营销计划的要素和上述营销计划的制订遵循同样的一般程序，但人员营销计划不需要考虑营销计划的所有方面，如广告和营销调研等，因为这些方面可以从支持部门那里获得。人员营销计划要特别注意营销队伍和它的目标，以及确保完成营销配额目标的战略。

1. 人员营销目标

人员营销目标必须为每个销售领域、部门、地区、营销人员和时期设立。上面讨论的销售总目标是建立个性目标的基础，营销队伍成员所有的销售目标或配额的总和应当等于或超过年度目标。

建立酒店年度人员营销目标的一种方法是从营销队伍成员的营销计划开始。每个成员都应该被要求为下一年制定一个自己当前服务的所有销售客户名单，以及潜在客户名单。根据这些客户和潜在客户估计出潜在的销售额，为预测下一年销售额提供一种途径。

然后，由营销部副经理到总经理或最高层管理人员的其他成员构成的管理层，有责任去严格审查这些预测。最高管理层很少不经同意就修改营销队伍的预测，通常他们会把数字上调。这种情况被称为自下而上、自上而下地计划制订。

销售经理有责任跟营销人员紧密工作以确保销售预测的精确性，然后他们必须向本部门提供销售额预测的合成表，并将之提交给管理层。

2. 销售预测与配额

营销组织中的所有成员最终必须承担一定的销售配额，然后，年度销售配额应当分解成月份和季度销售额。许多销售经理和有经验的营销人员将月份配额分解为每周的推销额。

销售经理有责任与营销人员一起开展工作，以确保配额实现或超额完成。连续不断地评估销售结果，并且当实际销售额可能达不到预测或配额目标时制定实施纠正措施，这是很重要的。销售经理和营销人员如果等数月后再评估销售结果并与预测销售额相比较，经常会发现再采取纠正行动已经太晚了。

3. 其他事项控制

1）预算约束下的支出

销售经理要定期监控实际支出是否与预算数字相符。

2）所有营销目标的定期评价

销售经理经常评论说，他们仅仅为了确保在其领导下的职员及时完成任务就花费了大量的时间。这一评论是很正确的，因为销售经理的主要角色就是确保所有的目标按时完成或超额完成。

负责广告、促销和营销调研等部门的经理有责任去确保所有的任务按时完成。如果一张夏季价格的宣传册在预订日期之后3周才印出来，营销队伍就极有可能失去在潜在顾客和关键顾客做出旅行决定的时间内送去这个宣传册的机会。相应地，营销队伍可能就不能够完成其夏季销售配额。所有的营销任务都是重要的。如果不是的话，那么这个任务及这个职位就应当撤掉。

3）营销活动时间表

销售经理经营使用营销活动时间表来确保任务按时完成。这个简单的工具列举了主要活动、它们必须完成的日期及其负责人，以及该任务是否完成。

4）营销计划的调整

人类无法制订一个完美的营销计划。市场环境的改变、灾难的发生和其他许多原因使营销计划需要得到改进。一般地，计划改进应当在战术措施、预算、活动事项的时机等方面进行，而不是在主要目标与战略方面进行。战术措施的改变一般无须经过高层领导的批准，它们通常被认为是由销售经理负责的。

13.2.7 展示和推销计划

在年度总销售额这样的主要目标和主要战略上的改变一定要得到高层管理者的批准。建议销售经理轻易不要改变主要目标和战略。大多数情况下，高层管理者肯定认为目标改变的必要性反映了销售经理的管理不当，除非是酒店发生像火灾这样的灾难迫使对目标与战略进行改变。

绝不要想象因为营销计划如此有条理就会自动获得批准与接受。营销计划必须获得许多人的同意，他们包括以下群体。

（1）销售队伍。在营销领域的许多人并不信任计划。他们认为一份制订良好的计划的形成、写出、答辩及实施过程是在浪费时间。“如果管理者仅让我们做我们的工作，停止所有这些计划的制订工作，酒店将会做得更好。”这样的批评经常可以听到。这种常见的、冲动性的意见的存在可能是因为以前做计划时的失败经历，对计划过程的恐惧或者真的对计划的益处的无知。销售经理在计划过程中需要得到下属的支持，最好向人们说明计划的好处，而不是让人们强迫顺从。

（2）供应者/广告代理商和其他。需要让广告代理商和营销调研代理商等外部组织参与到制订计划的过程中来，并必须引起他们足够的重视，因为他们参与到制订计划的过程中是作为团队成员所需要履行职责的一个组成部分。

（3）高层管理者。高层管理者必须批准年度营销计划。销售经理必须在正式会议等场合向管理层成员陈述计划，要让重要的当权者在正式会议上出席。如果某次销售会议是展示给一个业务为200万价值的关键的潜在客户的话，这些出席活动应该仔细计划和具备所需专业技能。使用专业的展示材料，如幻灯片、计算机辅助展示、年度计划文件夹，并准备好经过仔细挑选的图表和目录等，这些都会有助于理解和快速切入关键点。

13.3　为未来做准备

营销计划的程序是滚动的，任务永远不会终止，销售经理必须一直在做计划。实际上，下一年营销计划的制订从今年计划获得批准时就已经开始了。

13.3.1　资料收集与分析

营销计划的制订依赖于可靠信息的获得，这个任务总是可以改进的。从酒店内部和外部来源中收集与分析资料的过程每天都在持续着。销售经理必须经常注意改进这一过程的方法和手段。

13.3.2　作为酒店成长工具的营销计划

一个好的营销计划有助于酒店各部门的成长和繁荣兴旺。一个好的计划还将使人们拓展视野，虽然这一点对许多人来说不太明显。这些好处以多种方式出现。

(1) 参与计划的制订过程是人们理解管理的过程。

(2) 在参与制订营销计划的过程中，人们学习如何进行团队合作。

(3) 人们懂得建立目标和安排时间表，确保目标的实现。

(4) 懂得建立合乎时间的战略与战术来实现目标。

(5) 悟性高的人如果着手处理计划的制订过程并运用营销计划，常常会发现他们的专业技能提高了。

一份对酒店用于制订营销计划的程序的研究表明，营销计划制订中最重要的地方是管理层的参与和致力于不同层次的计划、用于制订计划的足够的时间、营销计划制订的专门培训，以及将激励与目标的实现挂钩。

无论市场环境是好是坏，保持营销计划制订的连贯性将给酒店及其员工带来丰厚的收益。

本章小结

营销计划是给酒店所有营销活动提供下一年的工作安排。制订营销计划是销售经理非常重要的工作和职责。本章指出了制订酒店营销计划的框架和一些重要内容的提示，包括管理概述的写作提示，营销计划与酒店总计划的联系及与其他计划的关系；环境分析内容、市场细分与目标定位、下一年的目标与配额；实施计划的战略与战术，以及支持战略和达到目标所需要的资源等进行了详细的论述和说明；最后提出了营销控制的方法，进一步指明制订营销计划是为未来做准备。

关键术语

营销计划、目标与配额、战略与战术。

思考题

（1）酒店营销计划与总计划和其他的计划的关系如何？

（2）实施计划的战略与战术有哪些？

（3）为什么市场潜力的确定如此重要？

（4）营销计划应该如何描述细分市场与目标市场？

（5）营销战略与营销目标之间是否存在关系？如果存在，具体是什么？

课堂互动

小组讨论

（1）环境因素与年度营销计划有什么关系？

（2）营销目标应当量化表示吗？解释原因。

（3）在营销计划中，营销控制真的必要吗？或者，它是一个可供选择的管理训练吗？

营销实战

会见一名酒店销售主管，一名酒店总经理，让他们跟你一起检查他们的营销计划，并让他们讲解制订营销计划的过程。

案例分析

华都酒店某年营销计划

华都酒店位于陕西省西安市西郊，交通便利，是一家有10多年经营历史的国有四星级酒店。华都酒店的规模较大，共有客房603间。除客房外，华都酒店其他营业设施有咖啡厅、中餐厅、多功能厅、商场，也拥有较完善的娱乐设施，如酒吧、游泳池、桑拿、健身房等。其多功能厅面积较大，可容纳300~500人在此举行会议。客房收入仍是该酒店的主要收入来源。

一、近年客房销售情况分析

1. 客源市场构成

华都酒店2000年共接待住店客人16万人，其中接待海外客人6.6万人，国内客人近10万人，即海外和国内客源市场分别占到41%和59%。内宾主要来自本地介绍的客源。

2. 客源性质

华都酒店按照客源的组织方式，将客源分成团队、散客、会议、长住4类，1999—

2000 年酒店各市场销售收入分析对比情况。

从所反映的绝对数来看，除长住客人外，各客源市场人数 2000 年均比上年增加。1999 年和 2000 年，散客所占销售收入比例基本持平，约 1/3；团队销售收入比例略有增加，已接近 1/3；会议客人有了一定的增加，但长住客人收入有了明显地减少。这里的长住客人指的是长期租住该酒店写字间或客房的商务客人。这部分客源的萎缩可能会持续下去。由于西安市近年来房地产发展较快，也有大量的写字楼、公寓等，商务客人日趋将办公地点迁往专门的写字楼等，整个西安市酒店内的写字间市场将萎缩。这部分市场未来的发展是，商务客人办公地点在写字楼，但酒店依靠其专业化、多元化的服务优势，吸引这部分客人住在酒店，使其转变为长住客人。

二、华都酒店竞争情况分析

(1) 华都酒店与西安市其他四星级酒店相比，其房价基本居中，服务质量虽不是最佳，但也得到了广泛的认可，在四星级酒店中，具有“价位适宜、质量较好”的形象。

(2) 华都酒店的传统客源市场和优势还是在旅游团队、中档商务散客、中档会议。但这几个市场都面临来自高星级和低星级酒店的激烈竞争。

(3) 华都酒店接待最适宜的会议是规模在 500 人以下的中型会议，但缺乏先进的会议设施，如同声翻译、网络等。

(4) 接待商务客人的优势不突出，尤其是硬件，如房间里无电脑，不是所有的房间都有互联网接口，没有专门的商务楼层等。

三、华都酒店市场营销的 SWOT 分析

1. 优势

(1) 酒店知名度较高，有一定品牌优势，且是老酒店，服务质量、管理较稳定。

(2) 截止到 2001 年 2 月底，已完成大部分客房装修，酒店已有 70%~80%的房间重新装修过。

(3) 酒店拥有一批高素质和稳定的员工队伍，具有软件优势。

(4) 酒店占地面积大，有较大的室外活动空间，内部环境优美，尤其是在夏、秋两季。

(5) 拥有一批忠实的老客户，酒店营业收入约 60%来自老客户。

2. 劣势

(1) 客房空调设施老化，这是营业上最大的制约。

(2) 酒店外观、部分客房、公用设施已显陈旧，如咖啡厅不少的座椅和餐桌上已有疤痕，中餐厅也显得灰暗、陈旧。

(3) 目前接待会议主要是在多功能厅，没有标准、规范的会议接待设施。

(4) 酒店客房数大于餐位数，客房数与整体餐位数不匹配。

(5) 无自己的国际预订网络。

3. 机会

(1) 西部大开发给西部地区带来了巨大商机，西部开发政策正逐步实施、层层深入，外部经营环境有利。

(2) 国家政治、经济平稳向上。

(3) 西安市的海外客源虽然在近几年内不会有大幅增长，但国内游客数将会有大幅增长，尤其是假日经济的旅游热潮将给酒店带来重要商机。

(4) 华都酒店所在的西安西郊房地产逐渐升温，商务公司增加，也为本酒店带来一定的商机。

4. 威胁

(1) 西安市中高档酒店供大于求，整体市场环境不容乐观。

(2) 曲江宾馆、南洋大酒店具备良好的综合会议设施，分割了会议市场。

(3) 已开业和即将开业的三星级以上酒店，尤其是以商务市场为主的酒店，将重新塑造西安商务市场格局。

(4) 顾客、中间商的选择面加大，砍价能力增加。

四、华都酒店2001年的营销计划和营销策略

在前述市场环境、竞争对手等综合分析的基础上，华都酒店确定未来市场营销的整体思路是发挥优势，扬长避短，适应市场，抓住机会，利用机会，扩大市场。

(1) 明确经营目标，最大限度地保持和扩大酒店的市场占有率。

(2) 紧扣市场脉搏，不断调整营销策略，确保预算完成。

(3) 在保持老客户，稳定现有市场的同时，不断开发新客户（如同新的旅行社、公司合作）、新市场，保证经营的持续性。

针对上述总体思路，华都酒店制订了以下营销计划和营销策略。

1. 2001年度客房销售收入

客房销售收入保持一定的增长率，出租率、房价力争比上年有所提高。

具体地说，2001年度客房部总体的经营目标是，全年实现销售收入4 100万元，出租率70%，平均房价250元，客房部实现日均收入11万元。

2. 2001年度各客源市场销售计划

2001年各客源市场销售计划是，团队销售收入比上年要略有增长，会议市场扣除上年年初的非正常因素外，与往年相比略有增加，散客比例基本持平，但长住客的比例下降。

3. 2001年各细分市场的销售计划

2001年各细分市场的销售计划如下。

(1) 散客市场。散客市场将是华都酒店2001年度重点开拓的市场之一，散客市场面临着西安各大酒店的激烈竞争。2001年散客计划实现客房销售收入1 640万元，占全年客房销售收入的40%，主要促销计划包括以下方面。

① 进一步加强同主要客户的联系。对长期与酒店合作的单位、公司实行散客优惠价，以保持长期良好的合作关系和稳定的散客来源。

② 加强同长住公司的联系，按淡、平、旺季分别给长住公司优惠散客价，争取长住公司给酒店带来较多的散客。

③ 扩大与西安和外省各大公司的联系，扩大酒店的协议公司。

④ 按季节及时推出商务散客特价，吸引商务及旅游散客。

⑤ 加强并扩大同各订房中心、网络公司的合作，增加网络订房数量。目前已同上海、北京、南京等地的32家订房中心签订了订房协议。其中与14家订房中心有良好的合作。2001年将扩大合作范围，建立广东、成都、重庆、武汉、上海等地订房业务。

⑥ 加强同外地一些酒店销售部的合作，建立互相介绍客源的业务。

(2) 会议市场。2001年会议市场计划实现销售收入328万元，占全年客房销售收入的8%，主要促销计划如下。

① 抓市场信息，拜访1999年、2000年在酒店开会的老客户。

② 充分利用现有销售渠道，各商务公司、旅行社都有可能是会议的组织者、承办者。

③ 及时反馈信息，了解市场价格，把握市场动态，不断调整营销策略，争取吸收更多的会议入住。

(3) 旅行社团队市场。2001年团队市场计划实现销售收入1 476万元，占全年客房销售收入的36%，主要促销计划包括以下方面。

① 2001年将调整团队价，新增4、5月为旺季价，4、5、9、10月团队房价比上年要高。

② 在保证系列团的基础上，尽可能争取更多的团队，以提高客房出租率。

③ 利用参加博览会及外地促销的机会，广泛促销，扩大酒店知名度。2001年计划参加中国昆明国际旅游博览会和在澳大利亚、新西兰举办的两次大的促销活动。

④ 在客源结构上，保持现有以欧美客人为主的格局，争取增加日本团、韩国团来补充酒店的客源量。

(4) 长住公司。由于西安写字楼的增加，且写字楼房价低，办公条件好，长住公司在酒店的租房率不断下降。2001年力争保持上年数量。2001年该市场计划实现销售收入656万元，占全年客房销售收入的16%。

思考题：

(1) 华都酒店的营销计划主要包含哪些内容？

(2) 该营销计划是综合分析了哪些要素后制订的？

(3) 结合本案例分析酒店营销计划与营销策略的关系。

参考文献

[1] [美] 菲利普・科特勒. 旅游市场营销 .4 版. 谢彦君译. 大连：东北财经大学出版社，2006.
[2] 吴健安. 市场营销学 .4 版. 谢彦君译. 北京：高等教育出版社，2011.
[3] 贺学良. 饭店营销原理与实务. 上海：上海人民出版社，2007.
[4] 贺学良. 饭店营销高效管理. 北京：旅游教育出版社，2010.
[5] 吉根宝. 酒店管理实务. 北京：清华大学出版社，2011.
[6] 郑向敏. 酒店管理 .2 版. 北京：清华大学出版社，2010.
[7] [美]克里斯托弗・洛夫洛克，约亨・沃茨. 服务营销亚洲版 .2 版. 郭贤达，陆雄文，范秀成译. 北京：中国人民大学出版社，2007.
[8] 胡宇橙，王文君. 饭店市场营销管理. 北京：中国旅游出版社，2005.
[9] [美] 西格瓦，博贾尼斯. 饭店销售. 刘阿英译. 北京：旅游教育出版社，2006.
[10] [英] 克里斯托弗・霍洛韦. 旅游营销学 .4 版. 修月祯译. 北京：旅游教育出版社，2006.
[11] 王文慧. 酒店营销新视野. 北京：企业管理出版社，2010.
[12] 黄敏学. 网络营销 .2 版. 武汉：武汉大学出版社，2007.
[13] 戴斌. 饭店品牌建设. 北京：旅游教育出版社，2005.
[14] 冯丽云. 差异化营销. 北京：经济管理出版社，2006.
[15] [澳] 贾依・坎达姆普利. 服务管理——酒店管理的新模式. 程尽能，韩鸽译. 北京：旅游教育出版社，2006.
[16] 冯颖如. 全球化视角——饭店经营与管理. 北京：企业管理出版社，2008.
[17] 郑红. 现代酒店市场营销. 广州：广东旅游出版社，2007.
[18] 钱炜. 饭店营销学 .3 版. 北京：旅游教育出版社，2003.
[19] [英] 戴夫・查菲. 网络营销：战略、实施与实践 .2 版. 吴冠之译. 北京：机械工业出版社，2004.
[20] 魏新民，赵伟丽. 饭店市场营销. 长春：吉林教育出版社，2008.
[21] 赵伟丽. 旅游市场营销. 北京：北京交通大学出版社，2012.
[22] 梁玉社. 饭店管理概论. 北京：旅游教育出版社，2006.
[23] 宋蓉. 关于饭店网络营销的几点思考. 饭店现代化，2013.
[24] 张文佳，张敏红. 低碳经济背景下的饭店营销创新初探. 饭店现代化，2012.
[25] 李沐纯，魏卫. 近十年我国绿色饭店研究综述. 华南理工大学学报，2010.
[26] 张煜. 论 3G 时代下的酒店营销创新. 商业时代，2011.